清华大学车辆与运载学院系列教材

汽车动力系统试验学（第2版）

主编 黄海燕
参编 冯旭宁 徐梁飞 郝 冬 卢兰光
　　 金振华 孔治国 肖建华

清華大学出版社
北京

内 容 简 介

本书是对现代汽车动力系统试验技术进行系统论述的专业教材。全书共有11章和3个附录，主要包含四方面内容：①汽车内燃机试验所必备的台架系统、测试技术及标准法规等基础知识；②国标规定的汽车内燃机主要性能参数测试、基本性能试验、可靠性和排放试验方法；③面向产品开发的电控内燃机匹配与标定试验；④新能源汽车动力系统（包括燃料电池、动力电池、混合动力和电机）试验技术。本书附录A中列出了多份汽车内燃机试验指导书，附录B和附录C列出了示功图绘制方法及试验报告范例。

本书可作为车辆工程和能源与动力工程专业方向的教材或参考书，也可供从事汽车动力系统性能试验研究及相关工程技术人员参考。

版权所有，侵权必究。举报：010-62782989，beiqinquan@tup.tsinghua.edu.cn。

图书在版编目（CIP）数据

汽车动力系统试验学/黄海燕主编.—2版.—北京：清华大学出版社，2023.2（2024.2重印）
清华大学车辆与运载学院系列教材
ISBN 978-7-302-62380-9

Ⅰ.①汽… Ⅱ.①黄… Ⅲ.①汽车－动力系统－试验－高等学校－教材 Ⅳ.①U463.2-33

中国国家版本馆CIP数据核字（2023）第012951号

责任编辑：许　龙
封面设计：傅瑞学
责任校对：欧　洋
责任印制：刘海龙

出版发行：清华大学出版社
网　　址：https://www.tup.com.cn，https://www.wqxuetang.com
地　　址：北京清华大学学研大厦A座　　邮　编：100084
社 总 机：010-83470000　　邮　购：010-62786544
投稿与读者服务：010-62776969，c-service@tup.tsinghua.edu.cn
质量反馈：010-62772015，zhiliang@tup.tsinghua.edu.cn
印 装 者：三河市铭诚印务有限公司
经　　销：全国新华书店
开　　本：185mm×260mm　　印　张：20　　字　数：482千字
版　　次：2019年7月第1版　2023年3月第2版　印　次：2024年2月第2次印刷
定　　价：58.00元

产品编号：098717-01

第2版 前言

本书第1版于2019年出版，至今已多次印刷。为应对全球气候变暖、降低碳排放，提高我国能源安全，降低化石燃料依存度，进入21世纪以来，汽车能源动力系统迅速向节能与新能源方向发展。为适应汽车多能源动力试验技术的快速发展，并满足读者需求，作者对第1版教材进行了重新梳理，对传统内燃机试验内容进行了精简，并将新能源动力系统的最新前沿研究成果充实到动力电池、燃料电池、混合动力3章内容中，同时增加了车用电机试验技术章节。

本书由黄海燕、冯旭宁、徐梁飞、卢兰光在总结第1版教材的基础上，进行了重新定位、梳理和编撰。汪记伟、周飞鲲、陈会翠对第5章提供了很多素材及修改建议；第6章由王博远、果泽先、刘世宇改编；第8章由郝冬、徐梁飞、胡尊严、高帷韬改编，马明辉、张妍懿、兰昊、赵阳、王志娜提供了很多最新素材，王仁广提出了宝贵的修改建议；冯旭宁、毛烁源、彭勇对第9章进行了补充；第10章由孔治国编写，王云、李基芳提供了很多最新素材；第11章由金振华、王潇霈改编。

在修订过程中得到了裴普成、高大威、赵阳、任东生等老师，叶康、朱敬安、劳毅仁、刘昱等工程技术人员的大力支持和帮助，他们提供了很多有价值的素材，且提出了许多宝贵的修改意见，中汽中心郝冬在整本教材的修订过程中提出了很多具体建议，谨在此向他们致以深切的谢意。感谢作者所在单位清华大学以及中汽研新能源汽车检验中心（天津）有限公司、吉利汽车、广汽集团汽车工程研究院对本书编撰工作的支持。

书中所列参考文献，为本书的内容提供了部分素材，在此谨向相关作者表示谢意。

由于编者学识有限，书中缺点和不足之处在所难免，希望广大读者予以指正。

编　者

2022年7月

第1版　前言

随着汽车工业的发展,汽车保有量的增加,能源和环境压力日益加剧,为保障能源安全和解决环境污染问题,汽车能源动力由以前的单一内燃机逐步发展为多种能源动力有效利用的动力系统,如纯电动、油电混合动力、氢燃料电池动力系统等多种形式。为适应汽车新技术的发展,汽车动力试验技术由之前的以单一燃油发动机测试系统为主逐步发展为多种动力源试验系统,因而相应的试验技术及方法也发生了很大变化。

现代汽车动力系统试验内容和知识是一个极其宽广的领域。为能比较系统地介绍汽车动力系统试验技术,作者与国内多家重点汽车企业工程技术人员进行了多次切磋交流,基于本单位相关科研成果,对当今汽车动力系统试验技术进行了系统总结,进而完成了本教材的编写。本书是在2016年出版的《汽车发动机试验学教程(第2版)》的基础上,删除了一些较陈旧的内容,增加了车用动力电池试验技术、混合动力试验技术,丰富了燃料电池试验技术。全书分为四大部分进行论述和介绍。

第一部分对汽车内燃机试验系统及装置、主要参数的测试方法与技术以及整机试验的标准和规范进行了介绍,这些是从事动力系统试验所必备的基础知识。

第二部分以内燃机为试验对象,介绍了国标规定的内燃机稳态性能(起动性能、怠速性能、功率特性、负荷特性、万有特性)试验和可靠性试验;接着介绍了现代汽车内燃机特有而不可缺少的排放污染物试验、电控匹配标定试验和动态模拟试验。

第三部分介绍了新能源汽车动力电池、燃料电池系统、混合动力系统开发过程中的主要试验技术和方法。

本书在介绍相关试验内容和方法的同时,还注重对典型实例的讲解和试验结果的分析,这样不仅使学生能了解汽车动力系统试验过程的全貌,也可提高他们分析问题和解决问题的能力,增强工程意识。这些内容对从事汽车能源动力生产、科研、开发的技术人员也有参考价值。

第四部分是书中的附录,附录A列出了作者在历年试验教学中编制的多份教学试验指示书,具体说明了各项试验目的、内容、方法以及试验后总结、分析的教学要求;附录B介绍了内燃机示功图绘制的一种方法;附录C列举了试验报告编写范例。这些内容仅供读者参考。

本书第1、2、4、5章由黄海燕编写,第2章测试系统部分内容由金振华提供,同时,张磊、李振波提供了很多有价值的资料及建议;第3、4章的部分内容由杨学青提供;第3、6章由黄海燕、肖建华、张文彬合编;第7章由黄海燕、龚庆杰、张科勋、杨学青合编;第8章由阎东林编写;第9章由黄海燕、徐梁飞、卢兰光、江洪亮合编;第10章由沈萍、高尚、王昱、卢兰光合编;第11章由金振华、刘鹏合写;附录A1~9的试验指导书由肖建华整理提供,附录10的试验指导书由阎东林提供,附录B由学生陈柯夫、李博远编写,附录C选用某公司柴油机试验报告供读者参考。全书由黄海燕统编。在成书过程中,得到了作者所在单位刘峥、王绍铣、杨福源、帅石金、裴普成、王贺武、张俊智、孙进伟、张云龙、胡尊严、邵扬斌等多位老师和研究生及来自汽车企业的李维成、李儒龙、龚庆杰、张科勋、朱敬安、熊莹、张磊、李振波、王录波、蒋文虎、任尚峰、魏冲、王众、孟令军、邵静月、邓隆阳等工程技术人员的大力支持和帮助，他们不仅提供了很多有价值的素材，而且提出了许多宝贵的编写意见，谨在此向他们致以深切的谢意。

就作者了解的情况，本书可能是国内首次对现代汽车动力系统试验进行较全面系统论述的专业书籍。由于作者学术水平和实践经验的局限，书中不可避免存在缺点和疏忽，期望广大读者，特别是从事汽车动力试验技术研究、教学的同行专家予以指正。

目 录

第1章 试验及试验方法概述 ·· 1
1.1 概述 ·· 1
1.2 试验发展概况及类别 ·· 2
    1.2.1 内燃机试验测试技术发展概述 ·· 2
    1.2.2 汽车能源动力试验测试技术 ··· 3
    1.2.3 汽车能源动力试验类别 ·· 3
1.3 本书内容简介 ·· 4
1.4 汽车能源动力试验的组织与实施 ·· 6
    1.4.1 试验前的准备 ·· 6
    1.4.2 试验过程 ·· 10
    1.4.3 试验总结与分析 ·· 10
1.5 试验标准 ·· 12
    1.5.1 标准概述 ·· 12
    1.5.2 试验时对内燃机所带附件的要求 ·· 13
参考文献 ·· 15

第2章 内燃机台架试验系统 ·· 16
2.1 测试系统 ·· 17
    2.1.1 加载与测量装置——测功机 ··· 17
    2.1.2 数据采集及处理系统 ·· 30
    2.1.3 控制系统 ·· 34
    2.1.4 冷却系统 ·· 34
2.2 实验室环境系统 ·· 35
    2.2.1 通风系统 ·· 35
    2.2.2 进排气系统 ·· 36
    2.2.3 消声与隔声系统 ·· 36
    2.2.4 燃料供给系统 ·· 37
    2.2.5 安全系统 ·· 37
2.3 测试平台发展趋势 ·· 37
参考文献 ·· 39

第3章 内燃机主要性能参数的测量 ······································ 40
3.1 内燃机转速、扭矩测量和功率计算 ·· 40

3.1.1 转速测量 ………………………………………………………… 40
3.1.2 扭矩测量 ………………………………………………………… 42
3.2 活塞压缩上止点与点火提前角和喷油提前角的测定 …………………… 45
3.3 压力测量与示功图制取 …………………………………………………… 48
3.3.1 概述 ……………………………………………………………… 48
3.3.2 内燃机缸内动态压力测量与示功图制取 ……………………… 49
3.4 其他热力状态参数的测定 ………………………………………………… 51
3.4.1 液温、进排气温及大气温度的测量 …………………………… 52
3.4.2 大气湿度和燃油密度的测定 …………………………………… 55
3.5 进气流量及燃油消耗率的测定 …………………………………………… 57
3.5.1 进气流量的测定 ………………………………………………… 57
3.5.2 燃料消耗率的测定 ……………………………………………… 59
3.6 空燃比的测量 ……………………………………………………………… 63
3.7 汽车排放污染物的检测方法 ……………………………………………… 65
3.7.1 CO、CO_2 的测量 …………………………………………… 65
3.7.2 THC 的测量 ……………………………………………………… 66
3.7.3 NO_x 的测量 …………………………………………………… 66
3.7.4 微粒和烟度测量 ………………………………………………… 67
3.8 性能参数的测量精度及标准 ……………………………………………… 68
参考文献 ……………………………………………………………………………… 68

第 4 章 内燃机性能试验 …………………………………………………………… 70
4.1 概述 ………………………………………………………………………… 70
4.2 内燃机功率试验 …………………………………………………………… 70
4.2.1 试验内容及测试项目 …………………………………………… 71
4.2.2 大气校正 ………………………………………………………… 72
4.2.3 功率特性试验的应用 …………………………………………… 73
4.3 负荷性能试验 ……………………………………………………………… 74
4.4 万有特性试验 ……………………………………………………………… 75
4.4.1 万有特性及其作用 ……………………………………………… 75
4.4.2 万有特性曲线的制取方法 ……………………………………… 77
4.5 机械损失功率试验 ………………………………………………………… 82
4.6 起动性能试验 ……………………………………………………………… 85
4.7 急速试验 …………………………………………………………………… 86
参考文献 ……………………………………………………………………………… 87

第 5 章 可靠性试验 ………………………………………………………………… 88
5.1 可靠性定义 ………………………………………………………………… 88
5.2 可靠性的主要特征量 ……………………………………………………… 88

5.3 可靠性试验的意义及内容 89
5.4 可靠性试验方法 94
 5.4.1 试验方法 94
 5.4.2 试验过程中的检查 94
 5.4.3 试验评价 95
5.5 试验结果及分析 95
5.6 内燃机加速可靠性试验 96
参考文献 97

第6章 内燃机排放试验

6.1 概述 99
6.2 各国排放法规 100
 6.2.1 排放污染物的评定指标 100
 6.2.2 美国法规 101
 6.2.3 日本法规 102
 6.2.4 欧洲法规 103
 6.2.5 中国法规 104
6.3 中国排放测试方法 108
 6.3.1 轻型汽车排气污染物测试方法 108
 6.3.2 重型车用汽油机排气污染物检测方法 111
 6.3.3 曲轴箱污染物 113
 6.3.4 燃油蒸发排放物 113
 6.3.5 怠速排放 113
 6.3.6 重型车用柴油机排气污染物检测方法 113
参考文献 118

第7章 电控内燃机匹配与标定试验

7.1 概述 119
7.2 匹配、标定的基本概念 119
7.3 匹配、标定的基本内容和方法 120
 7.3.1 基本内容 120
 7.3.2 标定的基本步骤 123
 7.3.3 MAP图工况节点的确定 124
 7.3.4 MAP图中控制参数的优化方法 124
7.4 电控汽油机标定试验 126
7.5 电控柴油机标定试验 134
7.6 自动标定系统 139
7.7 小结 141
参考文献 141

第8章 燃料电池动力系统性能试验 … 143
8.1 燃料电池概述 … 143
8.1.1 燃料电池工作原理与基本结构 … 143
8.1.2 燃料电池发动机组成 … 144
8.1.3 燃料电池动力系统组成 … 146
8.2 燃料电池主要性能参数及技术指标 … 147
8.2.1 燃料电池术语和定义 … 147
8.2.2 燃料电池堆性能参数及技术指标 … 148
8.2.3 燃料电池发动机性能参数及技术指标 … 148
8.2.4 燃料电池动力系统性能参数及技术指标 … 150
8.3 燃料电池相关测试设备 … 152
8.3.1 燃料电池堆试验台 … 152
8.3.2 燃料电池发动机性能试验台 … 155
8.3.3 气密性试验台 … 155
8.3.4 燃料电池发动机环境试验系统 … 156
8.3.5 氢气消耗量测试系统 … 157
8.3.6 怠速氢气排放测试系统 … 157
8.4 燃料电池主要试验内容 … 158
8.4.1 燃料电池安全性试验 … 158
8.4.2 燃料电池堆性能试验 … 160
8.4.3 燃料电池发动机性能试验 … 163
8.4.4 燃料电池动力系统性能试验 … 168
8.5 燃料电池开发试验技术 … 173
8.5.1 燃料电池内部特性试验 … 173
8.5.2 燃料电池发动机经济性试验 … 176
8.6 燃料电池试验技术展望 … 180
参考文献 … 180

第9章 车用动力电池性能试验 … 182
9.1 概述 … 182
9.1.1 锂离子电池的基本结构 … 182
9.1.2 锂离子电池的工作原理 … 182
9.2 术语定义及主要性能参数 … 183
9.2.1 术语和定义 … 183
9.2.2 锂离子动力电池主要性能参数 … 183
9.3 车用动力电池基本性能试验平台 … 185
9.3.1 电性能试验平台 … 185
9.3.2 热特性试验平台 … 186
9.3.3 机械特性试验平台 … 190

9.4 车用动力电池主要试验内容 …………………………………………………… 190
　　9.4.1 基本性能试验 ……………………………………………………………… 191
　　9.4.2 耐久性试验 ………………………………………………………………… 198
　　9.4.3 热特性试验 ………………………………………………………………… 200
参考文献 ………………………………………………………………………………… 205

第 10 章　车用驱动电机系统测试 …………………………………………………… 207
10.1 概述 ……………………………………………………………………………… 207
　　10.1.1 系统组成 ………………………………………………………………… 207
　　10.1.2 系统特点 ………………………………………………………………… 208
10.2 主要性能参数 …………………………………………………………………… 209
　　10.2.1 术语和定义 ……………………………………………………………… 209
　　10.2.2 系统性能参数 …………………………………………………………… 209
　　10.2.3 测试平台要求 …………………………………………………………… 211
　　10.2.4 测试环境要求 …………………………………………………………… 212
10.3 主要测试内容 …………………………………………………………………… 213
　　10.3.1 输入输出特性试验 ……………………………………………………… 213
　　10.3.2 环境适应性试验 ………………………………………………………… 219
　　10.3.3 安全性试验 ……………………………………………………………… 224
　　10.3.4 NVH 性能试验 …………………………………………………………… 227
　　10.3.5 电磁兼容试验 …………………………………………………………… 230
　　10.3.6 可靠性试验 ……………………………………………………………… 232
10.4 认证试验 ………………………………………………………………………… 236
参考文献 ………………………………………………………………………………… 237

第 11 章　混合动力系统台架试验 …………………………………………………… 238
11.1 概述 ……………………………………………………………………………… 238
11.2 混合动力系统结构及工作原理 ………………………………………………… 238
　　11.2.1 系统构型及特点 ………………………………………………………… 238
　　11.2.2 控制策略工作原理 ……………………………………………………… 240
11.3 混合动力台架试验系统 ………………………………………………………… 242
　　11.3.1 台架功能及结构 ………………………………………………………… 242
　　11.3.2 混合动力台架控制技术 ………………………………………………… 243
11.4 混合动力台架应用 ……………………………………………………………… 247
　　11.4.1 电机测试台架 …………………………………………………………… 247
　　11.4.2 变速器测试台架 ………………………………………………………… 248
　　11.4.3 混合动力总成测试台架 ………………………………………………… 249
参考文献 ………………………………………………………………………………… 252

附录A 试验指导书 ··· 254
试验1 汽油机速度特性试验 ··· 254
试验2 汽油机负荷特性试验 ··· 259
试验3 柴油机速度特性、负荷特性试验 ································ 261
试验4 汽油机灭缸法机械损失试验 ····································· 266
试验5 电控汽油机点火提前角MAP图测定试验 ························ 269
试验6 汽油机排放污染物特性试验 ····································· 272
试验7 柴油机排放试验 ··· 276
试验8 内燃机燃烧过程试验 ··· 279

附录B 示功图画法简介 ··· 284

附录C 试验报告 ··· 296

第1章 试验及试验方法概述

1.1 概 述

随着社会经济的发展与人们生活水平的不断提高,人们对汽车节能减排的要求也越来越高,为适应这不断变化的要求,设计者需不断设计开发能满足节能减排需求的先进汽车能源动力,能源动力技术的发展呈现出混合化及纯电动化的特点[1-4],形成了以节能与新能源汽车动力系统为代表的能源动力系统[5]。从图1-1可看出当前节能与新能源动力系统的基本类型。

图1-1 节能与新能源汽车动力系统的基本类型

由于汽车能源动力从最初设计到最终产品均离不开试验验证,因此汽车能源动力试验测试技术与能源动力技术发展紧密相连。同时汽车能源动力试验测试技术随着科学技术和汽车能源动力技术的发展,尤其是与现代电子技术、计算机技术的相结合,使其早已成为相对独立的一门重要的学科。因此,汽车能源动力试验测试技术的发展促进并支撑着汽车能源动力及动力系统技术的快速发展,也为研制高水平的汽车能源动力提供了重要的保证。

为满足日益严格的汽车排放法规、油耗法规的要求,以汽车能源多元化为主要特征的节能与新能源汽车迅速发展,相对应的试验方法及试验手段就显得更为重要。正是由于汽车动力系统试验技术和方法的重要地位,不仅汽车工程领域技术人员必须掌握其基本知识,在培养工程人才的教学工作中它也被赋予了更为重要的意义。其教学目的与意义可简要归纳为以下三点。

(1)试验技术和方法的学习是汽车专业人才培养中重要的实践性教学环节。

汽车内燃机原理和规律是百年来广大科技和工程技术人员大量实践和经验的总结,具有极强的实践性质,但还有很多问题和现象无法解释。仅凭书本上的知识是无法真正理解和解决相关技术问题的。在内燃机实验室里面花几个小时实践可以说是对汽车内燃机"真实世界"的最好学习,是对课堂教学或者"计算机模拟"世界的最佳鉴别和考核。

此外,针对当今汽车能源动力多重混合化的特点,如何将汽车能源动力各部件有效匹配,是研发汽车动力和动力系统过程中非常重要的环节,因此,与之对应的汽车动力和动力系统试验方法及手段的掌握就显得更为重要。

(2)试验技术和方法是从事汽车能源动力生产、技术开发工作的必备知识。

作为汽车的心脏——能源动力,其特点是零部件多,使用条件复杂,对性能、寿命、质量和成本等方面的要求高。而影响汽车能源动力质量和性能的因素又很多,所涉及的技术领域极为广泛,对其中一些问题的研究目前还不够充分。因此对汽车能源动力而言,无论是新设计、开发的产品还是生产中的产品,即使在设计和制造上考虑得非常充分,也必须经过试验来检验:设计思想是否正确;设计目标能否实现;设计及生产的产品性能是否符合使用要求等。

(3) 试验技术与设备是汽车能源动力研发、创新、理论发展的必备手段。

随着汽车工业的发展,从节约燃料消耗、扩大燃料品种、提高有效功率、改善振动与声振粗糙度(noise, vibration, harshness, NVH)、降低排放污染到提高耐久性等方面都对汽车能源动力提出了更高的要求,这就需要人们不断地研究能源动力各关键部件的内部规律、匹配技术和新技术,需要制定更严格的排放法规和油耗法规等。这样就会对试验方法、试验标准、试验平台等提出更高的要求。同时为了提高能源动力各类参数的测量精度,也需要有与之相匹配的先进的能源动力试验平台。因此,国内外各大汽车制造厂商纷纷投入巨资建立现代化的动力系统试验室,对汽车能源动力进行不同目标的研发试验研究。在后面相关章节中将分别对它们的能源动力试验平台进行介绍。

1.2 试验发展概况及类别

1.2.1 内燃机试验测试技术发展概述

随着科学技术和内燃机技术的发展,在20世纪中叶内燃机试验测试技术已成为相对独立的一门重要的学科。它促进并支撑着内燃机技术的快速发展,为研制高水平的内燃机提供了重要的保证。概括起来主要经历了以下几个重要阶段。

1. 初级阶段

在内燃机测试发展的初级阶段,因被测内燃机关注的参数少及计算机科学还没有普及,因而早期的内燃机试验采取人工绘制试验数据表格,将记录的试验数据填写在试验数据表格内并进行人工数据处理。此外,在测试手段方面,用于内燃机测试的测功机功能单一,参数测量方法功能也单一。因此,在这个阶段,内燃机测试手段只能满足单一试验项目的测试要求。

2. 试验自动化阶段

随着内燃机技术的发展,应用范围的扩大,及节能减排等要求的日益严格,需关注更多的内燃机测试参数。为提高试验效率,降低试验成本,且实时有效地测量更多的试验参数,借助计算机技术、信息技术和自动控制等技术的发展,内燃机试验由以前的手工操作、手工记录试验数据逐步发展成为采用计算机完成内燃机台架试验数据的自动采集、自动处理和自动控制试验工况等。即科学技术的进步,使人们实现了将信号处理、自动控制、数学运算、电子技术、人工智能等技术融合为一体,进而可同时获得大量的测量采集数据,并能根据设定进行实时显示及监控,同时可提供良好的数据处理能力。

内燃机试验自动化的进程也伴随着内燃机测功机技术、传感器等技术的快速发展,有关此类信息,可参阅第2章。

3. 仿真试验阶段

为减轻内燃机开发试验强度,降低试验成本,提高内燃机开发速度,借助电子技术、计算机仿真技术、信息技术等先进技术,内燃机仿真试验技术得到了蓬勃发展。即在新产品进入试制阶段前,对其性能、可靠性、振动噪声等先采取仿真试验,然后再进行实物试验,以达到缩短设计开发周期、降低试验成本的目的。

目前,有很多内燃机设计开发机构利用多年内燃机开发设计经验、试验经验及试验数据的积累,建立了不同用处、不同类型的内燃机试验模型。试验模型的建立可以代替部分试验,这些是内燃机设计者能够实现简化试验、提高内燃机预测设计能力的基础。

1.2.2 汽车能源动力试验测试技术

为保障能源安全,解决环境污染问题,汽车能源动力由以前的单一内燃机逐步发展为多种能源动力有效混合的动力系统,其试验平台及试验方法也是根据不同需求,基于先进内燃机的试验技术建立和发展起来的,如基于模型的集成开发平台、虚拟测试等。相关试验测试技术的进一步信息可参阅第2、8、9、10、11章。

1.2.3 汽车能源动力试验类别

汽车能源动力试验按其试验目的和试验对象进行分类,可分为定型生产的产品试验、研制开发的新产品性能评定和标定试验、科学研究专项试验以及人才培养的教学与培训试验。

1. 产品试验

产品试验的目的是检查量产能源动力产品的质量,主要包括产品出厂试验、定期抽查试验及大修后的性能测试。汽车能源动力制造厂成批生产的产品,根据用途不同,出厂时检测要求也不同,一般卡车用能源动力要求逐台进行检测,乘用车能源动力则根据企业具体情况逐台或按比例进行检测。检测方法则根据产品的类型,企业按相应的规范执行。如内燃机则按企业制定的冷磨合或热磨合试验规范进行。其他项目的试验如可靠性、经济性等一般是采取抽检方式进行检测,以保证出厂产品的质量。试验项目是根据能源动力的用途和特点,在国家标准所规定的范围内选定。

由于生产试验主要以控制产品质量为目的,因此它的特点是试验的产品固定、试验项目固定、测试方法和参数变化较少,但要求测试设备必须可靠,能适应长期运转的需要。

2. 新产品性能评定和标定试验

性能评定试验的目的是在研发的过程中对新产品或经过重大改进的能源动力进行局部的或全面的性能测试,以考核性能指标是否达到设计或改进的要求。

目前新产品开发性能测试通常是仿真试验与台架实物试验相结合,通过试验进一步研究、分析能源动力内部的变化规律。如对于内燃机就是要找出在满足排放法规的情况下,提高其动力性(功率大)、经济性(耗油少)、可靠性(故障少)、耐久性(寿命长)、运转性(起动容易、振动小、低噪声、排污少)等各种性能的途径,以满足整车对内燃机动力的要求。

内燃机性能试验主要包括起动性能、负荷特性、速度特性、怠速特性、机械效率、各缸工作均匀性试验以及匹配标定工况、怠速下的稳定性试验等(具体台架实物试验内容将在第4章中介绍)。

可靠性及耐久性试验也是一种性能试验,而且是人们最为关心的问题。这是因为,如果一台能源动力要经常修理和维护,而且寿命很短,即使能源动力的效率再高、性能再好也是没有意义的。进行耐久性试验所花时间较长,工作量大,其目的是考核新产品或经过重大改进的能源动力(包括零部件)的可靠性、耐久性以及其性能指标的稳定性等。此类试验一般在实验室内进行(将在第 5 章对其试验方法进行介绍)。当然,有些经验丰富的能源动力设计机构会在设计开发过程中,利用它们的试验模型对新产品可靠性及寿命进行预测,同时根据大量能源动力试验数据的持续积累,优化可靠性及耐久性试验方法,进而达到降低可靠性及耐久性试验成本的目的。

新产品的标定试验是指开发各阶段的能源动力样机各工况性能指标及可调整参数的标定,如电控内燃机经济性、排放性和动力性之间的匹配试验,即 MAP 图的标定工作等(关于电控内燃机匹配标定工作将在第 7 章介绍);动力系统各关键部件匹配性能试验(将在第 11 章对混合动力试验进行介绍)等。

另外还有能源动力在特定环境下的性能测试,如高温、高寒、高原地区、噪声等特定试验。

3. 科学研究专项试验

科学研究试验也称为专项试验,它是为了研究改进能源动力的性能或科研探索所组织的专题试验,如能源动力各部件各系统的专题研究、原理与规律的探索、新理论的探讨、新结构形式的确定、新测试方法的论证、新材料新工艺的应用、新能源动力的研究开发以及汽车新型动力系统试验等。这类试验涉及的学科及内容极其广泛,可能包含工程热物理各技术基础的理论,内燃机原理、设计、制造工艺和使用情况等各个方面。如内燃机缸内燃烧机理的试验研究,内燃机动态模拟试验研究,新型燃料电池发动机、动力电池的研发等项目就属于这一类型。

以上各类试验,除了单项专题研究试验可参照各种标准自行拟定试验规范和方法,其他试验应按国家颁布的汽车用发动机试验标准(GB/T 18297—2001)、燃料电池发动机性能试验方法(GB/T 24554—2022)、电池单体和模组的性能测试标准(GB/T 31486—2015),或行业与企业制定的标准进行。

4. 教学与培训试验

教学与培训试验的目的是让被培训者(学员)掌握汽车能源动力性能测试的基本方法;了解测试所需要的最基本的硬件和软件条件及其原理;初步学会试验方案设计、试验数据处理、误差及试验结果分析等技能。针对不同的对象(高校学生或企业被培训者)又有各自的特定要求。高校学生除了上述基本要求,还要求学习和参与某些力所能及的新产品开发和单项试验,以便扩展思路,能对试验中观察到的现象及发现的问题综合运用所学知识进行分析,提出解决方案,以达到具有初步的科研和开发试验的能力。

1.3 本书内容简介

汽车能源动力试验的内容极为广泛,涉及面广,除了整机试验,还有大量的零部件试验,这些试验中有各种性能的测试与标定,也有大量的可靠性、耐久性试验和维修检测内容。要在一本教材中全面阐述各方面的内容,既无必要,也不可能。从培养汽车能源动力科研、开发技术人员的具体要求和学校实际的试验硬件条件出发,本书所述汽车动力系统试验主要指的是传统的内燃机整机动力性能试验、匹配标定试验、内燃机排放和新能源汽车动力(燃料电池、动力电池、混合动力)试验、电机试验。所述试验内容主要指在能源动力及系统台架实验间内进行的,也包括一些整车室内转鼓及室外运行时的内燃机测试与标定的内容。

汽车动力系统技术的发展伴随着能源动力、动力系统试验测试技术的发展。作者根据近几年来的汽车能源动力及不同混合模式的动力系统技术的发展和相关研究成果,对汽车动力系统试验方法、试验平台等进行了系统编写,希望对从事汽车能源动力试验的工程技术人员有一定参考价值。

1. 主要内容

(1) 以汽车内燃机新产品的性能试验为主要讲述对象,并按照国家标准 GB/T 18297—2001 中规定的主要试验项目进行介绍,包括起动试验、怠速试验、功率试验、负荷特性试验、万有特性试验以及机械损失功率试验。这些都是最重要的和常规的试验项目,企业的产品试验也大都按此标准进行。

(2) 引入现代电控内燃机和满足排放法规所必须进行的排放法规鉴定试验和电控机型的匹配标定试验内容。

(3) 以国家标准为主线,介绍可靠性和耐久性试验方法。

(4) 总结作者所在单位的研究成果,介绍燃料电池动力系统的试验方法、动力电池试验方法、混合动力试验方法、车用电机试验方法。

(5) 以上所有介绍的试验均在台架实验间内进行,并应用了各种专用设备和试验测试手段。为此,本书有针对性地对这些内容作了简要介绍,着重阐述具体的对象和应用方法,而不是泛泛的论述。进一步信息读者可在相关的专著中找到所需的各方面的详细内容。

(6) 本书附录介绍了作者所在单位多年来积累编制的多个教学试验大纲。大纲涉及的试验项目及内容与作者所在单位具体条件有关,仅供读者参考。

2. 本书各章内容简介

本书第 1 章介绍了有关汽车能源动力试验、试验的作用以及整机试验的一些基本知识,如试验分类和内燃机试验标准等,并对内燃机试验测试技术发展历程进行了简要介绍。第 2 章以车用内燃机为主要试验对象,对保证试验所需的硬件系统,如测试系统、实验室环境系统等进行了简要描述,同时简要介绍了混合动力试验系统。第 3 章以车用内燃机为主要试验对象,介绍了其主要性能参数的测量方法及主要传感器的测量原理。第 4 章介绍了国家标准规定的常用内燃机基本性能试验方法,其中对内燃机功率试验、负荷特性试验和万有特性试验的意义及方法进行了比较详细的论述。第 5 章讨论了可靠性试验的意义,并对我国汽车内燃机可靠性试验标准进行了描述,同时简要介绍了企业在进行产品可靠性试验中的思路。第 6 章介绍了内燃机排放法规鉴定试验。第 7 章和第 8 章讨论了现代车用内燃机开发试验中所涉及的一些专项试验方法。第 7 章就电控内燃机匹配标定试验的意义、基本概念和方法进行了简要介绍,通过实例介绍了匹配标定的过程。第 8 章介绍了燃料电池动力系统试验方法及测试新技术。第 9 章介绍了动力电池基本试验方法。第 10 章介绍了车用电机试验方法。第 11 章介绍了混合动力试验方法。最后为附录 A、B 和 C,附录 A 对 8 个内燃机教学试验大纲和具体过程、方法等进行了较详细介绍,便于读者进一步理解内燃机试验教学的情况,关于燃料电池、动力电池教学试验可参看相关章节里的介绍。附录 B 以 MATLAB 软件为例简要介绍了示功图绘制方法,附录 C 为某试验报告范例,仅供参考。

1.4 汽车能源动力试验的组织与实施

关于试验的组织与实施,本节主要以内燃机为试验对象进行描述,对于其他能源动力试验的组织与实施,其思路是相通的。

1.4.1 试验前的准备

1. 制定试验大纲

试验大纲是指导试验的重要技术文件,它关系到试验的好坏与成败。根据试验目的的不同,试验大纲的编制侧重点也会有所不同。

对于新产品型式认证试验、质量检查试验,试验大纲应按照相应的国家或行业试验规范编制,并经充分讨论、审批后实施。

对于研究和开发型试验,因其特殊的试验技术和方法,在制定大纲前,要研究所需特殊的试验装置和试验设计方法,即研究如何合理而有效地获得试验数据资料的方法。应认真考虑特殊设备和测试仪器的可行性以及如何合理地安排试验、获取数据及如何进行数据分析等,从而获得最优试验设计方案。上述方案在试验大纲中应有详细的说明。

试验大纲主要包括以下内容。

1) 试验目的

明确规定试验必须完成的任务(如需要解决的技术问题、观察的现象等)以及要求达到的目标(如内燃机额定工况下应达到的功率值、内燃机最低油耗值以及排放限值等)。试验目的应在大纲中率先说明。

2) 试验对象和试验内容

大纲中应写明:试验件(样品)的名称、型号、生产编号、主要技术参数,为完成试验任务所需的试验内容(例如,是稳态试验还是动态试验,是工况法试验还是一般性能试验等),试验程序(即试验步骤)。对每项试验内容和条件应作简要说明,必要时应附有试验原理图。

3) 试验项目和测量参数

大纲中应根据试验内容,详细列出必须进行的试验项目和每个项目中必须测量的参数,并说明由测量参数求得最后性能指标的计算方法,附上必要的计算公式。有关参数的测量方法详见第3章。

4) 试验设备

根据试验项目和测量参数,选择相应的试验仪器、设备,并写明名称、型号、规格和测量精度范围,如选用水力测功机、电涡流测功机还是电力测功机,选用质量式油耗仪还是容积式油耗仪,选用动态油耗仪还是普通油耗仪等。试验目的的不同,其测量精度的要求也会不同。有关试验设备的信息参见第2章。

5) 试验条件

试验条件决定了试验对象处于什么环境中进行测试,这对测试结果有很大影响。试验条件包括环境温度、湿度、大气压力、内燃机所用燃料和润滑油料的规格、状态(指油温、油压),以及冷却水温、内燃机负荷等。

6) 试验技术、方法和试验设计

内燃机常规试验应按照不同的试验项目,依据相应的标准(国家标准、行业标准或企业标准),来规定其试验技术和方法。试验程序(设计)大都按标准进行。

对于研究型或新产品开发试验,应根据产品的目的、目标来确定采用何种方式进行试验。这一类试验的试验设计是非常重要的,这是因为,若试验方案设计正确,对试验结果分析得法,就能够以较少的试验次数、较短的试验周期、较低的试验费用,迅速地得到正确的结论和较好的试验结果;反之,试验设计方案不正确,试验结果分析不当,就会增加试验次数,延长试验周期,造成人力、物力和时间的浪费,这不仅难以达到预期的效果,甚至还会造成试验的全盘失败。

归纳起来,试验设计主要包括如下三个方面的内容:工况选择——因素与水平的选取方法;误差控制——试验方案的制定;数据处理——分析试验结果。其中,方案制定与数据处理方法是 20 世纪 30 年代以后数理统计中新发展的一个学科分支,以概率论、数理统计和线性代数等为理论基础。

对于工况选择——因素与水平的选取方法,即是指采用单因素试验设计,还是多因素试验设计;采用基于模型的试验方法,还是工况法试验方法,等等。有关这些方法的理论基础可查阅文献[7-10]等当下最新有关试验技术资料。

7) 试验数据的处理

试验数据的处理通常分为稳态数据处理和动态数据处理两种。稳态数据所指的是不随时间变化的测量数据;动态数据所指的是随时间变化的测量数据。因此,应说明试验数据是采用何种处理方法;数据处理的手段是采用人工处理、专项分析仪处理还是计算机处理等。

8) 误差分析

内燃机试验的目的是输出信息,而这些信息的价值很大程度上取决于它们的精确度。因此,试验者除了应对内燃机有一个完整的理解之外,还应懂得在进行内燃机试验过程中,由于环境的影响,试验方法和试验设备、仪器的不完善以及试验人员的认知能力有限等原因,使得在测量与试验所得数据和被测量的真值之间不可避免地存在着差异,这在数值上即表现为误差。虽然测量技术不断提高,但是完全消除误差是不可能的,也就是说,在任何测量过程中,测量结果均存在着误差。

试验误差的来源主要有以下几个方面。

(1) 仪器误差:由于仪器设计、制造不精确,调整、校正不当或使用不当等原因而引起的误差。

(2) 环境误差:由于各种环境因素与要求的标准状态不一致而造成的误差,如温度、湿度、气压、振动、电场以及磁场等引起的误差。

(3) 方法误差:由于测试方法不合理,仪器位置安装不正确、使用不当或计算方法不完善等因素造成的测量误差。因此,试验者对不同测量方法的相对优点和缺点以及不同测试方法在不同试验情形下的适用范围要有深刻的理解。

(4) 人员误差:由于测量者主观原因所造成的误差。如试验者操作不当,或有些数据需人工读出,而测量者因工作疲劳引起视觉器官的生理变化等引起的误差。

综上所述,测量误差的来源是多方面的,因此,在分析误差来源时应综合考虑,正确计算出误差链,以保证误差分析的准确性,进而保证试验精度。关于误差分析的进一步信息可参考文献[11-12]及其他相关专著。

2. 试验设备、试验仪器配备与标定

为了使试验结果准确、可靠,试验者应具有关于仪器校核方法的知识以及了解试验仪器具有何种类型的误差。进一步说,试验者必须保证测试仪器与设备都能满足试验中测定参数的测量范围、容量、精度和分辨率的要求;使用的电源与仪器设备应相适应;试验前还应对各种传感器、测试仪器和仪表按照说明书的要求进行预热、调试、校正和标定(定度)等。如在进行内燃机排放测试前后,需对测量 HC、CO、NO_x 等的仪器进行零点标定、量程标定,标定的数据应记录并填入试验报告中。

3. 人员配备和记录表格准备

根据试验项目和测试数据,确定参加试验人员,而试验人员不仅应熟练掌握仪器设备的原理和操作方法(如测功机的操作、排放仪的使用等),还要确定每人的任务和相互间的配合,明确试验方法,并能正确地对整个试验过程及试验现象进行记录并整理试验结果。

进一步说,试验者对所有试验观测值应具有进行质疑的思维习惯,即应具备以下习惯:分析、比较所记录的数据是否可信,是否有不符合规律的谬误之处。当发现问题时能及时在试验中解决。

为保证日后的分析比较,在试验之前,需要将试验背景资料(试验对象的名称、型号,试验大气状态,试验日期、时间、地点等)输入到计算机中或手写到试验记录本上。为避免意外(如计算机故障),应保存试验的原始记录(即试验人员在试验现场手工书写的记录)。内燃机试验记录表格可参考表 1-1 绘制。

4. 安全措施准备

内燃机实验室是比较危险的工作场所,对这一点试验工程师及有关人员(包括学生在内)应有充分认识。因此,为保证安全,在进行内燃机试验教学过程中需注意不得超过试验大纲中规定的允许最大工作负荷、最高转速、最大压力等极限值。试验过程中不仅要时刻注意内燃机可能发生的异常现象,并加以记录,同时学生要知道实验间紧急按钮、试验设备的操作规程,严格遵守实验室规章制度;在进行内燃机试验时,学生不能站在内燃机输出轴的侧面,因为高速旋转的联轴器中的任何零部件一旦甩出,将十分危险。试验中如发现内燃机、设备及仪器出现异常情况或故障时,应停止试验进行检修。在进行新能源动力,如燃料电池系统、动力电池试验时,试验人员应充分了解相关安全手册,避免氢气泄漏、触电、起火等安全事故。另外为保证安全,无论做何种试验,参加试验人员应在 2 人以上。

5. 试验前后的主要操作规程

根据试验目的的不同,试验前后的操作规程均有其特殊规定。本节以普通内燃机为试验对象,简要介绍其试验前后的主要操作规程。同样,动力电池、燃料电池也有它们相应的操作规程。

1) 内燃机试验前的主要试验操作规程

(1) 按各实验室操作规程和安全制度进行检查;

(2) 检查燃油系统连接的可靠性及是否有泄漏问题;

(3) 内燃机电路系统连接是否正确;

表 1-1 内燃机试验数据记录表

内燃机型号_____ 号码_____
测功机型号_____
进气温度_____K(或℃)
大气温度:干球_____℃,湿球_____℃
进气总压_____kPa(或mmHg)
水蒸气分压_____kPa(或mmHg)

试验目的_____

试验单位_____
试验日期_____
试验人_____
试燃油密度_____g/cm³
校正系数_____

序号	测功机		有效扭矩/(N·m)		有效功率/kW		燃油消耗量			燃油消耗率/(g/(kW·h))		机油								
	转速/(r/min)	扭矩/(N·m)	实测	校正	实测	校正	容积或质量/(cm³或g)	历时/s	实测/(kg/h)	实测	校正	压力/kPa								
	1	2	3	4	5	6	7	8	9	10	11	12	13	14	15	16	17	18	19	20

(4) 所有需要冷却的设备(内燃机、测功机、进气中冷器等)的冷却水应已打开;

(5) 内燃机机油油面应在规定的高度,检查机油是否有泄漏现象,通过机油尺查看机油量是否处于合适范围;

(6) 检查内燃机安装是否正确,是否有松动现象(如排气管);

(7) 通风系统在内燃机起动前打开,用于净化试验室内的易燃易爆和有害气体;

(8) 检查试验室从控制台到实验间的通道有无障碍,在试验时设置防止随意进入标识;

(9) 按照操作说明书检测内燃机试验操作系统是否正常等;

(10) 确定火警系统正常工作,灭火器齐全。

2) 内燃机起动后应立即检查的主要项目

(1) 机油压力是否达到规定值;

(2) 当内燃机达到稳定怠速时,应该在实验室内快速检查,检查其周围是否安全,特别要观察内燃机燃油和机油是否泄漏,并且要注意听有无不正常的噪声;

(3) 检查内燃机内外循环水系统是否有漏水现象;

(4) 检查操作试验台的测试紧急关闭系统,以确保其安全可靠;

(5) 重新起动内燃机,进行内燃机试验,热机完成待冷却水温度和机油温度达到合适范围后开始测量并记录数据。

3) 内燃机试验结束时应立即检查的项目

(1) 按规定关闭(台架)燃油、水、电等系统;

(2) 试验数据保存、转换等;

(3) 关闭实验室冷却系统、通风系统,并进行检查。

1.4.2 试验过程

试验过程一般包括 4 个阶段(不含使用试验):起动预热、工况设置、数据采集和处理。

内燃机在进行正式试验前,都必须经过起动预热过程,另有规定时除外(如内燃机冷起动试验)。试验过程中,应随时监测内燃机的运转状态(如内燃机水温、机油温度等),检查测试仪器的工作状况。当内燃机达到正常工作温度(一般水温为 85~90℃,机油温度为 90~100℃),且每一个试验工况的转速和负荷均保持稳定后,方可进行各种试验。试验应按照试验大纲的要求进行,在指定工况下测取试验数据和记录。在稳态试验中,要读取或记录内燃机在稳定工况下一定时间内的平均值(稳定值);在动态瞬时试验中,要使被测件的动作和记录同步,并采用自动采样记录系统。试验结束后,应立即汇总主要测试数据,检查、校核各参数测定值,及时做出试验是否有效的判断。若发现有问题,则要分析原因,采取改进措施,重新进行试验。

1.4.3 试验总结与分析

试验完成后的总结工作包括:对试验中观察到的现象和发现的问题进行定性的分析研究;对测得的数据进行处理,获取必要的信息和参数,以确定实测所得的性能指标和参数间的关系;争取对试验数据和资料再进一步归纳,得出规律;最后对试验做出评价和结论,写出试验报告。

1. 数据处理

试验总结阶段中,试验数据的处理是非常重要的一项内容。要求对测量所获得的一系列数据进行深入的分析,以便得到各参数之间的关系,甚至用数学解析方法,导出各参数之间的函数关系。

前面已介绍过试验数据的处理通常分为稳态数据处理和动态数据处理。汽车内燃机教学试验的数据处理常采用稳态数据处理。稳态数据处理通常采用 3 种方法,即数字表格法、图示法和经验公式法。

1) 数字表格法

数字表格法就是用表格来表示函数的方法,在工程技术上应用较多。经过测量获得的一系列测量数据都是首先列成表格,然后再进行其他的处理。

2) 图示法

图示表达是根据试验结果做出的尽可能反映真实情况的曲线。通过作图,可以非常直观地看出试验数据变化的趋势、特征及函数的变化规律。例如,是递增还是递减,是否有周期性变化规律,是否存在最大值与最小值等。作图过程中,在认真分析试验数据的基础上,要注意坐标的选择、分度和数据描点等问题,以便使试验曲线能正确地反映其真实关系。图示法能非常直观地表达试验数据的函数变化关系,但不能进行数学分析。

3) 经验公式法

经验公式法就是利用回归分析的方法确定测试数据间的函数类型及其参数,也就是建立与试验曲线对应的公式。经验公式法不仅简洁扼要,而且可以对公式进行必要的数学运算,以研究自变量与因变量之间的函数关系。

动态试验数据的处理要比稳态试验数据复杂。其数据处理的步骤一般分为数据准备、数据检验、数据分析 3 个阶段。进一步的信息可参阅相关专著及文献。

2. 试验报告

试验报告是对试验过程总结的最好体现,高质量的试验报告不仅能对当下试验进行有效总结,还可为日后相关研究积累有效素材,因此,试验报告的有效编写,具有非常重要的意义。

一般来说,试验报告的内容主要包括:

(1) 试验报告封面。封面上应写有试验单位名称、报告名称、编号、校对、审核、批准、日期及报告编号。

(2) 试验任务来源(即立项依据)。是新产品设计验证试验、新机型匹配标定试验还是为提高某种产品可靠性、适应性所需进行的相关试验等。

(3) 试验目的。报告需对本次试验的具体目标进行描述。如本次试验目的是考核内燃机进气管改进后其性能变化状况,是否达到预期效果,或改进其某个零件后,整机可靠性是否有影响等。

(4) 试验时间、地点及试验参加人员。报告中需对试验时间、地点及试验人员进行注明。

(5) 试验对象。需对试验对象主要技术参数及结构特点进行描述。

(6) 试验条件描述。如环境温度(气温、气压、湿度等)、试验环境、测试工况等。

(7) 试验手段。描述试验所用仪器设备主要功能及技术参数,测试系统仪器的选配,传感器标定及精度等。

（8）试验方法。简介试验方法依据、试验方法及过程描述。

（9）试验数据处理方法及结果分析。简要介绍试验数据采取何种处理方法、试验数据处理结果分析及误差范围；综合分析试验结果，在此基础上对其进行评价，并提出存在的问题和进一步改进意见等。

（10）附录。包括典型试验记录曲线、数据处理结果表、试验规律曲线及工况照片等。

附录C是某项试验报告范例，供读者参考。

1.5 试验标准

1.5.1 标准概述

由于试验方法、试验条件、使用设备、试验环境等的不同，会使汽车能源动力系统台架试验的试验结果出现很大差异。为了避免由此引起的争论和混乱，使试验得到客观的可比结果，就需要制定试验标准。所谓标准就是以科学、技术和实践经验为基础，经有关方面协调一致，由主管机构批准，以特定形式发布，作为共同遵守的准则和依据。试验标准不同于一般性的试验方法，它具有一定的权威性、通用性、先进性和相对稳定性，是衡量能源动力产品质量和各项工作的依据。

能源动力各种试验标准繁多，按管理级别和适用性范围的不同分为国际标准、国家标准和地方标准、行业标准，以及企业标准等，按标准的属性又可划分为强制性标准和推荐性标准。

1. 国际标准

国际标准是指国际标准化组织（International Organization for Standardization，ISO）、国际电工委员会（International Electrotechnical Commission，IEC）和国际电信联盟（International Telecommunication Union，ITU）以及国际标准化组织确认并公布的其他国际组织制定的标准，也是各会员国统一执行的标准。ISO是世界上最大的非政府性国际标准化机构，是联合国的高级咨询机构。中国于1978年9月加入ISO。

2. 国家标准和地方标准

国家标准和地方标准是各国或各地区依据自己的国情、区情而制定的适用于本国和本地区的标准。中国国家标准简称GB。美国国家标准协会（American National Standards Institute，ANSI）制定的标准为美国标准，简称ANSI，日本的国家级标准简写为JIS。

3. 行业标准

行业标准是在全国某个行业范围内统一的技术标准。在我国该标准由国务院行政主管部门制定并报国务院标准化行政主管部门备案，称为行业标准。行业标准是为了规范本行业所辖各部门产品试验方法而制定的。如中国汽车行业标准简称QC，交通运输部标准简称JT等。美国汽车工程师学会（Society of Automotive Engineers，SAE）制定的标准，称为SAE标准。SAE所制定的标准具有权威性，因此，不仅在美国国内被广泛采用，而且成为国际上许多国家工业部门和政府机构在编制标准时的依据，为国际上许多机动车辆技术团体广泛采用。负责日本汽车工业界标准化工作的专门机构是日本汽车行业标准化组织

(Japanese Automobilc Standard Organization，JASO)，在组织结构上，它是日本汽车工程师协会(Japanese Society of Automotive Engineers，JASE)的一个下属部门，即 JASE 标准部，但对外又作为一个独立的团体(即 JASO 组织)开展工作，它负责修订的日本汽车行业标准，称为 JASO 标准。德国汽车工业协会(VDA)由德国 620 多家汽车工业公司组成，成员分为汽车制造商、汽车供应商、拖车、专用车体、客车三大制造集团。VDA 也发布了一系列汽车行业标准和建议。

4. 企业标准

企业标准是指各汽车能源动力生产企业，根据自身特点，参考相应国际标准、国家标准而制定的标准，它只限于本企业内使用。通常，企业标准严于国家标准或国际标准，目的是提高该企业产品的质量和竞争能力。

5. 强制性标准

根据《中华人民共和国标准化法》的规定，国家标准、行业标准分为强制性标准和推荐性标准。强制性标准是为了保障人身健康、安全，保护环境和节约能源而制定的强制执行标准。这类标准一般称为法规，因此，强制性标准必须执行。如中国 GB 3847—2018《柴油车污染物排放限值及测量方法(自由加速法及加载减速法)》即为强制性标准。

6. 推荐性标准

强制性标准以外的标准属推荐性标准，在中国，凡是标准代号带有"T"的，均为推荐性标准，国家鼓励企业自愿采用。为鼓励企业采用推荐性标准，国家还采取优惠措施。推荐性标准一旦纳入指令性文件，将具有相应的行政约束力。如中国已发布的主要用于汽车内燃机试验方法的推荐性试验标准有：

(1) GB/T 18297—2001《汽车发动机性能试验方法》；

(2) GB/T 8190.4—2010《往复式内燃机　排放测量　第 4 部分：不同用途发动机的稳态试验循环》；

(3) GB/T 8190.5—2019《往复式内燃机　排放测量　第 5 部分：试验燃料》；

(4) GB/T 17805—1999《柴油机进、排气流量的测量》。

这些标准对适用范围、试验目的、名词术语解释和规定、仪表精度及测量部位的要求、计算公式、图标、试验条件、试验方法、试验过程、试验项目和试验报告结果允许差值等都进行了详细的说明，并作了统一规定。试验人员应在试验前仔细阅读有关标准，并按照标准要求严格执行。

1.5.2　试验时对内燃机所带附件的要求

内燃机所带附件不同，所测试的内燃机动力性、经济性等就会不同，因此，标准中对内燃机在进行各项试验时所带的附件进行了规定，如表 1-2 所示。另外标准还有如下规定。

(1) 凡属维持内燃机工作所不可少的附件，如进气排气歧管、节气门体、电控系统、燃油输油泵、燃油喷射泵、分电器、水泵、机油泵、增压器、废气放气阀、中冷器以及风冷内燃机的风扇、导热罩等附件一律带上，不列于表 1-2 中。

(2) 凡不是为内燃机本身服务且又是外加负载的附件，如排气制动阀门、制动用压气泵、空调用冷气泵、动力转向用液压泵等附件一律不带。若因为结构的原因，不便从内燃机上拆下，其消耗的功率可加到内燃机的实测有效功率中去，或从机械损失功率中扣除。

表 1-2 试验时内燃性所带附件

序号		附件名称	1 起动试验	2 怠速试验	3 功率试验 总功率	3 功率试验 净功率	4 负荷特性试验	5 万有特性试验	6 压燃机调整特性试验	7 机械损失功率试验	8 各缸工作均匀性试验	9 机油消耗量试验	10 活塞漏气量试验
1	进气部分	空气滤清器、进气消声器及连接管道	△	△	△	△	△	△	△	×	△	△	○
		进气、混合气预热	△	△	○	△	△	△	×	○	△	△	△
		曲轴箱通风装置	△	○	○	△	○	△	×	○	△	○	×
		燃油蒸发排放控制装置	○	○	△	○	○	○	×	△	○	○	△
2	排气部分	试验室排气系统	×	×	×	×	×	×	×	×	×	×	×
		排气连接管道、消声器及尾管	△	○	△	○	×	△	×	△	×	△	△
		排气再循环装置	○	○	○	○	×	△	○	×	△	△	○
		二次空气装置	△	△	△	△	×	△	△	×	△	△	△
		催化转化器	△	△	×	×	×	×	×	×	×	×	×
3	冷却部分:水冷机	散热器、护风罩及风扇	△	△	△	△	×	△	△	×	△	×	×
4	电子、电器部分	发电机、调压器及蓄电池	△	△	△	△	△	△	△	×	△	△	△
		发动机系统	△	△	×	○	△	△	△	○	△	○	△
5	传动部分	变速器	△	△	△	△	×	×	×	×	×	×	×

注: ×表示不应带的附件; ○表示应带的附件; △表示可带可不带的附件, 按需要任选, 但应在试验报告里注明。

参 考 文 献

[1] 欧阳明高,田硕,徐梁飞.汽车动力的混合化发展趋势与构型分析[J].汽车工程,2008,30(9):742-747.
[2] 欧阳明高.中国新能源汽车的研发及展望[J].科技导报,2016,34(6):13-20.
[3] 欧阳明高.坚持"纯电驱动"技术转型战略不动摇[J].新能源经贸观察,2019(5):48-50.
[4] 欧阳明高.面向碳中和的新能源汽车创新与发展[J].科学中国人,2021(11):26-31.
[5] 张冬梅,张树勇,裴伟,等.国外发动机试验测试技术最新进展[J].车用发动机,2013,6(3):1-4.
[6] 陈魁.试验设计与分析[M].2版.北京:清华大学出版社,2005.
[7] 虞鸿祉.工业试验设计技术[M].南京:东南大学出版社,1990.
[8] 沈邦兴.工业试验设计[M].北京:测绘出版社,1990.
[9] 栾军.现代试验设计优化方法[M].上海:上海交通大学出版社,1995.
[10] 李杰敏.汽车拖拉机试验学[M].2版.北京:机械工业出版社,1994.
[11] 何耀华.汽车试验学[M].北京:人民交通出版社,2005.
[12] 黄海燕.汽车发动机试验学教程[M].2版.北京:清华大学出版社,2016.

第 2 章　内燃机台架试验系统

在汽车用内燃机的研究和开发过程中,由于影响因素非常复杂,只靠模拟计算很难获得精确的结果;同时在内燃机制造、使用、服务、维护、修理等生命周期的全过程中,内燃机试验均起着很重要的作用。通过试验可以检查内燃机出厂产品、使用和维修等过程中是否达到设计使用要求。因此,有效的内燃机试验测试技术就显得格外重要。而先进的内燃机试验测试系统是保证进行内燃机开发和试验研究的基础。随着计算机技术、传感技术、信息技术和自动控制技术的发展,内燃机试验测试系统更加完善,不仅简化了试验操作,而且在试验功能、试验精度、试验进度等方面都有了很大扩展和提升,测试设备的可靠性也有了很大提高。

通常,内燃机试验是在内燃机实验室内试验台架上进行的。内燃机实验室一般包含试验间、控制室两部分。实验室内的试验系统主要由试验测试系统和实验室环境系统两大部分组成。测试系统主要由保证内燃机运行的燃料供应系统、空气供给系统、冷却系统和对内燃机进行加载的装置——测功机、控制系统及数据采集系统组成;实验室环境系统主要包括通风系统、内燃机进排气系统和消声与隔声系统、安全系统,以保证内燃机在所需的正常环境中运行,避免室内外噪声和排放物的污染。试验系统的控制部分、数据采集处理系统(也有部分放在实验间)及操作界面放在实验室的控制间内。为保证内燃机试验研究的需求及试验系统的正常工作,内燃机实验室的设计及测试设备的配置非常重要,尤其是在为解决关键技术的验证、测试、优化、调整等方面,实验室所具备的试验测试能力就显得尤为重要。为此,很多内燃机厂商及研发机构均在建立试验及测试能力方面不惜投入巨资。

内燃机实验室设计、建造是一个系统工程,它集机器、仪器、油、气、电、循环水、采暖、通风、照明、天车、压缩空气、安全系统、隔音降噪和辅助设备于一体,所有这些都必须作为一个整体来运行。内燃机实验室设计不是本书的重点,但它是保证内燃机试验能有效进行的基础。读者如想了解,可参考文献[1-2]及其他相关资料。

图 2-1 所示为内燃机实验间布置简图,图 2-2 所示为某汽车内燃机实验间实图。

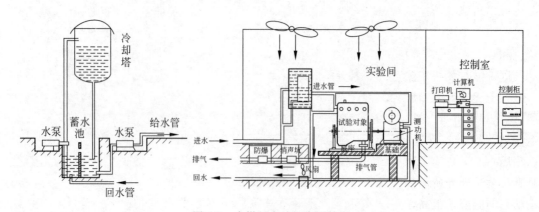

图 2-1　内燃机实验间布置简图

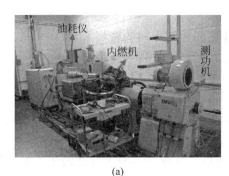 

图 2-2　汽车内燃机实验间
(a)内燃机实验间；(b)内燃机控制间

2.1　测　试　系　统

2.1.1　加载与测量装置——测功机

在内燃机产品研发、生产制造、品质管理以及维修保养的各个环节，都需要检测内燃机的各种性能参数和特性曲线。检测的前提是保证内燃机在所需工况下正常运行，为此要给被测内燃机加上模拟的负载，控制并吸收内燃机输出的能量，通过所测得的扭矩及转速算出内燃机输出功率，如果同时测得内燃机的小时耗油量，即可计算出内燃机的比油耗。这样，就可以测得内燃机的动力性、经济性。用于内燃机试验的加载及测量装置称为测功机(器)。它主要包括三部分：一是用于吸收内燃机功率的加载装置；二是负载调控装置，用来改变测功机的制动负载特性并与被测内燃机的动力输出特性相匹配，以形成所需测试工况；三是扭矩、转速测量装置，从而获得功率值。

测功机也称测功器(下文均写成测功机)，它不仅用于测试内燃机的功率，也可作为齿轮箱、减速机、变速箱等的加载设备，用于测试它们的传递功率。

1. 测功机的种类及结构原理

内燃机将其输出的机械能传送给测功机，根据吸收原动机的能量所转换的形式，可将测功机分为水力型、电涡流型和电力型三大类；如按扭矩测定方法进行分类，可分为摆动型测功机和传动型测功机(扭矩测量装置或称扭矩传感器被安装在内燃机与制动装置之间，与传动轴同轴。有关扭矩测量方法详见第 3 章)。

在上述三大类型测功机中，水力型及电涡流型测功机最终是将所吸收的能量转变为热能，由冷却水带走。被加热的冷却水通过冷却塔冷却后，再循环使用，以保证测功机的可靠运行；电力型测功机(如直流、交流测功机)则将吸收的能量转变为电能再反馈到电网中加以利用。对于应用于稳态测试的测功机，大都将其外壳做成可自由摆动(浮动)的形式，工作时直接测量外壳所承受的反作用力来确定扭矩(详见后文)。在进行内燃机动态测试时，由于动态响应要求很高，通常用装在传动轴上的扭矩传感器直接测定扭矩。有关扭矩传感器的工作原理将在 3.1.2 节中介绍。

下面对常用的三大类型测功机的结构原理进行简要的介绍。

1) 水力测功机

水力测功机是以水作为工质,利用固、液体之间相对运动的摩擦力,将内燃机的机械能转为热量,由循环水吸收并带走的一种液力测功装置。

根据转子的结构不同,水力测功机可以分为多种形式,如销钉式测功机、盘式测功机、涡流型水力测功机等。如按工作原理来分,除了盘式测功机外,其他所有水力测功机的工作原理都是类似的。图 2-3(a)所示为某涡流型水力测功机外形结构示意图。它主要由机体部件、测力机构部件、进排水部件、校正部件、电动调节排水阀部件、自动调节装置部件、润滑部件等组成。

其机体部件的基本结构简图如图 2-3(b)所示。主要由一架于滚动轴承上的可摆动的外壳和架于主轴上的转子所组成。测功机转子安装于主轴中间,左右侧壳及左右轴承外壳

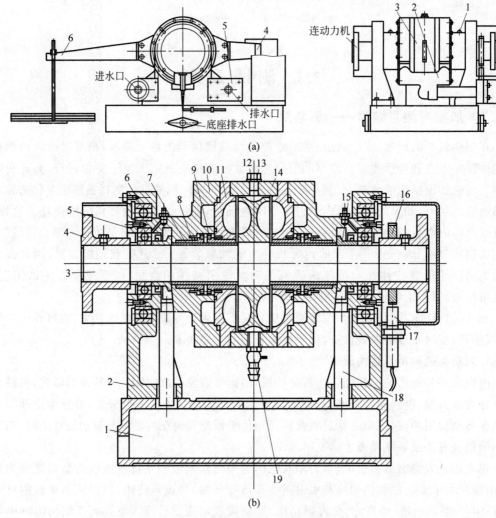

图 2-3 某涡流型水力测功机的外形与结构
(a) 外形图

1—润滑部件;2—进水部件;3—机体部件;4—测力机构部件;5—电动排水阀部件;6—校正部件

(b) 结构图

1—底座;2—左右轴承座;3—主轴部件;4—联轴节;5—轴承压板;6—骨架油封;7—轴套;
8,9—双金属轴套;10—左右轴承外壳;11—左右侧壳;12—螺塞;13—转子;14—外壳;15—封水圈;
16—测速齿轮;17—转速传感器;18—溢水管;19—旋塞

分别对称安装于转子两侧，转子凹坑与左右侧壳凹坑形成工作腔。当动力机通过联轴节带动测功机主轴上的转子组件同步旋转，搅动工作腔的水时，由于转子旋转所产生离心力及转子凹坑的作用，水在侧壳与转子凹坑之间产生强烈的水涡流。它给外壳一个转动力矩，使动力机的扭矩由转子传给外壳，装在外壳壳体上的动力臂也随着产生转动趋势，从而将制动力矩传给与制动臂连接的拉压力传感器，通过电子数显装置显示其制动力矩的大小。

测功机通过电动排水阀控制蝶阀开度，或通过自动调节装置控制排水执行器，由排水执行器控制蝶阀开度，以改变测功机工作腔内水的压力，从而改变吸收功率的大小。同时测功机的转速可由转速传感器测得，在电子显示仪器上显示出来。

动力机输出的机械能在这里转化为热能，并由进入壳体中的冷却水吸收而排出带走，极少部分则由测功机外壳壁散热给空气。

为保证测功机的正常运转，测功机出水温度一般在 60℃ 左右（不同的产品会有所不同，如有的产品要求在 75℃ 以下），以免产生气泡，使阻力矩急剧变化，影响工作的稳定性。测功机冷却水温度高时，容易在测功机水腔和冷却水管路内结水垢，影响冷却水流量和测功机正常工作。如经常清理水垢则会影响试验效率，冷却水软化是防止结垢的有效手段之一。测功机的结构是否合理，冷却水路的压力、流量是否足够，也是防止结垢的重要因素。

水力测功机结构相对简单、体积小、制造成本低，曾在汽车内燃机企业中广泛使用。相对盘式水力测功机，涡流型水力测功机低速时较稳定，因此目前主要用于大型内燃机加载测试；盘式测功机虽然低速性能比较差，但其转速可以设计得很高，因此，适合于燃气轮机的加载装置。

对于车用内燃机试验，要求较高的动态响应，而水力测功机因动态响应慢等问题，目前已被电涡流测功机、电力测功机所取代。

水力测功机生产企业主要有 Horiba 公司，奥地利 AVL 公司，英国 Hofmann 公司，中国杭州奕科、江苏联通、江苏启测、洛阳凯迈、湖南湘仪等公司。

2）电涡流测功机

电涡流测功机利用了电磁感应原理，形成扭矩和消耗功率，即旋转时引起磁路中磁通变化，从而产生电涡流来吸收内燃机的功率，能量以热的形式传递到水中，再由冷却水带走。其结构简图如图 2-4 所示。

电涡流测功机主要由旋转部分（感应体）、摆动部分（电枢和励磁绕组）、测力机构和矫正部分组成。

感应体由实心磁性材料制成，其外圆有齿槽。电枢由实心低碳钢制成，其内圆装有涡流环。涡流环由导磁性能良好的材料制成。电枢上装着励磁绕组，其轴线与转子轴同轴。当励磁绕组通上直流电流后，则围绕励磁绕组产生一闭合静态磁通。

由于转子盘和摆动体都是由磁性材料制成，磁阻很小，所以磁通密度主要取决于气隙的大小。因转子外圆有齿槽，当感应体被原动机带动旋转时，气隙磁密随感应体的旋转而发生周期性的变化，在涡流环孔壁表面及一定的深度范围内将感应涡流电势，并产生涡流，该涡流所产生的磁场又与气隙磁场相互作用，就产生了制动扭矩。该扭矩通过外环及传力臂传至测力装置上，从而实现测量扭矩的目的。

电涡流测功机易于调节负荷，只要改变励磁线圈的电流即可。

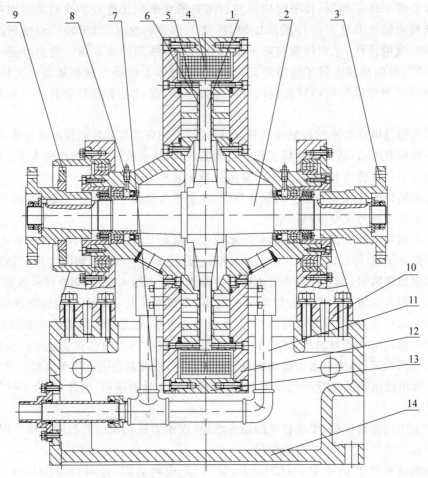

图 2-4 电涡流测功机结构简图

1—感应器；2—主轴；3—联轴器；4—励磁线圈；5—冷却室；6—气隙；
7—出水管道；8—油杯；9—测速齿轮；10—轴承座；11—进水管道；
12—支撑环；13—外环；14—底座

电涡流测功机的优点是：运转平稳，转动惯量小，体积小而吸收功率大，成本低于电力测功机，测试工艺比较成熟。它是目前内燃机厂、研发机构主要使用的测功机之一。

论其缺点，电涡流测功机与水力测功机一样，只能吸收内燃机的能量，并将其全部转化为热量消耗而不能回收，也不能倒拖内燃机运转；而热量又是通过冷却水带走，因此，需通入足够的冷却水，并且还需进行软化处理，以免产生水垢堵塞冷却水通道。由于水可能会导致设备的腐蚀，还易受不利的冷却冲击，因此，出水温度不宜过高，一般在 50℃ 以下（读者可参考相关产品说明书），当水温超过规定值（如 60℃）后，会加速零件的腐蚀和积垢，严重时会损坏测功机。由于上述原因，使得电涡轮测功机精度的提高和实际应用受到限制。

3）电力测功机

电力测功机的原理与普通发电机基本相同，即把内燃机的机械能转换为发电机的电能，发电机就起到制动机的作用。尽管原理基本相同，但因各自使用工况不同，因此电力测功机和发电机的机械结构和一些零件使用的材料（如轴承）是不同的。

与上述两种测功机相比,电力测功机的显著特点是它吸收的功率被转变成电能,生成的电能通过测功机的相关驱动电路输出。发电机及其驱动电路的能量损失以热的形式传递给冷却介质。冷却介质可以是水或气流(用水作为冷却介质可以降低噪声,特别是在进行噪声、NVH测试中,水冷方式更受欢迎)。

根据电机工作方式的不同,可分成直流电力测功机和交流电力测功机。

(1) 直流电力测功机

直流电力测功机历史悠久。图 2-5 所示的是早期的摆动型电力测功机结构简图。它与一般电机主要的不同之处是定子外壳被支撑在一对轴承上,并可以绕轴线自由摆动。在定子外壳上固定一个力臂,它与测力机构连接,用以测定扭矩(对于外壳是固定的电力测功机,其扭矩是通过扭矩传感器获得)。在工作时,内燃机带动直流电机的转子旋转而发出直流电,再经电力电子装置变成为交流电,并反馈到电网中去。通过测量电机的电流与电压值也可算出负载功率和阻力矩。由于直流电机的可逆性,外部电网中的交流电再逆变为直流电,再使测功机变成电动机,这样可倒拖内燃机旋转,以测定内燃机的摩擦功(不给内燃机供油),也可以启动内燃机。改变电机磁极的磁场强度(对发电机)或端电压(对电动机),便可改变电机的功率。

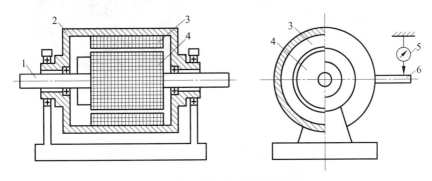

图 2-5 直流电力测功机结构简图
1—转子;2—定子;3—励磁绕组;4—电枢绕组;5—力传感器;6—力臂

直流电力测功机的优点是负荷和转速调节范围广,工作(况)稳定,测量和控制精度高,而且内燃机能量还可以再利用。然而,直流电力测功机结构上存在机械换向器和电刷,因此具有一些固有缺点,如费用高,占地面积大,单机容量、最高电压和最高转速都受到一定的限制等,导致直流电力测功机在大容量、高速测功系统中难以广泛运用。

电力测功机的散热主要通过装在测功机上的鼓风机通风冷却。

(2) 交流电力测功机

交流电力测功机(图 2-6)在功能上与直流电力测功机基本一致。它使用交流异步电机或同步电机作为加载设备。交流电机由变频器提供可变频率的驱动电源,并精确控制其扭矩和转速。与直流电力测功机相比,交流电力测功机不存在换向器问题,因而结构简单,并且交流电力测功机受电网电压波动的影响更小,而且转子部分转动惯量很小,具有优异的扭矩动态响应、高精度的扭矩和转速控制特性、高效节能和高可靠

图 2-6 交流电力测功机

性，因此更适合内燃机复杂的动态测试和模拟测试。随着电力电子技术的发展，交流传动控制技术的日趋成熟，交流电力测功机在内燃机测试领域得到了广泛应用，从简单的稳态测试到复杂的瞬态测试，并能设计出许多传统的机械测功机无法实现的测试方案，如能量回馈等。

主要生产厂家：奥地利 AVL 公司，德国 FEV 公司，日本 HORIBA 公司，法国 D2t 公司，意大利 Ipcom 公司，中国洛阳凯迈、常州常测、江苏联通、湖南湘仪等公司。

(3) 永久磁铁同步电力测功机

永久磁铁同步电力测功机代表了新一代测功机的发展。与交流电力测功机相比，永久磁铁同步电力测功机的转子用永久磁铁取代，省去了励磁机、自励系统或附加直流电源，因而具有更低的转动惯量。图 2-7(a) 示出了其基本结构图，转子是由永久性磁铁制作，三相绕组系统放在定子中。图 2-7(b) 是其外形图(由 HORIBA 公司提供)。

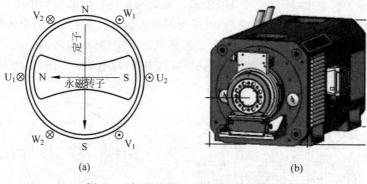

图 2-7 永磁测功机的基本结构及外形

表 2-1 给出了近同功率范围的永磁测功机和交流测功机的主要性能比较，从表中可以看出，永磁测功机具有更小的转动惯量，这样不仅更适合用于测量更小的动力机，还可以非常准确地测试内燃机的起动程序以模拟离合器的开合。更小的转动惯量使得永磁电力测功机非常适合高瞬态测试。

表 2-1 近同功率范围的永磁测功机和交流测功机的主要性能比较

序号	性 能 指 标	某永磁测功机 PM340	某交流测功机 LI350
1	额定功率/kW	346	350
2	额定扭矩/(N·m)	550	750
3	额定转速/(r/min)	6000	4480
4	最大转速/(r/min)	8010	10000
5	转动惯量/(kg·m^2)	0.176	0.7
6	加速到标定转速(包括过载情况)的转速梯度/(r/min)/s	35870	11300
7	外形尺寸/(宽×高×长)/(mm×mm×mm)	395×400×694	486×488×847
8	质量/kg	720	1050

基于上述特点，该种测功机多用于车用电机动力测试、车用变速箱开发试验研究中的动力输入模拟(通常是模拟内燃机输出)。

从表 2-1 中还可以看出，永磁测功机比交流测功机外形尺寸小，重量轻。

2. 测功机的调控与选配

测功机的选配要求：一是测功机的特性与内燃机特性要良好配合，以保证内燃机能稳定运行；二是随着电子控制技术的发展，测功机应能快捷、方便地调整其内部控制参数，改变内部特性，从而扩展其应用范围，提高试验的质量；三是被测内燃机的工况范围应在测功机工作范围(允许运行的工况范围)之内，即内燃机输出的机械能应能全部被测功机吸收，机组运行要安全，而且应处于性能较佳、误差较小的区域。

1) 内燃机-测功机机组稳定运行的条件

内燃机油门执行器处于某一确定位置时，内燃机输出一条固定的(功率)扭矩曲线(速度特性线)；测功机负载调节阀(水力测功机为排水阀，电力测功机为控制器，电涡流测功机为励磁电流调节器)处于某一确定位置时，有一条产生阻力的制动负载特性线。如不对两者进行任何调控，要使内燃机和测功机所形成的系统能正常稳定工作，必须同时满足下列两个条件：

(1) 内燃机输出特性曲线与测功机制动特性曲线应在测试的工况点上相交，如图 2-8 中的交点 A 就是所控制的测试工况点；

(2) 当运行工况偏离交点时，系统应能产生回复力(矩)，使其快速自动收敛到工作点，而不是发散到其他位置或者不正常地往复摆动。

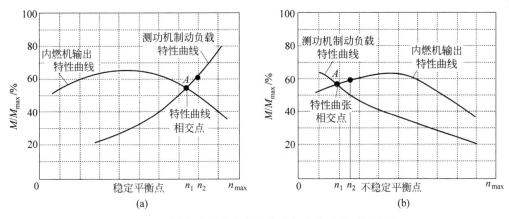

图 2-8 测功机与内燃机特性曲线相交的两种不同情况

图 2-8 为测功机和内燃机特性曲线相交的两种不同情况。从图 2-8(a)中可以看出，当测试工况点 A 处内燃机特性曲线的斜率小于测功机负荷特性曲线的斜率时，若因某种原因造成内燃机转速由 n_1 上升到转速 n_2，内燃机的输出扭矩下降；而在同样的转速下，测功机的制动扭矩却将上升。由于此时测功机的制动扭矩大于内燃机的输出扭矩，必将使内燃机的转速下降而回到原来的交点处，迫使内燃机回到原来工况点的扭矩差即为系统的回复力矩。有这种特性的相交点称为稳定平衡点。而图 2-8(b)中，测试工况点处，内燃机特性曲线的斜率大于测功机负荷特性曲线斜率时，情况恰恰相反。当内燃机工况因转速升高而偏离交点时，即升到转速 n_2 时，输出扭矩上升。在同样转速下，测功机的制动扭矩却反而下降。因制动扭矩小于输出扭矩，内燃机的转速不仅不能回到平衡点，反而将继续偏离平衡点，此时系统产生的是偏离力矩。这样的相交点称不稳定平衡点。

2) 测功机制动负载特性与内燃机输出功率特性的匹配与调控

在内燃机-测功机机组实际运行中，为获得不同的内燃机特性曲线，如不采取特定的控制模式，会出现上述不稳定运行，或者虽能稳定运行，但是稳定的过渡时间过长以及振动很剧烈的情况(后者常常出现在两条特性曲线接近平行的情况下)。为此要对测功机特性，有时也要对内燃机特性进行人为的反馈调控，改变特性曲线的走向，达到稳定运转的目的。

进一步说，内燃机的制动负载是由测功机及其控制回路构成的。测功机在不同的控制模式下运行，即意味着为内燃机提供了不同的制动负载特性。对内燃机而言，内燃机台架油门执行器控制与内燃机的配合改变了内燃机的输出负载特性。油门执行器控制回路运行于不同的控制模式使内燃机具有了不同的输出负载特性。因此，要获得内燃机的不同特性曲线，需采用不同的控制模式。测功机常用的控制模式主要有以下4种。

(1) 测功机恒扭矩/油门恒位置控制(M/P)

在 M/P 控制模式下，油门执行器位置恒定，通过反馈控制使测功机为恒扭矩负载特性，达到图 2-9(a)所示的工况点 A 稳定运转要求。其控制原理为：测控仪给定测功机的扭矩控制值，与测功机反馈的实际测量值进行比较，计算出给定值与测量值的偏差，通过 PID(比例(proportional)、积分(integral)、导数(derivative))自动调节测功机调节阀，将扭矩稳定在给定值附近，获得近乎等扭矩的特性线。该模式适合柴油机调速特性试验，因为柴油机调速特性线接近垂直，与测功机(等)恒扭矩特性线接近正交，具有极佳的稳定性。

(2) 测功机恒转速/油门恒位置控制(n/P)

在 n/P 控制模式下，油门执行器位置恒定，通过反馈控制使测功机为恒转速负载特性，达到图 2-9(b)所示的工况点 A 稳定运转要求。其控制原理为：测控仪给定测功机的转速控制值，与测功机反馈的实际转速测量值进行比较，计算出给定值与测量值的偏差，通过 PID 自动调节测功机调节阀，将转速稳定在给定值附近，获得近乎等转速的特性线。该模式适合外特性试验，因为外特性线比较平直，与测功机等转速线接近正交，具有极佳的稳定性。

(3) 测功机恒扭矩/油门恒转速控制(M/n)

在 M/n 控制模式下，控制测功机为恒扭矩，同时控制内燃机为恒转速。以测功机被控为(等)恒扭矩特性为主，即扭矩控制优先于转速。其控制原理为：测控仪给定测功机的扭矩控制值和内燃机的转速控制值，与测功机及内燃机反馈的实际测量值进行比较，计算出给定值与测量值的偏差，通过 PID 自动调节测功机调节阀和内燃机油门开度，将扭矩和转速稳定在给定值附近，获得测功机与内燃机特性正交的特性线，如图 2-9(c)所示。因为两个参数同时控制，所以工况点是恒定的。

该控制方式常用于进行内燃机的负荷特性试验，对油泵是两极式调速器的柴油机控制较稳。

(4) 测功机恒转速/油门恒扭矩控制(n/M)

在 n/M 控制模式下，控制测功机为恒转速，同时调节内燃机油门开度的大小使内燃机输出预设的恒扭矩，以测功机被控为等转速特性为主，即转速控制优先于扭矩。其控制原理为：测控仪给定测功机的转速控制值和内燃机的扭矩控制值，与测功机反馈的实际转速和内燃机反馈的实际扭矩测量值进行比较，计算出给定值与测量值的偏差，通过 PID 自动调节测功机调节阀和内燃机的油门开度，将转速、扭矩稳定在给定值附近，获得同样是正交的特性线，如图 2-9(d)所示。因为两个参数同时控制，所以工况点是恒定的。

该控制方式常用于进行内燃机的负荷特性试验，对油泵是全程式调速器的内燃机控制较稳。

根据使用者需要，还可设置其他控制模式，如测功机为恒转速控制，同时通过调节内燃机油门开度的大小使内燃机进气歧管压力达到预设值(常用于汽油机)。

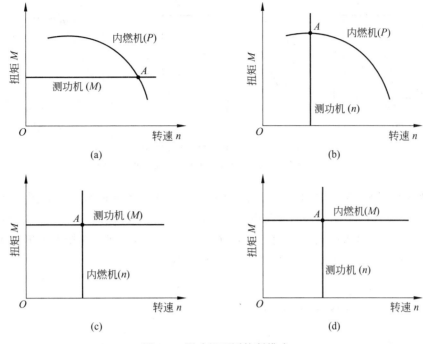

图 2-9 测功机不同控制模式

3) 测功机的选配

选用测功机类型和型号时,在满足稳定运行的前提下,还应遵循以下原则:

(1) 被测内燃机的工作范围(工况面)应在测功机被允许运行的工作范围内并处于性能较佳的区域。

各种类型的测功机都有被允许正常运行的工况范围。如图 2-10 所示为电涡流测功机允许工作的制动功率范围示意图。在该图所示的 OABCO 封闭曲线中,OA 段表示励磁电流最大时,吸收功率随转速上升的曲线,当功率达到一定值时(A 点),由于测功机热负荷(最高温度)的限制,吸收功率不能继续增加而保持恒定,当以近乎恒定的功率保持到 B 点的转速时,达到测功机允许运行的最高转速,即 BC 段为测功机旋转件受离心力负荷或轴承允许转速所限制的最高转速限制线。在无

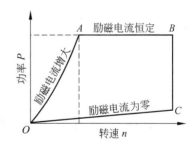

图 2-10 电涡流测功机功率特性图

励磁电流时(OC 段),测功机的特性曲线相当于不同转速下测功机的机械损耗特性曲线,这一曲线的下方部分是不能进行有效测试的。

实际中,为保证安全,被测内燃机的最高功率、最大扭矩以及最高转速都要小于上述限值,比如最高功率通常为测功机最大功率的 75%~80%。图 2-11 表示了某种型号的 3 种类型的测功机所允许的工况范围。图中曲线 $OABCDO$ 或 $OABCO$ 所包围的面积,即是测功机所允许吸收功率的范围。相应的内燃机扭矩也要落在测功机扭矩工作范围内。此外内燃机的各项性能指标也不能远远低于上述限值,否则被测值相对测量量程会过小,导致测量误差加大。

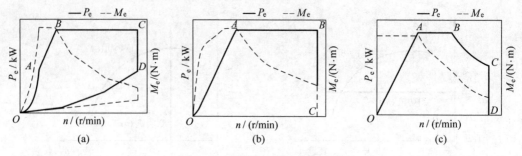

图 2-11 3 种测功机工作特性图

(a) 水力测功机；(b) 电涡流测功机；(c) 交流电力测功机

同一类型测功机,按功率和转速范围大小有一系列大小不同的型号。如图 2-12 所示为 HORIBA 公司生产的不同型号的交流电力测功机扭矩、功率特性曲线图。当试验对象——内燃机最大功率在 280kW,最大扭矩(转矩)在 1020N·m 附近时,根据上述测功机选择原则,可选型号为 HT350 的电力测功机作为内燃机负载。

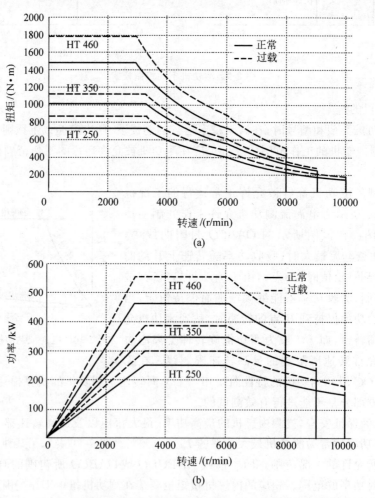

图 2-12 HORIBA 交流电力测功机系列的扭矩与功率范围

(a) 扭矩曲线；(b) 功率曲线

(2) 测功机的响应速度和动态特性应满足被测内燃机的要求。

汽车用内燃机对动态响应的要求较高,特别是研究内燃机动态特性时更是如此。目前各类测功机中,交流电力测功机惯量较小,动态响应速度高,多用于动态测试的试验研究中。

(3) 在满足性能要求的前提下,应具有良好的性价比。

测功机的选择还与试验台的用途、试验目的、使用条件等因素有关,比如进行可靠性及寿命试验时,考虑到其使用时间很长,条件比较恶劣,尽管各种测功机都能满足测试要求,但仍以选用成本较低的电涡流测功机使其具有良好的性价比为佳。然而,如使用者条件许可(先期投资资金可以购买电力测功机),则最好购置电力测功机。如前所述,电力测功机发出的电可以反馈到电网,因而从节约能源的角度考虑,即从整个能源系统来看,在进行内燃机可靠性试验时,使用电力测功机作为负载性价比会更好。

3. 测功机、内燃机机组安装

试验台基础及其上固定的刚性底板用于安装测功机和内燃机(见图2-1)。由于内燃机工作时振动很大,因此试验台架的基础设计、减振/隔振设计、测功机与内燃机的连接及安装都是非常重要的。安装质量将对试验质量和测试精度产生很大影响。

1) 台架基础

在设计台架基础时,应注意考虑以下几方面。

(1) 试验台应靠近有水源的一边,基础与墙壁距离不少于1.5m,并应注意使测功机距墙壁的距离能满足校正臂的安装要求,校正臂有一定的长度,是扭矩标定时使用的装置。此外试验台所在的实验室要求通风好,光线足,照明设备符合规定要求。

(2) 为保证测功机与被测内燃机连接稳定、可靠,测功机与被测内燃机应安装在同一铸铁底座上。安装的水泥基础即台架基础应足够牢固,既能承受静载荷,也能承受动载荷,并要使内燃机试验时的振动降至最低限度。因此,地基基础需用高质量的混凝土浇筑,具体值可参考相关标准。底座的安装面应用水平仪校正,校正精度通常不低于0.05mm/m。

(3) 应采取有效的减振、隔振措施,减少试验台振动能量向外界传递,更重要的是需避免在进行所有工况试验时内燃机与台架系统发生共振。以前简单的办法是在混凝土基础下面垫一层黄沙,并在基础四周开(防)隔振槽,用木屑或炉渣充填,沥青盖顶。目前减振隔振方法一般采用隔振(性)基础、弹簧减振,即在铸铁底座和混凝土基础连接后放置在一定数量的减振弹簧上,或者不设置混凝土基础而将铸铁底座直接放置在减振弹簧上。

减振弹簧主要指空气弹簧或阻尼机械弹簧减振器,各自的主要特点如下:

① 空气弹簧在台架试运转以后,系统能够自调水平,但它需要可靠、低流量、无须冷却的空气供给;

② 阻尼机械弹簧在安装时需要对配重进行水平调平,但它基本可以做到后期无须维护保养。

此外,在进行台架基础减振设计时需要根据内燃机参数合理匹配配重及减振器选型,确保隔振效率等技术参数达到设计要求(如到95%以上,参考值:垂直固有频率低于4Hz,振幅小于0.05mm),同时需要根据试验间大小及试验内燃机大小合理设计减振台面的大小及在试验间内的位置,留出隔振器安装及检修的位置。

(4) 地下埋设线管应在浇注混凝土前进行,内燃机排气管如安装在地下时,则应和线管相距0.5m以上。目前,设计建造试验室时,一般都设有地下室,用来敷设各种管路,这样,试验间比较整洁,同时,管路的检修、维护也方便。

内燃机试验台基础设计要考虑的因素很多,因此是一项专业性很强的工作,通常此项工作委托从事此项工作的设计院(或专门机构)来完成。

2) 测功机与内燃机的安装

在紧固测功机地脚螺栓前,需用水平仪校正测功机在两个互相垂直方向的水平度,其安装精度一般为 1/1000,以保证测功机的灵敏度和正确性;内燃机的支架固定在底座上,支架一般需要 3~4 个。固定内燃机的支架与内燃机之间有弹性减振块。被测内燃机经常变换时,内燃机最好安装在三个自由度均可变位的附件支架上,使安装和调整更方便。

对于用于出厂试验的内燃机试验台架,因被测试的内燃机品种较少,结构相似,连接相似,并且要求安装效率,因此,目前企业一般都采用试验小车,即装配好的内燃机先安装在试验小车上,然后推到试验台,实现快速连接,从而提高安装、检测效率。

内燃机安装油门执行器时,要确保内燃机调速手柄行程在油门执行器行程之内。如果内燃机采用的是电子油门或电信号,则内燃机试验台控制系统应有模拟电子油门系统。

3) 测功机与内燃机的连接

内燃机与测功机的连接件一般采用万向联轴器或弹性联轴器。内燃机与测功机连接后,要进行找正工作,以保证旋转轴的同轴度,一般要求同轴度在 ◎0.05mm 以内。无论哪种连接方式,要尽可能减少作用于测功机上的附加力矩和轴向力,以免引起发热或发生设备人身事故,无法正常测试。为保证安全,通常在靠近测功机端加装一辅助支座。在内燃机与测功机的联轴器处加装安全罩,以防物件飞出伤人,如图 2-13 所示。

联轴器的选择原则:可靠、安全、轴系匹配(防止轴系扭振)。

图 2-13 内燃机与测功机连接图

4. 测功机的校正

在内燃机进行试验过程中,测功机主要测量扭矩和转速。为保证测量的准确性,测功机安装完毕后或在特定使用前应进行严格的校正,校准周期可根据使用条件、重要程度以及其自身的稳定性而确定,一般不超过 1 年。测功机校正装置主要包括:一套杆臂和一套相当于测功机满量程的牛顿砝码,砝码应为国家标准四等精度砝码或精度更高的砝码。

关于测功机校正方法,用户在购买测功机时,厂家均配有相关说明书,用户需按说明书具体要求进行有关操作。本节简要介绍测功机校正的一般方法。

图 2-14 所示为某电涡流测功机标定装置安装示意图,校正过程主要涵盖以下内容:

(1) 在加砝码前先校正仪表的零点;

(2) 在杆臂的托盘上加上满量程的砝码;

(3) 校正仪表的满度;

(4) 取下全部砝码,观察仪表扭矩显示值与砝码的误差;

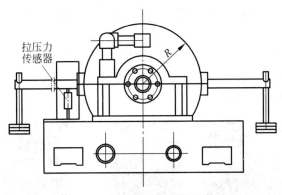

图 2-14 测功机标定安装示意图

(5) 依次加砝码至满量程并观察仪表扭矩显示值与砝码值的误差;
(6) 依次减法码至零并观察仪表扭矩显示值与砝码值的误差。

仪表显示值与砝码实际值的读数误差不超过测功机满量程扭矩的 0.2%～0.4% 即为合格。

图 2-14 所示的测功机校正方法是在一侧加上砝码后,根据砝码所产生的重力乘以力臂的长度得出扭矩。此种方法适合外壳为浮动式、扭矩采取平衡力法获得的测功机。

然而对于法兰式扭矩传感器(详见第 3 章),如采用上述方法就会产生误差。这是因为此标定方法没有考虑到砝码的重力最终要作用在扭矩法兰上,而扭矩法兰的内部应变是在扭矩和重力的双重作用下产生的,这样在真正试验时,测量结果难免会产生误差。有一种方法可以消除这种误差,即双臂标定法。下面以 HORIBA 公司对轻型电力测功机采取的双臂标定法为例,简要介绍其方法。图 2-15(a)示出的是测功机双臂标定示意图,图 2-15(b)示出的是双臂标定原理示意图。标定过程主要含以下内容:

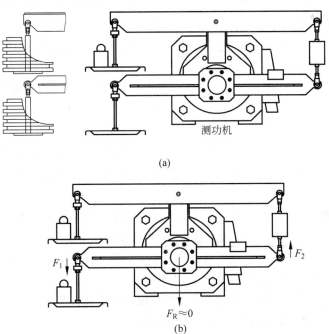

图 2-15 双臂标定的示意图及原理
(a) 双臂标定示意图;(b) 双臂标定原理示意图

(1) 标定臂安装在测功机上之前,使测功机的扭矩法兰完全处于自由状态,然后在控制器端标零点;
(2) 用堵块锁死测功机轴端,使其不能自由转动(见图2-16);
(3) 按照该测功机说明书要求步骤安装标定臂、托盘及配重块等;
(4) 调整游码,使控制器端显示为零;

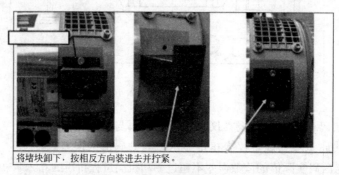

图 2-16　堵块锁死轴端示意图

(5) 在上下两个托盘中加入等量的砝码,根据该测功机说明书要求逐步标定。

对于测功机的转速验证,通常只需要用一个在资质认证有效期内的转速仪表测量一下测功机的转速,两者显示转速一致即可。

本节对测功机的结构、原理、调控与选配、安装及校正进行了简要介绍,更多有关测功机的信息,如测功机如何调试等,读者可参考相关测功机说明书。

2.1.2　数据采集及处理系统

1. 数据采集及处理系统的任务、结构与特点

内燃机进行试验时,数据采集系统的任务就是完成试验台实时数据的采集、记录、处理、存储和输出功能,反映内燃机现场运行特性。试验过程中所需要测量的参数很多,如内燃机的扭矩、转速、燃料消耗量、燃油温度、润滑油压力和温度、进气压力和温度、排气压力和温度、冷却水的进出口温度等。数据采集系统示意图如图2-17所示。

内燃机试验时待测的众多参数大部分是通过各种类型的传感器实时测量的,但有些参数则需根据测量到的参数和公式进行换算得出,如内燃机功率、燃油消耗率。先进的测试系统一般都提供数据的后处理,可按用户要求提供所需数据的最终处理结果,以表格和曲线等形式表示。

目前,在汽车内燃机试验中,有很多非电物理量(简称非电量),非电量的电测系统成为最常用的采集系统。所谓非电量的电测系统是一种利用电或电子技术的先进手段对各种非电量进行测量的方法。一般都是先把被测的非电量转换为电量,然后经电子仪器予以放大、记录及数据处理。典型的测试过程如图2-18所示。

从图2-18中可以看出,非电量测试系统主要包括以下几部分。
(1) 传感器:将输入的被测非电量转换为电信号。
(2) 信号调节器:将传感器输出的电信号变换成传输不失真,且便于记录、处理的电信号,如信号源的阻抗变换,信号的放大、衰减与波形变换,信号滤波,多路信号切换等。

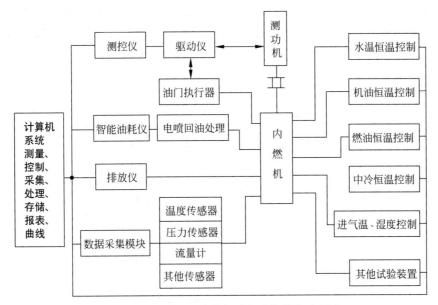

图 2-17 内燃机试验数据采集系统结构示意图

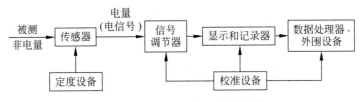

图 2-18 非电量测试系统示意图

（3）显示和记录器：显示和记录信号调节器输出的信号。显示必要的数据变化图形，供直接观察分析，或将其保存，供后续仪器分析、处理。

（4）数据处理器：将记录的信号按测试目的与要求提取其有用信息，通过专用计算机进行分析、处理，如概率统计分析、相关分析、功率谱分析和传递特性分析等。

除此之外，非电量测试系统还包括完成数据采集所需的计算机硬件和软件。为保证采集系统的准确性，系统中还有定度和校准等系统附加设备。测试前要对传感器及测试系统确定输入与输出物理量转换关系的定度曲线，并利用一种较高精确度的参考仪器进行校准，以确定整个测试系统的精度。有关这方面的详细内容，可参考文献[3-4]及相关书籍。

此外，由于被测量（被测参数）有静态与动态之分，数据采集系统的基本特性也可分为静态特性和动态特性两类。

内燃机台架试验根据试验目的和任务的不同，所配备的传感器和数据分析处理软件也是不同的。但就整个系统的结构设计思路而言则是差不多的。下面以某重型柴油机排放测试系统为例，对内燃机采集系统的硬件和软件设计及功能进行简要描述。

2. 数据采集处理系统的硬件

图 2-19 是某重型柴油机排放测试系统示意图。整个系统中的测试设备包括测功机、油耗仪、空气流量计、环境站（主要指大气温度、湿度、大气压力等）、排放分析仪、定容采样

(constant volume sampling,CVS)系统、颗粒采样系统等。主控计算机协调管理这些设备，实现整个试验过程的数据采集、流程控制和数据处理。从图中可以看到，主控计算机在整个测试系统中起到关键作用。

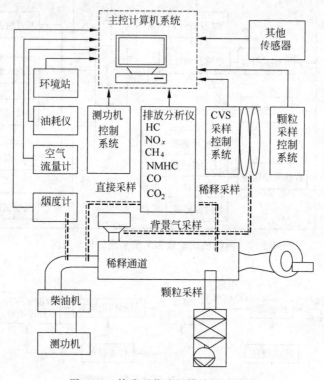

图 2-19　某重型柴油机排放测试系统

测试系统通过传感器和测试设备测量所需各类参数。所需测量的主要参数、相应的传感器或测试设备以及输出接口形式如表 2-2 所示。

表 2-2　测试设备及接口形式

测量参数	测试设备	输出接口
大气压、温度、湿度	大气压力、温度、湿度传感器及数据采集系统	RS-232/RS-485/LAN
温度、压力	热电阻、热电偶传感器、压力传感器及数据采集系统	RS-232/RS-485-LAN
燃油消耗量	油耗仪	RS-232/RS-485/脉冲
进气量	空气流量计	RS-232/RS-485/电压
转速、扭矩	测功机	RS-485/CAN/LAN
污染物浓度	排放分析仪	RS-232/RS-485/LAN
稀释排气流量	CVS 采样系统	RS-232/RS-485/LAN
颗粒取样流量	颗粒采样系统	RS-232/RS-485/LAN
烟度	透光式烟度计	RS-232/RS-485/LAN

由于内燃机排放测试系统中传感器和测试设备较多，输出接口形式多种多样，加之现场内燃机以及各种大功率电子设备干扰较强，为保证系统的可靠性和准确性，主控计算机系统必须具有良好的抗干扰能力，同时需采用工业控制计算机（IPC）作为主控计算机系统的主

机,以保证系统的稳定性。

主控计算机系统硬件设计如图 2-20 所示。系统硬件是基于 IPC 设计的。基于 IPC 的硬件结构是一种开放式结构,IPC 具有抗干扰、性能可靠、有丰富的软硬件支持、便于升级和扩展等特点。主控计算机通过 ISA 和 PCI 总线接口扩展各种通信接口,包括 485 接口卡、串口卡、GPIB 接口卡以及网卡。通过这些接口卡实现与测功机、油耗仪、排放分析仪等设备的通信。

主控计算机系统通过 485 总线数据采集模块采集各种传感器以及模拟量、开关量和脉冲量信号。现场总线结构的数据采集系统具有结构简单、抗干扰能力强、便于扩展等优点。采集模块包括模拟量模块、热阻模块、热偶模块、开关量模块和脉冲量模块,各个模块通过 RS-485 总线连接在一起,系统采用两位十六进制数编址,总线上最多可连接 256 个模块。通道可以方便地进行扩展。

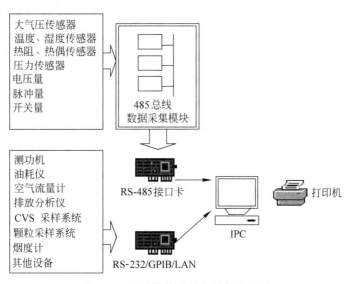

图 2-20　主控计算机系统硬件布置图

3. 数据采集处理系统的软件

主控计算机系统软件在 Windows XP 操作系统环境下,采用虚拟仪器开发平台 LabVIEW 开发。重型柴油机排放测试主控计算机系统的主要任务包括传感器及测试设备的数据采集,控制外围设备实现法规规定的试验流程以及原始数据及计算结果表格的打印输出。软件主要功能模块如图 2-21 所示。

系统维护模块能实现模拟量采集通道的标定功能,并通过曲线拟合算法计算出模拟量和工程量的转换系数。试验过程模块实现各类排放试验的数据采集和流程控制,将测量结果存入数据文件。试验类别包括欧盟、中国等国家法规试验程序(如中国法规中的 WHSC、WHTC 和 WNTE 等试验程序),或根据试验目的及要求的不同编写相应的试验程序。数据处理模块

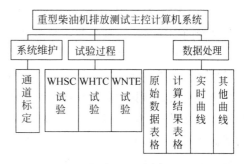

图 2-21　软件功能模块

实现试验数据的处理任务及计算结果表格的打印输出,试验过程中以10Hz频率记录全部测量数据,可通过实时曲线打印功能输出,包括研究开发过程中需要的其他形式的数据处理结果,如ESC试验排放污染物工况分担率曲线等。关于内燃机排放测试详见第6章。

2.1.3 控制系统

内燃机台架控制系统是完成各类内燃机试验、测量和数据处理的计算机系统。可手动或自动进行内燃机测试,而且可以在两种控制方式之间平稳切换。

控制系统的功能为:对内燃机油门和测功机负载调节装置实施控制,以便于对内燃机进行各种试验;通过控制燃料消耗仪,实现对内燃机燃料消耗量的自动测量;对内燃机冷却系统和机油温度实施恒温控制;在测试过程中对内燃机实施监控、报警、停机保护,如超速,水温、油温和油压过低、过高,负载过大,排温过高等。

控制系统的核心是一个能独立工作的计算机系统。工作时,系统首先根据试验类型(功率特性、负荷特性、调速特性、工况法试验等)确定当前的控制方式,如恒转速、恒扭矩等,然后由被测试的工况计算出理想的油门位置、理想的测功机负载调节装置位置,并结合当前传感器的反馈信号不断地测量实际工况与理想工况之间的偏差,通过PID算法,计算出实际的内燃机油门位置和测功机负载调节装置位置的大小,再驱动它们向理想值方向调整。最后通过数据量I/O和模拟量A/D接口卡,采集扭矩、转速、燃油消耗量等参数,同时将数据送往显示器进行实时数据显示和过程曲线显示。

2.1.4 冷却系统

在进行内燃机试验过程中,试验台有专门的冷却系统,包括水箱、热交换器和温度控制器等零部件。

实验室冷却水系统主要用于下列目的:
(1)冷却来自试验台架的热量;
(2)冷却测功机热量;
(3)冷却内燃机冷却系统热量;
(4)燃料及润滑油温度控制。
此外还可用于保持稳定液面(水力测功机)及清洗等功能。
冷却系统一般有以下两种形式。
(1)内循环式冷却系统
模拟实际装车情况,内燃机的水泵将热水送入散热器,散热器前面有冷却风扇,模拟汽车行驶时的迎面风。这种封闭冷却系统适用于中小功率内燃机。
(2)外循环式冷却系统
这种冷却系统适用于中、高功率内燃机。一般来说,实验室所有内燃机台架共用一个外循环冷却水系统。其线路流程如图2-22所示。由于试验用水量很大,冷却水系统都应采用循环方式,以便节约用水量。因此实验室都有一个位于地下的蓄水池,水平面应低于测功机的底面高度。蓄水池的容量取决于:实验室的台架数及设计功率、测功机型式、使用台架试验的频率及冷却塔冷却能力。通过手动或自动调节方式,将城市自来水补充到蓄水池中,使蓄水池水位保持稳定。当冷却水温度过高时,通过水泵将部分水送至冷却塔进行冷却。由于内燃机台架用的测功机需要稳压(通常压力为 350～400kPa)以保持水位不变,因而需要一个稳压阀加以调节。此外加压后的冷却水还要用于燃料、水冷内燃机和内燃机机油的冷却,由于冷却温度不同,通常应配置热交换器。所有台架的热水经回流水管流回蓄水池。

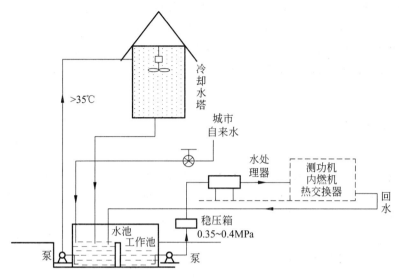

图 2-22　内燃机实验室外循环式冷却水系统示意图

整个冷却水系统的水泵和阀门都应能自动控制与调节。考虑到冷却系统为各台架共用,因而每个台架的操纵台都可对它控制,保证只要有一个台架运转(使用水泵),水泵就处于运行状态;只有当所有的台架都不使用时才关闭水泵。为节约用电,也可以应用多台水泵,用水量少时启用一台水泵,用水量多时启用多台水泵。采用变频电机也可节约电能。

如果冷却水的(吸)热量很大,在气温较低地区可以考虑热量的回收,作为实验大楼的采暖(供热)。

水管的布置应尽量安排在台架下面的地下室中。由于台架是弹性的,因此与台架相接的水管应尽量考虑使用柔性连接管。此外,冷却水应软化、过滤和去盐。

2.2　实验室环境系统

2.2.1　通风系统

为把汽车内燃机台架试验间内内燃机辐射出来的热量、散热器散发的热量、内燃机泄漏的废气、燃料泄漏蒸发的气体排出室外和保持(控制)实验室室内空气的温度和废气浓度在规定的范围内,实验室需要通风系统。

内燃机实验室内的通风(气流组织)有两种方式:

1. 上送下排式

这种方式有利于内燃机泄漏于室内的废气和烟尘直接被吸入地下室排出室外,减少废气对室内的污染。这种方式的优点是:实验室比较清洁,不易被内燃机泄漏的废气污染墙面。为保证此种方式的正常进行,实验室内应保证微负压。

2. 下送上排式

这种方式使进入室内的空气直接冷却内燃机,可得到较好冷却效果,通风系统设计、建造较简单。缺点:实验室墙面易受废气污染。

由于内燃机台架实验室的热源——内燃机的散热量多,变化也很大,精确地确定散热量比较困难,同时由于内燃机排气中的有害气体对环境和人体有影响,因此,对内燃机实验室的通风设计提出了更高的要求。在设计中,若通风量选得过大,则使制造成本提高和运行费用增加,但若通风量不足,则影响到试验的正常运行。一般通风量为:每分钟实验室内空气更换二次。

2.2.2 进排气系统

1. 进气系统

一般情况下,内燃机的进气可直接采用实验室内的空气,也可以采用专用空气源供给系统。专用空气源供给方式有两种:一种是采用直接管道法取得室外新鲜空气,此时应考虑连接管路有足够的流通截面,同时要考虑进气滤清和消声;另一种是采用进气调节系统供气,通过该系统来调节进气状况(温度、湿度和压力),并保证进气的洁净度。若将进气调整为标准状态,则不必进行大气修正,此外也提供了进行一些环境模拟试验的可能。如用恒温、恒压、恒湿进气空调,则需要保证送气量能满足试验内燃机的进气要求。

根据国家标准 GB/T 18297—2001《汽车发动机性能试验方法》规定的内燃机进气状况的要求(详见第 3 章),最佳供气条件应接近标准状况。目前国内已有产品能满足恒压、恒温、恒湿的进气要求,从而可大大地减少校正误差。

如要进行内燃机环境适应性模拟标定试验,像内燃机的"三高"标定(高温、高寒、高海拔)试验,可将内燃机实验室建成环境试验舱,该试验舱可模拟各种环境状况,如温度、湿度、压力等。

2. 排气系统

为减小内燃机排气背压,实验室内的排气管直径要大于内燃机排气管直径。废气应排到室外排气坑内进行消声、防爆及一些废气过滤处理。有些时候为了模拟整车的实际使用状况,要用节气门等节流装置改变排气背压。

2.2.3 消声与隔声系统

内燃机实验室噪声主要来源于内燃机本身,其次是通风系统、测功机及其附属部件,而噪声尤其是内燃机的噪声已成为环境污染的重要来源之一。为降低噪声,常规实验室一般只是在实验室墙壁周围装有防火吸声材料,另外为降低内燃机控制间的噪声,实验间通向控制间的门应具有隔声、防火作用,在控制台前面的观察窗是双层、加厚、高强度的玻璃窗。双层玻璃不仅起到隔声的作用,也能保证试验人员的安全,因为内燃机试验时实验间有可能会飞出碎片击毁单薄的观察窗。

通常用于内燃机噪声试验和开发研究的实验室必须经过特别的消声处理,以降低背景噪声。

如进行内燃机 NVH 研究,需建造噪声实验室。噪声实验室分为全消声实验室和半消声实验室。全消声实验室的六面墙壁全部敷设特殊的吸声材料,有平板式和尖劈式。半消声实验室的五面墙壁全部敷设特殊的吸声材料,地面处理也有特殊要求。

内燃机噪声实验室的消声室有两类:一类是用于内燃机整机试验的大型消声室,另一类为消声器试验用的小消声系统。前者的建设费用很高,一般只在大型企业和专门研究机构中采用。

2.2.4 燃料供给系统

实验室的燃料供给系统是内燃机实验室的重要组成部分,该系统主要由油箱(油罐)、油泵和油管组成。根据试验目的不同,燃料有不同种类,如 0 号柴油、-10 号柴油、-20 号柴油,92 号汽油、95 号汽油及天然气。合理的配置是提高试验效率的保证,同时也提高了实验室的安全性。

2.2.5 安全系统

因为内燃机实验室比较复杂,不安全因素众多,因此,安全特别重要。不安全因素主要有:易燃易爆气体和燃料、各种电器、起吊设备、高速旋转的零部件、湿滑的地面等。因此,实验室安全系统应有:易燃易爆气体传感器,通风、监控和报警系统,消防系统,干粉灭火器,触电保护系统,高速旋转件防护系统等。

上述内燃机试验系统设计的基本原则是要从试验对象、试验目的和试验要求出发,达到技术上合理、经济上节约的效果。

内燃机实验室通风系统、进排气系统设计需要考虑很多因素,如热量的来源、流出、损失等,这些并非本书的重点,需要时读者可参阅相关的专题资料。

2.3 测试平台发展趋势

随着汽车工业的发展,汽车保有量的增加,能源和环境压力日益加剧,为解决能源安全和环境污染两大问题,研究开发低排放、低油耗的汽车新技术势在必行,汽车动力系统从传统的内燃机动力发展为纯电动、油电混合动力、氢燃料电池动力系统等多种形式。为适应新技术的发展,汽车能源动力试验系统由之前的单一燃油内燃机测试系统发展为多种动力源测试系统,因而相应的测试平台也发生了很大变化。主要体现在:

测试平台由多种测试设备构成,试验数据有多种数据来源和不同采样频率,主控系统成为汽车动力测试平台的核心。测试系统有不同层级,包括信号级、电功率级、机械功率级等。图 2-23 所示为燃料电池动力系统测试平台示意图。

为降低新产品开发成本,提高效率,基于模型的虚拟测试平台应运而生,图 2-24 是作者所在单位研发的新能源动力系统集成测试平台,包括仿真模型、快速原型系统、台架试验系统、硬件在环测试系统、实车测试系统等部分。有关混合动力台架测试系统及试验方法可参阅本教材第 11 章。

为了便于试验平台建设,测试设备制造公司会将前面介绍的多个系统集成在一起,放在一个集装箱内(集装箱式试验台),方便有需求的用户使用。

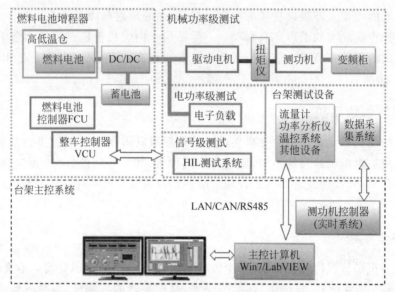

图 2-23 多层级燃料电池动力系统测试平台

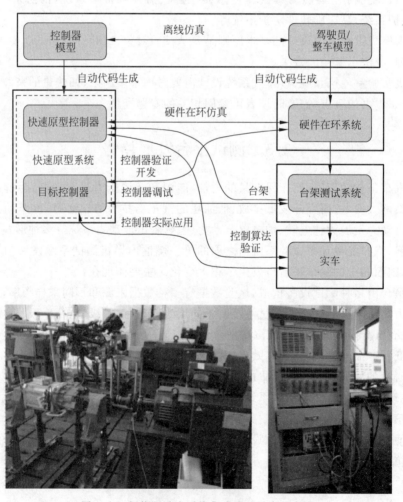

图 2-24 新能源动力系统集成测试平台示意图

参 考 文 献

[1] MARTYR A J,PLINT M A. Engine Testing Theory and Practice[M]. London:Butterworth and Heinemann,2007.
[2] 倪计民.汽车内燃机试验技术[M].上海:同济大学出版社,1998.
[3] 严兆大.热能与动力工程测试技术[M].2版.北京:机械工业出版社,2006.
[4] 唐岚.汽车测试技术[M].北京:机械工业出版社,2006.
[5] 陈顺章,杜玮珂,李海波,等.车用内燃机试验室建设工艺流程及工艺设计[J].内燃机与配件,2013(9):43-47.
[6] 崔林林.内燃机实验室设计方法的研究[J].硅谷,2012(20):90-91.
[7] 徐家群,刘明基,黄海燕,等.车用大功率燃料电池发动机动力系统平台[J].清华大学学报(自然科学版),2006(2):257-260.
[8] 包成,卢兰光,刘明基,等.燃料电池发动机测控系统控制平台开发[J].汽车工程,2004(1):13-15.

第3章 内燃机主要性能参数的测量

进行内燃机试验研究及性能检测所需的参数中,有些参数可以直接测量,有些参数则需利用直接测得的参数或已有数据经过计算求出。内燃机试验测量、计算后所需的参数项目主要分为以下几种类型。

(1) 与常规动力性、经济性能直接有关的项目:内燃机的转速、扭矩、功率、燃油消耗率、点火提前角、供油提前角、空气消耗量、进气压力和温度、排气压力与温度、中冷前后温度和压力(对于增压内燃机)、排气背压、润滑油的压力和温度、冷却水温度、燃油温度、密度等。

(2) 与内燃机尾气排放有关的项目:一氧化碳(CO)、二氧化碳(CO_2)、碳氢化合物(HC)、氮氧化物(NO_x)、柴油机的微粒(PM)和烟度等。

(3) 与试验环境有关的项目:大气压力、温度和湿度等。

(4) 其他项目:根据一些特殊要求进行测试的项目,如柴油机高压喷油泵泵端和嘴端压力、充气效率、过量空气系数、汽缸内的最高爆发压力、平均有效压力、压力升高率、噪声、振动等。

对以上所述参数涉及的基本测试项目需要相应的仪器和设备,采用不同的方法进行。下面将分类进行介绍。

3.1 内燃机转速、扭矩测量和功率计算

在汽车内燃机中,内燃机在整个运转范围内的功率、工作转速和此时的输出扭矩均是重要的性能参数。内燃机某工况下的有效功率是通过测定有效扭矩和转速值后计算而得。计算公式如下:

$$P_e = \frac{2\pi M_e n}{60 \times 1000} = \frac{M_e n}{9550} \tag{3-1}$$

式中:P_e——有效功率,kW;

M_e——实测有效扭矩,N·m;

n——实测转速,r/min。

从式(3-1)可以看出,内燃机的有效输出功率与有效扭矩和转速的乘积成正比。

3.1.1 转速测量

转速是单位时间内曲轴的平均旋转次数,通常以每分钟的转数(r/min)作为计量单位。对于内燃机转速的测量,可用的传感器有很多种,目前主要用磁电式传感器、霍尔传感器和光电式传感器。

现以磁电式传感器和霍尔传感器为例简要说明其测量方法。

1. 磁电式传感器

磁电式传感器是通过磁电作用把被测参数转换为感应电动势的一种器件。它是利用

带齿的含铁导磁材料在磁场中切割磁力线所产生的感应电动势来计算转速的。其结构原理简图如图 3-1 所示,由被测转轴上安装的带齿的含铁导磁材料制成的信号盘、永久磁铁、铁芯和线圈组成。磁电式传感器安装在被测对象上(内燃机使用时通常固定在机体上)。磁铁与信号盘保持有 0.5~1.2mm 的间隙 d。当信号盘旋转时,齿的凹凸引起磁阻的变化,使磁通量发生周期变化,因而在线圈中感应出交变的电动势。以 f 表示感应电动势的频率,则 f 与转速间的关系为

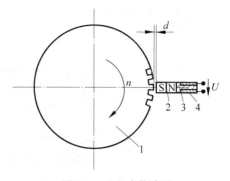

图 3-1 磁电式传感器
1—信号盘；2—永久磁铁；3—铁芯；4—线圈

$$n = \frac{60f}{z} \tag{3-2}$$

式中：n——内燃机的转速,r/min；

z——信号盘齿数；

f——感应电动势频率,Hz。

利用磁电式传感器也可以进行转角的度量。将转盘中的某些齿做出特殊齿形或间隔,也可以作为某一具体角(位置)的标志。

磁电式传感器的突出优点是不需要外加电源、结构简单、工作安全可靠、转速精度高、输出阻抗小、测速范围较广等,因此在内燃机中应用较为广泛。

2. 霍尔传感器

霍尔(Hall)传感器是基于霍尔效应的一种传感器。假设在一个矩形半导体薄片上有一电流通过,此时如有一磁场也作用于该半导体材料上,则在垂直于电流方向的半导体两端会产生一个很小的电压,这种效应就称为霍尔效应。如改变磁场的强度,霍尔电压的大小亦随之改变,当磁场消失时,霍尔电压变为零。

霍尔传感器主要由霍尔元件或霍尔电路、永久磁铁和触发轮等组成,触发轮一般为叶片或轮齿形式,通常装在曲轴上或者凸轮轴上。图 3-2 所示为触发叶片式霍尔传感器信号发生器的示意图。当叶片进入永久磁铁与霍尔元件之间的空气隙时,由于霍尔元件的磁场被触发叶片旁路(或称隔磁),霍尔元件不产生霍尔电压；当触发叶片离开空气隙后,永久磁铁的磁通便穿过霍尔元件而产生霍尔电压。利用霍尔电压方波信号的频率,可算出转速值。

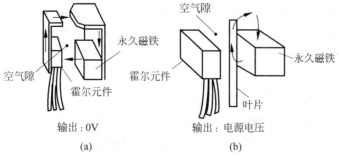

图 3-2 霍尔传感器信号发生器示意图
(a) 有霍尔电压(叶片离开空气隙)；(b) 无霍尔电压(叶片在空气隙中)

对于触发轮是轮齿形式的霍尔传感器,则传感器探头上通常安装有两个霍尔元件,其结构示意图如图3-3(a)所示。

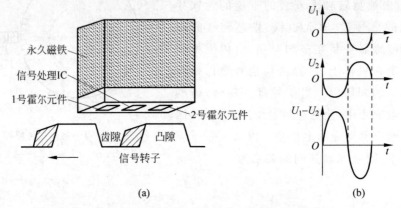

图3-3 触发轮齿式霍尔(曲轴或凸轮轴位置)传感器

此种结构传感器的工作原理与触发叶片式霍尔传感器的工作原理相同,结构上有所不同,主要区别在于永久磁铁与霍尔元件安装在一侧,即霍尔芯片位于磁铁和齿轮之间。当轮齿式信号轮旋转时,使探头与信号轮之间的空气间隙发生变化,从而导致磁路中的磁场强度发生变化。根据霍尔效应,在传感器中的霍尔元件中就会产生交变电压,其输出电压是两个霍尔电压(两个霍尔元件)的叠加,如图3-3(b)所示。因输出电压增加,所以信号轮齿与信号发生器之间的间隙((1.0±0.5)mm,或更大,关于间隙大小的进一步信息可参考相关传感器说明书)比普通霍尔传感器间隙(0.2~0.4mm)大。这一结构的优点是不需要在触发轮的另一侧安装永久磁铁,使信号盘便于安装。

霍尔传感器是1879年由Edwin Hall利用霍尔效应发明的。20世纪80年代以来,汽车上应用的霍尔传感器与日俱增,主要原因在于霍尔传感器有两个突出优点:一为输出的电压信号近似于方波信号;二为输出电压与被测物体的转速无关,且具有低速特性好、信号处理简单等特点。但此种传感器需要外加电源。

关于霍尔转速传感器的进一步信息可参考文献[1-4]及相关文献。

3.1.2 扭矩测量

1. 扭矩测量原理及装置

第2章已介绍过,在内燃机台架上,要想精确地测出内燃机扭矩的大小,通常的办法是给内燃机施加阻力矩(负荷),即通过测功机给内燃机一个"负荷",利用测功机浮动外壳的测点受力来测量内燃机的扭矩。为此,测功机本身应具有吸收能量或传送动力的功能,并具有测量扭矩的装置。

根据扭矩测量原理的不同,测量扭矩的装置分为传递法和平衡力法两种类型。传递法主要应用轴式或法兰式扭矩传感器在动力的传递过程中测出扭矩值。平衡力法则如前面所述,利用作用在测功机上的作用扭矩与反作用扭矩大小相等、方向相反的原理来测量扭矩。目前测试内燃机稳态运转时的扭矩普遍应用的是利用平衡力法测扭矩的测功机,也叫摇摆式测功机。但传递式扭矩测量装置的应用也日益增多,因为此种装置精度较高,瞬态性能好,常用在动态测试试验台上。

1) 平衡力法

平衡力法的测量原理及结构简图如图 3-4 所示,将测功机的外壳通过轴承支撑在支架上,外壳能自由地回转,在外壳上装有力臂,连接载荷单元。工作时在内燃机扭矩作用下,载荷单元承受的作用力 W 乘以力臂长度 L 就是扭矩值。扭矩的表达式如下:

$$M_e = WL \tag{3-3}$$

式中:M_e——实测有效扭矩,N·m;

W——作用在载荷单元上的力,N;

L——力臂长度,m。

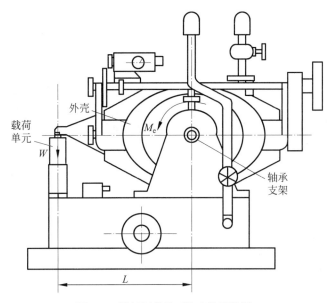

图 3-4 测扭矩机构(测功机后视图)

2) 传递法

转轴受到扭矩作用时会产生变形,传递法就是根据扭矩传动轴的扭曲进行测量的方法(通过测量轴变形,利用应力与应变的关系来测量扭矩)。根据扭矩信号的传输方式,扭矩传感器可分为接触式扭矩传感器和非接触式扭矩传感器。非接触式扭矩传感器是在接触式测量的基础上发展起来的。它综合利用了已有的扭矩测量技术和方法,通过技术改进和升级实现非接触式的扭矩测量目标。由于非接触式扭矩传感器在其内部的输入和输出之间没有机械连接,不会受到磨损,故精度高,因此常用于内燃机测试试验中,尤其是动态试验。非接触式扭矩传感器按检测方法可分为应变式、磁弹性式、磁电式和光电式传感器。关于扭矩传感器的进一步信息可参考相关书籍、文献[5-6]及相关传感器说明书。

下面简要介绍磁电式和应变式传感器。

(1) 磁电式传感器

利用磁、电感应的非接触式扭矩传感器结构原理如图 3-5 所示,在一根弹性轴的两端安装有两个信号齿轮,在两齿轮的上方各装有一组信号线圈,在线圈内均装有磁铁,与信号齿轮组成磁电信号发生器。在弹性轴受扭时,将产生扭转变形,使两组交流电信号之间的相位发生变化。在弹性变化范围内,相位差变化的绝对值与扭矩的大小成正比。安装示意图如图 3-6 所示。

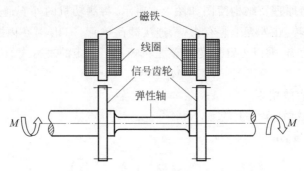

图 3-5　磁电式扭矩传感器工作原理图

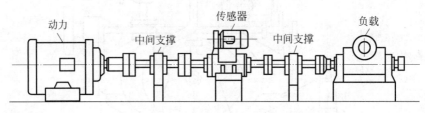

图 3-6　扭矩传感器一般安装示意图

(2) 应变式传感器

应变式非接触扭矩传感器的结构原理如图 3-7 所示,该图显示的是法兰式传感器(相应的也有轴式)结构原理示意图,主要由定子和转子组成。

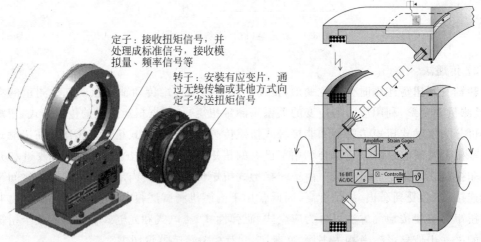

图 3-7　应变式非接触扭矩传感器结构原理示意图

在转子即被测弹性轴上用应变胶粘贴专用的测扭应变片,并组成惠斯通桥,通过装在定子上的信号传输单元向该惠斯通桥提供有源激励(恒定电源),此时,当弹性轴发生扭转变形时,惠斯通桥应变片阻值随之发生变化,即可获得该弹性轴受扭后成比例变化的电压信号,如图 3-8 所示。通过内置放大电路将该电压信号放大后,经过相应的信号处理和转换变成与扭应变成比例的模拟信号——电压量或频率量,用无线信号传输方式(或其他方式)将信号传给装在定子上的扭矩信号测量仪器。安装示意图如图 3-9 所示。

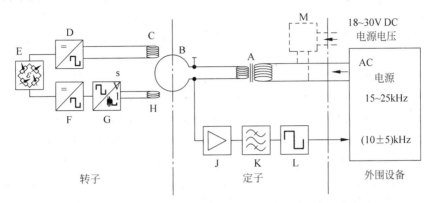

图 3-8 应变式扭矩传感器信号传输示意图

法兰式非接触式扭矩传感器的测量原理与轴式非接触式扭矩传感器相似,不同的是:法兰式扭矩传感器没有轴承支撑。由于没有轴承,因而没有易磨损件,使之可长期使用,且工作速度大为提高。

2. 扭矩测量误差

在内燃机台架试验中,如扭矩采用平衡力法测量,其测量误差除了非电量电测装置带来的误差外,主要是测功机的误差。各种测功机的一个共同的主要误差来源,就是浮动定子两端轴承摩擦带来的误差。由于定子只在很小角度内摆动,长期和过载使用会造成局

图 3-9 法兰式扭矩传感器安装示意图

部出现压痕而带来较大摩擦阻力。因此,除关心轴承的润滑状况外,还应定期进行检查和标定。

电力测功机多用鼓风机进行冷却,形成鼓风损失,且随转速增加而大幅上升。这是一种系统误差,可事先预估进行修正。

电力和电涡流测功机电线的刚性和水管、润滑油路的刚性会产生摆动阻力,带来误差,因此宜采用柔性管线,并尽可能从中心引入。水力测功机水位的波动,也是误差的来源之一。

由于测功机误差随使用时间和装配情况而变化,所以长期使用和维修安装后应重新进行校正标定。标定的方法参见 2.1.1 节"测功机的校正",应该注意的是机械摩擦阻力有方向性,单纯的加载测量会形成无法估计的系统误差。所以标定过程中应记录顺序加载和顺序减载时的两组数据,取平均值作为标定结果(或参照相关标准)。

3.2 活塞压缩上止点与点火提前角和喷油提前角的测定

1. 曲轴位置及汽缸识别传感器

内燃机的大多数性能都与点火提前角(点燃式内燃机)和喷油提前角(压燃式内燃机)有

紧密的关系。电控汽油机或点燃式内燃机要标定提前角的 MAP 图；研发试验中要进行大量随提前角而变化的性能参数试验，如最大功率空燃比和最经济空燃比的确定等。因此必须准确确定提前角数值。提前角准确测量的前提则是正确决定点火定时和喷油定时的基准点，即必须准确测定曲轴在压缩上止点时的位置。因为压缩上止点确定后，它与点火时刻（点燃机）或喷油时刻（压燃机）角度的差值就是所需测定的提前角。为此，电控内燃机具有专用的曲轴位置传感器(crankshaft position sensor, CPS)。实际上内燃机 CPS 除了可提供相对于活塞上止点位置的曲轴转角信号，还可测量内燃机转速，以及各种信号的相位和转角数值，因此，CPS 又称为内燃机转速与曲轴转角传感器。其功用是采集曲轴转动角度和内燃机转速信号，并输入到电子控制单元(electronic control unit, ECU)，以便确定点火时刻和喷油时刻。对于四冲程内燃机，由于每循环曲轴旋转两周，各缸都存在两个上止点（压缩行程和进气行程），因此还需要识别是哪一缸、哪一个上止点，即需要一个用于识别汽缸的传感器信号轮。信号轮通常安装在凸轮轴末端，传感器安装在缸盖、缸盖罩或齿轮盖上，又称凸轮轴位置传感器。因为凸轮轴转一圈正好是内燃机的一个工作循环，只要它的位置信号与某缸压缩上止点相对应，则该信号出现的时刻，必然对应于该缸的压缩上止点。因此，凸轮轴位置传感器的功用是采集配气凸轮轴的位置信号，并输入到内燃机 ECU，以便 ECU 识别顺序排列的第一缸，再确定该缸的压缩上止点，从而进行顺序喷油控制、点火时刻控制和爆燃控制。此外，凸轮轴位置信号还用于内燃机起动时识别出第一次点火时刻。

图 3-10 所示为某 4 缸内燃机 CPS 和凸轮轴位置传感器（判缸传感器）安装位置示意图。

实际安装中，CPS 一般安装在内燃机缸体或变速箱壳体上（与信号盘对应），凸轮轴位置传感器一般安装在凸轮轴罩盖或气门室盖上。各传感器分别正对安装在曲轴上的齿盘信号轮和凸轮轴上的信号轮。

4 冲程内燃机凸轮轴信号轮转一圈（360°凸轮轴转角和 720°曲轴转角）为一个周期。一个周期内，有 4 个均匀分布的正常齿，每缸对应一个，并有一个多齿，在第一缸正常齿与第三缸正常齿之间的 1/5 处，作为判缸标志。

曲轴信号转子为齿盘式，在其圆周上均匀间隔地制作有 58 个凸齿（或其他凸齿数，如 36），其中，57 个为小齿缺，1 个为大齿缺。图 3-10 所示的位置正好对应内燃机第 1 缸压缩上止点。每个凸齿和每个小齿缺各占的曲轴转角均为 3°，大齿缺所占的曲轴转角为 15°。于是，在测试信号中的 15°宽脉冲信号处，必定是 1 缸或 4 缸（按 1—3—4—2 着火顺序）的上止点处。若同时又出现凸轮轴信号转子多齿数的非正常齿间信号时，就可以判别为被测第 1 缸的压缩上止点了，如图 3-11 所示。因为通常传感器安装时已确定第 1 缸压缩上止点处大齿缺与凸轮轴非正常齿相对应。将两个轴的齿形展开图进行对比，即可判断何时为 1 缸的压缩上止点。

对于不同用途的内燃机，其内燃机凸轮轴信

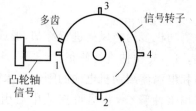

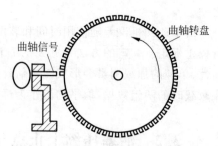

图 3-10　曲轴位置传感器和凸轮轴位置传感器安装示意图
（图为第 1 缸压缩上止点时的位置）

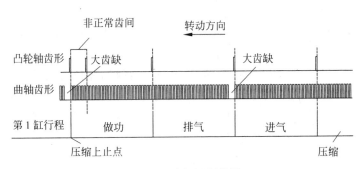

图 3-11 汽缸识别信号

号轮几何形状及齿数会有所不同,如有"1 个齿""3 个齿""$Z+1$ 齿"等凸轮轴信号轮。另外,曲轴和凸轮轴传感器及其信号轮的安装条件非常重要,否则会出现信号失真或丢失,详细信息读者可参考相关传感器说明书。

为解决信号失真等问题,目前也有采用其他方法替代凸轮轴和曲轴位置传感器实现内燃机判缸功能,如采用离子流火花塞或通过内燃机缸内压力的变化来进行判缸,详细信息读者可参阅文献[7]等相关内燃机资料。

2. 上止点真实位置确定

利用图 3-10 所示的曲轴齿盘宽脉冲信号或其他方法显示上止点相位时,其准确度首先取决于曲轴上止点真实位置的判定。一般来说常用的判定方法有以下几种。

1) 汽缸压缩线法(倒拖法或灭缸法)

利用汽缸压力传感器记录不着火(倒拖或灭缸)内燃机的压缩及膨胀压力线,如图 3-12 所示。在曲线的上部(注意是在上部,不是在中部或下部)作若干条平行于横坐标的直线,各直线中点连线的延长线与横坐标的交点即为上止点相位。

一般来说,此时上止点附近的压缩与膨胀曲线是对称的,此方法有一定的准确性。但当内燃机冷却散热强烈时,压缩与膨胀线对应点的温度不等,压力有差别,就会出现一定的误差,即按上述方法获得的上止点线可能与大气压力线不垂直,有一倾斜角,见图 3-12 中的 Δa(此角也称热力损失角)。文献[8]介绍了热力损失角的测量方法,读者可参考。

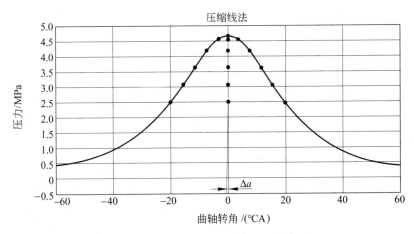

图 3-12 汽缸压缩线法确定上止点位置

2) 活塞位置测量法

利用汽缸头上的孔（喷油器孔或火花塞孔，不方便时，可卸下缸盖）安装深度百分尺测量活塞顶的位置。先顺时针转动活塞，测定行程中段离顶点几个位置的尺寸，并记录对应的曲轴相位或飞轮位置。然后逆时针转动上行，记录与上行时同样位置尺寸对应的曲轴相位或飞轮位置。各位置两次测量值中点的平均值就是上止点的位置。此法简易，还可消除活塞连杆接头间隙所造成的误差。因内燃机工作中的真正压缩上止点是活塞上行消除间隙后的最高位置，显然这一方法也有其不足之处。

3. 测定上止点位置的传感器及其误差与校正

近代大多使用磁电传感器测定已标出的上止点位置。图 3-10 所示齿盘就是利用宽脉冲信号上升沿或下降沿确定上止点的一例。图 3-13 也是常用的一种形式。绕有线圈的永久磁铁固定在机体上，飞轮或皮带轮上对应上止点位置处安装导磁材料制成的凸尖（如图 3-13 所示），它们之间的间隙 Δ_l 一般调整到 0.15～0.2mm。飞轮旋转时在图示位置产生感应电动势脉冲（见图 3-13 中曲线 ），即可确定上止点位置。

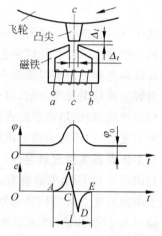

图 3-13 磁电法制取上止点位置

由于传感器安装时不可避免地存在位置误差，可以利用前述上止点位置确定的方法进行校正，当作系统误差处理。要注意测试时的传感器频响问题。此外，曲轴扭转变形也会造成上止点位置的误差，特别是对距离飞轮端较远的汽缸。目前市场上已有专用上止点测定仪（如 AVL 公司生产的上止点测定仪），该测量仪能比较容易地确定上止点的位置，并可作为内燃机动态上止点信号，但它的精度同样受安装位置的影响。

文献[9-10]分别介绍了确定上止点的其他方法，读者可参考。

4. 点火提前角与喷油提前角的判定

提前角的测定精度首先取决于上止点信号位置的精度，其次取决于记录的点火或喷油点信号是否准确，此外还取决于曲轴齿盘的分度精度。电控内燃机的这些信号和真实的着火与喷油时刻有一定的延迟，而且随不同工况而变。有关点火提前角与喷油提前角的测量方法和误差，可参阅相关专业资料。

3.3 压力测量与示功图制取

3.3.1 概述

在内燃机试验中，经常要进行压力的测量。如各种介质（气体、燃料、润滑油和冷却水）的压力和大气压。具体来说，各种内燃机试验过程中所需测量的压力主要指：进气管真空度及绝对压力，喷油压力，中冷前后压力，涡轮增压器的压气机进、出口压力，排气背压与排气管压力，机油压力，汽缸压缩压力，工作过程中的缸内压力和曲轴箱压力等。

为了进行专项试验研究，有时还需测定某些零件所承受的压力（如汽缸盖、排气门、缸套、活塞),因为该参数能直接反映或影响内燃机的性能。内燃机工作过程的示功图是其动力性、经济性和燃烧性能以及机械和热负荷的综合反映,它本身就是缸内压力随时间变化的曲线。因此压力是内燃机试验中非常重要的测量项目(参数)。

由于内燃机工作过程的特点,在大多数情况下,压力是经常变化的(如缸内压力),而且变化的性质和规律各不相同,数值的大小相差悬殊,精度要求高低不等。因此,需根据不同的试验目的及各测量项目的具体要求来选择测量仪器和测量方法。

内燃机试验中测量压力的仪器主要有液柱式压力计和压力传感器等。

1. 液柱式压力计

液柱式压力计是基于液体静压力作用原理,由已知液体高度测得压强。液柱式压力计结构简单、价格低廉、精度较高,一般用于检定或直接测量较小静压力。

常用的液柱式压力计有 U 形管、单管和斜管 3 种结构。所用液体有水银、水和乙醇。液柱式压力计在物理学、流体力学等课程试验中已有详细介绍,此处不作过多阐述。

2. 压力传感器

为实现压力测量远传、记录和控制,在压力检测中大量应用各种传感器,将被测压力参数转换成电信号,供远传的电子仪表测量、控制。汽车内燃机中的大多数压力测量均采用压力传感器。

因测量原理不同,压力传感器分为不同类型,如压阻式压力传感器、压电式压力传感器、电容式压力传感器、电阻应变式传感器、电感式传感器和霍尔压力式传感器等。

压阻式压力传感器精度高,频率响应快,工作可靠,容易实现数字化,广泛应用于内燃机进气歧管压力(绝对压力和大气压力)、涡轮增压压力、燃油泄漏蒸气压力的检测。电容式压力传感器主要用于内燃机机油压力检测。压电式压力传感器适合测量动态和准静态的压力变化或者压力波动,因此适合用于高压检测,如内燃机缸内燃烧压力、柴油机的共轨燃油喷射压力等。关于各种传感器的原理及特性读者可参考文献[11-12]及相关说明书。

因价格原因,目前,用于内燃机缸压测量的压力传感器中,压电式压力传感器多用于实验室研究开发,压阻式压力传感器多用于内燃机产品中的缸压监控。

3.3.2 内燃机缸内动态压力测量与示功图制取

内燃机的能量转换是在工作循环的过程中完成的。在一个工作循环的进气、压缩、燃烧、膨胀和排气等过程中,标志工质的状态参数——压力 p、温度 T、活塞顶容积 V(反映比容积或密度)都在不断地变化。目前常用一个工作循环的 p-V 示功图(横坐标是 V)或 p-φ 压力图(横坐标是曲轴转角 φ)来反映能量转换的完善程度和每一工作循环做功能力的大小。为提高内燃机性能,研究示功图的规律是非常必要的。示功图与压力图简图见图 3-14。压力图以压缩上止点为坐标原点,它是示功图的展开图。

示功图或压力图涉及缸内动态压力和曲轴转角 φ(可换算为活塞顶容积 V)两个参数的测量问题。制取示功图所用的仪器有简单示功仪、机械示功仪、气电示功仪以及现代的应变式示功仪和压电式示功仪。特别是压电式示功仪,由于具有优良的特性而获得广泛的应用。当前微型计算机技术的采用,高速数据采集和实时处理功能的实现,都大大扩展了示功图的功能,提高了测试精度和分析计算效率。

目前,内燃机示功图的制取主要采用压电式示功仪。

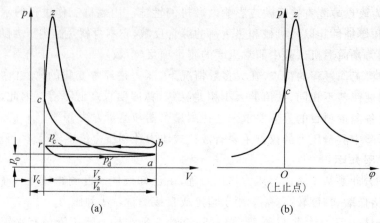

图 3-14 自然吸气四冲程内燃机示功图与压力图
(a) 示功图；(b) 压力图
V_a—汽缸总容积；V_s—汽缸工作容积；V_c—汽缸剩余容积；
p_0—大气压力；p_d—缸内进气压力；p_e—缸内排气压力

1. 测量的基本方法

压电式示功仪是把汽缸压力、曲轴转角等非电量通过传感器转换为电量,经放大器放大和信号处理后,由信号采集系统进行采集,再由显示记录装置进行显示的一种专用测量仪器。它具有压力和温度测量范围广、分辨能力高、响应性能好、结构紧凑、尺寸小、耐用等特点。其关键部件是压电晶体传感器(简称压电传感器)。

压电传感器的结构类型,主要有有水套冷却和无水套冷却两种(如图 3-15(a)、(b)所示)。此外,还有和火花塞做成一体的结构,这需要根据所指定的火花塞来专门制造,由于无须在缸盖上加工安装孔,所以能为示功图的制取带来安装上的方便(如图 3-15(c)所示)。

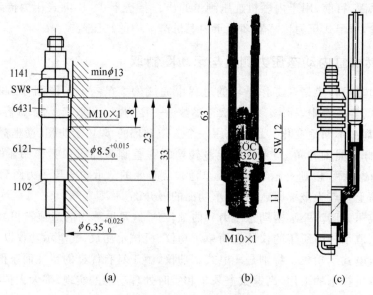

图 3-15 压电式传感器的结构形式
(a) 无水套冷却；(b) 有水套冷却；(c) 与火花塞做成一体

2. 测量过程中应注意的问题

1)压电传感器的标定

标定方法有静态法和动态法两种。静态压力特性标定法是确定传感器所受压力和示功仪指示值之间的对应关系,还包括检查压力特性的直线性,有无迟滞以及漂移等现象。迟滞现象会使示功图的面积变大,严重影响计算值的准确性。

静态压力标定法一般使用砝码式标准活塞式压力计进行,也可用专门制作的标定仪,使用起来比较方便。

动态压力标定法也叫瞬态响应法,其目的是要得到它的频率特性,以便在使用时根据它的输出响应得到准确的输入信号。动态标定有两种方法:一种是对传感器输入"已知"频率及幅值的压力信号,记录它的输出,称为对比法;另一种是通过激波管产生一阶跃压力,施于被校传感器上,根据其输出曲线求得其频率响应特性,称为激波管动态校正,是更为基本的动态标定方法。一般压电式示功仪的频率响应相当高,实际测量示功图时没有问题。关于动、静态标定方法的详细信息可参见文献[12]及相关说明书。

2)传感器的安装

对于现代汽车内燃机来说,内燃机结构非常紧凑,安装位置极其有限。为了缩短燃气压力通道,一般要求传感器承压面能靠近燃烧室。由于压力波效应,长的压力通道会在示功图上出现高频的压力波,主要出现在上止点附近,这时需要特殊处理才能消除。

图 3-16 所示为一个典型的传感器安装结构。汽车内燃机上常采用小型压电传感器安装在过渡套中,再通过缸盖水套固定在燃烧室壁上的方法。

对柴油机而言,由于缸盖下平面比较厚,因此,可通过底面打孔安装传感器。这样,用起来就简单方便些。

目前,对于现代汽油机而言,缸压传感器通常与火花塞做成一体,柴油机缸压传感器则与电热塞装在一起。

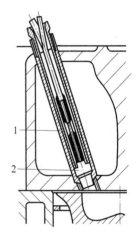

图 3-16 通过水套安装法
1—过渡套;2—压电传感器

3)示功图的测量误差

图 3-14(a)中的示功图上封闭曲线面积的代数和(封闭面积有的代表正功,有的为负功,可参阅内燃机原理相关图书)反映内燃机一个循环所做指示功的大小。试验时,测得的是压力图,由压力图再转为示功图。压力图上压缩上止点右侧压力做膨胀正功,而左侧压力则是做压缩负功,见图 3-14(b)。如果上止点定位略有偏差,则部分正功被算为负功;或反之,负功被算为正功。这样一来,一方减小而另一方增大,就会造成更大偏差,这就是压缩上止点定位极为重要的原因。测功误差还包括压力及转角的测定误差以及压力波形畸变带来的误差,可通过各种方法加以消除或校正。

3.4 其他热力状态参数的测定

内燃机进行试验时,除测定各种压力外,还需测定各种温度、大气湿度和燃油密度。这些热力状态参数会影响实际进入内燃机汽缸的空气量和燃料量,必然会对主要性能指标(功率、油耗、排放)产生较大的影响,使得测量的数据没有可比性。为此,需测定这些参数并根据标准进行修正,详细内容见第 4 章。

3.4.1 液温、进排气温及大气温度的测量

内燃机试验中的温度测量主要包括冷却液温度(进、出水温度)、机油温度、燃油温度、中冷前后进气温度、排气温度和环境温度等。

为了进行专项试验研究,有时还需测定某些零件的温度(如汽缸盖、排气门、缸套、活塞),因为这些参数能直接反映或影响内燃机的性能,尤其是可靠性。

内燃机水温、油温、进气温度等的测量通常用热电阻传感器来进行。热电偶也可以测量内燃机的所有温度,但常用于测量排气温度。

1. 热电阻温度计

金属导体和半导体的电阻值是温度的函数,见式(3-4)。只要知道了这种函数,并能测出导体的电阻值,就能知道热电阻本身的温度,从而知道该电阻所处的环境或介质的温度。式(3-4)是一定温度范围内的近似关系。

$$R_t = R_0[1 + \alpha(t - t_0)] \tag{3-4}$$

式中:R_t——热电阻在 t(℃)时的电阻值,Ω;

R_0——热电阻在 t_0(℃)时的电阻值,Ω;

α——热电阻的电阻温度系数,℃$^{-1}$。

电阻温度系数 α 对于大多数金属导体来说并不是一个常数,而是温度的函数。但在一定的温度范围内,α 可近似看作常数。不同的金属导体,α 保持常数所对应的温度范围不同。因此用作热电阻的材料应满足以下要求:

(1) 电阻温度系数 α 要大。α 越大,制成的温度传感器的灵敏度越高。α 与材料的纯度有关,纯度越高,α 越大,因此纯金属的 α 比合金高。

(2) 材料应具有比较大的电阻率,这样可使热电阻体积较小,热惯性较小。

(3) 在测温范围内,材料应具有稳定的物理化学性质。

(4) 在测温范围内,希望 α 保持常数,便于电阻与温度关系近乎线性或为平滑的曲线,而且这种关系应有良好的重复性。

(5) 易于加工复制。

比较适于制作热电阻的材料有铂、铜、铁及镍。目前常用一种热敏电阻的半导体测温元件,它的温度系数比金属丝大一个数量级。此外,使用热电阻温度计时,因电阻和电阻温度系数进行良好匹配常有困难,因此,常用适当电路进行补偿。

2. 热电偶温度计

1) 基本原理

热电偶是利用两种不同导体 A 和 B 之间的"热电效应"制成的一种测温元件,也就是说当两个接点的温度不同时,回路中就会产生热电势。其测量原理的示意图如图 3-17 所示。

在热电偶回路中,A 与 B 导体称为热电极,两导体焊接在一起的一端 t 为工作端,测温时要插

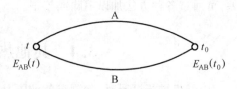

图 3-17 两种不同导体组成的回路

入被测的介质中,故又称热端。另一端 t_0 通过连接导线引向测温仪表,称为冷端,又叫作自由端,要求置于恒定温度中。如果回路中插入另一种金属时,其两端节点的温度必须相同,以保证热电偶两端产生的电动势不受意外电动势的影响而发生变化。

闭合回路热电势的大小取决于两种金属的性质和两端的温度,与金属导线尺寸、导线途中的温度及测量热电势在电路中所取的位置无关。即当A、B材料选定后,热电势 $E_{AB}(t,t_0)$ 是温度 t 和 t_0 的函数差,可表示如下:

$$E_{AB}(t,t_0) = f(t) - f(t_0) \tag{3-5}$$

式中:$E_{AB}(t,t_0)$——热电势;

t,t_0——两个接触点的温度。

函数 f 的形式与两种金属的性质有关。

若冷端温度 t_0 保持不变,则热电势 $E_{AB}(t,t_0)$ 为 t 的单值函数,这样就可以通过测量 $E_{AB}(t,t_0)$ 测出被测温度 t。

内燃机试验常用的热电偶结构有普通型和铠装型,目前铠装型用得较多。所谓"铠装"就是在产品的最外面加装一层金属保护,以免内部的效用层在运输、安装和使用时受到损坏。图 3-18 所示的普通型热电偶结构主要由热电极偶丝、接线座、接线柱、保护管和接线盒组成。图 3-19(a)所示为铠装型热电偶结构形式,由保护套管、绝缘材料、热电极组合而成。这种热电偶工作端有露头型、接壳型、绝缘型三种,如图 3-19(b)所示。露头型的优点是响应快,适用于良好环境,但寿命短;绝缘型响应比前者慢,寿命长,适用于较恶劣环境;接壳(即接地)型介于二者之间。图 3-19(c)所示为几种铠装型热电偶温度传感器图片。

铠装型热电偶可以做得很细、很长,并具有能弯曲、耐高压、热响应时间快和坚固耐用等许多优点。

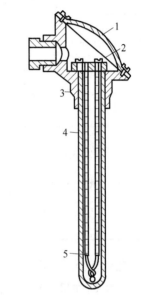

图 3-18 普通型热电偶结构简图
1—接线盒;2—接线柱;3—接线座;
4—保护管;5—热电极偶丝

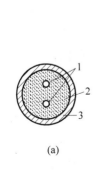
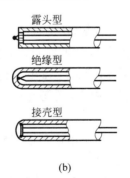

(a) (b) (c)

图 3-19 铠装型热电偶结构简图
1—热电极;2—绝缘材料;3—保护套管

2)热电偶主要特性

由于各种材料具有不同的物理化学性质,特别是不同的材料所制成的热电偶在相同的温差下所产生的热电势差别很大,因此,对制造热电偶的电极配对材料有一定的要求。这些要求是:能产生较高的热电势,性能稳定,抗氧化、抗腐蚀能力强,电导率高,制造容易等。热电偶的主要特性列于表 3-1 中。

表 3-1　常用热电偶主要特性

名称	分度号	测温范围/℃ 短期	测温范围/℃ 长期	$t=100℃$时的热电势/mV	允许误差 温度/℃	允许误差 偏差	特点及用途
铂铑$_{30}$-铂铑$_6$	LL-2	0～1800	0～1600	0.034	≤600 >600	±3℃ ±0.5%t	精度高,稳定性好,可用作标准传递、高温测量
铂铑$_{10}$-铂	LB-3	0～1600	0～1300	0.643	≤600 >600	±2.4℃ ±0.4%t	性能稳定,复现性好,可用作一、二等标准传递,高精度测量
镍铬-镍硅 镍铬-镍铝	EU-2	0～1200	0～1000	4.10	≤400 >400	±4℃ ±0.75%t	长期使用稳定,线性好,常用于测量排气活塞、排气门的温度
镍铬-考铜	EA-2	800	600	6.95	0～400 >400	±4℃ ±1%t	灵敏度高,价廉,可用到-200℃,适用于还原和中性介质
铜-康铜	CK	300	200	4.26	-40～400	±0.75%t	稳定性、复现性好,价廉,易氧化,可测到-200℃,可用作二等标准热电偶

3)热电偶冷端温度的影响及其补偿方法

前已述及,如果要直接测出介质的温度,则必须使测温仪表所指示的数值只与热端的温度有关,这就得保持冷端的温度恒定不变。这种保持冷端温度恒定以消除因其温度的变化而引起测量误差的方法就称为冷端温度补偿。具体的温度补偿方法很多,如冷端恒温法、冷端温度校正、补偿导线法和热电偶冷端补偿器。

4)安装与校正

热电偶应选择合适的安装位置。由于热电偶所测得的温度仅仅是工作端周围一小部分区域的温度,所以在安装时要选择具有代表性的测量点,并应尽量避免热辐射、强磁场和强电场的影响。测内燃机排温时,热电偶端头应在距内燃机排气歧管出口或涡轮增压器出口 50mm 处测量,并位于排气连接管的中心,逆气流方向插入。安装示意图如图 3-20 所示。

新一轮试验前,热电偶应进行校正。长期使用也要定期校正。校正方法是用标准热电偶和被测热电偶在同一校验炉中进行对比。

最后应该指出,温度测量是一个复杂的问题,前面谈到的主要是稳定温度的测量问题。内燃机试验中,还会涉及高速脉动气流、动态温度等的测量,此时由于热惯性的关系,测温的动态响应问题十分突出。限于篇幅,本书不再述及,读者可参阅相关文献资料。

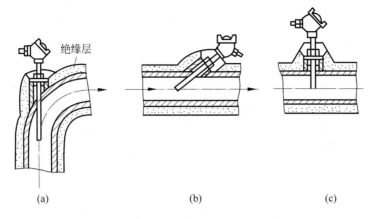

图 3-20 热电偶安装方式
(a) 水平安装；(b) 倾斜安装；(c) 垂直安装

3.4.2 大气湿度和燃油密度的测定

1. 大气湿度

常用的大气湿度测量仪有毛发湿度计、干湿球湿度计，还有电阻式和电容式湿度传感器与变送器。国家标准 GB/T 18297—2001《汽车内燃机性能试验方法》规定，进气湿度的测量是在实验室内不受阳光和热辐射的部位测量，采用抽风式干湿球温度计，通过查抽风式湿度计，用湿度图得到水蒸气分压，进而计算大气湿度及相对湿度。详细内容参见标准 GB/T 18297—2001《汽车内燃机性能试验方法》。随着传感器技术的进步，湿度传感器得到了广泛应用，通过湿度传感器可直接测得大气湿度。

1) 干湿球湿度计

干湿球测湿法采用间接测量方法，通过测量干球、湿球的温度经过查表计算得到湿度值。干湿球湿度计由两支相同的温度计 A 和 B 组成，如图 3-21 所示。A 直接指示室温，而 B 的感温泡上裹着细纱布，布的下端浸在水槽内。如果空气中的水蒸气不饱和，水就要蒸发，由于水蒸发吸热，而使 B 的感温泡冷却，因而湿温度计 B 所指示的温度就低于干温度计 A 所指示的温度。环境空气的湿度小，水蒸发就快，两支温度计指示的温度差就大。干湿球温度测量中要用小风扇强制吹风，使湿包测点处的风速保持为 3～4m/s。由于湿球温度测量中要用水，所以这种湿度计只能在 0℃ 以上的环境测湿。

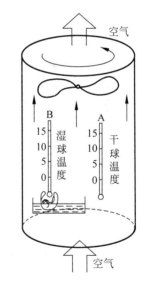

图 3-21 抽风式干湿球湿度计

2) 电子湿度计

利用某些金属盐（氯化锂、氯化钙等）在空气中的强吸湿性特点进行测量。吸湿使盐中的水分增加，直到盐中的水分与空气中的水分达到平衡为止。盐的平衡含水量与空气相对湿度——对应,相对湿度越大,盐中的平衡含水量越大,盐的电阻越小;反之,空气相对湿度越小,盐的电阻越大。利用这个原理,常用氯化锂作为电阻式湿度计的金属盐用料,在湿度测量和控制中使用。

2. 燃油密度测量

在进行内燃机试验时,为保证燃料消耗量测量的准确性,对于易挥发的燃料如汽油,通常采用容积式油耗仪进行测量,此时,需要知道燃料的密度。

燃油密度的测量常采用两种方法:一种是利用密度计进行测量;另一种采用天平法进行测量。国家标准 GB/T 1884—2000 建议的测量方法是密度计法。标准中的主要内容如下:

1) 密度的概念

密度是指在一定温度下,单位体积内所含液体媒介(原油)的质量,符号 ρ,单位 g/cm^3 或 kg/m^3。油品的密度与温度有关,通常用 ρ_t 表示温度 t 时油品的密度。国标规定 20℃ 时,石油及液体石油产品的密度为标准密度。

2) 使用的仪器

(1) 密度计量筒:由透明玻璃、塑料或金属制成,其内径至少比密度计外径大 25mm,其高度应使密度计在试样中漂浮时,密度计底部与量筒底部的间距至少有 25mm。

(2) 密度计:玻璃制,应符合标准 GB/T 1884—2000 中的规定。

(3) 温度计:范围、刻度间隔和最大刻度误差应符合标准 GB/T 1884—2000 中表 2 的规定。

3) 测定原理

使试样处于规定温度,将其倒入温度大致相同的量筒中,将合适的密度计放入调好温度的试样中,让它静止。当温度达到平衡后,读取密度计刻度读数和试样温度。用《石油计量表》把观察到的密度计读数换算成标准密度。

详细信息读者可查阅标准 GB/T 1884—2000《原油和石油产品密度测定法》(密度计法)。

利用密度计测量燃油密度方便,可初步估算燃油密度,但精度不高;采用天平法进行测量精度较高,但不如前一种方法简单,其测试原理示意图如图 3-22 所示。

从图 3-22(a)可看出,测量燃油密度前,天平两端分别放有砝码和浮子,且处于平衡状态,当将具有一定体积的浮子放入装有燃油的容器时(图 3-22(b)),天平会出现向砝码一边倾斜现象,为使天平平衡,需要去掉一边的砝码(有不同等级重量的砝码),最终使天平平衡,根据去掉的砝码重量及浮子体积,即可计算出在某温度下的燃油密度(因温度会影响燃油密度)。

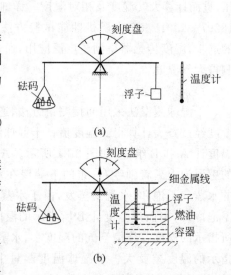

图 3-22 天平测量燃油密度示意图

3.5 进气流量及燃油消耗率的测定

3.5.1 进气流量的测定

测量进气流量的目的是计算空燃比、充气效率和废气再循环率等重要参数。充气效率是决定内燃机输出功率的重要因素；废气再循环率则与排放、经济性和动力性相关；而通过空燃比可分析内燃机的燃烧过程。进气流量与内燃机的动力性、经济性和排放特性都有直接或间接的关系。因此，内燃机试验时都要使用空气流量计来测定进气流量。

测量空气流量的方法很多，如节流差压法、测速法、热线风速法、激光(光学多普勒效应)法、振荡测频法、柱塞法等。转子流量计也是其中的一种，其测量误差可以小于1%。对于这些气体流量计，只要测量范围及测量精度满足试验要求，都可以用于内燃机稳态试验的空气流量测量。

在内燃机试验台上进行稳态工况测试时，因为不论工况稳定与否，进气流动都是脉动的，因此需要在流量计后面加装稳压箱，使稳压箱前的管道中出现(层流)稳定流，则可使用稳(层)流的流量计，以避免在进行稳态工况测试时因脉动气流而影响测量精度。

在电子控制燃油喷射内燃机中，空气流量的测量不仅要求有一定的测量精度，而且还要求有很好的动态响应速度。用于该系统的空气流量计有多种形式，目前常见的有热膜式、热线式、涡流式、文丘里管流量计、层流流量计等。为保证测量精度，这些流量计在设计过程中需要考虑连接传感器前后管径、长度大小及长度与管径之比(通常传感器前的管长要大于6倍的管径，传感器后的管长要大于5倍的管径)。

现以热膜式、热线式空气质量流量计为例简要说明其原理。

1. 热线式空气质量流量计

1) 工作原理

当气流通过加热的电阻丝时，热量被气流吸收，电阻丝变冷，温度下降，气流速度越大，温度下降越多。而电阻丝的电阻又随温度而变化。因此可以通过测量热线电阻来确定气流速度，这是热线风速仪的基本原理。目前使用的恒温法热线风速仪是将风速仪的热线探头作为惠斯登电桥的一臂，见图3-23中的R_H(热线电阻)，电桥的另外三臂为图中的R_K、R_A和R_B。测量时由仪器电源A给R_H供电，使其温度高于空气温度。当不进气时使电桥保持平衡，出现气流后，因热线电阻改变而使电桥失去平衡。如果此时电源A自动改变供应热线的电流，使电桥恢复平衡，即恢复热线温度，则电流的变化值就反映了气流速度的大小。由于电流变化在精密电阻R_A上引起同样的电压变化，所以R_A上的电压降即为此风速仪的输出信号。这种热线风速仪因为工作时一直反馈保持热线温度不变，即维持热线与冷线的温差不变，故以恒温法为名。

2) 结构

恒温热线式空气流量计的结构如图3-24所示。热线式空气流量计由防护网、取样管、白金热线、温度补偿电阻、控制线路板等组成。白金热线的作用是感知空气流量，温度补偿电阻(冷线)的作用是根据进气温度进行空气流量修正，热线和冷线的电阻均随温度而变化。防护网的作用不仅是防止灰尘或异物进入，更重要的是前网用于进气整流，后网用于防止内燃机回火时把铂丝烧坏。控制线路板的作用是控制热线电流并产生输出信号。

根据白金热线在壳体内安装的部位不同，又可分为主流测量方式和旁通测量方式两种结构形式。图 3-24 所示的流量计就是主流测量式结构。从图中可看出取样管置于主空气通道中央，两端有金属防护网，防护网用卡箍固定在壳体上。

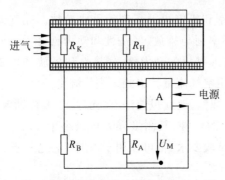

图 3-23　热线式空气流量计基本电路图
A—混合集成电路；R_H—热线电阻；
R_K—温度补偿电阻；R_A—精密电阻；
R_B—电桥电阻

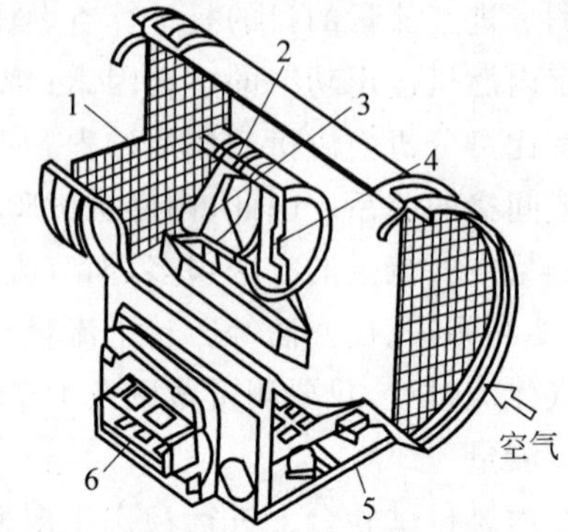

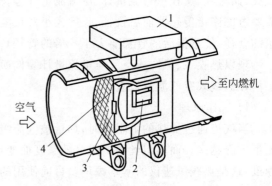

图 3-24　热线式空气流量计结构
1—防护网；2—取样管；3—白金热线；
4—温度补偿电阻；5—控制线路板；6—电器接口

2. 热膜式空气质量流量计

热膜式空气质量流量计的结构和工作原理与热线式空气流量计基本相同，只是将发热体由热线改为热膜。热膜是由发热金属铂固定在薄的树脂上构成的。热膜式空气流量计的结构如图 3-25 所示。这种结构可使发热体不直接承受空气流动所产生的作用力，增加了发热体的强度，提高了工作可靠性。

热膜式空气质量流量计对小流量敏感，响应时间短，量程范围宽，测量精度高，特别适用于流量测控精度要求高的场合，可用于直径（DN）50 至直径（DN）1200 管道，压力

图 3-25　热膜式空气流量计结构
1—控制电路；2—热膜；3—温度传感器；4—金属网

可达 1.6MPa，气体温度可达 100℃，并适用于各种测量环境和各种气体流量的测量。该仪表安装简单，编程、设定方便，精度高，寿命长，可靠性高，还可用于测量一些危险性的气体。

总的来说，热膜式、热线式空气流量计测量的均是进气质量流量，而不像孔板流量计那样只是测定容积流量。它们已把空气密度、海拔高度等影响因素考虑在内，所以可以得到精确的空气流量信号。此外，它们的探头几何尺寸较小，对气流的干扰也小。由于热线、热膜的热惯性小，也比其他流量计更适于非定常气流的测量。不过热惯性的存在总会对频率响应有所影响，故测量线路上都要加入补偿电路。热线式空气流量计是发热体直接承受空气流动所产生的作用力，而热膜式不是，因此热线式比热膜式空气质量流量计的使用寿命短。

为保证传感器测量精度,定期检查和校验是必不可少的,否则传感器被污染时会影响测量精度。

3.5.2 燃料消耗率的测定

评价内燃机的性能,不仅要看它的动力性,即输出功率的大小,还要看它的经济性(即它在输出一定功时所消耗燃料的多少)。内燃机单位时间内消耗燃料的数量叫作燃料消耗量 G_f,可用容积或质量来表示。燃料消耗量的计算公式为

$$G_f = 3.6\Delta V \rho_f / \Delta t = 3.6\Delta m / \Delta t \tag{3-6}$$

式中:G_f——燃料消耗量或供油量,kg/h;

ΔV——燃料消耗容积,cm³;

ρ_f——燃油密度,g/cm³;

Δt——燃料消耗时间,s;

Δm——燃料消耗量,g。

燃料消耗量是整机在一定时间内消耗的燃料量,它只是反映了内燃机燃料消耗量的大小,没有考虑燃料消耗所获得收益的多少,不适合用作可比性的内燃机经济性评价指标。因此,需采用燃料消耗率,即内燃机获得一定输出功率所对应的燃料消耗量,单位是每千瓦小时消耗多少克燃料,作为内燃机燃料经济性的可比指标。其表达式如下:

$$g_e = \frac{G_f}{P_e} \times 1000 \tag{3-7}$$

式中:g_e——燃料消耗率,g/(kW·h);

G_f——燃料消耗量,kg/h;

P_e——内燃机功率,kW。

测量燃油消耗量的方法可分为稳态测量和瞬态测量。具体来说有容积法、质量法、采用 Coriolis(科里奥利)效应的质量流量计及碳平衡法等。在进行内燃机稳态试验时,油耗测量通常采用容积法和质量法,前者一般用于汽油机,后者一般用于柴油机。如进行动态测试,为保证油耗测量精度,通常采用科里奥利质量流量计;进行整车转鼓试验时,内燃机的油耗测量一般采用尾气碳平衡法。

1. 容积法

容积法是使燃油通过一个已知容积的容器(如玻璃量瓶),然后测定消耗一定容积的燃油所需的时间来计算容积耗油量。其常用的仪器由测量装置和显示仪两部分组成。图 3-26 所示为一种简易的典型容积测量装置结构示意图。该测量装置主要由

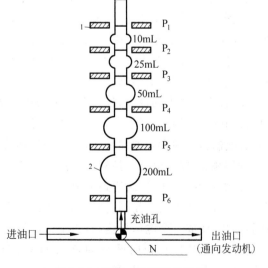

图 3-26 容积式油耗测量装置
1—液面检测器;2—量泡管;N—三通阀

液面检测器、量泡管和三通阀组成。量泡管用玻璃材料制成,以利于检测和观察。量泡管是由多个由小到大的不同容积的量泡组成,每个量泡都准确地标定了容积的大小,作为计量单元。检测器P装在每个量泡的前后,油面降到P_1时的信号作为计量的开始,降到$P_2 \sim P_6$的信号作为不同容积计量时的结果。在内燃机试验台上,油箱至少应高于油耗仪1.5m,以保证靠重力自动供油。同时,在油耗仪与油箱之间的管路中应安装燃油滤清器,以避免杂质进入影响阀门的密封性。

工作时,打开阀门,充油开始,同时也给内燃机供油。当燃油到达液面检测器P_1时,关闭阀门充油孔。测量时,首先要选定计量单元的容积。选定的原则是要保证每次测量的时间不得少于20s,应根据试验时内燃机输出功率的大小来确定。测量开始时,按下测量键,同时关闭三通阀的充油孔,使内燃机只使用量泡管中的油,然后记录从测定开始到结束的时间,根据式(3-6)即可计算出G_f。相同的工况应重复测量一次以上,取平均值,以使测量更准确。

这种装置多用于汽油机台架,由于是定容积测量,记录的是一段时间,故不能用于瞬态油耗的测量。

此外,基于容积法测量耗油量的仪器还有转子式、旋转活塞式、往复活塞式、膜片式、油泡式等。目前,活塞式流量传感器多用于整车燃油消耗量的测量。

2. 质量法

所谓质量法即是测量来自测量容器中燃油的质量,具体有两种测量方法:一是测量设定的燃油质量所需时间;二是测量规定时间内所消耗的燃油量。

质量法的特点是能直接测出燃油消耗的质量,不需要测定燃油的密度。

质量法的测量装置最初大都由精密天平、秒表、三通阀和油杯等组成。测试前,油杯与砝码平衡。取下确定质量的砝码后,开始用油杯燃油进行测试,记录天平再次平衡所需的时间。由该时间与取下的砝码质量(即燃油消耗量),通过式(3-6)即可计算出G_f,并由内燃机的输出功率P_e按式(3-7)求出燃油消耗率。

这种装置结构简单,为保证测量精度,每次测量所消耗的燃油量(即取出的砝码量),应根据试验时内燃机输出功率的大小来确定,但应使每次测量的时间不得少于20s,以解决因内燃机扭矩和转速在短期内波动对测量精度的影响。相同的工况应重复测量一次以上,求其平均值,以使测量更准确。

随着测试技术的进步,现在普遍采用传感器技术使测量自动化。图3-27所示的是具有自动控制的质量式油耗仪。该质量式油耗仪由称重装置和控制装置组成。称重装置通常利用天秤改制,一端为装油油杯,另一端为砝码或拉压(位置)传感器。控制装置由电磁阀和运算处理系统组成。电磁阀控制进入油杯的燃油,测量后油杯内燃油达到下限时电磁阀打开,进行充油;当油杯内燃油达到上限时多余的油会由油杯溢回油箱;测量时电磁阀封闭进油路,单独由油杯供油。在测量时,油杯中油量变化由称重传感器感知,或由另一端的位移传感器感知,变成一个电信号输出,再由二次仪表计算出设定时间内消耗的燃油质量,此时即可按式(3-6)算出单位时间内内燃机的燃油消耗量G_f(kg/h)。该仪器量程一般为$0 \sim 10$kg,误差为$\pm 0.1\%$。这种测量方法使用方便,精度高。此外,油耗仪量程需与内燃机试验工况(或耗油量)相对应,以保证测量精度。

上述的质量式油耗仪存在系统误差,即油杯中油面高度变化时,伸入油杯中的油管浮力

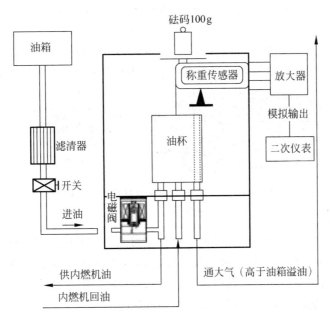

图 3-27 质量式油耗仪测量装置结构简图

的反作用力也在变化,造成称重时的系统误差。此项系统误差须根据汽车耗油量及油杯液面高度变化进行修正。

3. 科里奥利质量法

若流体在管内进行直线运动的同时处于一旋转系中,则会产生与质量流量成正比的科里奥利力。利用这一原理制成的一种直接式质量流量仪表就称为科里奥利流量计。其原理如图 3-28 所示,当质量为 m 的质点以速度 v 在对 P 轴作以角速度 ω 旋转的管道内移动时,质点受到两个分量的加速度及其力。

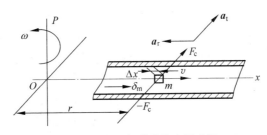

图 3-28 科里奥利质量法原理图

(1) 法向加速度 a_r 即向心加速度,其量值等于 $2\omega r$,方向朝向 P 轴。

(2) 切向加速度 a_t 即科里奥利加速度,其量值等于 $2\omega v$,方向与 a_r 垂直。于是在质点的 a_t 方向上作用着科里奥利力 $F_c = 2\omega v m$,管道对质点作用着一个反向力 $-F_c = -2\omega v m$。

当密度为 ρ 的流体在旋转管道中以恒定速度 v 流动时,任何一段长度 Δx 的管道都将受到一个 ΔF_c 的切向科里奥利力。其表达式为

$$\Delta F_c = 2\omega v \rho A \Delta x \tag{3-8}$$

式中:A——管道的流通内截面积。

由于质量流量计流量即为 δ_m，$\delta_m = \rho v A$，所以式(3-8)可写为

$$\Delta F_c = 2\omega \delta_m \Delta x \tag{3-9}$$

因此，直接或间接测量在旋转管道中（如图 3-29 所示的 Q 形管）流动流体产生的科里奥利力就可以测得质量流量，这就是科里奥利流量计的基本原理。其结构图如图 3-29 所示。

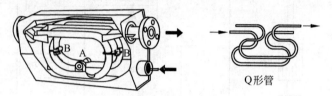

图 3-29　科里奥利质量流量计传感器实例
A—驱动线圈；B—检测探头

此种油耗仪适用于动态测试，测试的响应频率可达 10Hz，比常规的称重法响应速度快，精度高。若与空气流量计结合使用可以计算出瞬时的空燃比。对于此种测量方法，管内壁磨损、腐蚀或沉积结垢会影响测量精确度，尤其对薄壁测量管的流量计更为显著，而且油路内的气泡也会影响测试，为此常在流量计前增加液压泵。

常用的连接方法如图 3-30 所示：连接方法 A 的动态性能好，精确，但是需要使用两个流量计，增加了成本；连接方法 B 采用一个流量计，但是由于冷却器（由于回油温度比较高，为降低温度需增加冷却器）容量的增大，影响了动态性能。

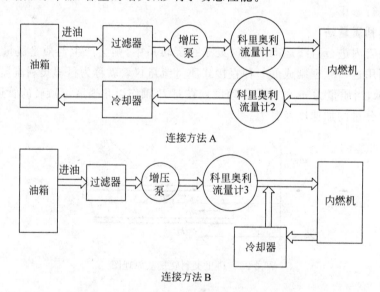

图 3-30　科里奥利质量流量计连接安装示意图

4. 碳平衡法

碳平衡法是利用所消耗燃油中的碳量与排气中 CO、CO_2、HC 所含碳的总量应相等的特点，由排气分析的结果来计算燃油消耗量的一种方法，即通过对尾气中 CO、CO_2、HC 容积排放量的分析计算，得到排气中单位里程内的碳元素含量，再与所用燃油中碳元素含量相比而间接得出燃油消耗量。其优点是不仅具有不解体测量油耗的优点，而且可获得与容积法、质量法相类似的精度及相当高的试验稳定性。百公里油耗计算公式为

(1) 对于装备汽油机的车辆：
$$FC = \frac{0.1155}{D}[(0.866 \times HC) + (0.429 \times CO) + (0.273 \times CO_2)] \quad (3-10)$$

(2) 对于装备柴油机的车辆：
$$FC = \frac{0.1156}{D}[(0.865 \times HC) + (0.429 \times CO) + (0.273 \times CO_2)] \quad (3-11)$$

式中：FC——燃料消耗量，L/(100km)；

HC——测得的碳氢排放量，g/km；

CO——测得的一氧化碳排放量，g/km；

CO_2——测得的二氧化碳排放量，g/km；

D——288K(15℃)下试验燃料的密度，kg/L。

上述公式来自国标 GB/T 19233—2020。式(3-10)、式(3-11)中的系数 0.1155 和 0.1156 是公式 $\left(\frac{12.011 + 氢碳比 \times 1.008}{12.011 \times 10}\right)$ 计算获得。氢-碳比采用固定值，汽油为 1.85，柴油为 1.86。另外，标准允许将试验中的实测氢-碳比代入此两式中求得新系数，按新系数计算燃料消耗量。公式中 0.273、0.429 及 0.866 分别是汽油、柴油排气中 CO_2、CO、HC 碳质量比率。

详细信息可参考文献[15]及相关标准。

3.6 空燃比的测量

空燃比是一个可调参数，它对内燃机动力性、经济性和排放性能影响极大，在内燃机原理书中已有详细的论述。在产品研发和科研工作中常常需要进行空燃比的测试。对于火花点火预制均匀混合气的内燃机，实用的空燃比范围变化不大，但少许变化就会对性能有重大影响。对于喷雾混合的柴油机而言，空燃比随负荷不同而大幅度变化，而且缸内各处、各时刻的空燃比都是不同的。一般只是测定最大油门位置时的平均空燃比，这是决定柴油机排放和最大动力性能的主要限制因素。空燃比的表达式为

$$\alpha = \frac{单位时间内进入缸内的空气量}{单位时间内的燃料消耗量} \quad (3-12)$$

还有用过量空气系数 ϕ_a 来表示的，它表示燃料完全燃烧时，实际供给的空气量与完全燃烧所需的理论空气量之比，表达式为

$$\phi_a = \frac{实际供给的空气量}{完全燃烧理论空气量} = \frac{l}{l_0} \quad (3-13)$$

式中：l, l_0——完全燃烧 1kg 燃料实际供给的空气量和理论空气量。

测量空燃比的方法有多种，主要采用下列三种方法。

1. 通过测量进气量和燃料消耗量来计算空燃比

这种方法应用起来较简单，用同一时间内测量的进气量 G_a 和所测的燃料消耗量 G_f，利用式(3-12)即可计算出空燃比 α，或利用式(3-13)即可计算过量空气系数 ϕ_a。

在内燃机稳定工况时，这种方法具有高的可靠性，但存在下列问题：一是不适用于瞬态空燃比的测量；二是对于多缸机，只能测量平均的总空燃比，不能测量各缸的空燃比。而这两点对于控制排气污染是非常重要的。

2. 直接测量排气成分来计算空燃比

目前,广泛应用排气分析仪测量排气成分来计算空燃比,与空燃比有关联的成分有 CO_2、CO、HC 和 O_2。可根据这 4 种成分或其中 3 种成分,如 CO_2、CO 和 O_2 或 CO_2、CO 和 HC 来直接计算空燃比,由于测量排气成分的方法不同,可采用多种计算方法。但关键问题是确立排气成分与空燃比的关系。一般都认为,100mol 空气与燃料 C_nH_m 中 X mol 的碳(C)与 Y mol 的氢(H)反应时,其燃烧反应式为

$$20.99(O_2) + X(C) + Y(H_2) \longrightarrow A(CO_2) + B(CO) + C(H_2O) + D(H_2) + E(O_2) \tag{3-14}$$

式中: A、B、C、D——燃烧生成物的物质的量;

　　　E——多余氧的物质的量。

空气中的氮等惰性成分认为在燃烧前后不变,所以在公式中未列入。

氧气不足时,发生的部分水煤气反应的平衡常数 K 为

$$K = (C \times B)/(A \times D)$$

斯平特(R. S. Spindt)根据上式得出空燃比的计算公式为

$$\alpha = F_b \left[11.492 F_C \left(\frac{1 + 0.5R + Q}{1 + R} \right) + \frac{120(1 - F_C)}{3.5 + R} \right] \tag{3-15}$$

式中: F_b = (CO 的物质的量 + O_2 的物质的量)/(CO 的物质的量 + CO_2 的物质的量 + CH 的物质的量);

　　　R = CO 的物质的量/CO_2 的物质的量;

　　　Q = O_2 的物质的量/CO_2 的物质的量;

　　　F_C——燃料中碳的质量百分比。

这种方法应用简单,不论何种燃料,只要知道它的组成,就可以应用。且它有明确的理论基础。

3. 测量排放样气中氧的浓度来计算空燃比

在这种测量方法中,必须保证内燃机运转时在被测样气中存在有多余氧量,故在仪器中专门加入一定量的氧(空气),进入 110℃ 保温取样管路与样气混合,并由输送泵送入 600℃ 左右的催化室内完全燃烧,再进入 750℃ 的氧化锆传感器室内,测出传感器输出的电压(单位 mV) $E_@$,其规律服从 Nemst 定律,形式为

$$E_@(750℃) = 50.6\lg(C_1/C) \tag{3-16}$$

式中: C——多余氧的质量浓度;

　　　C_1——空气中的氧的质量浓度。

多余氧的质量浓度 C 和过量空气系数 ϕ_a 之间的关系式为

$$\phi_a = \frac{1 + (4.76C - x)(1 + 0.302n)}{1 - 4.76C(1 + 0.25n)} \tag{3-17}$$

式中: x——加入的氧量,%;

　　　n——燃料中的氢碳的物质的量之比。

根据内燃机中燃料完全燃烧方程式:

$$l_0 = \frac{34.57(4 + n)}{12.01 + 1.01n} \tag{3-18}$$

则空燃比(质量)可由下式计算:

$$\alpha = \phi_a \times l_0 \tag{3-19}$$

这种仪器可测瞬态的及各缸的空燃比,还可显示 ϕ_a 和 O_2 的体积分数。测量时,空燃比的精度可达 $\pm 0.1\alpha$。

3.7 汽车排放污染物的检测方法

汽车内燃机的排放污染物主要包括气态污染物和颗粒物。气态污染物指氧化碳(CO、CO_2)、碳氢化合物(HC)和氮氧化物(NO_x);颗粒物(PM)指在温度不超过 325K(52℃)的稀释排气中,由规定的过滤介质上收集到的所有物质(包括碳粒及其吸附的可溶性有机物和硫酸盐)。随着法规的加严,对颗粒物的测量则是更加关注微粒粒径分布和数量(PN)的测试,这样可更好地分析内燃机排放微粒对环境和人体健康的实际影响。

对污染物进行测量分析的方法一般有两种:物理方法和化学方法。根据我国制定的汽车排放标准,采用物理分析方法测量 CO、CO_2、HC、NO_x,下面将对其进行简单介绍。

3.7.1 CO、CO_2 的测量

测量 CO、CO_2 时通常采用不分光红外分析仪(non-dispersive infrared analyzer,NDIR)。它是基于某些气体具有吸收某些特定波长的红外线的能力,且吸收能力与气体浓度有关这一原理进行测量的。进一步说,除单原子气体(如 Ar、Ne)和同原子的双原子气体(如 N_2、O_2、H_2 等)外,大多数非对称分子(不同原子构成的分子)都具有吸收特定波长红外线的特性。汽车内燃机排气中的有害气体均为非对称分子。这些非对称分子对特定波长红外波的吸收程度与气体浓度有关。CO 能吸收波长 $4.5 \sim 5\mu m$ 的红外线;CO_2 能吸收波长 $4 \sim 4.5\mu m$ 的红外线;CH_4 能吸收波长 $2.3\mu m$、$3.4\mu m$ 和 $7.6\mu m$ 的红外线。

不分光红外分析仪的结构示意图如图 3-31 所示。从图中可看出,该仪器主要由红外光源、截光盘、滤波器、参比室、检测器等组成。在参比室里充满不吸收红外线的气体(如 N_2),而被测气体则通过气样分析室。从红外光源射出的红外线,经过旋转的光栅(也称截光盘)交替地投向气样室和装有不吸收红外线的介质的参比室,然后进入检测器。检测器有两个接收室,里面都充有与被测气体成分相同的气体,中间用兼作电容器极板的金属膜片隔开。测量时,当含有待测组分的被测气体流经分析室时,两个接收室接受红外辐射能力的差别也随之显现,从而导致电容量发生变化。被测气体的浓度越大,转换成检测室电容量的变化就越大,从而得到的电信号也越大。

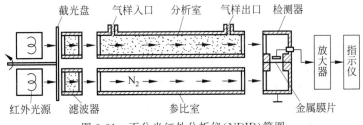

图 3-31 不分光红外分析仪(NDIR)简图

因此，经过适当标定，就可以根据输出信号的大小确定待测组分的含量。上述红外线强度的关系式遵循 Bill 定律：

$$I = I_0 \exp(-k_\lambda cl) \quad (3-20)$$

式中：I——经气体吸收后投射的红外辐射强度；

I_0——红外光源投射到被测气体的辐射强度；

k_λ——气体对波长为 λ 的红外光的吸收系数，对于某一特定成分(待测组分的种类)，k_λ 为常数；

c——被测气体组分的含量；

l——红外光透过的气体厚度。

3.7.2 THC 的测量

测量 THC(总碳氢)时采用氢火焰离子化分析仪(hydrogen flame ionization detector，FID)，它利用火焰导电的原理测量内燃机排气中 HC 的浓度。火焰导电的强弱和燃料种类有关。HC 的火焰产生比氢火焰高几个数量级的离子，有较强的导电性。在氢火焰离子化分析仪里，待测气体和助燃气体氢混合后进入燃烧器。在缺氧的火焰中，HC 分解出离子。HC 燃烧产生的离子在喷嘴和电极之间形成离子流，其强度与 HC 中的碳原子数目成正比。通过对离子流的测量，即可测得碳原子的浓度，即 THC。

根据上述原理制成的氢火焰离子化分析仪结构示意图如图 3-32 所示。

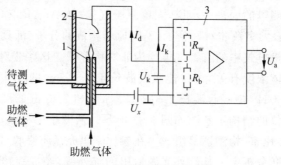

图 3-32 氢火焰离子化分析仪
1—燃烧喷嘴；2—电极；3—测量信号转换器

3.7.3 NO_x 的测量

测量 NO_x 采用的是化学发光分析仪(chemiluminescent detector，CLD)，其工作原理及结构简图如图 3-33 所示。

测量 NO 的原理是基于 NO 与臭氧的反应，即

$$NO + O_3 \longrightarrow NO_2^* + O_2 \quad (3-21)$$
$$NO_2^* \longrightarrow NO_2 + h\nu$$

式中，NO_2^* 分子在上述反应中达到激发状态，这个激发状态的能量将以化学发光的形式释放。这种光线(波长范围为 $0.6 \sim 3 \mu m$)的光子 $h\nu$(近红外谱线，其中，h 为普朗克常数；ν 为光子的频率)的强度和 NO 的浓度成正比，通过检测发光光强就可以确定被测 NO 的浓度。采用化学发光分析仪测定的被测气体含有 NO_2 时，NO_2 需要先在转换器中还原为 NO，然

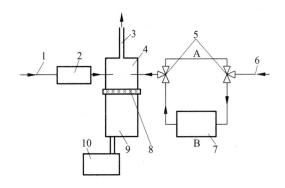

图 3-33 化学发光分析仪结构简图

1—氧气入口；2—臭氧发生器；3—反应室出口；4—反应室；5—转换开关；
6—气样入口；7—催化转换器；8—滤光片；9—检测器；10—信号放大器

后进入反应室，进行上述反应过程。因此，通过该仪器测量得到的是 NO 和 NO_2 的总和即 NO_x。另外，通过该仪器也可测 NO_2。

图 3-33 中滤光片的作用是滤除或消除样品中其他组分的干扰，如 C_2H_4 与 O_3 反应所产生的化学发光光谱；由于催化转换器的效率直接影响到测量精度，为提高测量精度，催化转换器的工作温度必须保持在 650℃ 以上，并要经常检查其转换效率，如低于 90% 时应更换催化转换器。

3.7.4 微粒和烟度测量

通常所说的微粒是指柴油机工作时排出的炭烟及其吸附物。由于非缸内直喷汽油机采用预混合燃烧方式，除了因使用高含铅量汽油而引起含铅微粒排放外，一般情况下不产生微粒；而柴油机采用压燃（扩散）燃烧方式，工作时必然会产生微粒，同样缸内直喷汽油机工作时也会产生微粒。

关于炭烟和微粒可理解为，微粒是由黑炭烟、可溶性有机物（SOF）以及包含在燃料中的硫燃烧后生成的微粒等组成的复合体；炭烟是由于过浓混合气在高温缺氧下不完全燃烧而生成的，是微粒的主要组成部分，当内燃机高负荷时所占比例很大。由此可见，在对柴油机排放进行的测试中，虽然微粒和烟度（即炭烟量）的测量是两个不同的测量指标，但两者有着密切的关系。

微粒测量与烟度测量相比，微粒测量所用的设备复杂，价格昂贵，测量烦琐，因而不易普及。目前，微粒测量主要用于排放法规检测试验，而烟度测量主要用于在用车辆检测。

1. 柴油机排气微粒测量系统

该测量系统包括稀释和取样系统、滤纸、称重室及精密天平。

微粒测量稀释和取样系统可采用全流稀释或分流稀释取样系统（该系统在第 6 章有详细介绍）。所谓全流稀释就是将全部排气引入稀释风道里，这种系统是权威认证的基准，测量精度高，但体积大、价格昂贵。分流稀释是将部分排气引入稀释风道里，优点是投资少、体积小，目前被广泛应用。

2. 烟度的测量方法

关于烟度的测量，读者可参阅标准 GB3847—2018《柴油机污染物排放限值及测量方法（自由加速法及加载减速法）》。该标准中规定，烟度测量需使用不透光烟度计，并强调了检测结果的要求,即每次检测都应分别记录自由加速法中最后3次光吸收系数 $k(\mathrm{m}^{-1})$ 的测量结果和平均值。关于烟度测量仪器及测量方法的详细信息,读者可参考标准及相关资料。

3.8 性能参数的测量精度及标准

为保证测量结果的可靠性,保证各测量参数的测试精度是非常重要的。国家标准对此有严格的规定。国标 GB/T 18297—2001《汽车发动机性能试验方法》中对仪表精度及测量参数均有严格的要求,如:

(1) 扭矩:误差不超过所测内燃机最大扭矩值的±1%。

(2) 转速:误差不超过所测值的±0.5%。

(3) 燃油消耗量:误差不超过所测值的±1%。

(4) 温度分不同情况有不同要求。

① 冷却液温度:在靠近内燃机冷却液出口及入口两处测量;误差不超过±2K。

② 机油温度:在主油道、主油道的入口或有代表性部位测量;误差不超过±2K。

③ 排气温度:传感器端头离内燃机排气歧管出口或涡轮增压器出口50mm处测量,并位于排气连接管的中心,传感器逆气流方向插入;误差不超过±15K。

④ 燃油温度:柴油温度在燃油喷射泵进口处测量;汽油温度在靠近化油器或喷油器的入口处测量。若有困难,可按制造厂商推荐的有代表性的部位。误差不超过±2K。

对上述各种参数的测量,试验人员应能对测量精度进行分析,了解测量值的真实性。测量精度的分析,即误差分析,在工科院校物理学等课程中已作过详细讲述,本书不另作讲解。直接测量的参数的误差,如转速、温度、测功机读数的误差,与测量装置、传感器、仪表、显示方式(或人工读数方法)等都有密切关系,本书前述章节中已作了必要的介绍。若要详细计算和了解,须参考相关专著。间接测量参数,如功率、燃油消耗率等,有专门的计算公式,其误差要根据误差分析原理由各公式中的直接测量参数的误差来确定。比如,按式(3-7)求取内燃机燃油消耗率时,需要先测量3个参数值,即内燃机转速、内燃机扭矩、燃油消耗量,前2个参数可算出内燃机功率,而燃油消耗量又是通过测量时间、燃油体积或质量获得,因此燃油消耗率的精度至少受4个因素的影响,故其精度要比这4个参数的精度低。

为达到测量精度的要求,在进行试验前需对各测试仪器和设备进行标定,关于标定方法在各仪器和设备说明书中均有详细的说明。如为保证内燃机扭矩的测量精度,试验前需对测功机扭矩零点、满度、量程进行标定,标定方法按说明书步骤进行。本书也作了一些必要介绍。

对一些专项研究开发试验,各参数的测量精度要求要比一般性能试验要求要高。如在进行内燃机热平衡试验时,冷却液温度、油温、排气温度测量精度要高于本节中的①~③所列。因此,读者在进行试验开发研究过程中需特别关注。

参 考 文 献

[1] 姜立标.汽车传感器及其应用[M].2版.北京:电子工业出版社,2013.

[2] 行文凯.汽车内燃机控制系统及诊断维修[M].北京:化学工业出版社,2007.

[3] 王尚勇,杨青.柴油机电子控制技术[M].北京:机械工业出版社,2005.

[4] 李建秋,赵六奇,韩晓东,等.汽车电子学教程[M].2版.北京:清华大学出版社,2011.
[5] 王登泉,杨明,叶林,等.非接触式旋转轴扭矩测量现状[J].电子测量技术,2010,33(6):8-12.
[6] 宋春华,徐光卫.扭矩传感器的发展研究综述[J].微特电机,2012(11):58-60.
[7] 王金力,杨福源,欧阳明高,等.关于缸压传感器替代内燃机凸轮轴和曲轴位置传感器的研究[J].汽车工程,2014(12):1455-1460.
[8] NILSSON Y,ERIKSSON L. Determining TDC Position Using Symmetry and Other Methods[J]. SAE Technical Paper,2004(1):1458.
[9] PIPITONE E,BECCARI A, BECCARI S. Reliable TDC position determination: A comparison of different thermodynamic methods through experimental data and simulations[J]. SAE Technical Paper,2008(36):59.
[10] 严兆大.热能与动力工程测试技术[M].2版.北京:机械工业出版社,2006.
[11] 历彦忠,吴筱敏.热能与动力机械测试技术[M].西安:西安交通大学出版社,2007.
[12] 安相璧,唐天元.汽车试验工程[M].北京:国防工业出版社,2006.
[13] 唐岚.汽车测试技术[M].北京:机械工业出版社,2006.
[14] 陈龙.内燃机微粒排放物测试方法分析[J].城市车辆,2007(8):45-47.
[15] 方茂车,郑贺悦.基于碳平衡法的汽车油耗测量方法[J].汽车工程,2003(3):294-297.

第 4 章 内燃机性能试验

4.1 概 述

车用内燃机的转速和负荷经常变化,因而输出功率也经常变化。在载客量或载荷质量不变的情况下,由于路面、行人和交通等情况不同,汽车行驶速度会有快有慢,因而需要内燃机转速能高能低;且在同一车速下,载客量和载荷质量也可以有多有少,路面情况也会不同,内燃机负荷也就有大有小。因此,根据整车动力的需求,车用内燃机的运行状况经常在不断地变化着。

内燃机工况就是内燃机运行或工作的状况。负荷和转速是内燃机运转过程中确定工况的两个主要运行参数。在整车速比确定的情况下,内燃机转速与汽车速度成正比。而负荷可由有效输出扭矩或平均有效压力来表示,与汽车运行时的总阻力成正比。

因此,要了解汽车在各种工况下的性能和变化规律以及在某一工况下运行的可能性和适应性,就必须研究内燃机的性能随工况变化的规律。

内燃机的性能主要指动力性、经济性、排放性、可靠性和耐久性。根据内燃机运行工况的不同,内燃机的性能可分为稳态性能和动态性能。内燃机的稳态性能对应内燃机的稳定运行,此时内燃机循环平均的性能指标、工作过程参数不随时间变化。汽车的匀速行驶、内燃机台架试验中的稳定运行就属于这种工况。内燃机的动态性能是指内燃机在过渡过程或不稳定工作过程中的特性。汽车加速、减速、起动等工况或内燃机从一个稳定工况过渡到另一个稳定工况时,过渡过程工况就是动态性能研究的对象。本章重点介绍内燃机稳态的一般性能试验。目前,排放性、可靠性和耐久性已成为影响内燃机发展的一个重要方面,它们的试验测试方法与一般性能测试试验有较大差异,将分别在第 5 章、第 6 章中介绍。

内燃机性能试验的内容包括一般性能试验、性能匹配调整试验和研究性试验。而内燃机一般性能试验如何组织和进行,即试验目的、试验条件、试验方法、测量项目及数据整理等,国家标准 GB/T 18297—2001《汽车发动机性能试验方法》中都有详细说明。

GB/T 18297—2001 中规定了 10 项内燃机一般性能试验的内容和试验方法:①功率试验;②负荷特性试验;③万有特性试验;④机械损失功率试验;⑤起动试验;⑥怠速试验;⑦压燃机调速特性试验;⑧各缸工作均匀性试验;⑨机油消耗量试验;⑩活塞漏气量试验。

本章重点介绍前 6 种性能试验方法。

4.2 内燃机功率试验

速度特性是指内燃机油门开度不变时,内燃机性能指标和特性参数随转速变化的规律。功率试验,也称外特性试验,就是内燃机油门全开时与动力性、经济性有关的速度特性试验。它是在内燃机油门开度 100% 的位置时,内燃机动力、经济性能指标(M_e、G_f、g_e、P_e、T_e 等)随转速而变化的特性试验。

内燃机功率试验的目的:首先是评价内燃机在额定工况下的动力性、经济性和排放性指标,包括额定功率、扭矩、油耗率等;其次是确定其他工况下的最大动力性能指标,包括整机的最大扭矩、最大转速与最大功率值;此外还可了解外特性段的有害物排放情况。

功率试验分为总功率试验和净功率试验。它们的区别在于内燃机工作所驱动的附件不同(见 ISO 1585:2020《道路车辆 发动机净功率试验》、ISO 2534:2020《道路车辆 发动机总功率试验》、GB/T 18297—2001《汽车发动机性能试验方法》)。总功率试验时,发动机仅带有能保证其工作的附件,如曲轴箱通风装置、发电机、调压器及蓄电池、内燃机电控系统等,没有这些附件内燃机就不能工作。它表示内燃机运转时能达到的最大动力性能指标。

净功率试验时,内燃机应安装整车运行时所需配备的各种附件,而且这些附件应该是原产装备件,安装位置应尽可能地与实际安装情况相同。它表示内燃机装在汽车上运转时,曲轴端能输出的最大有效性能指标。随着汽车排放法规日趋严格,为了使真实运行时的排放性、动力性和经济性达到最佳匹配,匹配调整试验必须在净功率试验状态下进行,所以现代车用内燃机的动力性能指标常用净功率指标来表示。

4.2.1 试验内容及测试项目

在进行功率试验时,内燃机油门开到最大位置,即油门开度设定在100%位置,在内燃机工作转速范围内,依次地改变转速进行测量,适当地选择不少于8个点的稳定工况点(有些试验,因试验目的的要求,为能获得更加准确的曲线,试验点会选得更多,如每100转有一测量点),其中必须包括额定点和最大扭矩点。测量各稳定工况点的转速、扭矩、油耗量,并计算功率和燃料消耗率等。绘制出如图4-1所示的性能曲线图。

需要指出的是,对同一机型,如果用途不同,标定目标会不同,就会通过一定的技术手段使得内燃机外特性曲线形状、额定功率、额定转速等参数都不同。例如当内燃机作为赛车动力时,最关注的是短时间内燃机所能发出的最大功率和最大扭矩,故它标定

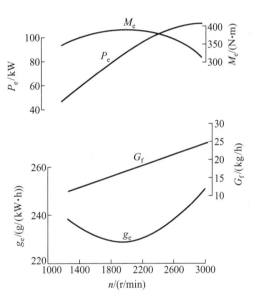

图 4-1 某内燃机功率试验性能曲线

的最大功率、最大扭矩就要大于当它作为轿车动力时的最大功率、最大扭矩。轿车用内燃机使用时的负荷率一般都较低,动力性能有所保证,所以更关注高可靠性、高经济性和低排放性。可见,额定工况的指标是根据内燃机应用场所不同人为标定的结果,与内燃机最大可能的性能指标是有区别的。

试验所需测量的主要项目有以下几个。

(1) 转速、扭矩。内燃机功率试验中可直接测量内燃机的扭矩和转速,通过转速和扭矩再计算出功率。扭矩、转速和功率决定了内燃机的动力性能,从而决定了汽车动力性三要素——车速、爬坡能力和加速能力的最重要的参数。

(2) 燃料消耗量。为了解内燃机在全负荷工况下的经济性,需测量内燃机燃料消耗量,

再由此计算出外特性各工况下的燃油消耗率。

(3) 排放污染物。对于排放污染物限值及测量方法,可参考国家标准 GB 17691—2018《重型柴油车污染物排放限值及测量方法(中国第六阶段)》进行。此外,测试排放污染物是为了了解外特性段的排放情况,而不是按排放法规进行达标和认证试验。有关排放测试技术及方法,详见第 6 章。

(4) 排气温度、点火或喷油提前角、水温、润滑油温、油压以及燃油温度和燃油牌号等。测量目的是保证内燃机试验工况处于最佳调整和正常工作状态。

(5) 进气状态。进气状态主要包括大气温度、湿度、大气压力,测量目的是计算获得校正有效功率及压燃机的燃油消耗率(根据标准 GB/T 18297—2001,压燃机在全负荷下的燃油消耗率应校正),以便进行对比分析。

4.2.2 大气校正

为使试验数据具有可比性,各国都制定了内燃机性能试验标准,严格地规定了试验条件和标准大气状态。现在各国的试验标准都向国际标准(ISO)靠拢。从 20 世纪 90 年代开始,美国、日本的标准都与 ISO 标准基本一致,欧洲各国则均向 ECE R85 标准靠拢。

如果进行功率试验时不能在标准状态的实验室内进行,就必须将非标准大气状况下所测得的功率和燃油消耗率换算成标准大气状况下的数值,以便内燃机之间进行比较、评价和配套。这种换算就称为大气校正。内燃机标准进气状态见表 4-1。

有关详细校正的计算公式可参考国家标准 GB/T 18297—2001《汽车发动机性能试验方法》。这里仅以内燃机功率修正为例进行说明。

表 4-1 内燃机标准进气状态

进气参数	单位	标准值
进气温度 T	K	298
进气干空气压 p_d	kPa	99
水蒸气分压 p_w	kPa	1
进气总压 p	kPa	100

内燃机功率修正计算公式:

$$\text{点燃机} \quad P_{eo} = \alpha_a P_e \tag{4-1}$$

$$\text{压燃机} \quad P_{eo} = \alpha_d P_e \tag{4-2}$$

式中:P_{eo}——校正有效功率,kW;

P_e——实测有效功率,kW;

α_a——空燃比不变的化油器式、电控式点燃机功率校正系数,该校正系数 α_a 应在 0.93~1.07 的范围内,如果超出,应在试验报告及试验曲线上注明实际进气状态,α_a 的计算公式为

$$\alpha_a = \left(\frac{99}{p_d}\right)^{1.2} \left(\frac{T}{298}\right)^{0.6} \tag{4-3}$$

α_d——循环供油量确定不变的压燃机功率校正系数,计算公式为

$$\alpha_d = (f_a)^{f_m} \tag{4-4}$$

上两式中，T——进气温度，K；

p_d——进气干空气压，kPa，其计算公式为

$$p_d = p - p_w$$

p——进气总压，kPa；

p_w——水蒸气分压，kPa。

应注意：在全负荷的工况下，进气温度 T 在 298~308K 的范围内，进气干空气压 p_d 在 80~110kPa 的范围内。

f_a 为进气因素，分以下三种情况：

(1) 对于非增压及机械增压压燃机，有

$$f_a = \left(\frac{99}{p_d}\right)\left(\frac{T}{298}\right)^{0.7} \tag{4-5}$$

(2) 对于涡轮增压带或不带空/空中冷器时，有

$$f_a = \left(\frac{99}{p_d}\right)^{0.7}\left(\frac{T}{298}\right)^{1.5} \tag{4-6}$$

(3) 对于涡轮增压带水/空中冷器时，有

$$f_a = \left(\frac{99}{p_d}\right)\left(\frac{T}{298}\right)^{0.7} \tag{4-7}$$

f_m 为压燃机特性指数，计算公式为

$$f_m = 0.036\frac{q}{r} - 1.14 \tag{4-8}$$

式中：q——比排量循环供油量，mg/(L·cyc)；

r——增压比。

有效功率的换算是一个比较复杂的问题。目前世界各国关于功率校正的公式尚不统一，而是根据各国的具体条件来确定的。在有关的试验标准中，均有相应的规定。各种校正方法都有一定的前提和假设条件，适用范围也有一定的局限性。

因此，人们在内燃机试验研究过程中，为有效地比较不同内燃机性能，通常的办法有：①将进气系统做成标准进气状态；②不同机型试验的时间都安排在试验环境接近时，如规定试验均在早上进行等，这样可减小试验结果误差。有关内燃机速度特性试验的具体试验方法、试验条件等详见附录 A 中试验 1、3。

4.2.3 功率特性试验的应用

功率特性试验可以直接反映该内燃机产品所具有的最大动力性能，是汽车及内燃机生产中以及产品检验、维修时最常用的试验方法。

功率特性试验也可用于进行内燃机产品在使用不同牌号燃油、不同调节参数、不同使用条件下的对比研究。例如，为了研究不同辛烷值对汽油机动力性能的影响，可采用功率特性的试验方法。图 4-2 所示的是分析内燃机使用三种不同辛烷值汽油时内燃机外特性中的动力性表现。从图中可以发现，在 4000r/min 转速以下，97# 汽油的动力性要明显好于 93# 和 90# 两种标号汽油。还可进一步比较经济性和排放性。

在产品开发或研究过程中，有时要了解内燃机外特性曲线的具体形状。此时不宜使用较少试验点的曲线拟合方法进行分析。实际内燃机中，由于进气管中动态效应(压力波)的作用，外特性曲线往往是波动的，用标准函数拟合成的平滑曲线反而是失真的。

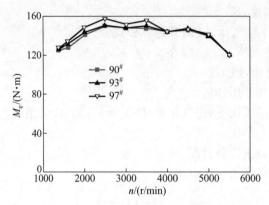

图 4-2　使用不同辛烷值汽油的内燃机外特性曲线

最后要指出,功率特性试验只是速度特性中的外特性试验,还有油门开度小于 100% 的部分速度特性试验,如油门开度为 15%、25%、45% 等时的速度特性试验,试验方法与外特性试验相同。

4.3　负荷性能试验

1. 负荷特性及其作用

负荷特性是在内燃机转速保持不变的条件下,内燃机主要性能参数(G_f、g_e 等)随内燃机负荷(功率、平均有效压力或油门开度)的改变而变化的关系。

负荷特性试验的目的是评定内燃机在规定转速、不同负荷时的经济性和排放性能。它主要表明在同一转速下,各种不同负荷时的燃油消耗率 g_e 随功率 P_e 变化的关系。对于额定转速,可以通过负荷特性曲线找出内燃机所能达到的额定功率和额定点的耗油率,判断功率标定的合理性。对于其他转速,可以通过负荷特性曲线找到内燃机各工况中的最低耗油率 g_{emin},这是评价不同内燃机经济性能的一个重要指标。

2. 负荷特性的试验方法

内燃机起动后,稍加负荷,使内燃机逐步达到规定的稳定热状态(内燃机冷却液的出口温度$(361±5)$K,机油温度$(368±5)$K),再开始试验。一般试验在内燃机 50%~80% 的额定转速(其中应含常用转速和 2000r/min)下进行,需要时,转速范围可上、下扩展,直至其额定转速。试验从小负荷开始,逐步开大油门进行测量,直至油门全开为止,也可以从大负荷开始,逐渐降低至小负荷。但转速始终保持不变。应适当选取 8 个以上的测量点,测量点应包括转速为 2000r/min、平均有效压力为 200kPa 的工况点。图 4-3 表示的是某汽油机在 2800r/min 时的负荷特性曲线图。

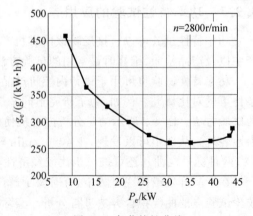

图 4-3　负荷特性曲线

在进行内燃机负荷试验时,试验工况点是从小负荷开始逐渐加大负荷,还是从大负荷即油门全开逐渐降低负荷,主要取决于当时试验对象的状态及试验工程师的意图,有时人们为提高负荷特性曲线精度,试验从小负荷开始,然后逐渐加大负荷直至最大,接着逐渐降低负荷到小负荷,完成负荷特性试验。

3. 测量参数

在对内燃机进行负荷特性试验时,测量参数的数量和方法与功率试验的测量参数基本相同,即在每一个工况下,测量内燃机进气状态、转速、扭矩、燃油消耗量、燃油消耗率、点火或喷油提前角、空燃比和排温,记录燃料牌号等。按需要测量 CO、HC、NO_x 排放量等。

4. 负荷特性曲线图及其应用

负荷特性曲线的横坐标可以是有效功率 P_e、平均有效压力 p_e 或者油门开度(%)。多个转速的负荷特性曲线画在同一张坐标图上时(见图 4-4(a)),以功率 P_e 为横坐标,则各条曲线按转速由低到高的顺序从左到右分开,这样分析、观察比较方便。若以平均有效压力 p_e 或油门开度(%)为横坐标时(图 4-4(b)),则各曲线处于同一区段,上下略有差别。后一种曲线族图,便于万有特性曲线图的制取(转速,横坐标-平均有效压力,纵坐标),也便于比较各转速负荷特性曲线的差异。

关于内燃机负荷特性的试验方法、分析方法等详见附录 A 试验 2、3。

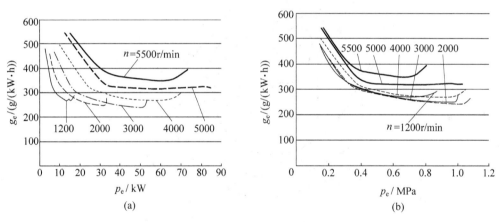

图 4-4 内燃机负荷特性曲线
(a) 油耗-功率曲线;(b) 油耗-平均有效压力曲线

4.4 万有特性试验

4.4.1 万有特性及其作用

内燃机负荷特性和速度特性分别反映了内燃机主要性能参数仅随负荷和转速变化的规律,从而可以从不同的角度评价内燃机的性能。汽车内燃机在实际工作中,转速、负荷都在不断地变化,要全面评价内燃机的性能,仅凭负荷特性或速度特性则有一定的局限性,因此需要一种能同时展示上述两种特性的图形来进行评价。这种图形可以是在三维坐标图上,以工况面(转速和负荷的二维平面)为自变量域的特性曲面;也可以在工况面的二维坐标图上,表示为各种参数的等值线,如等燃油消耗率线、等功率线、等 NO_x 排放线等。后者就是万有特性曲线图,如图 4-5 所示。

万有特性曲线实质是所有负荷特性和速度特性线的合成。它可以表示内燃机在整个工况范围内主要参数的变化关系,用它可以确定内燃机最经济的工作区域,当然也可以确定某一排放污染物的最小值区域,等等。在内燃机性能匹配优化过程中,通过对参数如点火提前角、喷油提前角、喷油脉宽、EGR 率、配气相位等进行调整和优选,可以使内燃机的最低油耗区域和排放区域落在最常用的工况范围内,这是内燃机性能匹配的重要原则之一。

从使用的角度看,在产品内燃机万有特性曲线图上可以看出,全工况范围内,即各种负荷和各种转速时,平均有效压力 p_e、功率 P_e、耗油率 g_e 及有害物排放等参数的变化规律,从而能够全面确定内燃机最合理的调整和最有利的使用范围,这对汽车底盘参数的选择和设计是很有意义的。例如,当内燃机向汽车输出某一功率时,可以找出该功率在等功率线上对应的最低耗油率点及相应的转速,根据所有输出功率值对应的最低耗油率转速来设计汽车的传动比,就可以使汽车获得最佳的经济性能,这正是汽车无级传动比设计选择的依据之一。当然通过万有特性曲线也可分析、计算整车各挡位、各种坡度、不同车速下的经济性和动力性等,从而制定出对内燃机设计修改、安全寿命、使用、保养等有利的一些参考数据。

通过万有特性曲线可分析内燃机的使用经济性。最内层的等油耗曲线的范围是经济性最

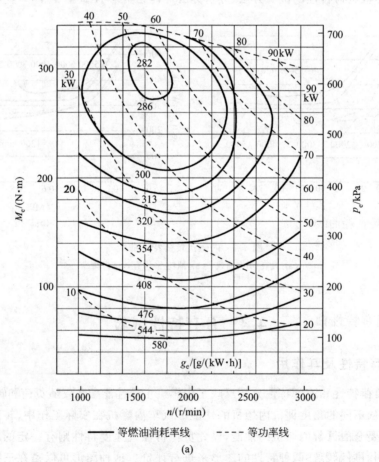

图 4-5 动力性、经济性万有特性曲线

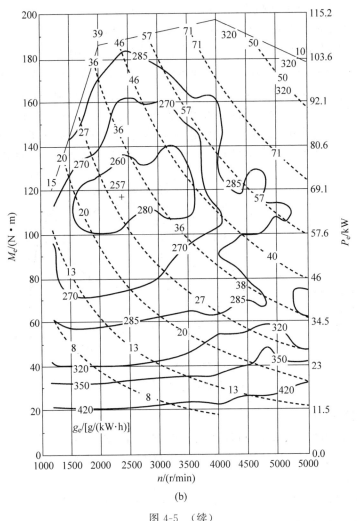

图 4-5 （续）

好的区域。等油耗曲线横坐标方向较宽,表示内燃机在转速变化较大而负荷相对变化较小的情况下工作时,经济性较好,这种情况适用于车用内燃机,如图 4-5(b)所示。反之,如果等油耗曲线纵坐标方向较长,则表示内燃机在负荷变化较大而转速变化较小的情况下工作时,经济性较好,比较适合于对转速波动要求较高的领域,如发电机、工程机械以及农用车辆(拖拉机)。

4.4.2 万有特性曲线的制取方法

万有特性没有专门的试验方法,是依据多条负荷特性曲线或多条速度特性曲线的数据绘制而成的,俗称"负荷特性法"或"速度特性法"。这两种方法汽油机都经常采用,而柴油机多采用"负荷特性法"。其绘制方法主要分为两种,即直接绘图法和软件辅助绘图法。下面以"负荷特性法"为例进行介绍。

1. 直接绘图法（以绘等油耗率线为例）

（1）进行不同转速下的负荷特性试验,得到一组负荷特性曲线。为便于万有特性曲线的制作,应适当多作几条曲线(如 10 条或更多)。每条曲线上多做几个试验点(8~10 个点或更多),可减少试验过程的随机误差,提高综合试验精度。

(2) 将各转速下的负荷特性曲线集中画在 g_e-P_e 坐标图上,见图 4-6。

(3) 在 P_e-n 图上画外特性曲线,等 g_e 曲线不能超出此范围。

(4) g_e-P_e 图与 P_e-n 图分列 P_e 坐标轴的左右端且 P_e 的比例尺必须相同。

(5) 在 g_e-P_e 图上画多条等 g_e 曲线,每条等 g_e 线与每条负荷特性曲线相交于一点或两点(图上只画出一条等 g_e 线为例)。从相交点引平行线至 P_e-n 图,并从 P_e-n 图上相应的 n 点引垂直线与平行线相交,用光滑曲线连接 P_e-n 图上的这些交点,即为万有特性曲线的等 $g_{e,1}$ 曲线。同理作出其他的等油耗曲线,这样就可得到整个内燃机的等油耗万有特性图。

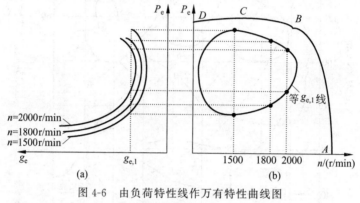

图 4-6 由负荷特性线作万有特性曲线图
(a) 负荷特性曲线;(b) 万有特性曲线

2. 软件辅助绘图法

用软件辅助绘图的方法很多,可以用 Excel、MATLAB 以及各种数据处理软件进行绘图,文献[1-2]介绍了用 MATLAB 语言绘制内燃机万有特性曲线的方法。本节以 Origin 为例进行简要作图说明。

(1) 打开试验数据文件 Excel 表格数据,导入 Origin 文档,如图 4-7 所示。

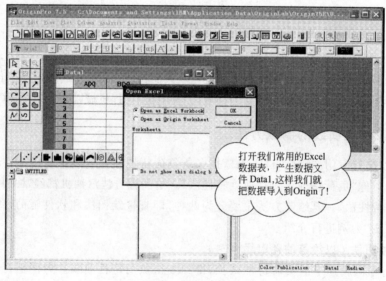

图 4-7 导入文档

(2) 令其中的转速为 x 轴,扭矩为 y 轴,另一列油耗率为 z 轴,如图 4-8 所示。

图 4-8 选择 x,y,z 轴

(3) 转换数据表为矩阵形式,如图 4-9 所示。

图 4-9 转换为矩阵形式

(4) 选择一一对应关系,并设置横纵点的个数,如图 4-10 所示。

图 4-10　选择对应关系

(5) 得到三维矩阵表,如图 4-11 所示。

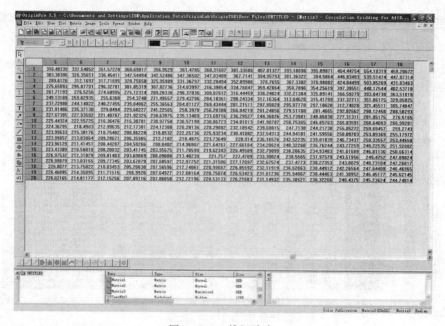

图 4-11　三维矩阵表

(6) 进行等高线画图,如图 4-12 所示。

(7) 生成油耗万有特性曲线,如图 4-13 所示。

第 4 章 内燃机性能试验

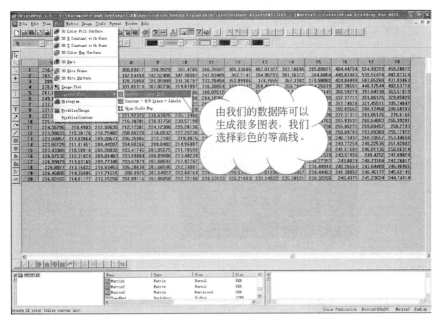

图 4-12 进行等高线画图

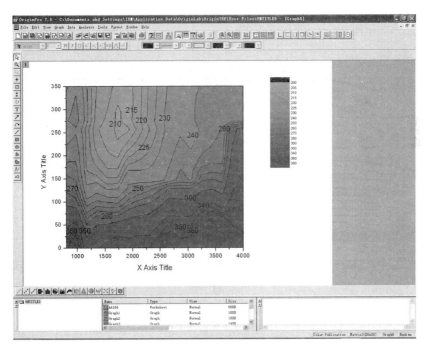

图 4-13 油耗万有特性图

（8）把超过内燃机工作范围的部分覆盖掉，或者做一些图例的设置。利用上述方法可以生成其他图表，如 NO_x 万有特性曲线，如图 4-14 所示。

也可以利用 Excel 制取万有特性曲线，如图 4-15 所示。

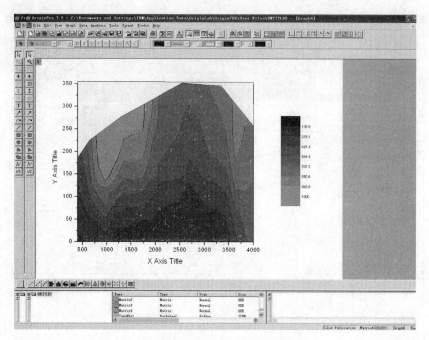

图 4-14 氮氧化合物(NO_x)特性曲线

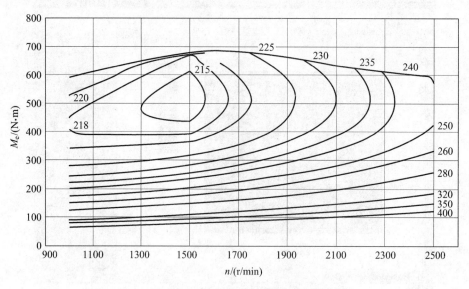

图 4-15 利用 Excel 制取某内燃机油耗特性曲线

(耗油率单位为 g/(kW·h))

4.5 机械损失功率试验

评价内燃机机械损失大小的主要指标有机械损失功率和机械效率。机械损失功率指的是内燃机运行过程中的机械摩擦功率、附件功率和泵气损失功率之和,机械效率定义为内燃机的有效功率与指示功率之比,用于衡量内燃机机械损失大小的程度,其中机械效率可以用下式表示：

$$\eta_{\mathrm{mo}} = \frac{P_{\mathrm{eo}}}{P_{\mathrm{eo}} + P_{\mathrm{m}}} \times 100\% \tag{4-9}$$

式中：η_{mo}——机械效率；

P_{eo}——校正有效功率，kW；

P_{m}——机械损失功率，kW。

在测功机上利用倒拖法（详见后文）测定机械损失功率时，其计算式为

$$\begin{aligned}P_{\mathrm{m}} &= \frac{2\pi W_{\mathrm{m}} L n}{60 \times 1000} \\ &= 0.1047 \times 10^{-3} W_{\mathrm{m}} L n \\ &= C W_{\mathrm{m}} n\end{aligned} \tag{4-10}$$

式中：W_{m}——测功机磅秤读数，N；

L——测功机臂长，m；

n——转速，r/min；

C——测功机常数。

上述公式适合外壳是浮动式的电力测功机，对于不是浮动式外壳的电力测功机，通常在其轴上装有扭矩传感器，根据扭矩传感器测出的摩擦副总扭矩 M_{m} 计算内燃机摩擦功率。

机械效率在大功率输出时可以超过 80%，中低负荷时较低，怠速时则为零。乘用车在综合行驶工况下，内燃机指示功率的 $\frac{1}{3} \sim \frac{1}{2}$ 是消耗在内燃机机械损失上的。由此可知，提高机械效率是提高内燃机性能指标不可忽视的因素，所以对于机械损失的精确测量也具有非常重要的意义。然而，精确测量机械损失是一个艰难的课题，至今还没有有效满意的解决方法。

关于机械功率损失的测量方法有很多种，文献[3]主要介绍了 9 种方法。本书重点介绍以下 4 种常用方法。

1. 示功图法

通过示功图测算出内燃机工作过程的功（指示功），再根据台架上测算得出的内燃机有效功率，可计算出内燃机机械损失功和机械效率。这种直接测定方法是在真实的试验工况下进行的，理论上是最合理的。实际应用时会面临如下一些问题。

（1）在多缸内燃机中，所有汽缸都需要绘制示功图，且应同时进行。这是因为各汽缸产生的功率是有差别的，即各缸产生的功率不应简单假设为相同。

（2）缸内压力测量误差很难精确控制。

（3）精确确定真实的上止点位置极为困难。

关于上止点位置测定及示功图制取的问题，3.2 节和 3.3 节已进行详细说明。测试结果表明，如果传感器测得的上止点处曲轴转动位置比真实值提前了 1°，计算出的指示平均有效压力就将比真实值大 5%；如果测得的上止点滞后了 1°，则计算结果比真实值小 5%。因此，精确地在上止点处产生一个信号是非常必要的，而要做到这一点则十分困难。

2. 倒拖法

倒拖法在具有电力测功机的试验条件下方可进行。电力测功机拖动内燃机运转，测功机所测出的功率即为内燃机的机械损失功率。

测量方法是先使内燃机带负荷运转，当内燃机水温和机油温度达到正常状态后迅速切断供油或切断点火（汽油机），立即将电力测功机转换为电动机运行，反拖内燃机到同样转速，此时测功机测出的功率即为机械损失功率。

这种测试方法的误差来源主要包括：

(1) 在未点火的情况下，缸内压力显著下降，活塞、活塞环与汽缸套之间以及转动的齿轮之间的摩擦损失也随之下降。

(2) 缸壁温度比不着火时显著下降，黏性阻力的上升会对上述效应产生一定的补偿。

(3) 不着火条件下，排气温度下降，工质密度上升，使排气的泵气损失功加大。

这种方法在诸多机械损失测定方法中仍属于精度较高的一种，且方法简便，再现性好，还可以分解内燃机，测量每一对摩擦副的摩擦损失功率，为了解内燃机摩擦损失的根源和降低摩擦损失提供依据。试验时保证润滑油的温度和水温是非常重要的，这可避免摩擦功率过大的变化。国家标准 GB/T 18297—2001《汽车发动机性能试验方法》中规定机械损失功率试验方法采用倒拖法，当然这是针对可能应用电力测功机的中、小型内燃机而言。

3. 灭缸法

灭缸法是内燃机在稳定工况下运转，且各缸点火或喷射装置被轮流关断的情况下进行，该技术只适合多缸内燃机和自然吸气内燃机，增压和增压中冷内燃机不适合。

当关断其中某缸后，测功机立刻调整以恢复内燃机转速，于是可以测出功率的下降量。在假定整机的总机械损失不变的条件下，该值与不工作的汽缸发出的指示功率应相等。对各缸分别进行相同操作，各缸功率下降值之和就被认为是内燃机的指示功率。于是再通过内燃机的有效功率就可以求出机械效率。

灭缸法本质上仍然是倒拖法，因此，此方法具有与倒拖法相同的误差来源，但由于内燃机基本处于正常工作状态，所以理论上误差应比倒拖法小。不过由于多缸机灭一缸后，进、排气压力波动态效应会影响各缸分配均匀性，以及通过灭一缸计算单缸指示功率时是两个大数（不灭缸与灭缸的总功率）相减，其相对误差会加大，所以其精度的高低仍是难以定量说明的问题。汽油机灭缸工作时，存在失火的安全隐患，试验时应加以注意。关于此法的详细内容见附录 A 试验 4。

4. 油耗线法

油耗线（威廉线）法的英文名为 Willam's line method。此方法仅适用于没有节气门的压燃式内燃机。从图 4-16 小时燃油消耗量随扭矩或平均有效压力变化曲线可看出，柴油内燃机在某一恒定转速下，在 75% 总功率以下部分近似为直线。在特性曲线的直线部分，任意增量燃料将产生相同增量的功率。

显然在零功率输出点，内燃机消耗的所有燃料都被用于克服机械损失，因此可以推断，油耗线直线段的反向延长线与横坐标相交，交点 O_1 到坐标 0 点间的负值即为机械损失值，如图 4-16 所示。

严格地说，此方法只适用于空载条件下的摩擦损失测评。因此，加载测试时，功率损失无疑

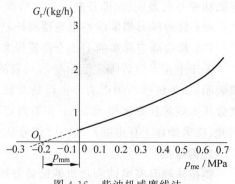

图 4-16　柴油机威廉线法

会加大。此外,中低负荷段直线性的假设也存在一定的误差。因为该方法的优点是不用驱动装置就能测量,所以适合大型柴油内燃机,不使用进气节流的内燃机。

上述 4 种测量内燃机机械损失的方法均存在一定的误差,如果运用尽可能多的方法测量,并进行结果对比将更具有意义。文献[4]就机械损失的测量方法给出了现实的评价:"内燃机机械损失的测量仍旧像一门'巧妙的艺术'。"

虽然无法得出机械损失的准确值,但是这些方法能够非常有效地监控各种结构和参数的改变对内燃机性能的影响。

最后还要指出,增压内燃机在反拖或灭缸时,增压器的工作状况会有很大变化,所以不能用此两种法测定其机械损失功率。油耗线法也只在低增压机型中应用,且误差难以估算。目前除示功图法外,尚别无良策。

附录 A 试验 4 给出了汽油机采用灭缸法进行机械损失功率的试验方法。

4.6 起动性能试验

要使内燃机由静止状态过渡到工作状态,必须先通过外力转动内燃机曲轴,使汽缸内先吸入(或形成)可燃混合气,并使其燃烧做功,达到能持续自燃的最基本条件后,内燃机工作循环才能自动进行。

内燃机的起动是指从曲轴在外力作用下开始转动到内燃机能维持自动运转的全过程。对于汽车用内燃机来说,起动性能是一个非常重要的性能指标,因为汽车必须保证在规定的各种使用环境条件下顺利起动,才能正常工作。为此,在 GB/T 18297—2001《汽车发动机性能试验方法》中规定:对于定型的内燃机,汽油机在低温环境温度 255K、柴油机在 263K 的条件下,不采用特殊的低温起动措施,应能起动运转,在中温、热机(温度均在(361±5)K)及规定的条件下,能顺利起动。

内燃机在低温条件下,由于进气温度低、燃料雾化差、机油黏度增高、蓄电池供电能力降低等因素,会造成内燃机起动困难。为了保证在更低温度下的起动性能,应采取辅助起动措施,例如各种结构的冷却液和机油的加热器、进气空气加热器,以及加注冷起动燃料等。

起动试验的目的是评定内燃机的低温、中温及热机起动性能及起动时的排放性能。起动性能的优劣主要取决于起动内燃机所需要的拖动时间。

在进行起动试验时,被测内燃机及其附件可装在一个特制的支架上,或装在汽车上,并置于试验的环境温度中。如果内燃机装在实验室,则内燃机不与测功器相连。装在汽车上,其动力系统若是自动变速器,则应置于"停车"状态;若是手动变速器,置于"空挡",且离合器先后处于结合状态和分离状态,并按制造厂商使用说明书的规定程序进行设置和操作。

起动试验要特别注意起动时间的测量,即试验是从按动起动电门接通起动机开始计时,起动机拖动内燃机 15s 以内若能自行运转,并且运转 10s 以上不熄火,则认为起动成功。

若起动失败,则按制造厂商使用说明书的规定程序再次进行设置和操作,在 3min 内继续进行下一次起动;低温起动时须待冷却液、润滑油及电解液达到规定的环境温度,方可进行下一次起动。若 3 次起动失败,则终止该项试验。

起动试验测量项目主要包括:环境温度、进气状态、起动失败次数和起动成功的拖动时间;起动机和蓄电池的最低工作(即拖动时的)电压、拖动及自行运转的内燃机转速、起动电流、进气管绝对压力等与时间的关系曲线;起动前冷却液、各种润滑油及电解液的温度以及汽油牌号及馏程、柴油牌号等。

内燃机起动性能评价,是通过对它起动试验后的数据进行处理,根据处理后的数据进行评价,评价方法参考标准 GB/T 18297—2001。

4.7 怠速试验

汽车在行驶过程中,需要经常用到内燃机的怠速工况(此时所指均为最小油门开度时的低速怠速),例如汽车起步前及短时间内的停车等,都要求内燃机处于怠速转速且转速平稳,并能非常圆滑地过渡到汽车的起步、行驶工况。因此,在该工况下的内燃机性能、排放性能及整车的驾驶性能就显得尤其重要。

考核和评价内燃机怠速质量的标准是:内燃机处在低温冷机及热机状态下,无负荷时,内燃机怠速运转的平顺性(如转速波动量)、运转持续性(不熄火)及排放污染物等。

1. 怠速工况

怠速工况指内燃机无负荷运转状态,即离合器处于接合位置,变速器处于空挡位置(对于自动变速箱的车应处于"停车"位置或"P"挡位),油门踏板处于完全松开位置时的稳定运转工况。

2. 试验方法

怠速试验分低温冷机怠速试验及热机怠速试验两项内容。

1) 低温冷机怠速试验

在标准规定的试验条件及规定的低温下,起动机停止拖动,内燃机能自行运转时,即开始低温冷机怠速试验。手动变速器先在空挡离合器接合位置运行 20s,终了时记录数据;随后在空挡离合器分开位置运行 20s,终了时记录数据。若是自动变速器则在"停车"挡位置运转 20s,终了时记录所需测量项目数据。

2) 热机怠速试验

内燃机在 40%~80% 的额定转速下运行,待冷却液出口温度达到 (361±5)K 时,油门回到怠速工况的位置,环境温度不限,即可开始怠速热机试验。手动变速器在空挡离合器接合位置运行 20s,终了时进行数据测量。若是自动变速器,在"停车"挡位置运转 20s,终了时进行数据测量。

3) 测量项目及数据整理

试验测量项目主要包括:进气管绝对压力或真空度,怠速(或高怠速)燃料消耗量,点火提前角、喷油(或供油)提前角,瞬时怠速的最高、最低及平均转速,熄火次数,怠速质量的分数(怠速质量评定见表 4-2)。根据上述测量数据,按内燃机怠速质量(即运转的平顺性及怠速持续能力)给出评分及评语。

怠速转速波动率(Ψ_2)计算公式为

$$\Psi_2 = \frac{|n_{i\max \text{或} \min} - n_{im}|}{n_{im}} \times 100\% \tag{4-11}$$

式中:$n_{i\max}$——怠速的最高转速,r/min;

$n_{i\min}$——怠速的最低转速,r/min;

n_{im}——怠速的平均转速,r/min。

表 4-2　怠速质量评定

评　语	分数	怠　速　质　量
优秀	9	不太感觉内燃机在怠速运转
很好	8	清晰地感觉到在运转,但运转平顺
好	7	运转略有振动,无不适感觉
尚可	6	运转略微粗暴,但运转稳定
及格	5	运转中度粗暴
不及格	4	运转粗暴,但能维持运转,不熄火
不太可靠	3	运转严重粗暴、维持运行无把握,可能熄火
不可靠	2	熄火一次,在怠速工况难以维持持续 20s 的运转
很不可靠	1	熄火两次或两次以上,不能维持运转,人为操纵油门才能继续运转

关于汽车内燃机怠速排放测量参见第 6 章。

内燃机其他性能试验项目叙述如下。

(1) 压燃机调速特性试验　目的是用稳定调速率来评定压燃机的调速性能。适用于非电控的柱塞泵燃油喷射车用柴油机。由于调速时转速变化范围小,所以调速特性试验曲线近似于负荷特性曲线,试验方法也大致相同。

(2) 各缸工作均匀性试验　多缸机各缸工作均匀性包括进气均匀性、燃料供给均匀性和燃烧均匀性。它与内燃机的燃料经济性、爆震强弱、功率输出大小及排气污染物都有关联。为此点燃内燃机需进行压缩压力试验及各缸排气中 CO 或空燃比测量,压燃机需进行单缸熄火功率试验。压缩压力试验的目的是评定点燃机各缸进气的分配均匀性;各缸排气中 CO 测量或空燃比测量试验,目的是评定汽油机各缸混合气空燃比的均匀性;单缸熄火功率试验,则是评定非增压压燃机的各缸指示功率的均匀性。

(3) 机油消耗量试验　目的是评定内燃机在规定工况下的机油消耗量。

(4) 活塞漏气量试验　目的是评定活塞组与汽缸套的气体密封性,亦可用来监测这对摩擦副的工作情况。

上述所介绍的试验为内燃机最基本的常用试验项目。在设计研发过程中,研发人员往往是利用上面的试验方法,通过调整优化,使内燃机达到功率大、用油少、排放低、工作可靠、起动顺利等目的。

参 考 文 献

[1] 易雪梅,吴伶.用 MATLAB 语言绘制内燃机万有特性的两种方法[J].北京汽车,2005(5):33-35.
[2] 黄美美,赵志伟.基于 MATLAB 语言的内燃机万有特性曲线的绘制[J].现代制造技术与装备,2011(5):19,24.
[3] 日本自动车技术会.汽车工程手册 6:动力传动系统试验评价篇[M].中国汽车工程学会,组译.北京:北京理工大学出版社,2010.
[4] MARTYR A J,PLINT M A. Engine Testing Theory and Practice[M]. London:Butterworth and Heinemann,2007.
[5] 王忠,历宝录.柴油机整机与零部件机械损失的评价指标及实验分析[J].中国机械工程,2006(22):2387-2391.

第 5 章　可靠性试验

产品的质量指标有很多种,例如,一台内燃机的指标就有额定功率、最低燃料消耗率、额定转速、怠速转速、最高空转转速、最大扭矩、有害排放物、噪声等。这类质量指标通常称为性能指标,即产品完成规定功能所需的指标。除此之外,产品还有另一类质量指标,即可靠性指标,它反映产品保持其性能指标的能力。

5.1　可靠性定义

可靠性的英文是 reliability,它是 rely(可靠)和 ability(能力)的合成语。可靠性是产品在规定的条件下,在规定的时间内,完成规定功能的能力。这里主要包含了 4 个主要因素,即试验对象、规定条件、规定的时间及功能。

(1) 汽车能源动力可靠性试验中的对象是指试验内燃机、动力电池、燃料电池发动机和动力系统等,为了对试验对象进行正确的可靠性分析或计算,需对所研究试验对象的各个方面有充分的了解。

(2) 规定的条件是指试验产品的使用条件、维护条件、环境条件和工作条件,如气候(温度、湿度、大气压)、燃料和机油、试验工况等。

(3) 规定的时间是由用户的要求或设计目标决定的,如对于内燃机产品的工作期限,可以用时间单位、里程或其他单位表示。可靠性与一般的质量指标的区别在于它是一种时间质量指标。一般质量指标在产品出厂时可以考核,而可靠性需要经过一定的工作时间后才能评定。如内燃机在进行可靠性考核时,是按试验标准中规定的强化运行工况运行,与正常工作运行的情况有差别,其目的是减少试验时间,降低试验费用,提高产品开发速度。考核时强化运行工况所对应的内燃机试验所需的时间应与真正产品的工作期限有当量关系。国家标准中规定的考核时间有 500h、1000h 或 400h,企业内部考核标准不仅在强化程度上高于国家标准,且考核时间也会增加。

(4) 规定的功能是指产品使用说明书、设计任务书及国家标准中规定的各种功能或性能要求,例如内燃机动力性、经济性、排放性及噪声等,不能完成规定功能就是不可靠,可称为发生了故障或失效。

因此,对能源动力来讲达到可靠性是指其产品在预期的使用期限内和规定的条件下,主要性能指标在允许的范围内,不发生损坏或停车,或发生故障后易于修复。

5.2　可靠性的主要特征量

1. 可靠度

可靠度是可靠性的一个特征量,是指产品在规定的条件(如温度、负载、电压等)下和规定的时间内,完成规定功能的概率。它是时间的函数,一般表示为 $R(t)$,因此也称为可靠度函数。

可靠度函数可用关于时间 t 的函数表示，可表示为
$$R(t) = P(T > t)$$
式中：t——规定的时间；
T——产品的寿命。

根据可靠度的定义，可以得出 $R(0)=1, R(\infty)=0$，即开始使用时，所有产品都是好的，只要时间充分，全部产品都会失效。

2. 失效率（故障率）

失效率是指工作到某时刻尚未失效的产品，在该时刻后单位时间内发生失效的概率，记作 $\lambda(t)$，称为失效率函数，也称为故障率函数。按上述定义，失效率是在时刻 t 尚未失效的产品在 $t \sim t + \Delta t$ 的单位时间内发生失效的条件概率，即：

$$\lambda(t) = \lim_{\Delta t \to 0} \frac{1}{\Delta t} P(t < T \leqslant t + \Delta t \mid T > t) \tag{5-1}$$

由可靠度、失效率定义可看出，可靠度 $R(t)$ 与失效率 $\lambda(t)$ 之间满足如下关系：

$$R(t) + \lambda(t) = 1 \tag{5-2}$$

3. 故障里程

(1) 平均首次故障里程（MTTFF, mean time to first failure）指产品发生首次故障时里程数的平均值。

(2) 平均故障间隔里程（MTBF, mean time between failure）指产品发生前后两次故障时中间间隔的里程数平均值，是衡量产品可靠性的指标，数值越大，说明两次故障间隔里程越长，可靠性越好。

4. 可靠性寿命

(1) B10 寿命：产品可靠性寿命的一种表述，所有产品中 10% 的部分发生失效时的时间为产品的 B10 寿命，即在此时间剩余 90% 的产品依然能够可靠运行。B10 寿命只是一个特征寿命，不代表零部件的设计寿命，比如某个零部件的 B10 寿命是 5 万 km，不代表零部件设计寿命是 5 万 km。

(2) B50 寿命（中位寿命）：所有产品中 50% 的部分发生失效的时间为 B50 寿命（也称中位寿命），与平均寿命不同，中位寿命仅从概率上看 50%，指一半产品失效的时间，而平均寿命指所有产品失效时间的平均值。

5.3 可靠性试验的意义及内容

产品的可靠性是设计和制造出来的，也是试验出来的。从图 5-1 可看出，可靠性试验是产品在开发项目中的一项重要内容。

可靠性试验工作贯穿于产品的全寿命周期，是评价产品寿命与可靠性的一个重要手段，是可靠性工程的重要组成部分。可靠性试验是为了了解、评价、分析和提高产品的可靠性而进行的各种试验的总称。其主要目的是验证产品的可靠性，揭露产品的薄弱环节，制定提高产品可靠性的措施，建立合理的维修制度，考核产品的使用效果和经济合理性。根据不同的试验目的，相应地有不同的可靠性试验内容和方法。以下以燃油内燃机为例简要介绍相关可靠性试验内容及方法。

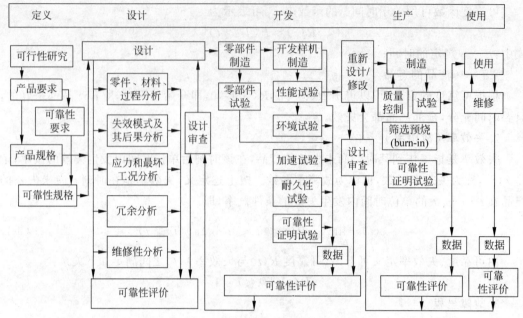

图 5-1　产品可靠性开发过程示意图

1. 内燃机零部件可靠性试验

内燃机零部件可靠性试验是依据产品设计的要求，对某些关键零部件按照特定的试验规范进行的验证性试验。由于这些试验往往采取超常规的交变负荷及热负荷工况，故在短时间内就能检验出该零部件的设计结构、配合间隙、工艺、材料等的选择是否合理，为整机可靠性试验提供技术依据。而其试验结果最终仍需通过整机可靠性试验来加以验证。零部件可靠性试验项目很多，试验规范也有较大差异，典型的试验项目有：曲轴疲劳试验、连杆疲劳试验、活塞快速磨合试验、活塞可靠性试验、缸套冷态磨损试验、配气零部件的快速疲劳试验、汽缸垫强化试验、汽缸垫渗漏试验等。

2. 内燃机可靠性试验

内燃机可靠性试验方法可分为机械可靠性、热力学可靠性和磨损可靠性，文献[1]对相关内容进行了详细论述。

本章节分别介绍的全速全负荷试验、冷热冲击试验、交变负荷试验的主要目的就是对机械可靠性、热力学可靠性、磨损可靠性分别进行考核。

内燃机台架可靠性试验是根据试验对象的机型和考核目的，按照试验规范的要求进行的。需要注意的是，生产企业出于市场竞争的要求，为充分揭示和了解影响自身产品可靠性和寿命的因素，找出问题所在，对产品的可靠性考核无论是在试验条件苛刻程度上还是试验要求上均严于国家标准。各企业会根据各自的开发经验，依据各自的企业标准，进行测试与评价。比如，部分企业会在国标基础上增加包括超速、起停等方面的验证，主要思路来自于实车运行过程中可能存在的部分工况，对这些工况进行数据处理，将它们加入到可靠耐久试验验证工况中。其中，超速试验是为了验证发动机在短时超出额定最高转速下的可靠性，起停试验是为了验证发动机及其零部件在经历目标起停次数后的失效风险。由于各企业标准严格保密，因此本节重点介绍国家标准。

国家标准 GB/T 19055—2003《汽车发动机可靠性试验方法》介绍了我国目前广泛采用

的几种可靠性考核试验规范。常用的试验项目有：模拟道路行驶状况的交变工况试验、混合负荷试验、全速全负荷试验、冷热冲击试验。试验规范及运行时间见表5-1。

从表5-1中可看出汽车内燃机被分为三类：一类是汽车最大总质量小于3.5t的汽车内燃机；一类是汽车最大总质量在3.5～12t的汽车内燃机；一类是汽车最大总质量大于12t的汽车内燃机。对最大总质量小于3.5t的汽车用内燃机采用交变负荷试验规范，这样更接近小型内燃机多工况交变使用的情况；相对于3.5t以下的汽车用内燃机而言，对于最大总质量大于12t的汽车用内燃机则应采用全速全负荷试验，以接近重型汽车多为高速大负荷使用的实际情况；对最大总质量在3.5～12t的汽车内燃机，因其使用工况介于以上二者之间，采用混合负荷试验规范。过去，冷热冲击试验仅在压燃机上进行，现已扩展到点燃机，并增加了"停车"工况，使零部件承受的温度变化率加大。

表 5-1 不同最大总质量汽车内燃机可靠性试验规范及运行持续时间　　　　h

装机汽车类别[①]（按 GB/T 15089—2001）	负荷试验规范（在1号内燃机上进行）[②]			冷热冲击试验规范（在2号内燃机上进行）[②]
	交变负荷	混合负荷	全速全负荷	
汽车最大总质量≤3500kg	400			200
3500kg＜汽车最大总质量≤12000kg		1000		300
汽车最大总质量＞12000kg			1000	500

注：① 装乘用车及商用车的内燃机均按本表分类。
　　② 可靠性试验用内燃机通常备有两台，1号机用于做负荷试验，2号机用于做冷热冲击试验。

下面对所述几种试验项目分别进行介绍。

（1）**交变工况试验**　该试验的最大特点是内燃机工况在短时间内频繁变化，表5-2和图5-2显示了其试验规范，详细试验过程将在5.4.1节试验方法中介绍。

表 5-2　交变负荷试验规范

工况序号	内燃机转速	油门开度/%	经历时间/min	总时间/min
1→2	n_M（均匀变化到）n_P		1.5	1.5
2	n_P		3.5	5
2→3	n_P（均匀变化到）n_M		1.5	6.5
3	n_M		3.5	10
3→4	n_M（均匀变化到）n_P	油门全开	1.5	11.5
4	n_P		3.5	15
4→5	n_P（均匀变化到）n_M		1.5	16.5
5	n_M		3.5	20
5→6	n_M（均匀变化到）n_P		1.5	21.5
6	n_P		3.5	25

续表

工况序号	内燃机转速	油门开度/%	经历时间/min	总时间/min
6→7	n_P（均匀变化到）n_i 急速运行	油门关闭	4.5	29.5
7→8	n_i（均匀变化到）$1.05\,n_r$	全关→全开	0.25	29.75
8→1	$1.05n_r$（均匀变化到）n_M	油门关小	0.25	30（归零）

注：n_M 为最大净扭矩的转速；n_P 为最大净功率的转速；n_i 为急速；n_r 为额定转速。

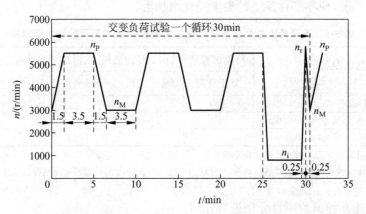

图 5-2 交变负荷试验规范示意图（实线表示油门全开）

(2) **混合负荷试验** 采用不同负荷工况组成了一个试验循环。表 5-3、图 5-3 显示了其试验规范和循环图。从表中可看出，不同工况间的转换是在 1min 内完成，内燃机转速和负荷是均匀地改变。标准中规定每循环历时 60min，共 1000 个循环，运行持续时间为 1000h。

表 5-3 混合负荷试验规范

工况序号	内燃机转速	负荷	工况时间/min
1	急速 n_i	0	5
2	最大净扭矩的转速 n_M	油门全开	10
3	最大净功率的转速 n_P	油门全开	40
4	额定转速 n_r	油门全开	5

(3) **冷热冲击试验** 该试验的特点是内燃机在不同工况时，冷却水出口温度是随之变化的，其试验规范如表 5-4 和图 5-4 所示。每个循环历时 6min，其运行持续时间需根据不同的最大总质量汽车用发动机而定，从表 5-1 可看出，最大总质量小于 3.5t 的汽车用内燃机运行持续时间为 200h，最大总质量大于 12t 的汽车用内燃机冷热冲击试验持续时间为 500h，介于以上二者之间的则为 300h。

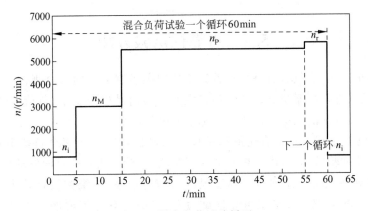

图 5-3 混合负荷试验循环

表 5-4 冷热冲击试验规范

工况序号	转 速	负荷	冷却水出口温度/K	工况时间/s
1(热)	最大净功率的转速 n_P	油门全开	升至(378±2)[①] 或 (385±2)[②]	t_P
2	怠速	0	自然上升	15
3	0	0	自然上升	15
4(冷)	最大净功率的转速 n_P 或高怠速 n_{hi}	0	降至311[③]	360−(t_P+15+15)

注：① 散热器盖在绝对压力150kPa下放汽时，冷却水温升至(378±2)K，或按内燃机制造厂的规定。
② 散热器盖在绝对压力190kPa下放汽时，冷却水温升至(385±2)K，或按内燃机制造厂的规定。
③ t_P 为内燃机自行加热至出水温度所需的时间。

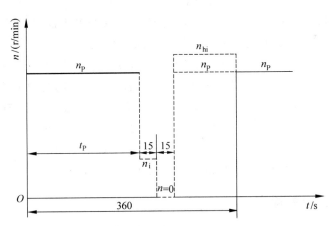

图 5-4 冷热冲击试验循环(实线表示油门全开)

（4）**全速全负荷试验** 该试验使内燃机油门处于全开位置，内燃机以额定转速长时间运行，规定时间为1000h，其试验规范如表5-5所示。

表 5-5 全速全负荷试验规范

转 速	负 荷	运行持续时间/h
额定转速 n_r	油门全开	1000

5.4 可靠性试验方法

在进行汽车内燃机可靠性试验前,首先要按内燃机制造厂的磨合规范对内燃机进行磨合,然后对内燃机进行性能初试。初试项目主要包括内燃机净功率、负荷特性、机械损失功率、活塞漏气量及机油消耗量。试验需按标准 GB/T 18297—2001 的 8.3、8.4、8.7、8.10 及 8.9.3 条款的规定进行。机油消耗量测量仅在内燃机在额定转速全负荷下运行 24h 后进行。进行可靠性试验后,需对内燃机性能进行复测,试验方法及项目同发动机性能初试。

内燃机可靠性试验的详细内容和过程、试验条件、检查、维护及评价方法在国家标准 GB/T 19055—2003《汽车发动机可靠性试验方法》中均有详细说明。详细信息可参考文献[2-3]等。本节以其中的交变负荷试验为例简要说明其试验方法及可靠性评价的基本概念。

5.4.1 试验方法

交变负荷试验主要是考核内燃机在最大热负荷、最大机械负荷、最大动态负荷下整机性能的稳定性及零部件的磨损情况。其相应的试验工况主要是发动机性能指标中的典型工况点,与用户驾驶习惯无直接关联,更侧重于整机机械件的耐久性考核,考核更加严格。

国标规定的交变负荷试验方法见表 5-2 及图 5-2。从表中可看出,首先内燃机油门全开,然后内燃机从最大净扭矩的转速 n_M 均匀地升至最大净功率的转速 n_P,历时 1.5min;n_P 稳定运行 3.5min;随后均匀地降至 n_M,历时 1.5min;n_M 稳定运行 3.5min。重复上述交变工况,运行到 25min 为止,立即关闭油门。

当油门关闭时,转速下降至怠速 n_i 运行到 29.5min;再开大油门,无负荷条件下使转速均匀上升到 105% 额定转速(105% n_r)或上升到内燃机制造厂规定的最高转速,历时 (0.25±0.1)min;随即均匀地关小油门,使转速降至 n_M,历时 (0.25±0.1)min。至此完成了一个循环,历时 30min。整个试验共运行 800 个循环,持续时间约为 400h。

表 5-2 中的最大净功率的转速是指不高于额定转速的情况下,内燃机带全套车用附件(见表 1-2)输出最大校正有效功率时的转速,符号为 n_P;最大净扭矩的转速是指内燃机带全套车用附件输出最大有效扭矩时的转速,符号为 n_M;额定净功率是指内燃机带全套车用附件,在额定转速下,全负荷时所输出的校正有效功率。

5.4.2 试验过程中的检查

内燃机进行可靠性试验过程中,主要的工作有:对内燃机进行定时检查:每 1h 检查;每 24h 检查;每 96h 检查等直到试验终了检测。每次检查的项目不同,试验者需根据国标或企业标准制定检查项目。如标准 GB/T 19055—2003 规定内燃机每运行 1h 后,需要记录内燃机校正最大净扭矩、校正最大净功率、额定净功率、点火提前角、燃料消耗量、机油压力及温度、进气管内压力及温度、排气温度、燃料温度、运行工况下全负荷活塞最大漏气量及运行持续时间(h),并画在以运行持续时间为横坐标的监督曲线上等。内燃机可靠性终了试验检测主要包括:测量机油消耗量、汽缸压缩压力、气门间隙及气门下沉量等,然后全面拆卸,进行主要磨损件的精密测量及表面观察。

5.4.3 试验评价

试验评价是可靠性试验非常重要的一项内容,标准中对其进行了详细的说明,主要评价项目有:机件的磨损及损伤情况、动力性下降及经济性恶化的程度、机油消耗量及活塞漏气量的变化情况、排放值的变化情况,以及内燃机首次故障时间、故障停车次数、机能率及故障平均间隔时间。以下两项是试验人员在做可靠性试验研究中最为关注的内容。

1. 关于内燃机动力性评价

标准中规定,内燃机在运行过程中,校正最大净扭矩、校正最大净功率及额定净功率的下降值不应超过初始值的5%。

2. 内燃机可靠性试验

内燃机可靠性试验故障采用机能率和故障平均间隔时间来评定,表达式如下:

$$机能率 = \frac{运行时间}{运行时间 + 维护时间 + 故障时间} \times 100\%$$

$$故障平均间隔时间 = \frac{运行时间}{故障停车次数} \quad (h/次)$$

进行可靠性试验时,内燃机是在很苛刻的条件下工作的,标准所规定的试验时间大致与其工作寿命时间相当,因而可靠性试验结果可以较客观地反映内燃机在实际使用过程中的可靠程度及工作寿命。

对汽车内燃机来说,可靠性试验可以在台架上进行,也可以装车进行路试。在对内燃机进行可靠性评价的同时还经常用到耐久性的概念。内燃机耐久性是指内燃机在规定的使用与维修条件下,在规定的时间内完成规定功能的能力。通常采用内燃机的大修里程或大修时间(即内燃机从出厂到第一次大修之间汽车行驶的里程数或时间)和内燃机报废的寿命作为内燃机耐久性的两个指标。相关内容可参阅文献[4-5]等。

5.5 试验结果及分析

根据汽车内燃机可靠性试验结果,可以进行以下几个方面的评定与分析。

(1) 性能稳定性评价。依据内燃机实际运行持续时间(h),运行过程中所更换的零部件及其时间(h),进行发动机性能稳定性的评价。

(2) 性能变化趋势及数值。根据可靠性试验中各阶段性能试验的结果,绘制校正最大净扭矩、校正最大净功率、额定净功率、运行工况下全负荷最大活塞漏气量、24h平均机油/燃料消耗比与运行持续时间(h)的关系曲线,用以分析可靠性试验中性能变化的趋势,并按标准规定的限值进行评定。

(3) 零部件的损坏情况。由所记录的故障停车、紧固件松动、密封失效、橡胶件老化、堵塞、变形、裂纹、断裂、零部件损坏发生的运行时间(h)及维护作业情况,参照所提供的损坏部位、裂纹、断口和窜漏印迹等照片,以及试验前后主要零件变形量的精密测量数据来分别进行评定。

(4) 零部件磨损。依据机油油样分析结果,判断零部件磨损情况及机油品质;整理精密测量数据,确定主要摩擦副的磨损量;区分零部件磨损的形式,判定磨损的严重程度,提供磨损的照片,进行评定;描述摩擦副表面接触情况并提供照片,进行评定。

(5) 零部件表面沉积物。描述零部件表面沉积物的状态并提供照片,进行评定。

标准 GB/T 19055—2003《汽车发动机可靠性试验方法》对上述的评定依据均有说明。企业对新产品的可靠性试验的评价方法一般要严于行业标准,而行业标准又严于国家标准。如部分企业在对内燃机进行交变负荷试验时,会根据本企业产品定位,设计企业测试规范,图 5-5 是某企业交变负荷试验工况图,并规定每个循环历时 40min,试验总时间为 800h,严于国家标准;在对内燃机进行热冲击试验时,根据试验对象的不同,试验时间在 100～1500h 范围内,热冲击循环次数在 2000～10000 次范围内。因此可以说评价方法对内燃机的可靠性研究非常重要,同时内燃机整机可靠性试验结果对其零部件的改进具有重要的指导意义。

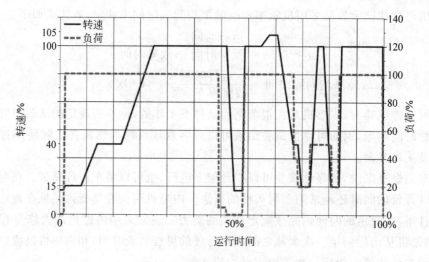

图 5-5 某产品交变负荷试验工况图

5.6 内燃机加速可靠性试验

为节约试验成本和时间,研究人员在开发内燃机时,也着力研究内燃机加速试验的方法,也就是研究内燃机可靠性和寿命的因素,并将加速试验适当地加强而激发故障的提前发生,从而获得那些限制汽车动力可靠性和耐久性[①]的特征的早期信息,这样就可以及早采取措施来改进设计。目前所执行的可靠性试验规范,都不同程度地反映了相关加速试验的结果。文献[6]对加速试验的基本概念及方法进行了介绍。目前,有很多企业在研制新产品的同时,还研究快速评价产品可靠性及耐久性的试验方法。如作者所在单位一直在探索、研究车用新能源动力系统中的燃料电池发动机及动力电池寿命的快速评价方法。详细信息读者可参考文献[7-13]等。下面介绍已公开发表的航空发动机典型例子。

航空发动机对长寿命、高可靠性的产品常采用加速试车(加速寿命试验)的方法来进行寿命试验。其目的是用强化应力的方法加速构件失效、缩短试验时间,降低试验成本,以便

---

① 汽车动力耐久性指标通常以寿命来表示,是指汽车动力从开始使用到第一次大修期前累计运转的小时数。

在较短时间内预测出构件在正常应力作用下的寿命特征；同时还可用作构件和材料筛选、确定产品安全余量等的依据。详见参考文献[7]。

图5-6为某航空发动机的加速任务试车循环和正常使用循环的对比。一个试车循环的使用时间为40min，用以模拟典型航线的120min飞行循环，使典型航线使用循环的时间缩短了67%。由图可看出，使试验循环集中经受最恶劣的瞬变循环条件是加速任务试车的较好方法。汽车能源动力进行寿命试验时，大多数也采用类似方法。

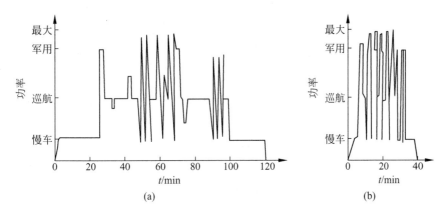

图5-6 某航空发动机的加速任务试车循环
(a) 正常使用循环；(b) 加速任务试车循环

本章以国家标准GB/T 19055—2003《汽车发动机可靠性试验方法》为背景介绍了内燃机可靠性试验方法，同时拓展介绍了加速试验的相关内容。随着产品技术的不断提升，产品可靠性技术也发生了很大变化，相关书籍对可靠性试验分类、工作项目等内容均有论述，如文献[11]对可靠性试验工作项目分为6项：①环境应力筛选；②可靠性研制试验；③可靠性增长试验；④可靠性鉴定试验；⑤可靠性验收试验；⑥寿命试验。详细信息读者可参阅相关书籍和文献。

参 考 文 献

[1] 张敬东,李英涛,宋长青.发动机可靠性试验方法机理研究[J].汽车实用技术,2017(21)：92-94.
[2] 李伟,夏爱国,何竣.发动机研制中可靠性工作的总体思路和方法研究[J].航空工程进展,2012(2)：88-91.
[3] 方达淳,吴新潮,饶如麟,等.论"汽车发动机可靠性试验方法"[J].汽车科技,2002(2)：19-22.
[4] 凯耶斯.加速可靠性和耐久性试验技术[M].宋太亮,方颖,丁利平,等译.北京：国防工业出版社,2015.
[5] 张银龙,申兆祥,卞士川,等.装备可靠性、耐久性与寿命之间的关系[J].四川兵工学报,2013(8)：76-79.
[6] 奥·康纳.试验工程：成本有效的设计、研制和制造指南[M].李金国,等译.北京：电子工业出版社,2005.
[7] 张宝诚.航空发动机试验和测试技术[M].北京：北京航空航天大学出版社,2005.
[8] 吕明春,陈循,张春华.关于加速可靠性试验技术的探讨[J].质量与可靠性,2007(4)：20-23.

[9] PEI P C,CHANG Q F,TANG T. A Quick Evaluating Method for Automotive Fuel Cell Lifetime[J]. International Journal of Hydrogen Energy,2008,33(14):3829-3836.

[10] 郝佳胜.发动机耐久性试验研究与分析[J].内燃机与动力装置,2012(5):49-51.

[11] 胡湘洪,高军,李劲.可靠性试验[M].北京:电子工业出版社,2015.

[12] 赛义德.可靠性工程[M].2版.杨舟,译.北京:电子工业出版社,2013.

[13] 王霄锋.汽车可靠性工程基础[M].2版.北京:清华大学出版社,2019.

第6章 内燃机排放试验

6.1 概　述

控制汽车排放污染、保护环境是目前世界各国政府都十分重视的一项工作。随着人们对生活环境的要求日益提高，世界上许多国家都颁布了汽车废气排放法规，对汽车排放污染物及测量方法制定了严格的规定。美国是最早制定汽车排放法规的国家，这是因为美国加州在20世纪40年代发生的光化学烟雾事件，研究发现该事件的罪魁祸首正是汽车尾气，于是加州政府在20世纪60年代首先制定了汽车排放法规，开创了汽车排放控制的先河。随后各国政府也先后制定了相应的汽车排放法规，并且日趋严格。排放标准的加强，推动了内燃机技术的进步，也促进了汽车排放控制技术的发展和汽车排放测试技术的提高。

在中国，随着汽车保有量的迅速增加，汽车排放污染问题也越来越严重，在北京、上海等大城市尤为突出。针对汽车排放污染现状，中国政府借鉴国外治理汽车尾气的成功经验，并结合中国汽车工业实际，制定了一系列汽车废气排放法规以控制汽车排放污染，如目前的GB18352.6—2016《轻型汽车污染物排放限值及测量方法（中国第六阶段）》（2020年7月1日起实施）和GB17691—2018《重型柴油车污染物排放限值及测量方法（中国第六阶段）》（2019年7月1日起实施）。

排放法规是由政府主管部门委托有实力的科研机构研究、提出方案并向所涉及的各部门征求意见，最后由政府主管部门决定、公布并监督实施的。我国基本等效采用欧盟的排放法规，主要区别是在测试循环、排放限值和实施时间上作适当的调整。

对于车用燃油内燃机，排放污染物主要包括气态污染物和颗粒物。气态污染物指一氧化碳（CO）、碳氢化合物（HC）、氮氧化物（NO_x）、二氧化碳（CO_2）。颗粒物（PM）则由干炭烟（DS）、硫酸盐和可溶性有机物（SOF）组成。这些污染物主要存在以下三个来源：

（1）内燃机排气管排出的有害物，如CO、CO_2、HC、NO_x、PM（主要来自柴油机和缸内直喷汽油机）等；

（2）内燃机曲轴箱内泄漏到大气中的废气污染物，如CO、HC、NO_x；

（3）来自燃料供给系统的燃油蒸发排放物，主要是HC。

汽车排放法规可分为轻型车排放法规和重型车排放法规，轻型车和重型车的划分方法如表6-1所示。

表6-1　轻型车与重型车的划分方法

	中国	欧盟	美国	日本
轻型车	总重≤3500kg的货车 9座以下的客车		总重≤8500lb	总重≤3500kg的货车（2005）
重型车	总重＞3500kg的货车 9座以上的客车		总重＞8500lb	总重＞3500kg的货车（2005）

注：1lb≈0.454kg。

车用内燃机排放法规又可分为道路车辆用内燃机排放法规和非道路车辆用内燃机排放法规。

非道路车辆用内燃机排放法规按 ISO 16183:2002 的规定,适用于拖拉机、工程车、园艺内燃机、发电机组、船舶发动机等。

目前在全世界道路车辆用内燃机排放法规主要分为三大体系,即美国排放法规(EPA)、欧盟排放法规(ECE)和日本排放法规(JES),其他各国基本上是按照或参考这三大体系来制定本国的排放法规。本章主要介绍道路车辆用内燃机排放法规。

6.2 各国排放法规

6.2.1 排放污染物的评定指标

对于污染物的排放量有三种评定指标,如表 6-2 所示,即浓度排放量、质量排放量和比排放量,分别用于不同场合。

1. 浓度排放量

浓度排放量有两种评定指标,即体积分数和质量浓度。内燃机排气中,污染物所占的体积比称为该污染物的排放浓度或体积分数,根据实际浓度的不同,可分别用%、10^{-6}(ppm)、10^{-9}(ppb)来表示。例如,排气中浓度较高的 CO 和 CO_2 等一般用%表示,而浓度较低的 HC、NO_x 等用 10^{-6} 表示,浓度更低的成分还可以用 10^{-9} 表示。质量浓度的定义为单位体积排气中污染物的质量,常用 mg/m^3 表示。

表 6-2 污染物排放量评定指标

评定指标	定义	单位
浓度排放量	体积分数	%、10^{-6}(ppm)、10^{-9}(ppb)
	质量浓度	mg/m^3
质量排放量	单位时间质量排放量	g/h
	单位测试循环质量排放量	g/循环
比排放量	单位功率小时排放量	g/(kW·h)
	单位运转里程排放量	g/km

2. 质量排放量

在实际环境治理工作中,要对排放污染物进行总量监测,或是在车辆及内燃机排放测试中测定单位测试循环的排放量,这时可用每小时的质量排放量(g/h)或每一循环测试的质量排放量(g/循环)来表示。

3. 比排放量

当进行发动机排放特性试验时,可以用单位功率所排放的污染物质量(g/(kW·h))作为评价指标,即比排放量,一般以 G 表示。通常仪器给出的是浓度排放量,则转换关系为

$$G = \frac{浓度排放量 \times 排气流量(m^3/h) \times 排气密度(g/m^3)}{有效功率(kW)} \tag{6-1}$$

整车测试中,用单位测试循环的质量排放量(g/循环)除以每测试循环的运转公里数可得到每公里排放量(g/km),这是排放法规中最常见的比排放量量纲。

6.2.2 美国法规

美国是世界上最早执行排放法规的国家,也是排放控制指标种类最多、排放法规最严格的国家。美国的汽车排放法规分为联邦排放法规即环境保护局(EPA)排放法规和加利福尼亚州(加州)大气资源局(CARB)排放法规。美国加州是最早感受汽车污染物危害(1940年的光化学烟雾事件)因而也是最早立法控制排放污染物的地区,是美国排放法规的先导者。联邦排放法规普遍落后加州排放法规1~2年。

美国加州自1960年起立法控制汽车排放污染物;1963年,美国政府颁布《大气净化法》,当年加州就已开始控制曲轴箱燃油蒸发物排放;1966年,加州颁布实施"7工况法"汽车排放法规,2年后美国政府采用"7工况法"控制汽车排放;1970年,加州开始控制轿车燃油蒸发物排放。美国政府从1970年开始制定一系列车辆排放控制法规,1972年采用LA-4C(FTP-72)测试循环,并增加对NO_x的控制,1975年改用LA-4CH(FTP-75)测试循环;1975年起到20世纪80年代,美国排放法规大幅加严,特别强化了对NO_x的限值,同时加强了对非甲烷气体(NMOG)和CO的控制。1990年,美国国会对《大气净化法》做出重大修订,对汽车排放提出了更高的要求。1994年,加利福尼亚州制定的低污染汽车排放法规,将轻型车分为过渡低排放车(TLEV)、低排放车(LEV)、超低排放车(ULEV)和零排放车(ZEV),并且规定从1998年起销售到加州的轻型车应有2%为无污染排放(零排放)车,且该比例在2001年、2003年应分别达到5%和10%。该州在2004年进一步强化汽车排放法规,推出超极低排放车辆(SULEV)限值,限值为ULEV的1/4。

CARB排放法规是世界上最严格的汽车排放法规,也是最早体现将燃油和汽车看作统一体,要求炼油工业和汽车工业共同努力实现油机协同优化才能达标的法规。2015—2025年,加州将分阶段施行世界范围内迄今最严的LEV Ⅲ 排放标准,其中所使用的FTP 75测试循环如图6-1所示。加州LEV Ⅲ 标准排放限值共分为三类:LEV、ULEV和SULEV。其中乘用车或者质量小于8500lb的轻型卡车的排放限值要求见表6-3,排放类别在以上三大类的基础上又分为六小类(如ULEV70表示该排放类别中非甲烷有机气体NMOG+氮氧化物NO_x排放的限值为70mg/mile≈44mg/km)。测试车辆要求在(25±5)℃环境温度下浸车6h以上,测试时连续运行冷起动工况循环(高速或郊区工况循环)1次和稳态工况循环(城区工况循环)1次,然后停车(发动机熄火)10min,再运行热起动工况循环(高速或郊区工况循环)1次后结束测试。

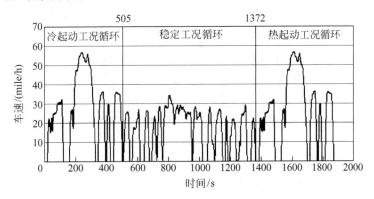

图6-1 FTP-75测试循环

表 6-3　美国加利福尼亚州 LEV Ⅲ 排放标准限值（乘用车、质量小于 8500lb 的轻型卡车）

排放类别	NMOG+NO$_x$/ (mg/mile)	CO/ (g/mile)	HCHO/ (mg/mile)	PM/ (mg/mile)
LEV160	160	4.2	4	10
ULEV125	125	2.1	4	10
ULEV70	70	1.7	4	10
ULEV50	50	1.7	4	10
SULEV30	30	1.0	4	10
SULEV20	20	1.0	4	10
耐久里程	150000mile(240000km)			

注：1mile≈1.6km；NMOG 为非甲烷有机气体；HCHO 为甲醛；LEV 为低排放车；ULEV 为超低排放车；SULEV 为超极低排放车。

6.2.3　日本法规

日本是世界上第二大汽车生产国，该国从 1966 年起开始控制汽车排放污染，要求对新车进行 4 工况检测，规定控制 CO 体积分数小于 3%，并在 1969 年加严到 2.5%；1971 年规定小型车 CO 体积分数小于 1.5%，轻型车 CO 体积分数小于 3%；1973 年起采用 10 工况法，增加 THC 和 NO$_x$ 作为排放控制指标；1986 年开始对柴油轿车排放进行控制，对在用车实施定期车检法规；1991 年起新车采用 10-15 工况测试循环，如图 6-2 所示；1993 年开始对所有柴油车排放进行控制，其中柴油乘用车的排放标准限值如表 6-4 所示。日本汽车排放法规限值有最高值和平均值两种，其中要求每一辆车的排放量不得超过最高值，同时每一季度测得的各辆车的平均值不得超过排放法规规定的平均值限值。

10-15 工况测试循环要求测试车辆在底盘测功机上进行预热，以恒速 (60±2)km/h 运行 15min，停机测量冷却液和润滑油温度后，再运行 5min 及 15 工况循环 1 次并怠速 24s，然后在连续运行 10 工况循环 3 次和 15 工况循环 1 次后结束测试。

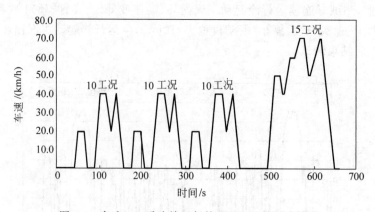

图 6-2　怠速 24s 后连续运行的 10-15 工况测试循环

表 6-4 日本柴油乘用车排放标准限值　　　　　　　　　　　　g/km

当量惯量/kg	CO	THC	NO$_x$	PM	测试工况	年份
<1250	0.63	0.12	0.28	0.052	10-15	2002
	0.63	0.024[①]	0.14	0.013	新工况	2005
>1250	0.63	0.12	0.30	0.056	10-15	2002
	0.63	0.024[①]	0.15	0.014	新工况	2005

注：①为非甲烷气体。

6.2.4 欧洲法规

欧洲经济委员会(ECE)自 1960 年颁布实施了第 1 项 ECE 法规起,至今已形成 100 多项涵盖安全、环保、节能 3 大领域的汽车排放标准法规。

ECE 从 1970 年开始以 ECE R15 法规的形式对轻型汽油车排放污染物和曲轴箱污染物排放进行控制,以后每隔 2~3 年修订加严一次,相继形成了 ECE R15-01(1975)、ECE R15-02(1977)、ECE R15-03(1979)等一系列排放法规。在 1975 年前执行的 ECE R15 和 ECE R15-01 法规只限制 CO 和 THC 的排放量,自 1977 年的 ECE R15-02 法规起,增加了对 NO$_x$ 的限值要求。

为控制 NO$_x$ 的排放,1982—1985 年实施的 ECE R15-04 法规将 THC 和 NO$_x$ 的总量作为一个指标限值。从 1988 年起,排放法规细分为 ECE R83(88/76/EEC)和 ECE R15-04 两部分,其中 ECE R83 适用于最大总质量不大于 2500kg 或定员 6 人以下的燃油(含铅汽油、无铅汽油、柴油)汽车,ECE R15-04 适用于最大总质量大于 2500kg 且小于 3500kg 的燃油汽车。为了满足 ECE R83 法规要求,1989 年起 ECE 开始使用无铅汽油。

ECE 在 1991 年对 ECE R83-00 法规进行了修改,制定了欧Ⅰ排放法规,并从 1992 年开始实施,欧Ⅰ试验循环由发动机起动后 40s 加反复 4 次的 ECE-15 工况构成。考虑到道路交通情况的变化,ECE 及时对试验规范进行了适应性的调整,出台了欧Ⅱ试验规范,其在欧Ⅰ试验规范的基础上增加了反映城郊高速公路运行特征的城郊工况循环(EUDC),如图 6-3 所示。欧Ⅱ排放法规自 1996 年起执行,其排放限值已接近美国过渡低污染车(TLEV)的限值水平。欧Ⅱ法规不仅加严了型式认证时的排放限值,并且要求生产一致性检查时的排放限值与型式认证时相同。

欧Ⅲ排放法规自 2000 年起执行,其对 THC 和 NO$_x$ 分别给出限值,且在欧Ⅱ基础上将该限值进一步降低 50%,排气污染物测量方法分为Ⅰ型和Ⅵ型测试循环工况。

Ⅰ型为常温(25±5℃)测试循环,如图 6-3 所示。该测试要求发动机起动与排气采样同步进行,从而加严了对 THC、CO 的限制。这是因为之前的测试方法是在内燃机起动后 40s 才开始采样,但大量研究结果表明 70% 的 THC 都是在起动后 70s 内生成的,证明了排气采样与内燃机起动同时进行的必要性。

Ⅵ型为低温冷起动(-7±2℃)测试循环。因欧Ⅱ试验规范中的Ⅰ型测试循环未考虑低温冷起动时排放的污染物,这样会导致冷起动时的排放污染物(约占 30%)未得到检测,因此欧Ⅲ排放法规增加了Ⅵ型测试循环,即低温起动测试,要求在低温(-7±2℃)条件下进行冷起动测试,测试循环为图 6-1 中第 1 部分,主要目标是限制 THC 和 CO。

欧Ⅲ排放法规还增加了车载诊断系统(on-board diagnostic system,OBD)功能检查、

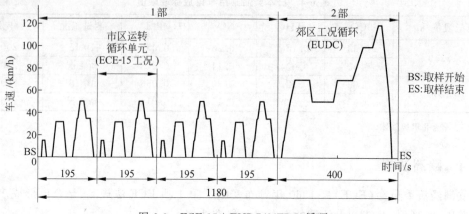

图 6-3　ECE-15＋EUDC(NEDC)循环

LPG/NG 汽车排放试验、8 万公里内的在用车工况法排放一致性检查、替代用催化器的认证试验等项目,确保在用车排放量持续达标。

欧Ⅳ、欧Ⅴ、欧Ⅵ排放法规分别于 2005 年、2009 年、2014 年实施,排放限值不断加严,从表 6-5 和表 6-6 可看出乘用车点燃式发动机和压燃式发动机排放限值的变化。

表 6-5　点燃式内燃机的欧洲排放限值变化,g/km(适用于乘用车)

时　间	CO	HC＋NO_x	HC	NO_x
1982—1992	20.7	5.80		
1992—1996(EU1)	2.72	0.97		
1996—2000(EU2)	2.20	0.50		
2000—2005(EU3)	2.30		0.20	0.15
2005—2009.09(EU4)	1.00		0.10	0.08
2009.09—2014.09(EU5,EU6)	1.00		0.10	0.06

表 6-6　压燃式内燃机排放限值变化,g/km(适用于乘用车)

时　间	CO	HC＋NO_x	NO_x	PM
1995 年底前(EU1)	2.72	1.36		0.196
1995—2000(EU2)	1.0	0.9		0.1
2000—2005(EU3)	0.64	0.56	0.5	0.05
2005—2009.09(EU4)	0.5	0.3	0.25	0.025
2009.09—2014.09(EU5)	0.5	0.23	0.18	0.005[①]
2014.09—(EU6)	0.5	0.17	0.08	0.005[①]

注:①EU5,EU6 除了对 PM 的排放量加严控制,同时增加了对颗粒物排放数量的限制,以防止未来由于严格的质量限制以及 PM 收集器滤过性能的问题导致的微粒尺寸变得更小而无法被测量到。

6.2.5　中国法规

中国机动车污染控制工作始于 1979 年《中华人民共和国环境保护法(试行)》颁布以后,于 1984 年 4 月 1 日起实施 GB 3842—1983《汽油车怠速污染物排放标准》、GB 3843—1983

《柴油车自由加速烟度排放标准》、GB 3844—1983《汽车柴油机全负荷烟度排放标准》。1989 年制定了参照 ECE 15-03 和 ECE 15-04 法规的 GB 11641—1989《轻型汽车排气污染物排放标准》、GB 11642—1989《轻型汽车排气污染物测试方法》。1994 年 5 月起实施 GB 14761.1—1993～GB 14761.7—1993 等 7 项汽车排放标准,对汽油车怠速污染物、柴油车自由加速烟度和全负荷烟度等排放限值有所加严。由于在世界三大排放标准体系中,欧洲法规在排放限制水平等方面更适用于中国的实际情况,而且道路交通情况也与中国较为一致,中国在充分吸取欧美的经验后,全面等效采用了欧盟(EU)指令、ECE 技术内容和部分前欧共体(EEC)法规,形成了中国排放法规体系。

1999 年国家颁布了 4 项国家标准,包括 GB 3847—1999《压燃式发动机和装用压燃式发动机的车辆排气可见污染物限值及测试方法》、GB 14761—1999《汽车排放污染物限值及测试方法》、GB 17691—1999《压燃式发动机和装用压燃式发动机的车辆排气污染物限值及测试方法》和 GB/T 17692—1999《汽车用发动机净功率测试方法》,在以上标准的制定中等效采用了欧洲排放法规。

1998 年我国实施的 GB 14761.1—1993 达到了 ECE 15-04 法规规定的限值。1999 年 1 月 1 日北京市率先实施了相当于欧Ⅰ法规限值的 DB 11/105—1998《轻型汽车排气污染物排放标准》,2000 年 1 月 1 日全国实施了相当于欧Ⅰ限值的 GB 14761—1999 标准。同时,GB 17930—1999《车用无铅汽油》标准自 2000 年 1 月 1 日起实施,为实施相当于欧Ⅰ的排放标准创造了条件。随后,GB 18352.2—2001《轻型汽车污染物排放限值及测量方法(Ⅱ)》于 2004 年 7 月 1 日起在全国实施,该标准等效于欧Ⅱ排放法规。

欧洲从 2000 年已开始实施更加严格的欧Ⅲ排放法规,2005 年进一步实施了欧Ⅳ排放法规。为缩短与国外的差距,中国于 2005 年 4 月又发布了多项新的排放标准如 GB 18352.3—2005《轻型汽车污染物排放限值及测量方法(中国Ⅲ、Ⅳ阶段)》。中国排放标准的Ⅲ、Ⅳ阶段分别相当于欧洲的Ⅲ、Ⅳ阶段。该标准从 2007 年 7 月 1 日起在全国范围内实施,而北京市于 2005 年提前实施等效于欧Ⅲ的标准。

2013 年 10 月,国务院批准并发布了 GB 18352.5—2013《轻型汽车污染物排放限值及测量方法(中国第五阶段)》,相比于老标准,该标准进一步加严了排放限值,并且改变了试验规程,增加了试验要求、试验内容等,该标准的实施时间为 2018 年 1 月 1 日。北京作为国内首个具备国五标准燃油的城市,自 2013 年 2 月 1 日起执行相当于"中国第五阶段"的"京五"机动车排放标准,且自当年 3 月 1 日起停止销售注册不符合"京五"标准的轻型汽油车。

2016 年 12 月,国家环境保护部、国家质量监督检验检疫总局联合发布了 GB18352.6—2016《轻型汽车污染物排放限值及测量方法(中国第六阶段)》,即轻型车"国六"标准,于 2020 年 7 月 1 日起在全国范围内实施。该标准适用于以点燃式发动机或压燃式发动机为动力、最大设计车速大于等于 50km/h 的轻型汽车(包括混合动力电动汽车),规定了此类车辆在常温和低温下排气污染物、实际行驶排放(RDE)排气污染物、曲轴箱污染物的排放限值及测量方法(对于点燃式发动机,还特别规定了蒸发污染物、加油过程污染物的排放限值)、污染控制装置耐久性、车载诊断(OBD)系统的技术要求及测量方法(如表 6-7 所示)。

表 6-7 "国六"标准型式检验试验项目

型式检验试验类型	装用点燃式发动机的轻型汽车(包括 HEV)			压燃式发动机(包括 HEV)
	汽油车	两用燃料车	单一气体燃料	
Ⅰ型—气态污染	进行	进行	进行	进行
Ⅰ型—颗粒质量	进行	进行(只试验汽油)	不进行	进行
Ⅰ型—粒子数量	进行	进行(只试验汽油)	不进行	进行
Ⅱ型	进行	进行(只试验汽油)	进行	进行
Ⅲ型	进行	进行(只试验汽油)	进行	进行
Ⅳ型①	进行	进行(只试验汽油)	不进行	不进行
Ⅴ型②	进行	进行(只试验气体燃料)	进行	进行
Ⅵ型	进行	进行(只试验汽油)	进行	进行
Ⅶ型	进行	进行(只试验汽油)	不进行	不进行
OBD 系统	进行	进行	进行	进行

注：① Ⅳ型试验前，还应按要求对炭罐进行检测；
② 对于使用规定的劣化系数(修正值)通过型式检验的车型，不进行此项试验。
Ⅰ型试验：常温下冷起动后排气污染物排放试验；
Ⅱ型试验：实际行驶污染物排放试验；
Ⅲ型试验：曲轴箱污染物排放试验；
Ⅳ型试验：蒸发污染物排放试验；
Ⅴ型实验：污染控制装置耐久性试验；
Ⅵ型试验：低温下冷起动后排气 CO、THC 和 NO_x 排放试验；
Ⅶ型试验：加油过程蒸发污染物排放试验。

与 GB 18352.5—2013《轻型汽车污染物排放限值及测量方法(中国第五阶段)》相比较，"国六"标准的变化有：

（1）将Ⅰ型试验测试循环变更为 WLTC 循环，加严了污染物排放限值，增加了汽油车排放颗粒物数量(PN)测量要求；

（2）取消原Ⅱ型试验，将实际行驶污染物排放(RDE)试验定为Ⅱ型试验；

（3）增加了Ⅵ型试验的试验项目并加严了限值；

（4）修订了对车载诊断系统(OBD)的监测项目、阈值及监测条件等技术要求；

（5）修订了获取汽车车载诊断系统和汽车维护修理信息的相关要求；

（6）修订了生产一致性检查的判定方法和在用符合性检查的相关要求；

（7）修订了试验用燃料的技术要求；

（8）增加了加油过程污染物控制要求；

（9）增加了混合动力电动汽车的试验要求。

根据要求，轻型车"国六"标准分两阶段执行。自 2020 年 7 月 1 日起，所有销售和注册登记的轻型汽车应符合标准要求，其中Ⅰ型试验应符合国 6a 限值要求(如表 6-8 所示)。自 2023 年 7 月 1 日起，所有销售和注册登记的轻型汽车应符合标准要求，其中Ⅰ型试验应符合国 6b 限值要求(如表 6-9 所示)。

表 6-8　Ⅰ型试验污染物排放限值（国 6a）

车辆类别		测试质量(TM)/kg	限　值						
			CO/(mg/km)	THC/(mg/km)	NMTC/(mg/km)	NO_x/(mg/km)	N_2O/(mg/km)	PM/(mg/km)	$PN^①$/(个/km)
第一类车	—	全部	700	100	68	60	20	4.5	$6.0×10^{11}$
第二类车	Ⅰ	TM≤1305	700	100	68	60	20	4.5	$6.0×10^{11}$
	Ⅱ	1305<TM≤1760	880	130	90	75	25	4.5	$6.0×10^{11}$
	Ⅲ	1760<TM	1000	160	108	82	30	4.5	$6.0×10^{11}$

注：2020 年 7 月 1 日前，汽油车适用 $6.0×10^{12}$ 个/km 的过渡限值。

表 6-9　Ⅰ型试验污染物排放限值（国 6b）

车辆类别		测试质量(TM)/kg	限　值						
			CO/(mg/km)	THC/(mg/km)	NMTC/(mg/km)	NO_x/(mg/km)	N_2O/(mg/km)	PM/(mg/km)	$PN^①$/(个/km)
第一类车	—	全部	500	50	35	35	20	3.0	$6.0×10^{11}$
第二类车	Ⅰ	TM≤1305	500	50	35	35	20	3.0	$6.0×10^{11}$
	Ⅱ	1305<TM≤1760	630	65	45	45	25	3.0	$6.0×10^{11}$
	Ⅲ	1760<TM	740	80	55	50	30	3.0	$6.0×10^{11}$

注：2020 年 7 月 1 日前，汽油车适用 $6.0×10^{12}$ 个/km 的过渡限值。

根据法规要求，对于增加的Ⅱ型试验实际行驶污染物排放（RDE），其市区行程和总行程污染物排放均不得超过表 6-9（国 6b）中规定的Ⅰ型试验排放限值与表 6-10 中规定的符合性因子的乘积，且计算过程不能采用四舍五入。

表 6-10　Ⅱ型 RDE 试验符合性因子[①]

类　别	NO_x	PN	$CO^③$
点燃式	$2.1^②$	$2.1^②$	
压燃式	$2.1^②$	$2.1^②$	

注：① 2023 年 7 月 1 日前仅检测并报告结果。
　　② 2022 年 7 月 1 日前评估确认。
　　③ 在 RDE 测试中，应测量并记录 CO 试验结果。

以上主要以轻型车排放法规为代表介绍了我国机动车排放法规的发展和演化历程。我国重型柴油车的排放法规同样经历了 6 个阶段的发展和演变，当前现行的标准为 GB 17691—2018《重型柴油车污染物排放限值及测量方法（中国第六阶段）》。

我国现行的各类机动车污染物排放标准如表 6-11 所示。

表 6-11　现行我国机动车大气污染物排放标准一览表

序号	标准代号	标准名称	注　释
1	GB 18352.6—2016	轻型汽车污染物排放限值及测量方法（中国第六阶段）	代替 GB 18352.5—2013
2	GB 14762—2008	重型车用汽油发动机与汽车排气污染物排放限值及测量方法（中国Ⅲ、Ⅳ阶段）	代替 GB 14762—2002

续表

序号	标准代号	标准名称	注 释
3	GB 11340—2005	装用点燃式发动机重型汽车曲轴箱污染物排放限值及测量方法	代替 GB 11340—89
4	GB 14763—2005	装用点燃式发动机重型汽车燃油蒸发污染物排放限值及测量方法	代替 GB 14761.3—93
5	GB 17691—2018	重型柴油车污染物排放限值及测量方法(中国第六阶段)	代替 GB 17691—2005
6	GB 3847—2018	柴油车污染物排放限值及测量方法(自由加速法及加载减速法)	代替 GB 3847—2005、HJ/T 241—2005
7	GB 18285—2018	汽油车污染物排放限值及测量方法(双怠速法及简易工况法)	代替 GB 18285—2005、HJ/T 240—2005

6.3 中国排放测试方法

6.3.1 轻型汽车排气污染物测试方法

关于中国轻型汽车排气污染物测试方法,国家现行标准 GB 18352.6—2016《轻型汽车污染物排放限值及测量方法(中国第六阶段)》(2020 年 7 月 1 日开始全面实施)中有详细的规定,对标准中规定燃用汽油的装用点燃式发动机的汽车(包括两用燃料车)必须进行下述试验:

(1) Ⅰ型试验:常温下冷起动后排气污染物排放试验(相较于国五标准,增加对汽油车和两用燃料车进行粒子数量检验,后者只试验汽油);

(2) Ⅱ型试验:实际行驶污染物排放试验(原Ⅱ型试验取消);

(3) Ⅲ型试验:曲轴箱污染物排放试验(两用燃料车只试验汽油;相较于国五标准,对包括 HEV 在内的装用压燃式发动机的轻型汽车增加此试验);

(4) Ⅳ型试验:蒸发污染物排放试验(两用燃料车只试验汽油);

(5) Ⅴ型试验:污染控制装置耐久性试验(相较于国五标准,两用燃料车只试验汽油变更为只试验气体燃料);

(6) Ⅵ型试验:低温下冷起动后排气中 CO、THC 和 NO_x 排放试验(两用燃料车只试验汽油;相较于国五标准,增加 NO_x 排放试验,对包括 HEV 在内的使用单一气体燃料的装用点燃式发动机的轻型汽车和装用压燃式发动机的轻型汽车增加此试验);

(7) Ⅶ型试验:加油过程污染物排放试验(相较于国五标准,对包括 HEV 在内的装用点燃式发动机的轻型汽油车和两用燃料车增加此试验,其中两用燃料车只试验汽油);

(8) 车载诊断(OBD)系统试验。

1. 测试装置

测量轻型汽车排气污染物所采用的试验装置主要由底盘测功机、定容取样(constant volume sampling,CVS)系统、分析设备和控制系统等组成,其结构示意图如图 6-4 所示。

图 6-4 中所示的底盘测功机主要用于模拟汽车在道路上运行时所受到的滚动阻力、空气阻力、坡度阻力以及加减速时的惯性力。它一般装有惯量模拟器和功率吸收装置(power absorb unit,PAU)。下面主要对试验装置中的定容采样系统和分析设备进行介绍。

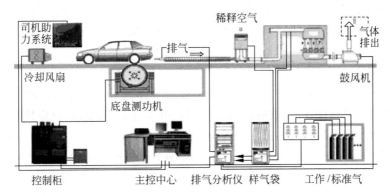

图 6-4 轻型汽车排气污染物试验装置简图

1) 定容采样系统

定容采样系统主要是将车辆在底盘测功机上运行时的排气用背景空气连续稀释(通常是被测发动机最大排气量的 10~20 倍),然后通过定流量装置把稀释排气按一定的流量排出,同时按一定比例连续收集该稀释排气到取样气袋中进行分析。定容采样(CFV-CVS)系统主要由临界流量文氏管(CFV)、排放气体稀释混合箱、样气储存袋、鼓风机、计算机测量控制系统等组成,如图 6-5 所示。

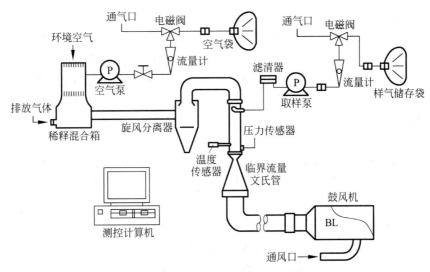

图 6-5 定容采样(CFV-CVS)系统

20 世纪 70 年代后美国已开始将定容采样(CVS)装置用于排放法规的检测。CVS 系统有时也称作可变稀释采样器。常用的 CVS 系统有以下两种:

(1) 带容积泵的变稀释度装置(positive displacement pump-CVS,PDP-CVS);

(2) 临界流量文氏管(文丘里管)变稀释度装置(critical flower venturi-CVS,CFV-CVS)。

PDP-CVS 是过去常用的一种系统,其使用一定向位移泵来保持流量恒定,即通过容积泵的定温、定压使气体达到标准要求,然后利用容积泵的每转容积和泵的转数来确定总容积。这种定容采样的优点是稀释比可变,因而 CVS 与发动机的排量匹配比较合理;其缺点是结构复杂,价格昂贵,噪声大,维护困难。

CFV-CVS 利用临界流量文氏管保持流量恒定。它的缺点是一经设定,流量变化量范围较小,一般只设几个档次;但它具有结构简单,价格低廉,维护方便等优点,所以近年来获得广泛应用。

2) 分析设备

分析设备用来对定容采样器的取样气袋中稀释气体进行成分分析。因此,要求分析设备具有较高的灵敏度和良好的选择性,并具备测量范围适中,精度高,反应快,读数稳定以及受干扰小等特性。目前国内外均采用下述分析设备:

(1) 一氧化碳(CO)和二氧化碳(CO_2)采用不分光红外线吸收(NDIR)型分析仪;

(2) 碳氢化合物(HC)采用氢火焰离子化(FID)型分析仪,对于柴油燃料应采用加热式氢火焰离子化(HFID)型分析仪;

(3) 甲烷(CH_4)采用气相色谱(GC)+氢火焰离子化(FID)型或非甲烷截止器(NMC)+氢火焰离子化(FID)型分析仪;

(4) 氮氧化物(NO_x)采用化学发光(CLD)型或非扩散紫外线谐振吸收(NDUVR)型分析仪;

(5) 发动机排气中颗粒物(PM)在稀释通道风道内取样,并用滤纸收集,用分析天平称重;

(6) 发动机排气中的颗粒物数量(PN)在稀释通道内取样,用粒子计数器(PNC)计数。

2. 检测方法

根据测试内容划分,汽车排放污染物检测方法主要有怠速法和工况法两种。怠速法是测量汽车在怠速工况下排气污染物的一种测量方法,一般仅测 CO 和 HC(用正己烷当量表示),测量仪器采用便携式排放分析仪。这种方法具有简便易行、测试装置价格便宜、便于携带以及检测时间短等优点,但测量结果不能全面反映汽车排放状况,测量有偏差,如 HC 不是总碳氢化合物等。然而,怠速法可作为环保部门检测在用车的排放状态以及汽车修理厂对车辆的排放性能和内燃机的工作状态进行简易评价的方法。

工况法是各国或各地区为控制大气污染,对各自城市的市区和郊区交通状况进行调查和统计处理后,归纳出一系列典型行驶工况组成测试循环,再进行检测的一种通用的方法。目前世界上已形成了以欧洲、美国和日本为代表的三大轻型汽车排放法规体系,各体系有各自的工况循环,其他各国的排放法规基本上是在参照美国和欧洲法规的基础上制定的。

工况法检测结果可以比较全面地反映汽车在使用状态下的排放水平,普遍应用于新车的认证许可检测和出厂抽查检测。对于在用车,根据 GB 18285—2018《汽油车污染物排放限值及测量方法(双怠速法及简易工况法)》规定,自 2019 年 5 月 1 日起,在全国范围内进行的在用车环保定期检验应采用该标准规定的简易工况法进行,对无法使用简易工况法的车辆,可采用双怠速法进行。

在国五标准阶段,中国轻型车排放法规的测试循环与欧洲法规循环同为 NEDC 循环,如图 6-3 所示。国六标准将测试循环调整为全球统一轻型车测试循环(WLTC),该循环由低速段、中速段、高速段和超高速段组成,各车速段分别如图 6-6(a)、(b)、(c)、(d)所示,循环总持续时间共 1800s,详细测试循环过程参见 GB 18352.6—2016《轻型汽车污染物排放限值及测量方法(中国第六阶段)》中的附录 CA(规范性附件)《I型试验用测试循环及分解》。

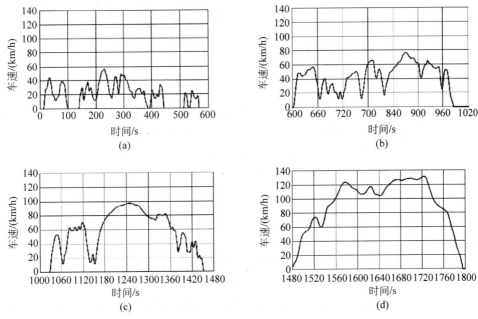

图 6-6 WLTC 测试循环

(a) 低速段；(b) 中速段；(c) 高速段；(d) 超高速段

3. 数据处理

WLTC 循环各速度段的气态污染物排放量按下式进行计算：

$$M_{i,\text{phase}} = \frac{V_{\text{mix,phase}} \times \rho_i \times K_{H,\text{phase}} \times C_{i,\text{phase}} \times 10^{-6}}{d_{\text{phase}}} \tag{6-2}$$

式中：M_i—— 污染物 i 的排放质量，g/km；

V_{mix}—— 稀释排气的容积（校正至大气标准状态 273.15K 和 101.325kPa），L/试验；

ρ_i—— 在标准状态下污染物 i 的密度，g/L；

K_H—— 用于计算氮氧化物的排放质量的湿度校正系数；

C_i—— 污染物 i 在稀释排气中的浓度，并用稀释空气中所含污染物 i 的含量进行修正以后的数值，10^{-6}；

d—— 运转循环试验时车辆所行驶的实际距离，km。

详细计算参见相应标准 GB 18352.6—2016《轻型汽车污染物排放限值及测量方法（中国第六阶段）》附录 CE（规范性附件）《排放量计算》。

6.3.2 重型车用汽油机排气污染物检测方法

对于使用汽油机的重型汽车，根据标准只需进行对应整车的同型号内燃机的台架排放测试。该排放测试系统一般是在内燃机台架测试系统基础上增加排放分析系统，同时在中央测控系统中增加与排放分析系统的接口，以便信号接收和处理。

国家标准 GB 14762—2008《重型车用汽油发动机与汽车排气污染物排放限值及测量方法（中国Ⅲ、Ⅳ阶段）》规定了重型车用汽油发动机与汽车排气污染物的排放限值及测量方法、车载诊断（OBD）系统的技术要求及试验方法。该标准适用于设计车速大于 25km/h 的

M(2)、M(3)、N(2)和 N(3)类及总质量大于 3500kg 的 M(1)类机动车装用的汽油发动机及其车辆的型式核准、生产一致性检查和在用车/发动机符合性检查。

GB 14762—2008 是对 GB 14762—2002 的修订,与 GB 14762—2002 相比主要变化为:

(1) 提高了排气污染物的排放控制要求;

(2) 调整了标准体系,将装用以天然气或液化石油气作为燃料的点燃式发动机汽车及其点燃式发动机的气态污染物的排放限值及测量方法纳入其他相关排放标准;

(3) 改变了测量方法,试验工况由重型汽油机瞬态循环所构成;

(4) 从第Ⅲ阶段开始,增加了 OBD 系统的要求;

(5) 从第Ⅲ阶段开始,增加了排放控制装置的耐久性要求;

(6) 从第Ⅳ阶段开始,增加了在用车/内燃机的符合性要求;

(7) 增加了新型发动机和新型汽车的型式核准规程;

(8) 改进了生产一致性检查及其判定方法。

重型汽油机瞬态循环由 1830 个逐秒变换工况组成,表 6-12 列举了前后部分瞬态循环工况,详细内容需参见 GB 14762—2008 中的附件 BA、BB。该测试循环是采用附件 BB 中列出的内燃机归一化转速—时间和扭矩—时间数据,按照附件 BA 规定的方法转换而成的试验内燃机实际转速和扭矩的时间序列。

表 6-12 重型汽油机瞬态循环内燃机试验循环工况

时间/s	归一化转速/%	归一化扭矩/%	时间/s	归一化转速/%	归一化扭矩/%	时间/s	归一化转速/%	归一化扭矩/%
0	0	0	27	57.0	37.9	54	59.9	15.5
1	0	0	28	34.6	49.7	55	60.9	20.6
2	0	0	29	43.8	38.1	56	61.7	18.5
3	0	0	30	49.0	23.7	57	62.4	16.9
4	0	0	31	53.1	19.4	58	63.2	18.6
5	0	0	32	58.8	24.9	59	64.0	18.5
6	0	0	33	65.7	30.2	60	64.9	19.9
7	0	0	34	72.6	30.6	61	66.6	28.6
8	0	0	35	78.6	28.2	62	69.3	38.7
9	0	0	36	38.9	37.8	63	72.1	41.4
10	0	0	37	40.9	29.4	64	74.6	38.0
⋮	⋮	⋮	⋮	⋮	⋮	⋮	⋮	⋮
1760	61.7	5.4	1790	27.5	4.0	1820	44.5	"M"
1761	61.7	4.3	1791	26.8	1.6	1821	40.6	"M"
1762	59.2	"M"	1792	25.6	"M"	1822	37.5	"M"
1763	55.0	"M"	1793	26.2	5.9	1823	34.4	"M"
1764	52.3	"M"	1794	28.8	12.8	1824	31.6	"M"
1765	53.2	7.9	1795	31.8	15.0	1825	25.1	"M"
1766	56.7	17.1	1796	35.1	15.7	1826	15.0	"M"
1767	60.4	17.8	1797	37.6	13.2	1827	0	0
1768	63.8	17.3	1798	37.4	3.4	1828	0	0
1769	67.4	17.6	1799	35.2	"M"	1829	0	0

注:"M"为反拖点的负扭矩值,计算方法参见标准。

6.3.3 曲轴箱污染物

曲轴箱污染物是指从内燃机曲轴箱排放到大气中的气体污染物,主要包括:
(1) 从活塞和气缸之间的间隙窜入曲轴箱的油气和已燃气体;
(2) 曲轴箱内的润滑油蒸气。

我国国家标准 GB 18352.6—2016《轻型汽车污染物排放限值及测量方法(中国第六阶段)》中的附录 E(规范性附录)《曲轴箱污染物排放试验(Ⅲ型试验)》中已对其试验方法作了详细规定。

6.3.4 燃油蒸发排放物

燃油蒸发排放物是指除汽车排气管排放以外,从车辆的燃料(汽油)系统损失的碳氢化合物,主要包括:
(1) 燃油箱呼吸损失(换气损失),由于燃油箱内温度变化所排放的碳氢化合物;
(2) 热浸损失,汽车行驶一段时间后,静置汽车的燃料系统排放的碳氢化合物。

目前世界各国对汽油车燃油蒸发污染物的测量方法有两种:一种是收集法,即将装有活性炭的收集器与汽油车供油系统和大气相通的部分连接进行测量,将规定时间内收集到的活性炭吸附的汽油质量作为计量的数据;另一种是密闭室法,即让汽车放在密闭室内,在规定时间内测量密闭室的碳氢化合物浓度,再换算出燃油蒸发量。国家标准 GB 18352.6—2016《轻型汽车污染物排放限值及测量方法(中国第六阶段)》中的附录 F(规范性附录)《蒸发污染物排放试验(Ⅳ型试验)》中已对其试验方法作了详细规定。所有以汽油为燃料的汽车(含混合动力电动汽车以及汽油和天然气(NG)、汽油和液化石油气(LPG)两用燃料车)都必须进行此项试验,按附录 F 进行测试时,对于第一类车(六座及以下的最大设计总质量不超过 2500kg 的 M_1 类汽车),每次测试的蒸发污染物排放量应小于 0.7g/试验;对于第二类车(第一类车以外的其他所有轻型汽车),根据测试质量的不同,排放限值为 0.7~1.2g/试验。

6.3.5 怠速排放

怠速工况下的主要污染物是 CO 和 HC,其测量方法详见国家标准 GB 18285—2018《汽油车污染物排放限值及测量方法(双怠速法及简易工况法)》。

6.3.6 重型车用柴油机排气污染物检测方法

重型车用柴油机排放测试包括气态排放物测试和颗粒物测试。气态排放污染物指一氧化碳(CO)、总碳氢化合物(THC)和氮氧化物(NO_x);颗粒物包括颗粒物质量(PM)与颗粒物数量(PN),PM 指在温度 315~325K(42~52℃)的稀释排气中,由规定的过滤介质上收集到的所有物质,PN 指在去除了挥发性物质的稀释排气中,所有粒径超过 23nm 的粒子总数。自国六起,对于重型车的排放检测不仅要求内燃机在内燃机试验台上按规定的测试程序进行检测,还增加了整车车载法(portable emissions measurement system,PEMS)试验。

目前我国重型车用柴油机排放测试标准为 GB 17691—2018《重型柴油车污染物排放限值及测量方法(中国第六阶段)》。该国家标准于 2018 年 6 月 22 日发布,并于 2019 年 7 月 1 日起逐步实施(其中燃气汽车、城市车辆、重型柴油车分别于 2019 年 7 月 1 日、2020 年 7 月

1日、2021年7月1日起实施)。该标准规定了装用压燃式发动机的汽车及其发动机所排放的气态和颗粒污染物的排放限值及测试方法;以及装用以天然气(NG)或液化石油气(LPG)作为燃料的点燃式发动机汽车及其发动机所排放的气态污染物的排放限值及测量方法。

GB 17691—2018 的试验项目包括:

(1) 稳态工况循环(WHSC)试验;
(2) 瞬态工况循环(WHTC)试验;
(3) 发动机台架非标准循环(WNTE)试验;
(4) 整车车载法(PEMS)试验;
(5) 曲轴箱通风试验;
(6) 耐久性试验;
(7) OBD 试验;
(8) NO_x 控制试验,即在所有正常条件,特别是在低温条件下,NO_x 控制系统(如EGR、SCR 等)是否保持其排放控制功能的试验。

对于柴油机及双燃料发动机,上述试验项目均需进行;对于单一气体燃料机,只需进行上述第(2)、(4)、(5)、(6)、(7)项试验。

上述试验项目中,WHSC 与 WHTC 被称为标准循环,其排放限值如表 6-13 所示。WNTE 与 PEMS 试验被称为非标准循环,其排放限值如表 6-14 与表 6-15 所示,相关试验项目的详细内容参见 GB 17691—2018。本节重点介绍(1)和(2)两种标准测试循环。

表 6-13 发动机标准循环排放限值

试验	CO (mg/(kW·h))	THC (mg/(kW·h))	NMHC③ (mg/(kW·h))	CH$_4$ (mg/(kW·h))	NO_x (mg/(kW·h))	NH$_3$ (ppm)	PM (mg/(kW·h))	PN (#/(kW·h))
WHSC (CI①)	1500	130	—		400	10	10	8.0×10^{11}
WHTC (CI①)	4000	160			460	10	10	6.0×10^{11}
WHTC (PI②)	4000	—	160	500	460	10	10	6.0×10^{11}

注:①CI=压燃式发动机;②PI=点燃式发动机;③非甲烷碳氢化合物。

表 6-14 发动机非标准循环(WNTE)排放限值

试验	CO(mg/(kW·h))	THC(mg/(kW·h))	NO_x(mg/(kW·h))	PM(mg/(kW·h))
WNTE	2000	220	600	16

表 6-15 整车试验排放限值

发动机类型	CO(mg/(kW·h))	THC(mg/(kW·h))	NO_x(mg/(kW·h))	PN(#/(kW·h))
压燃式	6000	—	690	1.2×10^{12}
点燃式	6000	240(LPG) 750(NG)	690	—
双燃料	6000	1.5×WHTC 限值	690	1.2×10^{12}

WHSC/WHTC 测试循环是世界车辆法规协调论坛(World Forum for Harmonization of Vehicle Regulations,简称为 UN/WP29 或 WP29)在制定第 4 号全球技术法规《全球统一的重型车测试规程(World Heavy Duty Certification Procedure,WHDC)》时,通过充分考察世界各地的道路状况和各种车辆的行驶特征而制定出的具有代表意义的测试循环。

WHTC(包含 1800 个逐秒变换的瞬态试验循环)和 WHSC(转速、扭矩及过渡时间连续运行的试验循环)测试程序较全面的反映了世界各地的公路重型内燃机的运行工况,对现在及未来重型内燃机排放性能测试程序具有很好的实用性。测试程序主要特征如下:

(1) 代表世界各地道路车辆的运行工况;
(2) 在控制道路车辆的排放量方面,能够达到更高的效率;
(3) 有相应的试验、采样和测试技术;
(4) 适用于现有在用的及可预见的将来使用的排气净化技术;
(5) 能够对不同类型的内燃机进行排放水平的比较评估。

1) WHSC 测试

由于不同型号的内燃机转速、扭矩范围不同,考虑到标准的普适性,WHSC 采用了转速与扭矩的规范值(即归一化值)规定了若干工况,在进行试验时,根据每台内燃机的瞬态性能曲线将百分值转化成实际值。内燃机按每工况规定的时间运行,在 20±1s 内以线性速度完成转速和扭矩转换。为确定试验有效性,试验完成后应对照基准循环进行实际转速、扭矩和功率的回归分析。WHSC 试验循环工况及其运行时间见表 6-16。

表 6-16 WHSC 试验循环

序 号	转速规范值/%	扭矩规范值/%	工况时间/s
1	0	0	210
2	55	100	50
3	55	25	250
4	55	70	75
5	35	100	50
6	25	25	200
7	45	70	75
8	45	25	150
9	55	50	125
10	75	100	50
11	35	50	200
12	35	25	250
13	0	0	210
合计			1895

规范值与实际值的对应计算方法如式(6-3)所示:

$$实际转速 = n_{norm} \times (0.45 \times n_{lo} + 0.45 \times n_{pref} + 0.1 \times n_{hi} - n_{idle}) \times 2.0327 + n_{idle}$$

(6-3)

其中,n_{norm} 为表 6-16 中转速规范值除以 100,n_{lo}、n_{pref}、n_{hi}、n_{idle} 的定义如图 6-7 与图 6-8 所示。n_{lo} 指最大功率的 55% 所对应的最低内燃机转速,n_{pref} 指从急速到 n_{95h} 对应转速下的扭矩最

大值进行积分,整个积分值的51%所对应的内燃机转速,n_{95h}指最大功率的95%所对应的最高内燃机转速,n_{hi}指最大功率的70%所对应的最高内燃机转速,n_{idle}指内燃机怠速转速。

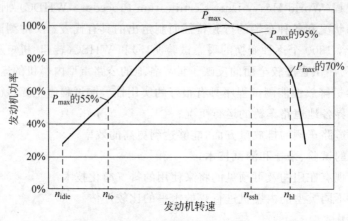

图6-7 试验转速的定义

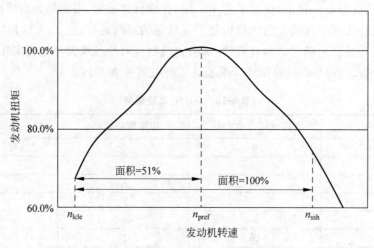

图6-8 参考转速(n_{pref})的定义

实际扭矩的生成公式为

$$M_{ref,i} = \frac{M_{norm,i}}{100} \times M_{max,i} + M_{f,i} - M_{r,i} \tag{6-4}$$

式中:$M_{ref,i}$——实际扭矩,N·m;

$M_{norm,i}$——扭矩规范值百分比,%;

$M_{max,i}$——性能曲线确定的该转速下最大扭矩值,N·m;

$M_{f,i}$——应安装(而未安装)的附件/设备吸收的扭矩,N·m;

$M_{r,i}$——应拆除(而未拆除)的附件/设备吸收的扭矩,N·m。

如果完全按照标准要求进行附件/设备的安装,则$M_{f,i}$与$M_{f,i}$均为0,此时内燃机实际扭矩即为该转速下的最大扭矩乘以对应的规范值。

循环完成后,按式(6-5)计算循环气体污染物排放质量(g/试验):

$$m_{gas} = u_{gas} \times \sum_{i=1}^{i=n} c_{gas,i} \times q_{mew,i} \times \frac{1}{f} \tag{6-5}$$

式中：u_{gas}——所计算的排气组分密度与总排气密度的比值；对于柴油（假设过量空气系数为 2，在 273K，101.3kPa 下），NO_x，CO 与 HC 的 u_{gas} 分别可取 0.001587，0.000966 及 0.000479；

$c_{gas,i}$——排气组分的瞬时浓度，ppm；

$q_{mew,i}$——瞬时排气质量流量，kg/s；

f——采样频率，Hz；

n——测量次数。

如果是干基测量，则需要先进行干湿基校正；对于 NO_x，还应乘以湿度修正系数。具体内容可参见 GB 17691—2018 附录 CA.2 及 CA.3。

通过整个测试循环瞬时功率积分得到实际循环功 W_{act}（kW·h）。则比排放为

$$e = \frac{m}{W_{act}} \tag{6-6}$$

其中，m 为整个循环排放物的总质量，g/试验。

2）WHTC 循环

WHTC 循环由 1800 个逐秒变换的瞬态试验工况组成。其循环示意图如图 6-9 所示，转速/扭矩规范值与真实值的对应方法同 WHSC 循环。

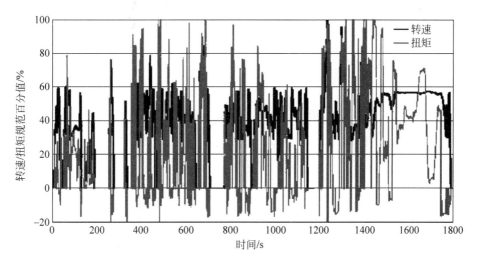

图 6-9 WHTC 测试循环

WHTC 测试程序由自然冷却或强制冷却的冷启动试验循环、内燃机热浸期和热启动测试循环组成。其中，冷启动试验循环要求内燃机的润滑剂、冷却液和后处理系统的温度都达到 293~303K（20~30℃）。在完成冷起动循环试验后应立即进行（10±1）min 的热浸期，作为内燃机热启动循环试验的预处理。

WHTC 的比排放为冷态和热态加权后的结果，按照下列公式进行计算：

$$e = \frac{(0.14 \times m_{cold}) + (0.86 \times m_{hot})}{(0.14 \times W_{act,cold}) + (0.86 \times W_{act,hot})} \tag{6-7}$$

式中，m_{cold}——冷起动循环各排放物组分的质量，g/试验；

m_{hot}——热起动循环各排放物组分的质量，g/试验；

$W_{\text{act,cold}}$——冷起动循环的实际循环功，kW·h；

$W_{\text{act,hot}}$——热起动循环的实际循环功，kW·h。

本节对重型车用柴油机排放污染物测量方法进行了简要介绍，便于读者形成初步了解，详细测量方法及排放限值参见标准 GB 17691—2018。

参 考 文 献

[1] JOHNSON T V. 2011 年轻型车和重型车用内燃机排放控制回顾[J]. 朱炳全,译. 国外内燃机,2013(1): 1-15.

[2] 帅石金,唐韬,赵彦光,等. 柴油车排放法规及后处理技术的现状与展望[J]. 汽车安全与节能学报, 2012(3): 200-217.

[3] 帅石金,刘世宇,马骁,等. 重型柴油车满足近零排放法规的技术分析[J]. 汽车安全与节能学报, 2019(1): 16-31.

第7章 电控内燃机匹配与标定试验

7.1 概　　述

现代汽车内燃机对动力性、燃料经济性、排放性能的要求日益严格，提高和改善这些性能的关键是要完善内燃机的工作过程，并采用机外净化技术改善排放。而促进这个目标实现的最佳途径是采用电控内燃机技术。

采用电子控制后，影响内燃机性能的主要调节参数，如提前角、空燃比（喷油脉宽）、废气再循环率、怠速调节器等，都是利用事先标定好的数据（MAP图）进行调节，即由从传感器（油门位置、转速、大气压力、进气流量、水温、油温等）到执行器（电磁阀等）之间预先设定的响应来决定的，这一响应途径由固化在电控单元（ECU）中的程序和数据两个部分的协同工作来完成。程序是内燃机工作原理在电子控制中的反映，即通过电子控制语言表达内燃机工作原理；数据用来确定内燃机的输出性能，即不同的内燃机产品要求标定不同的数据。因此，采用电子控制以后，内燃机开发需要解决一个新问题：如何标定这些数据。

标定的前提是对一些重要部件的结构参数进行合理的匹配，即优化硬件组合，找出最佳方案，然后通过标定试验，使各参数控制在内燃机各种工况下，且均处于最佳组合状态，最终使内燃机性能发挥出最大的潜力，从而保证内燃机具有良好的综合性能。实现上述目标的过程叫做内燃机电控系统的匹配标定工作。

内燃机匹配与标定涉及内燃机原理及结构、汽车理论、计算机原理、数学模型、电子技术、测试原理等多门学科，是一项系统工程，并且建立在各企业长期标定试验积累和试验技巧的基础上。因此，如何对电控内燃机进行匹配、标定，难以用少量篇幅加以概括。本章是作者对所在单位多年科研成果的部分总结，其内容主要针对如何"标定"这一新问题，重点介绍电控内燃机试验标定的基本概念和方法，然后概要描述电控汽油机和电控柴油机标定的基本过程。关于匹配问题，读者可参考相关论文，本章不过多涉及。本章后面的参考文献列举了一些有关内燃机匹配与标定的文献，仅供读者参考。

7.2 匹配、标定的基本概念

1. 匹配

狭义地说，电控匹配指的是为具有确定用途车型的内燃机配用合适的电控系统。广义地说还包括为实现整车的各种性能要求，而对整车、内燃机、电控系统进行设计、选型、改造、适配、标定的整个过程。

2. 标定

标定是指根据整车的各种性能要求（动力性、经济性、排放性等），调整、优化和确定电控系统软件的运行参数、控制参数和各控制数学模型的整个过程。它包括所有为此而进行的内燃机台架、整车转毂、"三高"（高温、高寒、高原）试验和实际道路的试验等验证过程。

3. 标定工况节点

标定工况节点是指为进行电控标定而确定的工况点。它们是工况面中的离散点。通常内燃机工况是由内燃机扭矩（或功率或平均有效压力）和转速来确定。但对于电控系统而言，由于扭矩和功率不是直接的控制量，所以电控系统控制软件一般用转速和功率控制量，即绝对压力、进气流量、节气门位置（点燃式内燃机）或油门位置、喷油量（压燃式内燃机）来定义工况点。工况点的测量包括转速的测量和功率控制量的测量。电控系统根据工况节点控制参数或相邻工况节点控制参数的插值来控制内燃机在全部工况下的运行。

4. 三维图及三维图优化

电控系统中的三维图是指由内燃机的转速和功率控制量构成的二维平面（工况平面），加上第三维控制量（喷油量、提前角等），而形成的内燃机运行三维控制图（MAP 图）。对电控内燃机的控制来说，三维控制图很多，最基本的是喷油特性三维图（或脉宽三维图或空燃比三维图）和点火提前角（或喷油提前角）三维图。

三维图优化是指对电控系统软件所定义的所有需标定的工况节点，在稳态条件下，根据内燃机对各种性能指标的综合要求来优化确定电控系统三维控制参数的过程。三维图优化是标定过程中一项很重要的内容。

7.3 匹配、标定的基本内容和方法

7.3.1 基本内容

1. 内燃机与电控系统的硬件匹配

内燃机的动力性、经济性、排放性是相互制约的，而目前内燃机的设计要求是在满足排放法规的前提下，使其动力性和经济性达到最优。为实现该目标，必须选择合适的电控系统硬件与内燃机相匹配，也就是说根据内燃机的使用需要选择适当的电控系统硬件，并将系统硬件正确地安装在内燃机上，同时要保证电控系统机械及电气连接合理可靠。电控系统硬件主要由传感器、电控单元（ECU）和执行器组成。而 ECU 的功能是接收和处理传感器的所有信息，根据对应的控制算法和标定参数计算得到当前控制参数，并驱动执行器以控制内燃机达到所需的性能指标。

2. 电控系统控制参数标定

内燃机电控系统可分为硬件和软件两部分。前面已介绍硬件部分，而软件是由程序和控制参数（供油脉宽、提前角等）组成。从理论上讲，对一个电控系统，只要改变其软件部分的控制参数值，就可配用于基本类型相同但参数不同的内燃机，比如，用于功率、缸径、压缩比、转速都不同的同类型的四缸机就是一例。若进一步对硬件和软件程序进行部分改动，一个电控系统原型还可配用于各种不同内燃机，比如同是汽油机，4缸、6缸，缸数不同，直列、V形，排列不同等。但不管怎样匹配，在电控系统软件数学模型和硬件基本确定的前提下，能不能使被匹配的内燃机在满足排放法规的前提下发挥出最好的综合性能，取决于能否获

得软件部分的最佳控制参数。

从控制技术的角度来看,内燃机是一个动态、多变量、高度非线性、具有响应滞后的时变系统,其工作过程涉及工程热力学、空气动力学、流体力学、燃烧学、化学动力学等多门学科。因此,采用简单的经典线性控制理论来求得控制参数优化值的方法已不可能;通过复杂的内燃机模型来实时求取控制参数值的办法,在目前的硬件技术上也很难完全实现。所以在开发电控内燃机时,为获得最佳控制参数,首先要进行大量的试验,通过试验获得内燃机各种工况下的动力性、燃油经济性以及排放性能等试验数据,然后按照相关法规的要求,对这些试验数据按照一定的优化准则,采取适当的优化方法,获得控制参数和各种修正参数随内燃机转速和负荷等因素变化的规律。这些变化规律可能非常复杂,难以实时计算,但可以采用三维图、二维曲线等简单的离散形式来表示,并存储在 ECU 中,即所谓的 MAP 图。在电控内燃机实际运行时,一般来说,电控单元根据采集到的内燃机工况参数,首先在存储的基本 MAP 图上查到控制的基本数据,然后根据内燃机状态参数(水温、大气压力等),按照预设的控制算法或修正图表对 MAP 图查到的基本数据进行修正计算,就可以得到送给执行器的控制量(如供油量、喷射定时等),从而达到实时控制内燃机的目的。此即所谓的查表法或查 MAP 图法。关于 MAP 图及标定过程详见后面章节。

3. 电控内燃机试验标定系统

为实现电控内燃机控制参数的标定,需要有良好的试验标定系统。电控试验标定系统应具有如下的基本功能:

(1) 能实时监控和显示各种传感器和执行器的信号、MAP 图的图形数据和内燃机各种状态参数值,以便及时确定被标定的节点和应标定或修改的参数值;

(2) 能对电控 MAP 图进行实时在线修改;

(3) 应具有软件编程、数据管理等功能,使修改后的 MAP 图能顺利预置于 ECU 中;

(4) 配套的内燃机台架及测试设备应满足电控内燃机试验、测试的各种基本要求。

图 7-1 是某电控柴油机试验标定系统示意图,该系统主要由 ECU 标定系统、数据采集及分析系统、柴油机台架测试系统组成。

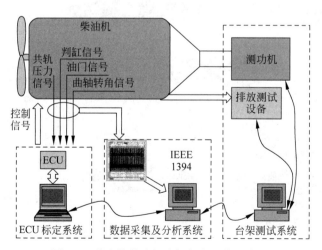

图 7-1 某电控柴油机台架标定系统示意图

ECU 标定系统的硬件主要由装有标定程序的 PC 机和连接 PC 与 ECU 的转换器组成，它具有软件编程、控制参数标定、数据库管理、在线评估、离线评估、打印等功能。在标定过程中，用户操作标定界面，根据数据采集系统、台架测试系统检测到的内燃机油耗、动力性和排放等指标，对电控 MAP 图进行在线修改，直至找到最优控制参数，完成标定匹配的工作内容。

修改好的 MAP 图被转化为二进制形式的数据文件预置于 ECU 中，ECU 根据传感器得到的内燃机转速、加速踏板位置、温度和压力等状态信息，从预置在 ECU 中的 MAP 图中得到对应的控制对象参数（如喷油量、喷油定时、喷油压力等），向执行器发出控制指令。

台架测试系统主要用于实验台架控制、内燃机性能和排放测试，是内燃机工况控制设备和性能评价设备。

数据采集与分析系统主要用于控制系统中各类传感器信号和执行器信号的监测与分析，它与标定系统的不同之处在于，数据采集系统用于监测实际执行情况，分析系统用于监测 ECU 收到的传感器信号和发出的控制指令。这两个系统共同用于电控系统的调试与分析。当 ECU 标定系统较为完善时，可以不需要数据采集与分析系统，其功能可完全由 ECU 监控系统代替。

在匹配标定过程中，要有与下位机控制程序相配合的上位机标定工具软件，该软件可对 ECU 内部任意参数的变化情况进行全面监视、显示并保存动态过程数据，并具有数据离线处理、实时在线修改任意一个 MAP 图中的任一节点以及对各传感器和执行器进行测试诊断等主要功能。图 7-2 是某典型国产电控柴油机匹配标定界面示意图。图 7-2(a) 主要包括：MAP 文件区（图上"选 MAP 图"部分）、MAP 图数据显示区、柴油机工作点显示、数据曲线图形显示区、在线标定区、二维图的坐标显示变换选择区（2D 曲线）等；图 7-2(b) 主要包括：柴油机各状态量显示区、柴油机运行控制区、软件信息区等。

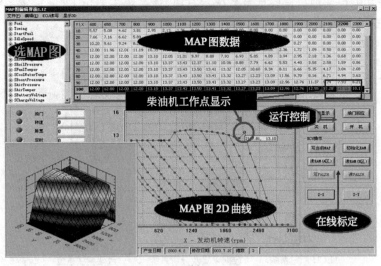

(a)

图 7-2　某电控柴油机台架标定界面

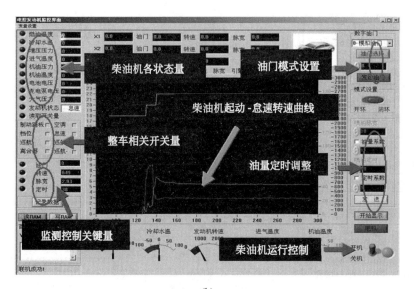

(b)

图 7-2（续）

图 7-2(a)中，MAP 文件区显示了所有的控制参数 MAP 图名字，可以根据需要选定要修改的 MAP 图。被选定的 MAP 图数据会在 MAP 图数据显示区显示，并支持手动输入修改。选定的 MAP 图曲线可在数据曲线图形显示区显示，可选择二维或三维显示。二维显示时可在坐标选择区选择显示 X-Z 或 Y-Z 坐标下的图形。图形显示区域支持鼠标直接拖动曲线修改 MAP 图数据。修改后的 MAP 图数据可直接在在线操作区在线写入 RAM，实现控制 MAP 图的在线匹配标定。数据下载区用于完成数据 MAP 图的下载，效果同编程器功能。文件操作区用于实现对 MAP 文件的存储与载入。软件信息区显示当前 MAP 图的名称、维数以及软件的更改信息等。

在图 7-2(b)中，柴油机的主要状态参数可以在参数显示区进行实时显示，如转速、油门、脉宽、定时（喷油、点火）、冷却水温、燃油温度、中冷后温度、中冷后压力等。

7.3.2 标定的基本步骤

通常所说的电控内燃机标定，实际上主要是指电控系统 MAP 图的标定，而电控系统 MAP 图的标定主要包含两个方面：法规工况的标定和非法规工况的标定。法规工况标定时，应在满足排放、油耗法规的前提下，使内燃机性能达到最优；非法规工况标定的目标则更关注内燃机的动力性、经济性和驾驶性。排放法规不同，对内燃机各性能的要求也不同。因此，需视具体的排放法规的要求而定。但匹配标定试验的基本过程则大致相同，图 7-3 所示为内燃机匹配标定试验基本框架。

不同电控系统标定的工作量会有很大差异，如一种简单的基本电控系统可能只需要数百个标定数据的获取和调整；而一种复杂的且功能强的电控系统可能需要数千个数据。这些数据一般分为：内燃机稳态工况标定参数、稳态修正曲线、非稳态工况标定参数、怠速及起动工况控制参数、特殊功能控制参数、程序运行控制参数以及故障诊断参数。

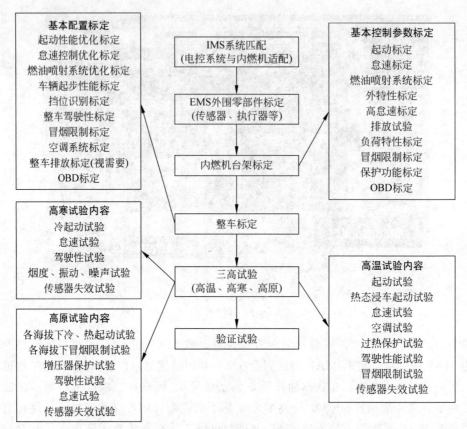

图 7-3 匹配标定试验的基本过程

7.3.3 MAP 图工况节点的确定

工况节点对应内燃机在台架标定试验中所用到的工况点(即转速和负荷)。所有的工况点形成了一个转速-负荷的二维工况平面。行车时(内燃机工作时)节点之间的数据通过插值计算来获得。节点数量多控制精度就高,但工作量也大。另外节点的多少受到 ECU 使用的单片机存储器容量大小的限制。为合理协调精度与工作量,工况节点的选择应遵循的原则是:内燃机性能变化大、使用频率高的区域和在使用中有特殊要求的工况(如排放测试中使用的工况),节点密度应适当大一些,工作要细一些;节点的范围应该能够覆盖内燃机整个工作范围。工况使用频率和变化趋势是对内燃机的使用工况进行统计调查后获取的,即调查各种工况在实际使用中出现的次数,再绘制工况频次统计图后得知。工况节点如何分布则是由试验工程师根据需要及经验确定,并在 ECU 控制软件中体现。在图 7-2(a)的中下部有节点安排图示。由图可以看出外特性线上的节点就比较密集。

7.3.4 MAP 图中控制参数的优化方法

对于内燃机电控系统控制参数的标定有两种优化思路:局部优化和全局优化。局部优化和全局优化的区别在于进行控制参数标定时,是对各个工况点单独地进行优化,还是将若干个工况点综合起来进行优化。进行优化时,首先要确定优化目标和约束条件,而优化目标和约束条件都与汽车对内燃机性能的要求密切相关。不同内燃机有着不同的优化目标和约束条件,与之相对应就形成了不同的优化思想。

1. 局部优化

局部优化只在特定的内燃机运行工况下进行,与其他工况点无关,即独立地对各个工况点的控制参数进行优化,不必考虑工况点间的相互影响。同时,目标函数与约束条件的变化只与控制参数的变化有关。以高压共轨柴油机为例,要寻找某一工况下(如某一转速和油门踏板位置)内燃机可能出现的最低燃油消耗率,则燃油消耗率只与喷油提前角、油轨压力等控制参数有关,此外,为保证内燃机的正常运转以及满足排放法规的要求,还要设置一些约束条件,如排气烟度限制、排温限制、最大缸内压力限制等。它们在不同的工况点可以有不同的定义。

对于某高压共轨柴油机,控制参数的局部优化问题,可表示如下(以最低燃油消耗率为例)。

优化目标函数:$\min b_e(n, q, P_{CR}, \varphi_{is})$(此时,$n$ 与 q 恒定)

优化约束条件:

$$T_{ex} \leqslant T_{ex\_Lim}$$
$$P_{max} \leqslant P_{\_Lim}$$
$$NO_x \leqslant NO_{x\_Lim}$$
$$Smoke \leqslant Smoke_{\_Lim}$$

式中:b_e——燃油消耗率;
n——内燃机转速;
q——循环供油量;
P_{CR}——油轨压力;
φ_{is}——喷油定时;
T_{ex}——排气温度;
P_{max}——缸内气体最高压力;
NO_x——NO_x 含量;
$Smoke$——排气烟度;
$P_{\_Lim}$——最高爆发压力限值;
NO_{x_Lim}——NO_x 排放指标的限值;
T_{ex_Lim}——排气温度限值;
$Smoke_{\_Lim}$——排气烟度的限值。

这是单目标、多变量、多约束的多维优化问题,在满足约束条件的内燃机控制参数范围内找到使该工况的内燃机燃油消耗率最低的控制参数组合即可。

2. 全局优化

全局优化是将一系列的工况点综合起来进行控制参数的优化,最典型的情况是在一个排放法规试验循环内的各个工况中进行优化,在满足排放法规的前提下,通过优化追求特定性能的最佳目标。无论是为了满足法规的要求,还是为了提高内燃机在实际运行中的整体性能,对多个工况点的内燃机控制参数进行综合的全局优化是必需的。

如对于某共轨柴油机的燃油消耗率,控制参数全局优化问题,可表示如下。

优化的目标函数:

优化的约束条件：

$$\min \sum W_i \cdot b_{ei}$$

$$\sum (W_i \cdot HC_i) \leqslant HC_{\_Lim}$$

$$\sum (W_i \cdot CO_i) \leqslant CO_{\_Lim}$$

$$\sum (W_i \cdot NO_{x_i}) \leqslant NO_{x\_Lim}$$

$$\sum (W_i \cdot Smoke_i) \leqslant Smoke_{\_Lim}$$

式中：i——工况点序号，$i=1,2,\cdots,n$；

W_i——工况点的加权值；

b_{ei}——工况点燃油消耗率；

$HC_{\_Lim}$——HC 排放指标的限值；

$CO_{\_Lim}$——CO 排放指标的限值；

NO_{x_Lim}——NO_x 排放指标的限值；

$Smoke_{\_Lim}$——Smoke 排放指标的限值。

全局优化的结果依赖于试验循环内不同工况下控制参数的调整。优化后的标定方法则因优化对象和优化目标不同、标定人员所具备的经验的多少以及所使用的标定工具的不同，而有不同的标定方法。

目前采用比较多的方法：一是基于试验的电控系统标定法；二是基于模型的电控系统标定法。关于基于模型的电控系统标定技术方法，读者可查阅相关技术文献。

7.4 电控汽油机标定试验

电控汽油机的标定主要有两个步骤：首先是在汽油机台架上进行所有 MAP 图及各种修正曲线、经验公式的标定与确定；然后是整车道路试验或转毂试验的进一步 MAP 图优化。其中最主要和最基本的工作是通过台架试验获取汽油机各个稳定工况下的基本 MAP 图。汽油机的基本 MAP 图很多，其中空燃比与点火提前角是影响汽油机动力性、经济性和排放的两个最重要因素。下面重点对汽油机台架试验上空燃比特性 MAP 图和点火特性 MAP 图的制取进行介绍，在此基础上介绍基于模型的标定方法，包括扭矩模型 MAP 图的制取方法以及气门可变正时（VVT）的 MAP 图制取方法。

1. 空燃比特性 MAP 图的制取

ECU 对空燃比的控制是通过对燃油喷油量的控制来完成的。汽油机工作时，ECU 从传感器得到当前的空气流量及各种相关参数的信息，通过喷油脉宽公式计算后得到喷油量值，从而使混合气的空燃比达到预先设定的值。

影响喷油脉宽的因素有空气流量、充气温度、充气效率、进气歧管绝对压力、空燃比、加速加浓量、减速减稀量和减速断油、废气再循环率、电压、喷嘴常数等。由于影响因素繁多，就目前的技术开发水平，比较成熟的标定方法是：通过试验标定过程或先进行简单计算来确定各个工况节点的基本喷油脉宽 MAP 图，然后再通过试验得到各种参数的修正 MAP 图，再进行实时反馈来确定最终目标值。图 7-4 是基本喷油脉宽标定结果的一个图例，图 7-5

表示的是某汽油机试验标定的排气温度修正量 MAP 图。

于是,ECU 通过 MAP 图,采用查表法得到汽油机在不同工况、不同环境状态、不同影响因素下的基本参数及修正系数,最后根据计算公式即可实时计算出汽油机喷油脉宽。

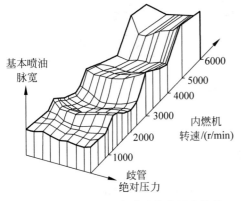

图 7-4　某汽油机基本喷油脉宽标定结果

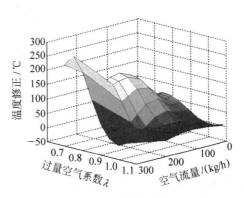

图 7-5　排气温度修正量 MAP 图

基本喷油脉宽的标定及计算方法有很多种,如根据特定算法计算得到或根据已有的类似机型的数据来确定基本喷油脉宽 MAP 图。图 7-6 表示的是基本喷油脉宽计算产生的过程。图 7-7 是参考文献[3]给出的确定目标喷油脉宽的主要思路,计算公式见式(7-1)。随着技术的进步,该计算公式将会被不断地完善。

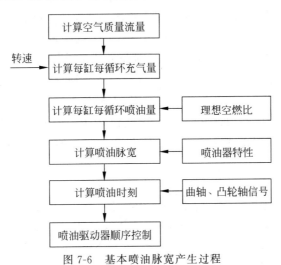

图 7-6　基本喷油脉宽产生过程

$$喷油脉宽 = 脉宽常数 \times 进气歧管绝对压力 \times 汽缸充气效率 \times$$
$$\frac{1}{T} \times \frac{1}{A/F} \times 闭环修正因素 \times 自学习修正 +$$
$$油泵低压修正 + 喷嘴低压修正系数 + \cdots \quad (7\text{-}1)$$

式中,脉宽常数主要与喷嘴流量特性有关,通过试验获得;T 是充气温度,与水温和进气温度有关;自学习修正是用来修正汽油机因运转时间延长而产生的缓慢变化及汽油机和整车

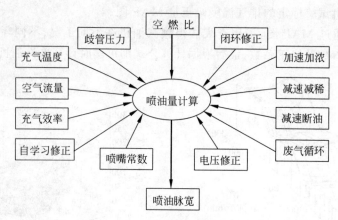

图 7-7　目标喷油脉宽计算思路

的生产散差；当进气系统的结构一定时，汽缸充气效率（实际进入汽缸内的空气流量与根据理想状态方程推算的空气流量的比值，也叫容积效率）由汽油机进气状况决定，其大小随汽油机转速和负荷变化，难以通过简单计算获得，通常办法是通过试验获得。表 7-1 是充气效率标定试验结果的表格示意，它是以转速为横坐标、进气歧管绝对压力为纵坐标的三维表格。

在目标空燃比标定过程中，为了提高汽油机外特性的动力性，需要通过加浓空燃比（$A/F<14.6$）来实现。即为寻找到最佳的动力加浓空燃比，需要通过空燃比扫描（逐步采点）（增加以空燃比为控制目标的试验点）试验来寻找最优值。试验步骤为首先固定汽油机转速和油门（油门全开），然后从理论空燃比（14.6）开始以一定步长不断加浓空燃比，随着空燃比加浓，扭矩不断增加，当扭矩达到最大时则为最佳动力加浓空燃比，如图 7-8 所示。需要注意的是，随着空燃比的加浓，比油耗也会急剧增加，因此必要时需要平衡两者的关系，作一定取舍，比如在低转速油门全开等常用工况下，需要优先考虑油耗性能，而在中高转速油门全开工况下，则优先考虑动力性能。除此之外，高转速工况下汽油机排温较高，为了保护排气歧管、增压器和三元催化器等排气系统部件，采取较浓的空燃比可降低排气温度。

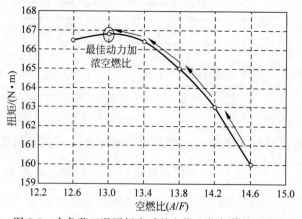

图 7-8　全负荷工况下标定后的空燃比与负荷关系曲线

第 7 章 电控内燃机匹配与标定试验

表 7-1 充气效率标定试验表格

进气歧管绝对压力/kPa \ 转速/(r/min)	400	800	1200	1600	2000	2400	2800	3200	3600	4000	4400	4800	5200	5600	6000	6400
20	60.156	60.156	60.156	60.938	63.281	69.141	70.313	69.141	74.219	74.219	74.219	73.047	71.094	71.094	71.094	71.094
25	60.938	60.938	60.938	59.766	67.188	71.094	70.313	70.313	75.000	75.000	75.000	74.219	73.047	73.047	73.047	73.047
30	66.797	66.797	66.797	67.969	67.969	73.047	70.313	71.094	76.953	76.172	76.172	75.000	74.219	74.219	74.219	74.219
35	72.266	72.266	72.266	76.172	71.094	76.953	75.000	72.266	74.219	79.297	78.125	78.125	76.172	76.172	76.172	76.172
40	76.172	76.172	76.172	78.125	73.047	79.297	76.953	75.000	78.516	81.250	81.250	80.078	76.172	76.172	76.172	76.172
45	76.563	76.563	78.125	79.297	75.781	82.031	81.250	79.297	80.469	83.984	83.984	83.203	79.297	79.297	79.297	79.297
50	78.125	78.125	80.469	80.469	76.953	83.984	83.984	80.078	83.203	85.938	86.719	85.156	81.641	81.641	81.641	81.641
55	79.297	79.297	82.031	82.031	82.031	85.156	85.547	80.859	83.984	87.109	87.500	86.328	83.203	83.203	83.203	83.203
60	80.078	80.078	82.813	83.984	80.078	85.938	87.109	84.766	85.156	89.453	89.063	87.500	83.984	83.984	83.984	83.984
65	81.250	81.250	83.984	83.984	81.250	87.109	87.500	85.156	85.938	90.234	90.234	88.281	85.938	85.938	85.938	85.938
70	81.250	81.250	85.156	85.156	82.813	87.500	89.063	86.719	87.500	90.625	91.797	89.844	89.063	87.109	87.109	87.109
75	82.031	82.031	85.156	83.984	83.984	88.281	89.063	88.281	88.672	92.188	93.359	92.188	91.016	88.281	88.281	88.281
80	82.031	82.031	85.938	85.938	83.984	89.063	89.844	89.063	89.453	94.141	93.359	92.578	92.188	88.281	88.281	88.281
85	83.203	83.203	87.109	87.109	85.156	89.844	90.234	90.234	90.234	94.141	96.094	94.531	92.969	88.281	88.281	88.281
90	83.203	83.203	87.109	87.109	85.938	91.016	91.016	91.016	91.016	94.141	96.064	94.922	94.141	89.063	89.063	89.063
95	83.594	83.594	87.109	87.891	85.938	92.188	91.797	92.188	92.578	94.922	96.875	96.094	94.922	91.797	91.797	91.797
100	83.984	83.984	87.109	87.891	87.109	96.094	93.750	92.969	94.141	94.141	96.875	96.094	94.922	91.797	91.797	91.797

表 7-2 是空燃比标定试验结果表格示意,它是以转速为横坐标、油门开度为纵坐标的三维表格。

表 7-2 空燃比标定试验结果

转速/(r/min) 油门开度/%	1000	1500	2000	2500	3000	3500	4000	4500	5000	5500	6000
0	14.6	14.6	14.6	14.6	14.6	14.6	14.6	14.6	14.6	14.6	14.6
10	14.6	14.6	14.6	14.6	14.6	14.6	14.6	14.6	14.6	14.6	14.6
20	14.6	14.6	14.6	14.6	14.6	14.6	14.6	14.6	14.6	14.6	14.6
30	14.6	14.6	14.6	14.6	14.6	14.6	14.6	14.6	14.6	14.6	14.6
40	14.6	14.6	14.6	14.6	14.6	14.6	14.6	14.6	14.6	14.1	14.0
50	14.6	14.6	14.6	14.6	14.6	14.6	14.6	14.6	14.6	13.8	13.6
60	14.6	14.6	14.6	14.6	14.6	14.6	14.6	14.6	14.6	13.6	13.4
70	14.6	14.6	14.6	14.6	14.6	14.6	14.6	14.0	13.8	13.4	13.0
80	14.6	14.6	14.6	14.6	14.6	14.0	13.8	13.6	13.2	13.0	12.8
90	14.6	14.6	14.6	14.6	13.8	13.6	13.4	13.0	12.8	12.6
100	14.6	14.6	14.0	13.8	13.6	13.4	13.2	13.2	12.8	12.8	12.5

关于电控汽油内燃机喷油量匹配标定的进一步内容可参考有关内燃机匹配文献[3-6]等。

2. 点火提前角 MAP 图的制取

点火提前角 MAP 图主要是制取各种转速与负荷在稳态工况下的点火调整特性,向内燃机提供一个基础点火提前角。点火提前角的确定可参考式(7-2):

$$点火提前角 = 基础点火提前角 + 爆震区修正 + 怠速稳定修正 + 温度修正 + 电压修正 + 其他修正 \tag{7-2}$$

因此,点火提前角 MAP 图的基本标定过程为:

(1) 在内燃机台架上固定内燃机工况(转速和负荷),在非爆震区域,按确定的优化目标(比如最低比油耗或最佳扭矩)获取基本稳态工况下理想的点火提前角 MAP 图,用于确定基本点火提前角;

(2) 在爆震区域进行试验时,可通过爆震监测设备确定爆震临界点,在爆震临界点内选取基础点火提前角;

(3) 进行针对不同水温、气温、大气压力等参数的稳态修正试验,确定修正曲线;

(4) 进行点火提前角对排放及怠速稳定性影响的试验,以保证怠速稳定,当怠速转速超过目标转速时减小点火提前角,低于目标转速时增大点火提前角,最终确定怠速修正曲线。

图 7-9 显示了点火提前角标定的基本过程,图中为两种进气歧管压力下,点火提前角标定曲线。

需要注意的是不同工况下标定点火提前角时,优化的准则可有适当的侧重。例如,在汽油机暖机怠速时,点火提前角的设定应优先考虑提高怠速稳定性与减少怠速油耗,在汽油机冷机怠速时,应考虑降低排放;在部分负荷工况下,点火提前角的设定主要考虑降低燃料消

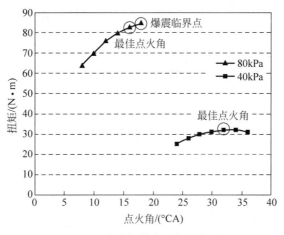

图 7-9 点火提前角的标定方法

耗及排放,并提高驾驶性能;在全负荷工况下,点火提前角的设定重点是提高汽车行驶时的动力性、防止排温过高和避免产生爆震;在加速工况下要注重在加速状态下可能出现的爆震现象,提高驾驶动力性和平顺性。为获得更加精确的点火提前角,需进一步考虑其他修正系数如动力加浓修正、减速断油修正和加速修正等。如图 7-10 所示为某汽油机点火提前角 MAP 图。

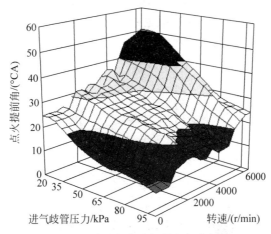

图 7-10 汽油机点火提前角标定结果

3. 扭矩模型 MAP 图的制取

为了满足日益严苛的排放和油耗法规要求,各类新技术(比如电子节气门、VVT、EGR 和缸内直喷等)越来越多地在汽油机上普及应用。随着新技术的应用,所需标定的控制参数大幅度增加,导致标定工作量、周期和费用成倍增长,完全依赖经验的试验优化方法难以满足要求,而基于模型的标定技术是解决该问题的有效手段。

图 7-11 所示的是基于扭矩模型控制示意图,从图中可看出从驾驶员指令输入(油门踏板信号)到汽油机实际扭矩输出都是通过扭矩模型来精确控制。此外,通过扭矩预估模型还可以根据转速、进气流量、点火提前角、空燃比等汽油机运行参数,得到汽油机实际扭矩输出,从而为其他整车控制模块提供扭矩输入(如 ABS、ESP、TCU 等)。

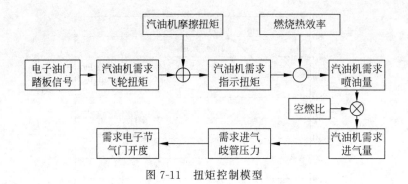

图 7-11 扭矩控制模型

扭矩模型可根据式(7-3)确定：

$$\text{汽油机输出扭矩} = \text{燃油喷射量} \times \text{燃油热值} \times \text{理论热效率} \times \text{空燃比效率修正} \times$$
$$\text{点火提前角效率修正} - \text{机械摩擦扭矩} - \text{泵气损失扭矩} \quad (7\text{-}3)$$

从式(7-3)中可看出，扭矩模型主要由机械摩擦扭矩、泵气损失扭矩、理论热效率和点火提前角效率修正 MAP 图等构成，以上几个 MAP 图都是扭矩模型中重要的 MAP 图。

机械摩擦损失和泵气损失的标定思路可以参见本书 4.5 节的介绍。这里简要介绍燃烧热效率和相关修正值的标定方法。

理论热效率确定方法如下：

式(7-3)中的理论热效率是指在理论空燃比及最佳点火提前角时的热效率，是汽油机转速、负荷百分比相关 MAP 图。标定时，根据燃烧分析仪和台架中测量得到的指示平均压力、燃油消耗量和实际空燃比等数据，根据式(7-3)进行计算可得出理论热效率。图 7-12 为某汽油机的试验结果。

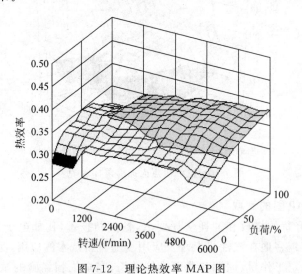

图 7-12 理论热效率 MAP 图

不同的空燃比和点火提前角对实际热效率有较大影响，因此需要对式(7-3)中修正值进行标定。空燃比修正标定时以一定步长调节空燃比从 10 逐步变化到 16，测量不同空燃比情况下的指示平均压力、喷油量和点火提前角等，并计算得到对理论热效率的修正值。图 7-13 所示为某汽油机试验结果。

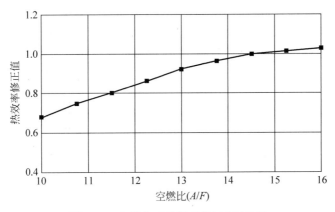

图 7-13 空燃比对热效率修正 MAP 图

点火提前角修正的标定步骤为,选取若干个汽油机中低转速和负荷点,固定油门,点火提前角以一定步长从最佳点火提前角(扭矩最佳)逐步减小,记录指示平均有效压力和喷油量等台架数据,根据相关数据计算得到实际点火提前角与最佳点火提前角的差值对热效率的修正值(某汽油机的试验结果如图 7-14 所示)。

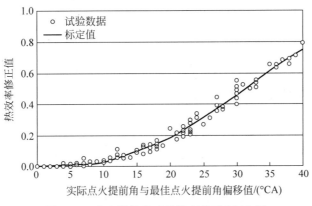

图 7-14 点火提前角对热效率修正 MAP 图

整个扭矩模型标定完成后,还需进行汽油机全工况运行检查,以核对模型预测与扭矩实测值是否一致,误差较大(如大于 5%)的点还需对相应标定量进行适当微调。

4. 可变气门正时(VVT)系统标定

在油耗和排放等法规越来越严苛的背景下,可变气门正时(variable valve timing, VVT)系统作为一种有效的技术方案越来越多地在汽油机上得到应用。顾名思义,VVT 系统是在汽油机不同工况下通过适时调整进气门或排气门的正时相位,来实现最佳的排放、油耗及动力性等指标。VVT 系统的标定内容主要包括 VVT 最佳相位的选取、相位控制器的控制和相关修正量的标定(包括点火提前角补偿、充气效率补偿等),其中 VVT 相位的选取是最重要的标定内容,本节重点介绍单进气 VVT 系统的相位选取过程。图 7-15 为进排气门相位示意图。

在进行 VVT 相位选取时,首先需要考虑汽油机处于何种工况,即汽油机在不同工况区域有不同的 VVT 相位选取原则。以图 7-16 为例进行简要说明。当汽油机在低转速的区域

①内,由于机油压力低于VVT工作压力,因此VVT系统不工作;在中低负荷区域②,VVT相位选取以最佳油耗为原则;在汽油机外特性附近区域③,VVT相位选取以最佳扭矩为原则;在高速大负荷区域④,由于排温较高,为保护排气系统和三元催化器,一般以降低排温为选取原则。

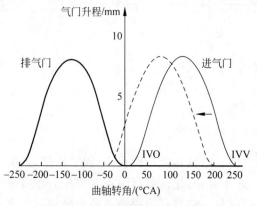

图 7-15 进排气门相位示意图

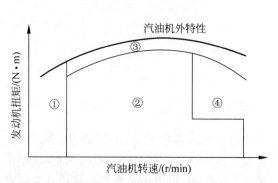

图 7-16 不同工况区域的 VVT 相位选取原则

汽油机在区域②和区域③标定的基本过程如下:

1) 在区域②标定

首先固定汽油机转速和负荷,从 VVT 基准相位点开始,调整点火提前角至最佳值,记录试验台架数据。以一定的步长增加 VVT 相位到下一个节点,控制汽油机至同一负荷,并且调整点火提前角至最佳值,记录试验台架试验数据,以此类推完成所有 VVT 节点的试验数据记录工作。根据试验数据选取最低油耗对应的 VVT 相位,如在排放循环的常用工况点还需考虑选取排放较佳的 VVT 相位。同时,试验过程中还需注意燃烧稳定性应始终满足标定要求。

2) 在区域③标定

固定汽油机转速和负荷(或全油门),VVT试验步骤同区域②标定。调整点火提前角至最佳值,选取扭矩最佳的相位作为最后标定值。最后,VVT 相位标定结果如图 7-17 所示。

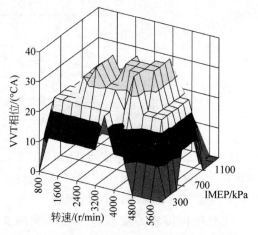

图 7-17 某汽油机的进气 VVT 相位标定结果
(IMEP 为平均有效压力)

7.5 电控柴油机标定试验

柴油机电控管理系统 MAP 图的标定与汽油机类似,一般也分为两个步骤:一是在柴油机台架上进行所有 MAP 图的基本标定;二是整车道路试验的进一步 MAP 图优化。本节重点介绍电控管理系统标定。

为了更好地理解柴油机的标定问题,首先需了解电控柴油机的控制方式。目前电控柴油机的控制方式大致有三种:①脉宽控制法;②油量控制法;③扭矩控制法。图7-18~图7-20分别表示了这三种控制方式的特点。

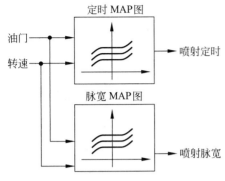

图7-18 基于时间的控制方法

图7-18是基于时间的控制方法,即脉宽控制法,是根据驾驶员踏板(油门)位置和转速直接查MAP图,求出该状况下柴油机的喷射脉宽和喷射定时来进行控制。此方法只适用于同类型的喷射部件,通用性差,对产品的一致性要求很高。

图7-19基于油量控制法是由驾驶员踏板(油门)位置直接确定油量MAP图。具体步骤是先根据驾驶员踏板(油门)位置和转速直接查MAP1图和MAP2图,求出该状况下柴油机的总喷油量和预喷油量。总喷油量包括主喷油量和预喷油量,由此得到主喷油量。通过主喷油量和转速再查MAP3图得到主喷定时。又由主喷油量和轨压查MAP4图得到主喷脉宽。最后,按图上所示箭头方向查出预喷定时、预喷脉宽、轨压控制前馈流量(应用于共轨系统流量控制阀)和目标轨压等值。该方法优点是简单明确,缺点是柴油机和整车作为整体一起分析,柔性差,不能适应车型的变化。当车型或柴油机附加零件变化时,必须更改油量图和其他的参数。

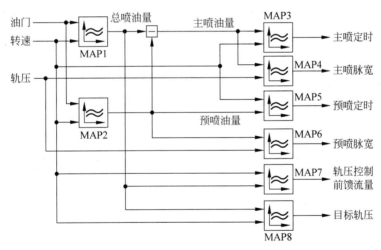

图7-19 基于油量控制方法(共轨主框架图)

图7-20表示的是第三种方法——基于扭矩控制方法。油量的确定是通过油门获得输出扭矩(MAP1图),加上摩擦扭矩(MAP2图)和附件扭矩(根据柴油机状态由附件扭矩模块计算得到)后得到总扭矩;再通过扭矩油量转换图(MAP3图)转换为总油量;之后根据转速查MAP5图得到当前油量限制;其他参数的获得与基于油量控制方法基本相同,通过限制后总油量、预喷油量、转速和轨压可分别确定(得到)主喷油量、主喷定时、主喷脉宽、预喷定时、预喷脉宽、轨压控制前馈流量和目标轨压。此方法可更加方便地更改各种参数,对于柴油机匹配不同的车型,只需要对动力扭矩MAP图进行修改即可。这样对于不同驾驶需求车型的标定,仅需很少的改动即可满足要求。比如,公交车需要的是平顺性高,则油门

对应的扭矩曲线就要平滑;如果车辆要求的加速性能高,对应的曲线斜率就要大一些。由于扭矩控制法通用性好,柴油机在匹配不同的车型及零部件时,工作量可减少。

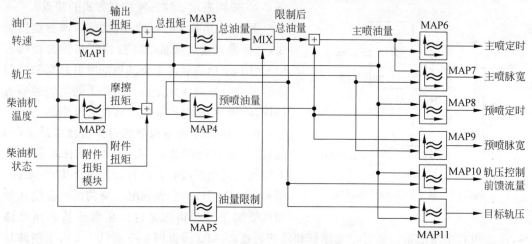

图 7-20 基于扭矩控制方法(共轨系统)

下面以非共轨柴油机的稳态油量 MAP 图和稳态定时 MAP 图的标定方法为例进行介绍。

1. 稳态油量 MAP 图的标定

各工况稳态油量由转速、油门和喷油量或喷油脉宽构建的三维 MAP 图表示。这是油量的基本(或主控)MAP 图。柴油机正常运转时,根据当前的转速和油门开度,在该 MAP 图中查表并插值计算出所对应的基本(或主控)喷油量(喷油脉宽),然后进行修正并与限值进行比较,得到最终喷油量(喷油脉宽)。稳态油量 MAP 图的匹配标定主要步骤如下:

(1) 根据配套厂商对外特性提出的动力性、经济性要求(实际为标定点、最大扭矩点以及扭矩储备等指标),可初步确定柴油机的外特性线,进而估计出各转速所需的最大循环喷油量,再由油泵测试得出油量与脉宽的换算关系,来确定外特性线上的脉宽值。之后,按全程调速的方式,根据所配套车型对运转稳定性、乘用舒适性以及加速性能的要求,初步确定各油门位置的等油门线,即各油门位置的调速特性线,定出该线在外特性线上的起始转速和曲线走向。这样就粗略地制作出一张控制油量 MAP 图。此图外特性的最大油量要比实际外特性所需的油量大,以便于进行外特性功率的调整试验。图 7-21 为此三维图的二维显示,是油门不变的情况下,脉宽与转速的关系曲线族,即各油门位置都有一条由外特性转为调速特性的油量曲线。最大油门位置时,为外特性线加上额定转速时快速下降的调速线。脉宽指的是喷油持续期对应的曲轴或凸轮轴转角(常用曲轴转角),简称喷油脉宽。

(2) 进行不同调速特性线的实际斜率标定试验,具体确定等油门线各点的油量变化率,也就是油量线各点的斜率。尤其要关注低速小负荷区域,因为此区域内柴油机的油量不均匀性较大(油泵系统存在非线性异常),不合适的油量变化率很容易造成转速波动过大,甚至发生游车和抖动现象。图 7-22 为目标转速 740r/min 下,当负载有变化时,两种喷射油量变化率的转速波动曲线,可以看出,油量变化率较大的等油门线,在过渡到负载变化后的新平衡位置时,转速波动十分严重,而变化率较小的曲线的转速波动较小。

(3) 基于图 6-7 和图 6-8,进行柴油机排放法规工况全局优化的标定试验,直到稳态排

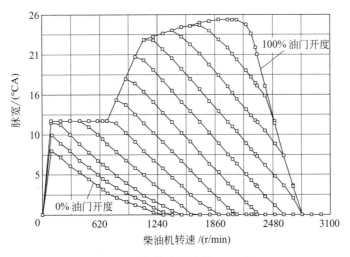

图 7-21 初始主控油量 MAP 图

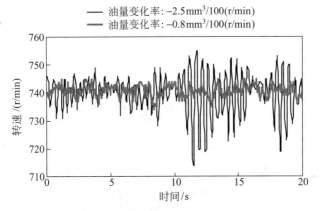

图 7-22 低转速时油量变化率对转速的影响

放测试值满足排放法规的要求为止。根据排放标定的结果,确定控制区内的外特性线油量及怠速点油量。根据柴油机厂商对额定点调速率及综合性能的要求,做其他区域工况的标定试验,确定低速和高速区域的外特性油量。

(4) 以上获得的是基本喷油量 MAP 图。如同汽油机一样,还要进行各种状态及调整参数的修正标定试验,求得修正 MAP 图或经验公式,存储于 ECU 中。图 7-23 表示的是某电控柴油机目标喷油脉宽产生过程的简图。

这样,油量 MAP 图台架标定工作就完成了。图 7-24 为某柴油机匹配标定出的喷射脉宽 MAP 图。

2. 稳态工况喷油定时 MAP 图的标定

同油量 MAP 图一样,稳态工况喷油定时 MAP 图也是一个三维结构图,由转速、油门、喷油定时组成。由当前的转速和油门开度即可通过查该 MAP 图得到柴油机的当前基本定时。稳态喷油定时 MAP 图的标定主要步骤如下:

(1) 根据经验,在 MAP 图中给出一个合适的定时初值,使柴油机能够正常起动运转。

(2) 用在线修改的方式,进行排放法规工况控制区的匹配标定,使稳态 WHSC(用于重

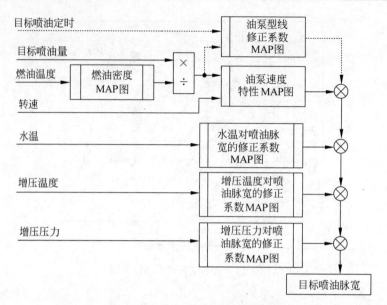

图 7-23　某电控柴油机目标喷油脉宽产生过程示意图

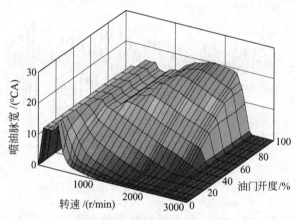

图 7-24　某柴油机喷油脉宽 MAP 图

型柴油机排放测试循环)模拟计算值达到排放法规的要求。之后进行非排放控制区的性能匹配标定,根据厂家要求的动力性、经济性以及排放限值,每间隔 100r/min(或根据具体情况而定)做负荷特性点的定时优化试验,找到最佳喷油定时。低速非控制区负荷特性优化标定做到最低怠速(如 600r/min,根据试验对象确定),高速非控制区的负荷特性点应做到标定转速(如某柴油机为 2200r/min),超过标定转速之后的调速区可根据标定转速下的优化喷油定时值适当加大,即可作为其喷油定时。

(3) 对没有数据的区域按相邻点的简单插值计算结果填入 MAP 图。图 7-25 是为某电控柴油机标定出的稳态定时基本 MAP 图。

(4) 试验确定各种修正 MAP 图或经验公式等,图 7-26 为某电控柴油机目标喷油定时 MAP 图产生过程示意图。

本小节是以非共轨柴油机为例,就稳态油量 MAP 图和稳态定时 MAP 进行了简要介绍。目前柴油机基本为共轨柴油机,不过有关标定思路基本是类似的。由于共轨柴油机系统,如轨压控制和燃油系统要比非共轨复杂,标定时需要特别关注。

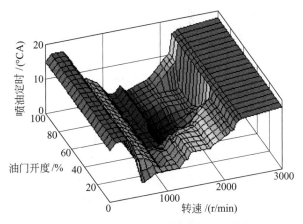

图 7-25 某电控柴油机稳态定时基本 MAP 图

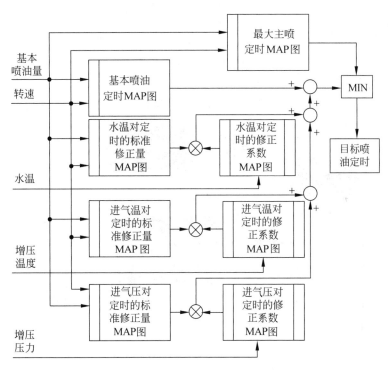

图 7-26 某电控柴油机目标喷油定时 MAP 图产生示意图

7.6 自动标定系统

内燃机电控系统标定技术的发展是与电控技术的进步相关的。在电控技术发展初期,由于控制系统比较简单,控制参数较少,标定内容也较简单,工作量小。但是随着法规的不断加严、电控技术的不断发展、控制参数不断增多,控制方法越来越复杂。由于标定工作复杂程度的提高和标定工作量的急剧增大,传统标定方法越来越难胜任这一趋势。在这种背景下,自动标定系统孕育而生,并且逐渐成为越来越重要的标定方法。

目前比较有代表性的自动标定系统有 AVL 公司的 CAMEO 系统和 FEV 公司的 TOPExpert 系统。如图 7-27 所示，CAMEO 系统主要由常规标定软件（如 INCA）、CAMEO 自动标定软件、内燃机控制模块 ECU、台架控制系统（如 PUMA）和内燃机台架组成。图 7-28 表示的是自动标定系统的工作流程。从图中可看出，第一步是从 ECU 下载 MAP 图数据到自动标定软件内。第二步，进行试验设计，为提高试验效率和建模精度，可利用系统内的（design of experiment，DoE）工具对试验工况点和控制参数进行优化选择，并且对试验的边界条件（比如燃烧稳定性、爆震、排温等）进行确定。第三步，按照 DoE 的结果进行运行试验，系统自动控制 PUMA 系统和标定应用软件完成内燃机各个工况点和 ECU 控制参数下的试验及测量任务。第四步，完成初步试验后，对试验结果进行分析检查，剔除测量奇异点，补测遗漏点，确保数据完整后，利用系统内建模工具进行控制参数（如 VVT 角度、EGR、点火提前角、轨压和喷油时刻等）对内燃机性能指标（如比油耗、扭矩和排放值等）影响函数的建模。标定工程师可以选择不同方法对试验数据进行建模，较常见的方法有高级多项式法、快速神经元网络法和智能神经元网络法等。建模工具还可以评估模型精度和可信度。第五步，结合影响函数及优化算法选取最优控制参数值，并最终计算导出标定数据 MAP 图。最后一步，下载 MAP 图到 ECU 内，进行最终的标定数据验证试验。检查内燃机性能是否满足工程开发目标。FEV 公司的 TOPExpert 系统的组成和功能与 CAMEO 系统类似。自动标定系统能很好地整合所有标定过程，大幅提高了试验效率，同时降低了对试验人员数量的需求。但这也对试验前的 DoE 试验设计及试验室设备的运行稳定性提出了极高的要求。

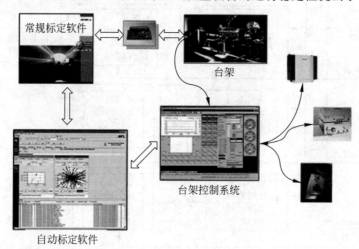

图 7-27　CAMEO 自动标定系统

图 7-28　自动标定系统工作流程

在自动标定系统中,为了选取最佳的标定控制参数,优化算法的选择非常关键。如前面章节所述,优化方法有局部优化和全局优化两大类。局部优化只关注特定工况点优化,而全局优化则关注整个试验循环(如 WLTC 循环)内工况点的优化。针对具体的优化算法,比较常见的优化算法有梯度法、拉格朗日乘子法、随机试验法(Monte-Carlo 法)和遗传算法等。梯度法在进行每一步搜索时均沿着使目标函数改善最快的方向前进。当目标函数只存在一个极值时,无论初始值如何都可以找到最优解,因此梯度法可作为单极点局部优化的一种有效算法。拉格朗日法利用拉格朗日乘子将约束条件转移到目标函数中,将问题转化为无约束最优化问题。但在实际运用中,问题的最终结果与迭代过程的初始值和迭代步长等都有密切关系,它们影响到迭代过程能否收敛、收敛速度以及数值是否稳定等。因此,在实际运用中,需要工程师具有丰富的经验积累和对问题深入了解的程度。随机试验法以概率统计为主要理论基础,以随机抽样为其主要手段,它的收敛是概率意义下的收敛,因此它获得的不是绝对最优解,而是与绝对最优解非常接近的近似解。在实际运用中,如果抽样次数选取合理,就可以获得比较满意的结果。但是如果想要获得更好的解,就需要更多抽样数及更多时间来求解,这样求解效率也就大大降低。相对于以上几种算法,遗传算法(genetic algorithm)是一种相对高效的优化算法,它是一种模拟生物进化过程和基于统计随机理论的优化搜索技术。利用遗传算法对内燃机控制参数全局优化问题的求解效果非常显著,可以在很短的时间内稳定地收敛获得最优解。因此,遗传算法在自动标定系统的优化过程中得到了越来越多的运用。

随着内燃机技术的发展,自动标定系统已成为越来越重要的标定技术和手段,它在未来的内燃机开发和标定过程中也必将发挥越来越举足轻重的作用。

7.7 小　　结

本章仅就匹配标定的基本概念、匹配标定的基本内容和方法进行了较详细的介绍,在此基础上对典型汽车用汽油机和柴油机标定的基本方法进行了描述,同时,简要介绍了自动化标定技术。

希望本章内容能对读者有所帮助。内燃机匹配标定技术不仅涉及多门学科,同时又是工程性很强的试验技术,要想掌握好匹配标定技术,读者需在不断学习理论知识、阅读更多相关文献的同时,多进行实践,只有这样才能更好地理解和掌握匹配标定技术,进而运用到实际中去。

参 考 文 献

[1] 王尚勇,杨青.柴油机电子控制技术[M].北京:机械工业出版社,2005.
[2] 李建秋,赵六奇,韩晓东,等.汽车电子学教程[M].北京:清华大学出版社,2006.
[3] 北京德尔福技术开发有限公司.德尔福 MT20(U)内燃机管理使用及维修技术手册[G].2003.
[4] RASK E M,SELLNAU M C. Simulation-based engine calibration: tools, techniques, and applications [J]. SAE Technical Paper,2004(1):1264.
[5] 陈立明,朱辉,郭少平,等.汽油内燃机管理系统稳态工况参数标定方法研究[J].内燃机工程,2002(1):30-35.

[6] 姜述刚,黄海燕,朱辉,等.电控车用汽油机的标定系统和标定试验[J].汽车技术,1999(1):20-22.
[7] 黄海燕,姜述刚,张跃涛,等.电控汽油机台架试验综合管理系统的研制[J].车用内燃机,1999(1):34-37.
[8] 杨福源.电控柴油机匹配标定技术研究[D].北京:清华大学,2005.
[9] 安利强.YC6112ZLQ电控柴油机匹配标定研究[D].北京:清华大学,2004.
[10] 姜述刚.电控内燃机控制参数台架自动化标定技术的研究[D].北京:清华大学,1999.
[11] 王舜尧.THU2006汽油机电控系统匹配标定应用研究[D].北京:清华大学,2006.
[12] 韩韶辉.BN6V87QE电控汽油机匹配标定的试验研究[D].北京:清华大学,2002.
[13] 吴建营.共轨柴油机基于模型标定研究[D].北京:清华大学,2005.
[14] 李进.电控柴油机综合控制系统研究[D].北京:清华大学,2005.
[15] 李忠剑.内燃机动态试验台在汽车动力系统性能研究中的应用[D].北京:清华大学,2002.
[16] 王建昕,帅石金.汽车内燃机原理[M].北京:清华大学出版社,2011.

第8章　燃料电池动力系统性能试验

20世纪90年代以来,能源安全和环境污染两大问题日益受到重视。众所周知,汽车既是石油的主要消耗者,又是大气污染的主要来源。为减少对石油的依赖、降低排放,人们一直在研究代用燃料内燃机以及新能源动力系统。氢能作为一种可再生、清洁无污染的能源,有望在不久的将来成为传统能源的理想替代品。随着燃料电池技术的进步和成本的持续降低,以氢作为能源的燃料电池动力系统受到了许多世界著名汽车制造商的极大关注。

由于燃料电池系统功能定位与内燃机相似,车用燃料电池系统又称为燃料电池发动机(fuel cell engine,FCE),本章统称燃料电池发动机(目前标准认为燃料电池系统与燃料电池发动机是等同的)。

在车用燃料电池动力系统发展初期,对其进行测试时一般参考车用燃油内燃机性能的测试方法。这是因为无论何种动力,当作为汽车用动力时,在性能要求上有很多共性之处。由于燃油内燃机在工作原理上与车用燃料电池发动机有着本质的区别,即燃油内燃机是通过燃料的燃烧和热力循环将化学能转化成机械能,而燃料电池发动机则是通过氢气和氧气的电化学反应将化学能转换为电能,再由电动机将电能转化为机械能,因此,在测试技术及方法上会有很大不同。

本章着重介绍车用质子交换膜(proton exchange membrane,PEM)燃料电池堆、发动机及燃料电池动力系统的性能测试时应用的一些基本试验方法,供读者从事新技术、新科技产品试验时参考。

8.1　燃料电池概述

目前,车用燃料电池动力系统主要由燃料电池发动机、可充电储能系统(rechargeable energy storage system,REESS)、驱动电机及其控制器、DC/DC变换器等组成。而对于典型的燃料电池发动机可以分为三个层次:燃料电池单电池(与动力电池的单体电池类似)、燃料电池堆(与动力电池串联成组类似)、燃料电池发动机。本节重点介绍相关基本原理和组成。

8.1.1　燃料电池工作原理与基本结构

燃料电池是一种采用氢气作为燃料,氧气(空气)作为氧化剂,并通过电化学反应将化学能转化为电能的装置,其工作原理如图8-1所示。从图中可以看出,在燃料电池内部的膜电极三合一组件(membrane electrode assembly,MEA)上,氢气经过扩散层进入催化层进行电化学反应(活化),成为2个氢离子(质子),并向电极释放2个电子,其反应式为

$$H_2 \longrightarrow 2H^+ + 2e^- \tag{8-1}$$

氢离子(质子)经过质子交换膜到达燃料电池阴极,在阴极催化剂的作用下与氧分子和通过外电路到达阴极的电子发生反应生成水,其反应式为

$$\frac{1}{2}O_2 + 2H^+ + 2e^- \longrightarrow H_2O \tag{8-2}$$

燃料电池堆由多个单电池以串联方式层叠组合构成,如图8-2所示。单电池主要由膜电极和极板组成,膜电极是燃料电池中最为核心的部件,由质子交换膜、催化剂层和气体扩散层组成。

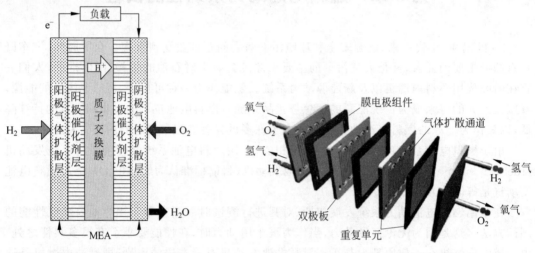

图8-1 燃料电池工作原理示意图　　　　图8-2 燃料电池组成示意图

关于燃料电池的更多内容可参见文献[1-2]等。

8.1.2 燃料电池发动机组成

燃料电池发动机是一个包含气体供应、压力控制、水热管理及状态监控的复杂系统,主要由氢气供应系统、空气供应系统、水/热管理系统、燃料电池堆、控制系统组成,典型结构示意图如图8-3所示。

(1)燃料电池堆(简称"电堆")。电堆是燃料电池发动机的核心,反应气体在电堆中反应,将化学能转换为电能。电堆通常由几百个单电池串联发电,每个燃料电池单体由膜电极组件、极板、密封圈等构成。

(2)氢气供应系统。氢气供应系统是燃料电池发动机的核心子系统之一,主要包含电磁阀、氢喷/比例阀、氢泵/引射器、气水分离器、排水阀、排气阀等主要部件,起着为燃料电池提供稳定流量和压力的氢气并实现氢气循环的作用。

(3)空气供应系统。空气供应系统是为燃料电池供应空气,并对进入燃料电池的空气进行过滤、增湿、压力调节等方面处理的系统。空气供应系统主要包含空气滤清器、流量传感器、空压机、中冷器、增湿器、节气门等部件。

(4)水热管理系统。水热管理系统主要由水泵、电加热器、节温器、膨胀水箱等主要部件构成,其主要作用与传统内燃机一样,为了排出燃料电池堆工作中产生的多余热量,维持燃料电池堆在一定的温度范围内工作,需要对燃料电池堆进行有效水热管理。

(5)控制系统。控制系统由电压巡检、主控单元、通信网络、传感器和执行器等组成,主要作用是通过检测传感器信号和需求信号,利用一定的控制策略来控制执行器,保证燃料电池发动机的正常运行。

第 8 章 燃料电池动力系统性能试验 | 145

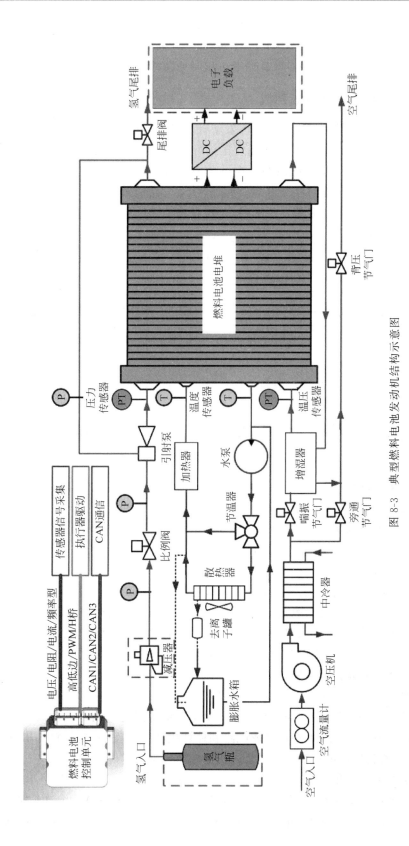

图 8-3 典型燃料电池发动机结构示意图

随着燃料电池产业的快速发展和燃料电池技术的进步,燃料电池发动机的集成技术也在不断进步,集成方案也在逐步优化。比如,部分方案取消了增湿器并利用其他技术手段来保证质子交换膜的湿度,进一步信息读者可参阅最新的文献及资料。

8.1.3 燃料电池动力系统组成

燃料电池动力系统一般由燃料电池发动机、DC/DC变换器、驱动电机及其控制系统、可充电储能系统组成,如图8-4所示。随着车辆行驶工况的变化,燃料电池发动机和可充电储能系统可独立或共同为燃料电池汽车提供功率输出;车辆在减速制动时,可充电储能系统可回收此过程中由机械能转换的电能。此外,可充电储能系统还可在车辆起动时为空气压缩机、氢气循环泵、散热水泵等电气部件供电,以满足燃料电池发动机的起动用电需求。

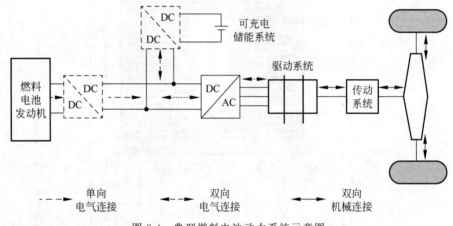

图8-4 典型燃料电池动力系统示意图

1. 燃料电池发动机

燃料电池发动机是燃料电池动力系统的核心,主要由氢气供应系统、空气供应系统、水/热管理系统和控制系统组成,通过各系统之间的相互配合,将燃料的化学能转化为电能,并对外输出功率。

2. DC/DC变换器

DC/DC变换器是燃料电池汽车动力系统中的一个重要部分,主要功能是把不可调的直流电源转换为可调的直流电源,也可同时将低压直流升压为高压直流,然后输送至电机控制器。如何有效地控制DC/DC变换器的各个参数,不仅关系到燃料电池发动机和可充电储能系统的正常运行,也关系到燃料电池汽车的动力性、经济性及其他控制系统的可靠运行。

3. 驱动电机及其控制系统

驱动电机是动力系统的核心部件,其主要作用是将电能转变为机械能,以驱动燃料电池汽车。直流电机因为其具有结构简单、易于调整等优势最先应用于电动汽车和燃料电池汽车上,随着电力电子技术、大规模集成电路和计算机技术的发展、新材料的出现和现代控制理论的应用,交流感应电机和永磁同步电机的应用也越来越广泛。

4. 可充电储能系统

燃料电池汽车动力系统一般采用燃料电池发动机与可充电储能系统组成的混合动力系统构型。燃料电池汽车起动过程中,可充电储能系统可为空压机、水泵、传感器、控制器等电气部件供电,以满足燃料电池发动机起动用电需求。当车辆行驶工况的功率需求较低时,可充电储能系统一般也可独立提供功率输出。车辆在减速制动时,可充电储能系统可回收此过程中由机械能转换的电能。目前常见的可充电储能系统主要有镍氢电池、锂离子电池和超级电容等。其中锂离子电池在比能量、循环寿命上具有明显优势,广泛用于燃料电池汽车动力系统中。

8.2 燃料电池主要性能参数及技术指标

8.2.1 燃料电池术语和定义

燃料电池的主要术语及定义如下,更多内容参见文献[3]。

(1) 燃料电池系统/燃料电池发动机:包括燃料电池堆和燃料电池辅助系统,在外接氢源的条件下可以正常工作。

(2) 燃料电池堆:由多个单电池、隔板、冷却板、歧管等构成,而且把富氢气体和空气进行电化学反应生成直流电,并同时产生热、水等其他副产物的总成。

(3) 燃料电池辅助系统:包括空气供应系统、燃料供应系统(或氢气供应系统)、水/热管理系统、控制系统、安全保障系统等。

(4) 燃料供应系统:对进入燃料电池堆的氢气进行压力调节、稳定流量,并可进行氢气循环等方面处理的系统。

(5) 空气供应系统:对进入燃料电池堆的空气进行过滤、增湿、压力调节等方面处理的系统。

(6) 热管理系统:用以维持燃料电池发动机的热平衡,可以回收多余的热量,并在燃料电池系统启动时能够进行辅助加热的系统。

(7) 冷机状态:燃料电池发动机内部温度(一般指冷却液出口温度)与环境温度相同。

(8) 热机状态:燃料电池发动机内部温度(一般指冷却液出口温度)处于由制造商规定的正常工作温度范围内。

(9) 怠速状态:燃料电池发动机处于工作状态,其输出的功率全部用于维持自身辅助系统的消耗,净输出功率为零的状态。

(10) 燃料电池发动机额定功率:制造商规定的燃料电池发动机在特定工况条件下能够持续工作的净输出功率。

(11) 燃料电池发动机峰值功率:制造商规定的燃料电池发动机在特定工况条件下、在规定时间内工作可输出的最大净输出功率。

(12) 燃料电池发动机效率:在规定的稳定运行条件下,燃料电池发动机净输出功率与单位时间内进入燃料电池堆的燃料热值(低热值)之比。

(13) 燃料电池堆额定电流:特定的工况条件下,额定功率时燃料电池堆的电流。

(14) 平均单电池电压:燃料电池堆所有单电池电压总和与燃料电池堆单电池数量的比值。

(15) 燃料电池堆体积功率密度:燃料电池堆输出功率和其体积的比值。

(16) 燃料电池堆质量功率密度:燃料电池堆输出功率和其质量的比值。

(17) 燃料电池汽车低温冷起动:在低温(0℃以下)环境下充分浸车(不少于12h)后,车辆在低温环境下进行起动。

(18) 燃料电池汽车低温起步:在低温(0℃以下)环境下充分浸车(不少于12h)后,车辆在低温环境下进行起步。

8.2.2 燃料电池堆性能参数及技术指标

燃料电池堆性能参数及技术指标主要有：

1. 极化曲线

燃料电池堆的性能评价主要通过燃料电池堆的电流-电压极化曲线（伏安特性曲线）进行，通过伏安特性曲线可以确定燃料电池堆的性能及其变化规律。通常用燃料电池堆的平均单电池电压与电流密度的关系作为燃料电池堆的极化曲线。典型极化曲线如图8-5所示。

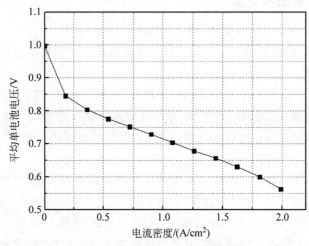

图8-5 典型的燃料电池极化曲线

2. 电流密度

电流 I 与反应界面的有效面积 S 的比值，称为电流密度（A/cm^2）。工作电流与燃料电池的电极有效面积成正比，对燃料电池堆来说，在相同工作电压的情况下，提高工作电流可以提高燃料电池堆的性能。

3. 额定功率密度

额定功率密度包括额定质量功率密度和额定体积功率密度，是衡量燃料电池堆基本性能的重要指标之一。燃料电池堆的额定输出功率除以其质量或体积得到额定质量功率密度或额定体积功率密度，单位分别是 W/kg 或 W/L。

4. 效率

燃料电池堆的效率指的是单位时间内所消耗燃料的能量转化为电能输出的份额。在进行燃料电池堆效率计算时，热值通常采用氢气的低热值（1.2×10^5 kJ/kg）。

8.2.3 燃料电池发动机性能参数及技术指标

燃料电池发动机的性能参数及技术指标主要有以下内容，更多内容参见文献[4]。

1. 燃料电池发动机输出功率

燃料电池发动机的输出功率是指燃料电池发动机的有效对外输出功率，是用燃料电池堆的输出功率减去辅助系统各部件消耗的功率之和计算得到。辅助系统消耗功率主要是指空气压缩机、氢气循环泵、散热水泵、控制器等辅助部件所消耗的功率。

燃料电池堆的输出功率是其电压与电流的乘积,在实际测试过程中,通常用某一时间段 T 内的燃料电池堆平均功率表示,按式(8-3)计算:

$$P_{\text{Stack\_}T} = \frac{\int_0^T (U_{\text{Stack}} \times I_{\text{Stack}}) \, dt}{1000 \times T} \tag{8-3}$$

式中:$P_{\text{Stack\_}T}$——T 时间段内燃料电池堆的平均功率,kW;
U_{Stack}——燃料电池堆电压,V;
I_{Stack}——燃料电池堆电流,A;
T——燃料电池堆运行时间,s。

燃料电池发动机的输出功率是时间段 T 内燃料电池堆的功率减去辅助系统消耗功率之和的平均值,按式(8-4)计算:

$$P_{\text{FCE}} = \frac{\int_0^T (P_{\text{Stack}} - P_{\text{BOP}}) \, dt}{T} \tag{8-4}$$

式中:P_{FCE}——燃料电池发动机输出功率,kW;
P_{Stack}——燃料电池堆功率,kW;
P_{BOP}——燃料电池辅助系统消耗功率之和,kW。

2. 燃料电池发动机效率

燃料电池发动机效率是指单位时间内所消耗燃料的能量转化为燃料电池发动机输出电能的份额,一般用额定功率点效率来评价燃料电池发动机的效率。燃料电池发动机额定功率点效率按式(8-5)计算:

$$\eta_{\text{FCE}} = \frac{1000 P_{\text{FCE}}}{m_{\text{H}_2} \text{LHV}_{\text{H}_2}} \times 100\% \tag{8-5}$$

式中:η_{FCE}——燃料电池发动机额定功率点效率,%;
P_{FCE}——燃料电池发动机额定功率,kW;
m_{H_2}——燃料电池发动机额定功率点氢气质量流量,g/s;
LHV_{H_2}——氢气低热值,一般取 1.2×10^5 kJ/kg。

3. 燃料电池发动机氢气利用率

氢气利用率指的是参与电化学反应的氢气消耗量(理论氢气消耗量)与实测氢气消耗量(实际消耗的氢气量)的比值,该指标是衡量燃料电池发动机氢气利用水平的一个重要指标,反映了燃料电池发动机的氢气供应系统和控制策略的综合表现。

燃料电池发动机氢气利用率按式(8-6)计算:

$$\eta = \frac{M_{\text{H}_2\_\text{theo}}}{M_{\text{H}_2}} \times 100\% \tag{8-6}$$

式中:M_{H_2}——燃料电池堆实测氢气消耗量,g;
$M_{\text{H}_2\_\text{theo}}$——燃料电池堆参与电化学反应的氢气消耗量,g。

燃料电池堆在某段时间内的实测氢气消耗量,按照式(8-7)计算:

$$M_{\text{H}_2} = \int_{T_1}^{T_2} q_{\text{H}_2} \, dt \tag{8-7}$$

式中:q_{H_2}——燃料电池堆实测氢气流量,g/s;
T_1——起始时间,s;

T_2——结束时间,s。

燃料电池堆在某段时间内参与电化学反应的氢气消耗量,按照式(8-8)计算:

$$M_{H_2\_theo} = \int_{T_1}^{T_2} q_{H_2\_theo} dt \qquad (8-8)$$

式中:$M_{H_2\_theo}$——燃料电池堆参与电化学反应的氢气消耗量,g;

$q_{H_2\_theo}$——燃料电池堆参与反应的氢气流量,g/s。

燃料电池堆在某段时间内参与反应的氢气流量,按照式(8-9)计算:

$$q_{H_2\_theo} = (m \times I \times N)/(n \times F) \qquad (8-9)$$

式中:m——氢气摩尔质量,2.016g/mol;

I——燃料电池堆电流,A;

N——燃料电池堆单电池片数;

n——每个氢分子释放的电子数,2;

F——法拉第常数,96485C/mol。

4. 动态响应时间

燃料电池发动机动态响应性能主要包括动态升载响应性能和动态降载响应性能。动态升载响应性能一般指的是燃料电池发动机输出功率从10%额定功率加载到90%额定功率所用的时间,动态降载响应性能一般指的是燃料电池发动机输出功率从90%额定功率降载到10%额定功率所用的时间。动态响应性能是燃料电池发动机性能的一个重要指标,反映的是燃料电池发动机的动态响应能力,该指标的好坏直接关系到燃料电池发动机在运行过程中,能否及时响应燃料电池汽车的工况变化并满足其功率需求。

5. 低温冷起动

低温冷起动是指当燃料电池发动机所处环境温度低于0℃时,燃料电池发动机能够正常起动并能按照设定功率运行一段时间的能力。这是衡量燃料电池发动机低温环境适应性的一项重要指标。

8.2.4 燃料电池动力系统性能参数及技术指标

燃料电池动力系统的性能参数及技术指标主要有经济性、氢气排放特性和低温冷起动性能等,更多内容参见文献[5]和最新相关论文。

1. 经济性

续驶里程及氢气消耗量是燃料电池汽车经济性的重要指标。该指标考察的是燃料电池汽车在循环工况试验过程中的续驶里程和氢气消耗量。续驶里程及氢气消耗量的试验分为A类车试验和B类车试验两类,A类车的经济性评价指标主要包括续驶里程和百公里氢气消耗量。B类车的经济性评价指标主要包括纯氢续驶里程和百公里氢气消耗量。车辆类型是通过循环工况下的氢气消耗量试验判定的,满足式(8-10)的车辆为A类车辆;不满足式(8-10)的车辆为B类车辆。

$$\left| \frac{1000 \times \Delta E}{m_{TH} \times q_1} \right| \times 100\% \leqslant 1.0\% \qquad (8-10)$$

式中:ΔE——可充电储能系统的净能量变化量,kJ;

m_{TH}——燃料电池汽车消耗氢气的量,g;

q_1——氢气低热值,1.2×10^5 kJ/kg。

可充电储能系统的净能量变化量按式(8-11)计算:

$$\Delta E = \int_0^T I_{REESS} \times U_{REESS} dt / 1000 \tag{8-11}$$

式中:U_{REESS}——可充电储能系统输出电压,V;

I_{REESS}——可充电储能系统输出电流(正值表示放电、负值表示充电),A;

T——总采样时间,s。

A 类车辆的续驶里程通过车辆的可用氢量和试验测得的百公里氢气消耗量计算得到。百公里氢气消耗量按式(8-12)计算

$$C_{H_2} = \frac{m_{TH}}{10 \times D_T} \tag{8-12}$$

式中:C_{H_2}——百公里氢气消耗量,kg/100km,四舍五入精确到小数点后 2 位。

m_{TH}——试验中实际测量得到的氢气消耗量,g;

D_T——试验中车辆实际行驶的距离,km。

A 类车辆的续驶里程按式(8-13)计算:

$$D = \frac{m_{H_2}}{10 \times C_{H_2}} \tag{8-13}$$

式中:D——车辆续驶里程,km,四舍五入圆整到整数;

C_{H_2}——百公里氢气消耗量,kg/100km,四舍五入精确到小数点后 2 位。

m_{H_2}——车辆可用氢气量,g,四舍五入精确到小数点后 1 位。车辆可用氢气量 m_{H_2} 根据 ISO 23828:2022 中的附录 I 规定的方法计算。

B 类车的纯氢续驶里程,按燃料电池堆的总输出能量在燃料电池动力系统总输出能量中的占比乘以燃料电池汽车总续驶里程计算得到。

燃料电池堆的总输出能量按照式(8-14)计算:

$$E_{Stack} = \int_0^T I_{Stack} \times U_{Stack} dt / 3600000 \tag{8-14}$$

式中:E_{Stack}——燃料电池堆总输出能量,kW·h。

可充电储能系统的总输出能量按照式(8-15)计算:

$$E_{REESS} = \int_0^T I_{REESS} \times U_{REESS} dt / 3600000 \tag{8-15}$$

式中:E_{REESS}——可充电储能系统总输出能量,kW·h;

I_{REESS}——可充电储能系统输出电流,A;

U_{REESS}——可充电储能系统输出电压,V。

纯氢续驶里程按照式(8-16)计算:

$$D_{FC} = D \times \frac{E_{Stack}}{E_{Stack} + E_{REESS}} \tag{8-16}$$

式中:D——燃料电池汽车总续驶里程,km;

D_{FC}——燃料电池汽车纯氢续驶里程,km。

B 类车百公里氢气消耗量按照式(8-17)计算:

$$C_{H_2} = \frac{m_{H_2}}{10 \times D_{FC}} \tag{8-17}$$

式中：C_{H_2}——百公里氢气消耗量，kg/100km，四舍五入精确到小数点后 2 位；

m_{H_2}——车辆可用氢气量，g。车辆可用氢气量 m_{H_2} 根据 ISO 23828：2022 中的附录 I 规定的方法计算。

2. 氢气排放

氢气排放是燃料电池汽车的一个重要指标，该指标反映了燃料电池汽车在运行过程中氢气利用率的高低，由燃料电池堆在某段时间内实测氢气消耗量减去该段时间内参与反应的氢气消耗量计算得到。计算表达式为

$$M_{H_2\_emission} = M_{H_2} - M_{H_2\_theo} \tag{8-18}$$

式中：$M_{H_2\_emission}$——燃料电池堆氢气排放量，g；

M_{H_2}——燃料电池堆实测氢气消耗量，g；

$M_{H_2\_theo}$——燃料电池堆参与反应的氢气消耗量，g。

其中，M_{H_2} 和 $M_{H_2\_theo}$ 的计算可分别参见式(8-19)、式(8-20)。

燃料电池堆在某段时间内的实测氢气消耗量，按照式(8-19)计算：

$$M_{H_2} = \int_{T_1}^{T_2} q_{H_2} dt \tag{8-19}$$

式中：M_{H_2}——燃料电池堆实测氢气消耗量，g；

q_{H_2}——燃料电池堆实测氢气流量，g/s；

T_1——起始时间，s；

T_2——结束时间，s。

燃料电池堆在某段时间内参与反应的氢气消耗量，按照式(8-20)计算：

$$M_{H_2\_theo} = \int_{T_1}^{T_2} q_{H_2\_theo} dt \tag{8-20}$$

式中：$M_{H_2\_theo}$——燃料电池堆参与反应的氢气消耗量，g；

$q_{H_2\_theo}$——燃料电池堆在某段时间内参与反应的氢气流量(g/s)，该流量按照式(8-21)计算：

$$q_{H_2\_theo} = (m \times I \times N)/(n \times F) \tag{8-21}$$

式中：m——氢气摩尔质量，2.016g/mol；

I——燃料电池堆电流，A；

N——燃料电池堆单电池片数；

n——每个氢分子释放的电子数，2；

F——法拉第常数，96485C/mol。

8.3 燃料电池相关测试设备

8.3.1 燃料电池堆试验台

在燃料电池测试系统研发领域，国外起步早，产品种类丰富，近几年国内在这方面的技术也发生了很大变化，围绕"单片-电堆-系统"均有自主产品。本章以国内某公司生产的一种电堆测试台为例进行简要介绍，供读者参考，进一步信息读者可参考燃料电池设备资料及相关文献。

图 8-6 所示的是某国内公司推出的 5kW 燃料电池堆测试台架,测试系统的结构简图如图 8-7 所示。压缩空气来自无油空气压缩机输出的高压空气,氢气直接来自高压气瓶,冷却水来自去离子制水机。气体通过质量流量控制器进行流量控制,之后经过增湿器加湿后进入电堆反应,实现气体的计量比、湿度和温度的控制。测试系统通过位于电堆出口处的背压阀来控制气体的反应压力。通过冷却水系统可以实现对电堆运行温度的控制。其主要特点可归纳如下:

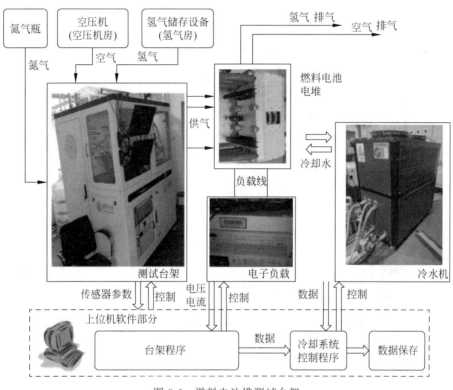

图 8-6　燃料电池堆测试台架

(1) 该台架所有的操作均可以通过控制软件来实现,在软件中可以设定电堆各种操作参数值,还可以直观地向测试者显示所关心的数据,并且可以方便地把数据保存在计算机中。

(2) 操作者可根据试验要求编写相应的控制程序,使台架自动运行,极大地提高了测试的自动化程度。

(3) 该台架可采用大、小两个流量控制器对气体流量进行分挡控制,从而可保证流量控制的准确性。

(4) 通过对冷却水温度和流量的精确控制来保证电堆工作温度的稳定。为了更精确地控制气体的入口温度,在进气管路上装有加热带。

(5) 台架的负载系统采用的是高精度的电子负载系统,它具有很好的控制精度和响应速度。

(6) 台架装备有针对电堆的多片电压采集系统(最多可同时采集 64 个单电池电压),具有采样频率快、测量精确度高等优点。

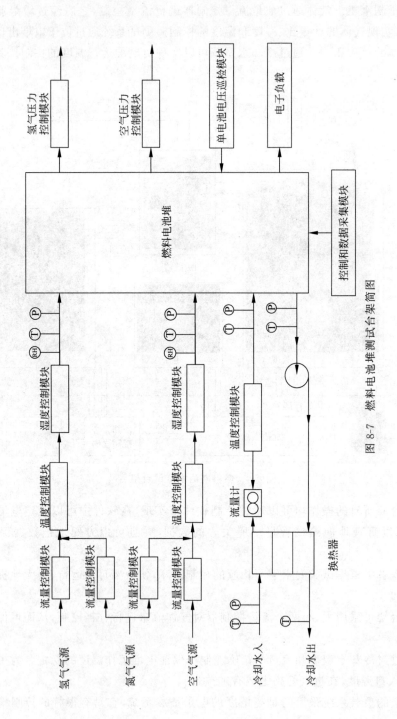

图 8-7 燃料电池堆测试台架简图

8.3.2 燃料电池发动机性能试验台

燃料电池发动机性能试验台能够实现对燃料电池发动机起停性能、稳态性能和动态响应性能的测试，通过测试台可以获取燃料电池发动机的一些性能参数和性能曲线。燃料电池发动机性能测试台主要由供氢模块、主散热模块、辅助散热模块、电子负载、控制及数据采集模块组成，如图 8-8 所示。

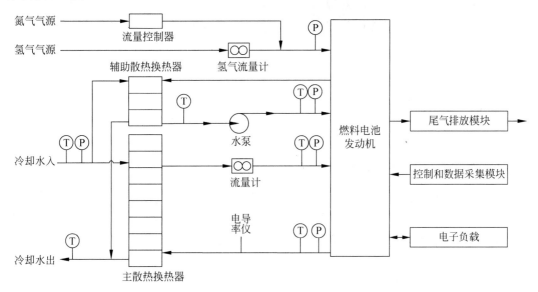

图 8-8　燃料电池发动机性能试验台简图

由于燃料电池发动机自身控制入堆氢气的流量、压力，所以燃料电池发动机试验台供氢模块的作用仅是为燃料电池发动机提供足量的氢气，并在发生危险时紧急切断氢气供应；主散热模块可以调节冷却水的流量以满足被测燃料电池发动机的散热需求。辅助散热模块是为燃料电池发动机的空压机及其他需要水冷散热的部件进行冷却的，该冷却回路的散热流量、散热功率均相对较低。电子负载的作用是实现对燃料电池发动机的输出功率进行精确、稳定的加载。控制和数据采集模块的作用是在燃料电池发动机测试过程中，采集流量、压力、温度、湿度、电压、电流等参数，并对电气部件进行控制。安全泄放及预警模块的作用是对燃料电池发动机试验过程中的氢气浓度、压力和温度等进行监测，并在相应数值超过安全限值时触发安全保护机制。

8.3.3 气密性试验台

燃料电池气密性试验台用来测试燃料电池堆和燃料电池发动机的气密性，它主要由压力测量模块、流量测量模块、安全泄放及预警模块组成，如图 8-9 所示。

压力测量模块一般用来测试燃料电池堆或燃料电池发动机的外漏特性，主要由压力控制器、高精度压力传感器及管阀件组成。利用压力控制器设定被测对象保压测试时的目标压力，通过关断阀保压一定的时间，根据压力传感器的数值变化来确定被测对象的气密特性。流量测量模块主要由高精度流量计及管阀件组成，一般用来测试燃料电池堆或发动机的内漏特性。流量测量模块主要通过布置在阳极（氢腔）通道、阴极（空腔）通道和冷却液（水

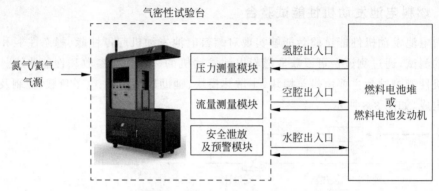

图 8-9 燃料电池气密性试验台

腔)通道出入口的高精度质量流量计,准确测量燃料电池堆或发动机在气密性试验中的气体泄漏量。

8.3.4 燃料电池发动机环境试验系统

环境试验系统用来测试燃料电池发动机的环境适应性,如低温环境适应性、高温环境适应性和高原环境适应性。环境试验系统主要由试验舱体、新风系统、空气循环系统、制冷系统、制热系统、湿度管理系统、负压系统和尾排系统组成,如图 8-10 所示。

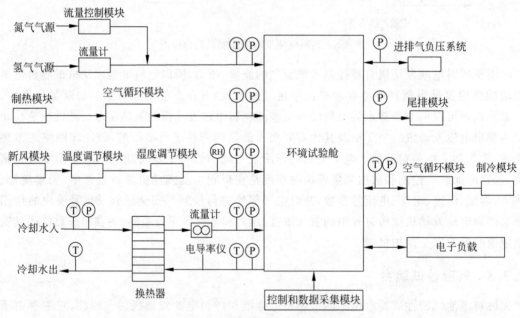

图 8-10 燃料电池环境试验系统

试验舱体是环境试验系统的主体结构,能够承受一定的重量并具备必要的安全预警设施。新风系统为环境试验舱补充新鲜空气,并能根据试验温度对新风进行预冷或预热,以保证制冷或制热效果。空气循环系统使环境试验舱内部空气进行充分的循环,保证舱内温度分布的均匀性。制冷系统的作用是对环境试验舱内部的空气进行冷却,并保证温度波动在规定范围内。制热系统是进行高温试验时对环境舱内部的空气进行加热,该系统应满足涉氢防爆方面的安全要求。湿度管理系统具有除湿和增湿功能,作用是控制环境试验舱内的湿度在设定要求范围内。负压系统是在进行高海拔模拟试验时,对环境试验舱舱体或燃料电池发动机空气入口及尾排出口进行负压模拟控制,以达到模拟高原环境气压的目的。尾排系统是环境试验舱的排气系统,具有水气分离功能和加热防冻功能,保证试验过程中燃料电池发动机尾气的正常排放。

8.3.5 氢气消耗量测试系统

氢气消耗量测试系统是用来测试燃料电池动力系统在循环工况下的氢气实际消耗量,如图 8-11 所示。

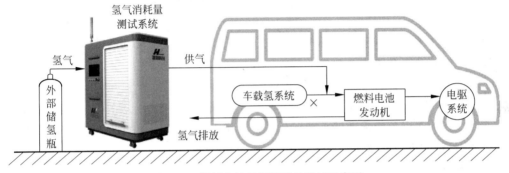

图 8-11 燃料电池氢气消耗量测试示意图

氢气消耗量测试系统能够实时显示氢气瞬时流量、供气压力、进气压力等。氢气流量测试主要是基于科里奥利原理,通过高精度氢气质量流量计来测量燃料电池汽车运行过程中供应到燃料电池堆内的氢气流量。氢气消耗量测试系统主要由流量测试模块、数据采集模块、安全泄放及预警模块组成。

流量测试模块主要由高精度流量计和管阀件组成,能够实时采集燃料电池发动机或燃料电池汽车在运行条件下的瞬时氢气流量。数据采集模块主要采集测试系统的氢气进、出口压力和温度等参数。安全泄放及预警模块主要是为了保证测试系统在使用过程中的安全性,在压力超过安全阈值时自动泄放;该模块还兼具泄漏预警功能,能够实时监测试验过程中环境的氢气浓度,当氢气浓度超标时,能够实现自动断电、断氢,并实现氢气泄放和报警。

8.3.6 怠速氢气排放测试系统

怠速氢气排放测试系统是用于测试燃料电池汽车在怠速运行过程中所排出尾气中的氢气浓度。怠速氢气排放测试系统如图 8-12 所示,主要由尾气采集模块、水气分离模块、气体分析模块和数据采集模块组成。

尾气采集模块的主要功能是对燃料电池汽车的尾气进行连续采样,并将尾气输送到水气分离模块中。燃料电池汽车的尾气中主要包含氮气、氢气、氧气、水蒸气和液态水等。水气分离模块将尾气中的液态水和部分水蒸气分离并排出后,将气体输送至气体分析模块。气体分析模块能够实时监测尾气中所包含氢气的相对体积浓度(即氢气体积与尾气总体积之比,以%或 ppm 表示),并通过数据采集模块进行连续记录。

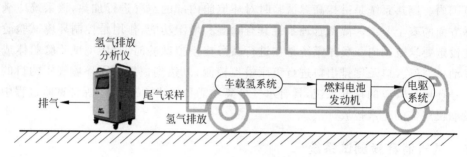

图 8-12　怠速氢气排放测试系统

8.4　燃料电池主要试验内容

燃料电池主要试验内容包括燃料电池安全性试验、燃料电池堆性能试验、燃料电池发动机性能试验和燃料电池动力系统性能试验。

8.4.1　燃料电池安全性试验

安全性试验是燃料电池能够正常运行并对外输出功率的先决条件,因此,进行燃料电池性能试验前,需先进行此项检测以保障试验安全。

1. 气密性试验

燃料电池气密性直接影响燃料电池的安全性及发电效率等关键性能,气密性达到设计要求是燃料电池能够正常运行并对外输出功率的先决条件。本书主要介绍燃料电池的外漏保压试验、内漏氢窜空试验和内漏氢空窜水试验,更多内容参见文献[6-7]。

1) 外漏保压试验

外漏保压试验是通过氢腔、空腔、冷却液腔三腔保压实现的。燃料电池堆处于冷态,封闭燃料电池堆的阳极出口、阴极出口和冷却液出口,打开阳极入口、阴极入口和冷却液入口。然后,向氢气流道、空气流道和冷却液流道通入氮气(也可采用氦气、氦氮混合气),压力均设定为燃料电池堆的正常工作压力,压力稳定后关闭进气阀门,保压20min。压力下降值具体要求参见 GB/T 36288—2018《燃料电池电动汽车燃料电池堆安全要求》。

按照上述试验方法进行燃料电池堆外漏保压试验,得到某款燃料电池堆三腔保压试验的压力变化过程,如图 8-13 所示。试验开始时,氢腔、空腔、冷却水腔的起始压力值分别为 149.6kPa、148.1kPa、149.7kPa,经过 20min 保压后,氢腔、空腔、冷却水腔压力分别下降至 148.9kPa、148kPa、149.5kPa,说明该款燃料电池堆气密性较好。

2) 内漏:氢窜空试验

燃料电池堆处于冷态,封闭燃料电池堆阳极出口、阴极入口以及冷却液出入口,在阴极出口接入精度不低于1%的流量计。然后,由阳极入口通入氮气,调整压力至测试压力,稳定1min后,记录阴极出口流量计示数。

3) 内漏:氢空窜水试验

燃料电池堆处于冷态,封闭燃料电池堆阴极出口、阳极出口及冷却液入口,打开冷却液出口并接上精度不低于1%的流量计。然后,由阳极和阴极入口处同时通入氮气,调整压力

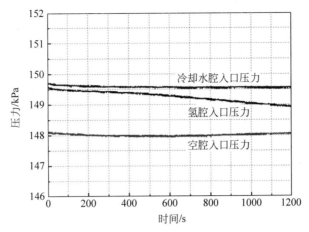

图 8-13 燃料电池堆气密性试验压力变化

至燃料电池堆正常工作压力,稳定 1min 后,记录冷却液出口流量计示数。

表 8-1 为某款燃料电池堆窜漏气密性试验结果。从表中可看出,该款燃料电池堆的内漏主要体现在阳极腔向阴极腔的窜气(氢窜空),而阳极腔和阴极腔向冷却液腔的窜气量为 0。

表 8-1 内漏气密性测试案例

序号	项 目	结果	单 位
1	阳极腔向阴极腔的窜气速率	736.8	NCCM(标准毫升每分钟)
2	阳极腔和阴极腔向冷却液腔的窜气速率	0	NCCM

2. 电安全性测试

燃料电池是一个发电装置,对绝缘电阻、电导率和气体密封性等方面均有严格的要求。因此,在进行燃料电池堆及发动机性能试验时,电安全性检测是必不可少的。

1) 燃料电池堆绝缘电阻测试方法

将燃料电池堆冷却液排空,绝缘电阻测试仪设置到 1000V 挡位,分别测量燃料电池堆正极和负极对地的绝缘电阻 R_x。测试过程中,燃料电池堆应与测试台绝缘。

绝缘电阻值按照式(8-22)计算:

$$R = R_x \times 10^3 / 1000 \tag{8-22}$$

式中:R——绝缘阻值计算结果,$k\Omega/V$;

R_x——绝缘电阻测试仪读数,$M\Omega$。

表 8-2 为 4 款燃料电池堆绝缘电阻测试案例,4 次试验对"地"的选择均符合试验要求,绝缘阻值的测试结果均远大于 $500\Omega/V$。

表 8-2 燃料电池堆绝缘电阻测试案例

样品编号	电堆样品 1	电堆样品 2	电堆样品 3	电堆样品 4
正对地/(kΩ/V)	2280.0	>4000.0	49.8	13.7
负对地/(kΩ/V)	2180.0	>4000.0	54.2	11.2
地选择的位置	端板	端板	壳体	螺栓

2) 燃料电池发动机绝缘电阻测试方法

燃料电池发动机处于热机状态下,用兆欧表测量燃料电池发动机正负极分别对燃料电池发动机外表面可导电或金属接地点的绝缘电阻值。若燃料电池发动机辅助系统部件工作电压以 B 级(电压等级参照 GB 18384《电动汽车安全要求》)电压运行,则应单独测量其绝缘电阻。取燃料电池发动机和所有检测为 B 级电压部件的绝缘电阻值的并联阻值,作为燃料电池发动机绝缘电阻值。具体测试方法可参照国标 GB/T 24554—2022《燃料电池发动机性能试验方法》。

8.4.2 燃料电池堆性能试验

1. 试验内容

燃料电池堆性能试验主要包含以下几个方面:

1) 极化曲线试验

极化曲线是燃料电池堆在给定工况条件下的电压-电流曲线。该试验需按照给定的工况条件设定燃料电池堆的氢气流量、氢气压力、氢气温度、氢气湿度、空气流量、空气压力、空气温度、空气湿度以及冷却液的温度、压力和进出口温差,并在工况条件稳定后进行极化曲线数据的采集。

2) 额定功率试验

额定功率试验是燃料电池堆在制造商规定的工况条件下持续运行一定的时间,该指标反映了燃料电池堆在额定工况条件下的输出性能。试验过程是按照制造商规定的工况对燃料电池堆进行加载直至额定电流,一般在该电流点下稳定运行 60min。

3) 峰值功率试验

峰值功率是燃料电池堆输出性能的一项重要指标,该指标反映了燃料电池堆能否满足车辆在加速、爬坡等工况下对高功率的需求。燃料电池堆的峰值功率应不小于燃料电池堆的额定功率,在峰值功率点的可持续运行时间由制造商规定。

4) 环境适应性测试

环境适应性是反映燃料电池堆环境适应能力的关键参数,包括燃料电池堆的高、低温存储及存储后的性能复测。其试验过程一般是对燃料电池堆进行 $-40℃$ 的低温存储和 $60℃$ 的高温存储,并在存储后进行气密性复测和极化曲线复测。

2. 试验方法

燃料电池堆的性能试验方法很多,本节重点介绍燃料电池堆的极化曲线、额定功率、峰值功率和环境适应性的测试方法。

1) 极化曲线测试

按照燃料电池堆样品的技术要求,调节燃料电池堆试验台参数,使燃料电池堆的进气温度、湿度、压力和冷却水出入口温度、压力处于燃料电池堆制造商规定的范围内。然后,按照规定工况谱进行加载,该工况一般由 10 个以上工况点组成;在每个工况点的运行条件达到制造商规定后,持续稳定运行一段时间,即可得到燃料电池堆的极化曲线。之后按照规定工况进行降载,降载过程中每个工况点持续运行一段时间,如 30s。试验结束后,按照制造商的要求停机并进行吹扫。各工况点的电压/电流数据一般取电流阶跃前第 11s 至阶跃前第 40s 之间数据的平均值。记录试验过程中的燃料电池堆的电压和电流、空气和氢气的压力、温度、湿度和流量等。

图 8-14 为某款燃料电池堆的极化曲线测试案例。图中分别给出了加载过程和降载过程对应的两条极化曲线,可以发现两条曲线并不重合,这是由燃料电池的"滞回效应"造成的。在小电流区间,燃料电池堆的电压随电流的增加而快速下降,此时的活化极化起主导作用。在中电流区间,电压几乎呈线性下降趋势,此时的欧姆极化起主导作用。在大电流区间,电压随电流的增加而较快下降,此时的浓差极化起主导作用。

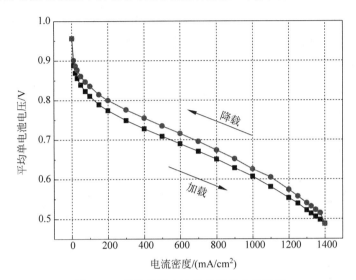

图 8-14 某款燃料电池堆的极化曲线案例

2) 额定功率测试

按照制造商规定的方法对燃料电池堆进行加载,在每个工况点,运行条件达到制造商规定后,稳定运行 30s,直至加载到额定电流点,并在额定电流点持续稳定运行 60min。记录试验过程中的燃料电池堆的电压和电流、空气和氢气的压力、温度、湿度和流量等。某款燃料电池堆在额定电流下运行 60min 过程中的电流、电压和功率曲线如图 8-15 所示。从图中可看出,该款燃料电池堆在连续运行的 60min 内,功率始终保持在 103.5~104.5kW,表现出较好的工作稳定性。

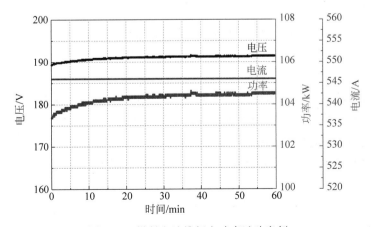

图 8-15 燃料电池堆额定功率试验案例

3) 峰值功率测试

按照燃料电池堆额定功率试验方法中规定的加载方式,将燃料电池堆加载至额定电流,并稳定运行10min,然后继续加载到制造商规定的最大电流点,并持续稳定运行一定的时间(由制造商规定,比如60s),之后按照制造商规定的方法停机。记录试验过程中燃料电池堆的电压和电流,空气和氢气的压力,温度,湿度和流量等。

按照上述试验方法进行燃料电池堆峰值功率测试,得到某款燃料电池堆的峰值功率试验曲线,如图8-16所示。从图中可以看出,该款燃料电池堆在峰值电流585A下连续稳定工作60s,在此过程中,其输出电压稳定在184V左右,输出功率稳定在108kW左右,表现出了较好的峰值功率稳定性,能够满足车辆短时大功率需求。

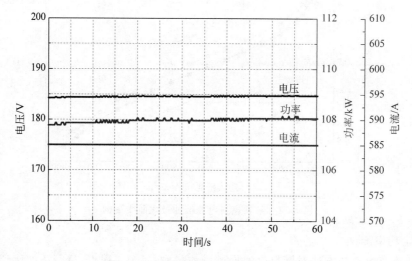

图 8-16　燃料电池堆峰值功率试验曲线

4) 环境适应性测试

测试开始前按照制造商的要求,对燃料电池堆进行吹扫。吹扫结束后,将燃料电池堆在-40℃低温储存环境中静置12h以上,然后将试验环境温度升至25℃并静置12h以上,为保证试验结果的有效性,该试验过程共重复进行3次。低温存储试验结束后对燃料电池堆进行气密性复测。气密性测试合格后,将燃料电池堆在60℃高温储存环境中静置12h以上,然后将试验环境温度降至25℃并静置12h以上,该试验过程同样进行3次。在整个过程中的环境升降温速率一般不高于1℃/min。高温存储试验结束后,对燃料电池堆进行气密性复测和额定功率复测。

按照上述试验方法进行燃料电池堆环境适应性测试及气密性和额定功率复测。某款燃料电池堆在环境适应性测试前后的气密性测试结果如表8-3所示,结果显示,经环境适应性试验后,燃料电池堆的气密性出现了一定的波动。表8-4为该款燃料电池堆在环境适应性试验后额定功率复测结果,结果显示经环境适应性试验后,燃料电池堆的额定功率出现小幅下降。

表 8-3 燃料电池堆环境适应性试验前后气密性试验结果

试验条件	序号	项目	结果	单位
环境适应性前气密性测试结果	1	阳极腔向阴极腔的窜气速率	729.5	NCCM
	2	阳极腔和阴极腔向冷却液腔的窜气速率	0	NCCM
	3	阳极腔泄漏速率	744.4	NCCM
	4	燃料电池堆对外泄漏速率	0	NCCM
高温储存后气密性测试结果	1	阳极腔向阴极腔的窜气速率	490.0	NCCM
	2	阳极腔和阴极腔向冷却液腔的窜气速率	0	NCCM
	3	阳极腔泄漏速率	506.7	NCCM
	4	燃料电池堆对外泄漏速率	0	NCCM
低温储存后气密性测试结果	1	阳极腔向阴极腔的窜气速率	666.8	NCCM
	2	阳极腔和阴极腔向冷却液腔的窜气速率	0	NCCM
	3	阳极腔泄漏速率	676.0	NCCM
	4	燃料电池堆对外泄漏速率	0	NCCM

表 8-4 燃料电池堆环境适应性额定功率测试结果

序号	项目	结果	单位
1	环境适应性前额定功率	104.30	kW
2	环境适应性后额定功率	102.83	kW
3	变化幅度	−1.4	%

8.4.3 燃料电池发动机性能试验

1. 试验内容

燃料电池发动机性能试验主要包含以下几个方面。

1) 起动性能试验

起动性能试验一般分为冷机起动性能试验和热机起动性能试验。冷机起动指的是燃料电池发动机内部温度为环境温度条件下进行的起动。热机起动指的是燃料电池发动机内部温度为燃料电池发动机正常工作温度条件下进行的起动。燃料电池发动机起动过程是在接收起动信号后,外接电源带动空压机、阀类、控制器等燃料电池发动机辅助用电部件工作,为燃料电池发动机提供反应所需的氢气和空气,氢气和空气在燃料电池堆中反应生成电能,并与外接电源一同为燃料电池发动机辅助部件供电,直至燃料电池堆产生的电能能够单独维持燃料电池发动机自身工作,标志着燃料电池发动机起动成功。

2) 稳态性能试验

稳态性能试验一般包括极化曲线试验、额定功率试验、峰值功率试验等。稳态性能试验的目的是获得燃料电池发动机的伏安特性、功率特性、效率特性等基本性能。

3) 动态性能试验

动态性能试验包括加载动态响应性能试验和卸载动态响应性能试验,主要考察的是燃料电池发动机的输出功率能否及时满足燃料电池汽车行驶工况的变化。

4) 低温起动性能试验

低温起动性能试验是检测燃料电池发动机在 0℃ 以下低温环境中起动至额定功率的起

动时间、起动过程中氢气消耗量和外接电能消耗量等。当质子交换膜燃料电池处于低于0℃的环境时,燃料电池工作产生的水(液态水)会发生结冰。在燃料电池内的温度上升至0℃之前,催化层/气体扩散层的水如果发生结冰,电化学反应将会因反应区域冰封而受阻,使燃料电池起动困难,甚至起动失败。同时,由于水结冰而引起的体积膨胀可能会对膜电极组件的结构产生不可逆的损伤。因此,燃料电池在0℃以下环境的起动性能是评价燃料电池性能的重要指标之一。

2. 试验方法

燃料电池发动机的起动性能试验方法、稳态性能试验方法、动态性能试验方法及低温起动性能试验方法主要内容如下,更多内容参见文献[4,8,9]。

1) 起动性能试验

热机起动性能试验前,按照制造商推荐功率加载燃料电池发动机至10%额定功率,并运行一段时间后停机,燃料电池发动机冷却液的出口温度达到正常工作温度(该温度由制造商指定),即燃料电池发动机处于热机状态。按照制造商规定的方法起动燃料电池发动机,并在怠速状态下持续稳定运行10min。记录燃料电池发动机起动至怠速状态的时间及燃料电池堆的电压和电流。

冷机起动性能试验前应在室温下对燃料电池发动机进行常温浸机,浸机时间不少于12h,使燃料电池发动机处于冷机状态。按照制造商规定的方法起动燃料电池发动机,并在怠速状态下持续稳定运行10min。记录燃料电池发动机起动至怠速状态的时间及燃料电池堆的电压和电流。

2) 稳态性能试验

极化曲线试验一般是在燃料电池发动机热机状态下进行的,在燃料电池发动机工作范围内均匀选择至少10个工况点进行加载,在每个工况点至少稳定持续运行3min。图8-17为某款燃料电池发动机的试验案例。从图中可看出,随着加载电流的增加,燃料电池堆电压降低,功率升高。同时,燃料电池发动机功率与燃料电池堆功率之间的差值也逐渐增大,这是由于空压机、氢气循环泵等辅助系统所消耗的功率也逐渐增大。

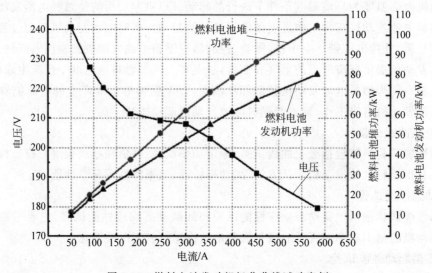

图8-17 燃料电池发动机极化曲线试验案例

按照上述试验方法进行燃料电池发动机极化曲线测试,在试验过程中同时记录氢气消耗量,即可同时完成氢气利用率试验。图 8-18 为某款燃料电池发动机氢气利用率试验案例。从图中可看出,该款燃料电池发动机在低功率下运行时的氢气利用率较低,随着电流的增大,氢气利用率由 85% 逐步提高到 90% 左右。

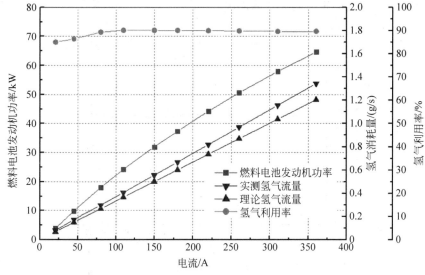

图 8-18　燃料电池发动机氢气利用率试验案例

额定功率试验是在燃料电池发动机热机状态下进行的,将燃料电池发动机逐步加载到额定功率,然后持续稳定运行不少于 60min。

按照上述试验方法进行燃料电池发动机额定功率试验,得到某款燃料电池发动机额定功率试验曲线,如图 8-19 所示。从图中可看出,该款燃料电池发动机以约 80kW 的输出功率稳定运行了 60min,在此过程中,功率的波动范围在 ±0.2kW 之内,说明该款产品至少能够满足车辆对 60min 以内的长时间大功率需求。

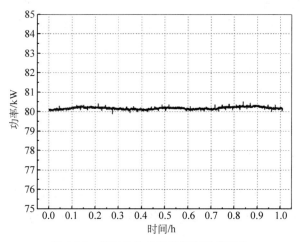

图 8-19　燃料电池发动机额定功率试验

峰值功率试验是在燃料电池发动机热机状态下进行,首先将燃料电池发动机逐步加载到额定功率;然后持续稳定运行 10min;再按照制造商的规定加载到峰值功率,在该功率点持续稳定运行一定的时间,该时间由制造商确定。

按照上述试验方法进行燃料电池发动机峰值功率试验,得到某款燃料电池发动机峰值功率试验曲线,如图8-20所示。从图中可看出,该款燃料电池发动机在峰值功率80.5kW处稳定运行了约50s,在此过程中,功率的波动范围在±0.2kW之内,说明该款产品至少能够满足车辆对50s以内的短时间大功率需求。

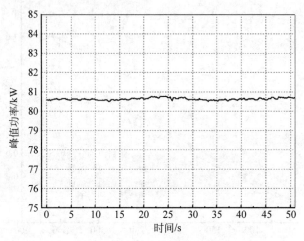

图 8-20　燃料电池堆峰值功率试验

3) 动态性能试验

(1) 动态加载试验。对燃料电池发动机进行热机处理,热机过程结束后,回到怠速状态运行10s,然后按照规定的加载方式加载到燃料电池发动机10%额定功率点,在该功率点至少稳定运行1min,之后向燃料电池发动机发送动态阶跃工作指令,按照制造商规定的方法由10%额定功率点加载到90%额定功率点,燃料电池发动机在该功率点至少持续稳定运行10min。记录燃料电池堆电压和电流、各辅助部件电压和电流以及由10%额定功率点加载到90%额定功率点的动态响应时间。

按照上述试验方法进行燃料电池发动机加载动态响应试验,得到某款燃料电池发动机加载动态响应试验曲线,如图8-21所示,该款燃料电池发动机的加载动态响应时间为28s。

(2) 动态降载试验。对燃料电池发动机进行热机处理,热机过程结束后,回到怠速状态运行10s,然后按照规定的加载方式加载到燃料电池发动机90%额定功率点,在该功率点至少稳定运行1min,之后向燃料电池发动机发送动态阶跃工作指令,按照制造商规定的方法由90%额定功率点降载到10%额定功率点,燃料电池发动机在该功率点至少持续稳定运行10min。记录燃料电池堆电压和电流、各辅助部件电压和电流以及由90%额定功率点降载到10%额定功率点的动态响应时间。

按照上述试验方法进行燃料电池发动机降载动态响应试验,得到某款燃料电池发动机降载动态响应试验曲线,如图8-22所示,该款燃料电池发动机的降载动态响应时间为16s。

4) 低温起动性能试验

低温冷起动性能试验需对燃料电池发动机进行充分的低温浸机,浸机开始前,起动燃料电池发动机至怠速,持续时间不超过3min,然后立即关闭燃料电池发动机。设定环境舱温度为试验温度(如-20℃、-30℃等),环境舱的温度应控制在设定温度的±2℃内,在环境试

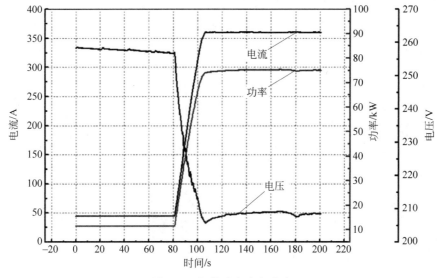

图 8-21 加载动态响应试验

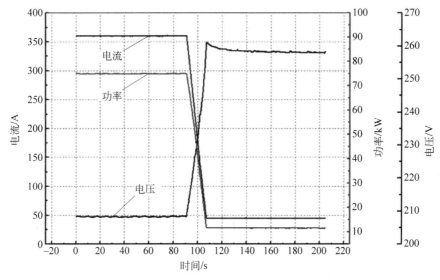

图 8-22 降载动态响应试验

验系统温度达到设定温度前,若燃料电池发动机具有吹扫功能,可进行低温吹扫。当环境温度达到设定温度后开始计时,有效浸机时间为 12h,浸机过程中不应有人工干预、加热保温及外接热源等措施。浸机过程结束后向燃料电池发动机发送起动指令,燃料电池发动机加载到额定功率后持续稳定运行 10min,期间输出功率的平均功率不能低于额定功率,且输出的功率应始终处于平均功率的 97%~103%。记录试验过程中的燃料电池堆电压和电流、辅助部件的电压和电流、氢气消耗量、外接电能消耗量以及从测试平台发送起动指令开始至燃料电池发动机达到额定功率的时间。

按照上述试验方法进行燃料电池发动机低温冷起动试验,图 8-23 为某款燃料电池发动机低温起动试验案例。从图中可看出,该款燃料电池发动机在 −30℃ 的低温环境下,未借助电加热器辅助加热成功实现了低温冷起动,冷起动时间为341s。在低温冷起动初始加载阶段,燃料电池堆的电压急速下降;随着燃料电池发动机的持续运行,燃料电池堆内冷却液温度升高,电压也逐步上升。在冷起动过程中,空气压缩机和氢气循环泵的电压-电流曲线见图8-23(b)和(c)。

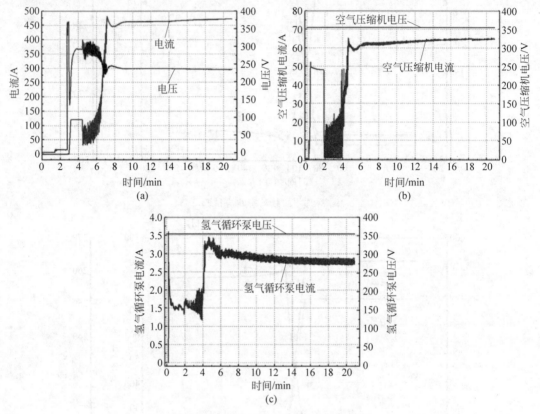

图 8-23　燃料电池发动机低温冷起动试验
(a) 燃料电池堆电压-电流曲线；(b) 空气压缩机电压-电流曲线；(c) 氢气循环泵电压-电流曲线

8.4.4　燃料电池动力系统性能试验

1. 试验内容

燃料电池动力系统性能试验一般以燃料电池汽车整车为试验对象,主要试验内容包括经济性试验、氢气排放试验和低温冷起动试验等,更多内容参见文献[10-12]。

1) 经济性试验

能量消耗量和续驶里程是评价燃料电池汽车经济性的重要指标,其试验内容按照A类车和B类车进行分类。A类车指在连续进行不少于6次的循环工况试验后,可充电储能系统的净能量变化量与其消耗的氢气所具有能量(低热值)的比值不大于1.0%的车辆;反之,则为B类车。

针对A类车,以氢气消耗量和续驶里程两项指标对其经济性进行评价。B类车又分为可外接充电式和不可外接充电式。针对可外接充电式的B类车,以总续驶里程、燃料电池堆贡献的续驶里程（又称"纯氢续驶里程"）、可充电储能系统（REESS）贡献的续驶里程、氢气消耗量和电能消耗量 5 项指标对其经济性进行评价；针对不可外接充电式的 B 类车，则主要以纯氢续驶里程和氢气消耗量两项指标对其经济性进行评价。

2）氢气排放试验

氢气排放是衡量燃料电池汽车效率和安全的重要指标，氢气排放试验包括怠速热机状态氢气排放和循环工况下热机状态氢气排放。怠速热机状态氢气排放主要是考察燃料电池汽车尾排氢气的相对体积浓度是否处于安全范围内。循环工况下热机状态氢气排放是考察燃料电池汽车在行驶状态下的绝对氢气排放量，由燃料电池汽车实际氢气消耗量减去理论氢气消耗量计算得到，该指标综合反映了车辆的氢气利用率、效率和排放安全性。

3）低温冷起动性能试验

低温冷起动性能是评价燃料电池汽车环境适应性的核心指标，主要通过低温冷起动性能试验和低温起步性能试验进行评价，目的是检验燃料电池汽车在低温环境中能否正常地起动、加速和行驶。

2. 试验方法

燃料电池动力系统经济性试验方法、氢气排放试验方法和低温冷起动试验方法的主要内容如下：

1）经济性试验

燃料电池汽车的经济性试验需在底盘测功机上进行。A 类车的试验需采用车外供氢的方式，关闭车载氢系统的供气管路，并实时测量车外供氢的氢气流量，具体可参照国标 ISO 23828：2022 中的流量法。试验开始前，可按照制造商要求调整 REESS 的 SOC 状态，并完成热机状态调整。然后，按照表 8-5 规定的工况进行 6 次循环工况试验，试验运行期间不能停车，直至试验结束。试验过程中，需全程采集 REESS 的电压和电流、车辆驶过的距离、氢气流量等参数。试验结束后进行试验结果判定：若 REESS 的净能量变化量与车辆所消耗氢气的能量比值不高于 1.0%，则试验有效，可测得车辆的百公里氢气消耗量；若 REESS 的净能量变化量与车辆所消耗氢气的能量比值大于 1.0%，则此次试验无效，车辆不能按照 A 类车重复进行试验，而须按照 B 类车重新进行试验。最后，根据车载氢系统的公称工作压力、试验后的氢气截止压力、水容积和温度等参数，按照 ISO 23828：2022 附录 I 中规定的方法，计算车辆的可用氢量，然后结合测得的百公里氢气消耗量，计算得到 A 类车的续驶里程。

B 类车的试验需采用车载供氢的方式。试验开始前，对于可外接充电式的 B 类车，需将车载氢系统加满氢气，且将 REESS 充至满电；对于不可外接充电式的 B 类车，需将车载氢系统加满氢气，并按照制造商的要求调整 REESS 的 SOC 状态。然后，按照表 8-5 规定的工况进行试验，直至车载仪表给出停车指示或车辆无法满足循环工况的公差要求时，停止试验。试验过程中，需全程采集燃料电池堆的电压和电流、REESS 的电压和电流、车辆驶过的距离等参数。试验结束后，计算燃料电池堆的总输出能量和 REESS 的净能量变化量，进而得到燃料电池堆的总输出能量占动力系统总输出能量的比值，即为纯氢续驶里程与总续驶里程的比值，最终计算得到 B 类车的纯氢续驶里程。然后，根据车载氢系统试验前的压力和温度、试验后的压力和温度、水容积等参数，按照 ISO 23828：2022 附录 I 中规定的方法，计算车辆的总氢气消耗量，然后结合纯氢续驶里程，计算得到 B 类车的百公里氢气消耗量。

表 8-5 中国汽车行驶工况

类　　型	工　　况
M1 类	乘用车行驶工况(CLTC-P)
N1 类和最大设计总质量不超过 3500kg 的 M2 类	轻型商用车行驶工况(CLTC-C)
最大设计总质量大于 3500kg 的城市客车类	城市客车行驶工况(CHTC-B)
最大设计总质量大于 3500kg 的客车(不含城市客车)类	客车(不含城市客车)行驶工况(CHTC-C)
最大设计总质量大于 5500kg 的货车类	货车(GVW>5500kg)行驶工况(CHTC-HT)
最大设计总质量大于 3500kg,不超过 5500kg 的货车类	货车(GVW≤5500kg)行驶工况(CHTC-LT)
最大设计总质量大于 3500kg 的自卸汽车类	自卸汽车行驶工况(CHTC-D)
最大设计总质量大于 3500kg 的半挂牵引车类	半挂牵引列车行驶工况(CHCT-TT)

基于上述试验方法,某款燃料电池汽车的经济性试验案例[15]如表 8-6 所示。表中显示,该款燃料电池汽车为可外接充电式的 B 类车,其总续驶里程为 385km,在整个试验过程中,燃料电池堆的总输出能量为 65.6kW·h,可充电储能系统的总输出能量为 16.7kW·h,燃料电池堆的能量贡献占比为 79.71%。经计算后,得到该款燃料电池汽车的纯氢续驶里程为 306.8km。进一步,该款燃料电池汽车的总氢气消耗量为 3.55kg,计算得到百公里氢气消耗量为 1.16kg。

表 8-6 燃料电池汽车纯氢续驶里程试验案例

项　　目	数　　值	单　　位
总续驶里程	385	km
可充电储能系统净能量变化量	16.7	kW·h
燃料电池堆输出能量	65.6	kW·h
燃料电池堆输出能量占比	79.71	%
纯氢续驶里程	306.8	km
整车总氢气消耗量	3.55	kg
氢气消耗量	1.16	kg/100km

2) 氢气排放试验

氢气排放试验分为怠速热机状态氢气排放试验和循环工况下热机状态氢气排放试验。怠速热机状态氢气排放试验前,调整试验车辆,使燃料电池发动机处于热机状态后停机。按照制造商的规定,起动燃料电池发动机,使其保持在怠速状态,完成一次吹扫(即在工作状态下的吹扫)过程后保持 1min,然后按照规定程序停机。氢气浓度的测量应从燃料电池发动机起动开始直至燃料电池发动机完全停机结束,测试点的位置距离排气口外 100mm,且处于排气口几何中心延长线上。

图 8-24 为某款燃料电池汽车怠速热机状态下的尾排氢气浓度曲线。该车在起动时,由于开机吹扫等原因,尾排的氢气浓度值显著增大,在 20s 左右达到最高值。随着燃料电池汽车怠速时长的增加,尾排氢气浓度逐渐降低并趋于稳定。在怠速热机状态下,该款燃料电池汽车的尾排氢气浓度最高值为 3.14%。

循环工况下热机状态氢气排放试验应在底盘测功机上进行。试验车辆的载荷、循环工

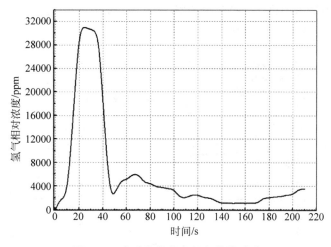

图 8-24 怠速热机状态氢气排放试验

况及速度偏差应满足 GB/T 37154 中的规定。试验开始前,调整试验车辆,使燃料电池发动机达到热机状态后停机。然后,按照循环工况开始试验。试验过程中应记录燃料电池堆电流、电压、氢气流量等参数。

基于上述试验方法,某款总质量为 8000kg 的燃料电池货车循环工况氢排放试验案例如表 8-7 所示。取 3 次循环工况试验的平均值作为试验结果,该车的平均氢气排放率为 3.80g/(kW·h)。

表 8-7 循环工况氢排放试验案例

循环工况次数	实际耗氢/g	理论耗氢/g	氢气排放量/g	氢气排放率/(g/(kW·h))
1	638.56	596.67	41.89	3.72
2	619.10	575.51	43.59	3.98
3	625.62	584.77	40.85	3.70
平均值	627.76	585.65	42.11	3.80

3) 低温冷起动试验

低温冷起动性能试验应在低温环境舱中进行。首先,对试验车辆进行不少于 12h 的低温浸车。浸车结束后,起动车辆,可开启暖风装置、空调等以消耗功率。记录从对车辆进行起动操作至车辆驱动系统已就绪的时间;记录从对车辆进行起动操作至燃料电池堆的输出功率达到 1kW 的时间,且在燃料电池堆的输出功率达到 1kW 后的 20min 内,应能够以不低于 1kW 的功率累计运行 10min。

图 8-25 为某款燃料电池汽车低温冷起动试验案例。在冷起动前期,燃料电池堆并未起动,随着电加热器的工作,燃料电池堆内温度逐渐升高,当温度达到制造商规定温度后,燃料电池堆开始工作。在燃料电池堆未工作时,电加热器等辅助部件主要由 REESS 供电,随着燃料电池堆正常工作,REESS 的输出功率逐步降低,直至处于被充电状态。在接收起动命令后,电加热器开始工作,并随着燃料电池堆的工作,电加热器功率开始降低,当燃料电池堆内温度达到制造商规定温度后,电加热器关闭。在该案例中,燃料电池汽车在 -30℃ 浸机

12h 后,燃料电池堆能以不低于 1kW(图 8-25 中为 11kW)的功率连续工作超过 10min,即说明该车在 -30℃ 的低温环境中起动成功。

彩图 8-25

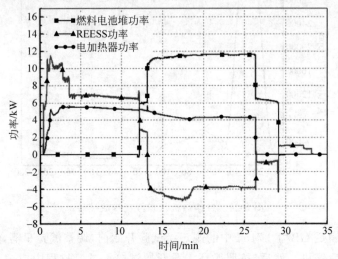

图 8-25　燃料电池汽车低温冷起动试验案例

低温起步性能试验应在带有底盘测功机的低温环境舱内进行。基于低温环境下确定的道路行驶阻力的变化,对底盘测功机的阻力设定进行调整以模拟低温环境下车辆在道路上的运行状况。首先,对试验车辆进行不少于 12h 的低温浸车。浸车结束后,对车辆进行上电操作,待车辆驱动系统就绪,将车辆状态切换到可行驶模式,以全油门运行,直至燃料电池堆的输出功率不低于燃料电池发动机额定功率的 50%;挡位保持不变,松开油门踏板,缓慢踩下制动踏板,并在 1min 内完成停车;停车后 3min 内,按照表 8-5 规定的循环工况进行试验,完成一个试验循环;完成以上所有步骤,则认为车辆在设定温度下起步成功。记录燃料电池堆电压、燃料电池堆电流、可充电储能系统电压、可充电储能系统电流,并记录从对车辆进行起动操作至车辆驱动系统已就绪(即车辆仪表显示 READY 或 OK)的时间。

基于上述试验方法,某款燃料电池汽车低温起步的试验案例如表 8-8 所示。该款燃料电池汽车从起动操作至输出 50% 额定功率的时间为 295.4s,在缓慢停车后 50s 内,按照规定的循环工况进行试验,如图 8-26 所示,该款燃料电池汽车成功完成低温起动和行驶要求。

表 8-8　低温起步试验案例

序　号	参　数	数　值
1	对车辆进行起动操作至车辆驱动系统已就绪时间/s	239.6
2	对车辆进行起动操作至输出 50% 额定功率时间/s	295.4
3	车辆是否完成一个试验循环	是
4	试验全程燃料电池堆输出总能量/(kW·h)	9.46
5	试验全程可充电储能系统净能量变化量/(kW·h)	-0.23
6	试验全程燃料电池堆和充电储能装置的总输出能量/(kW·h)	9.23

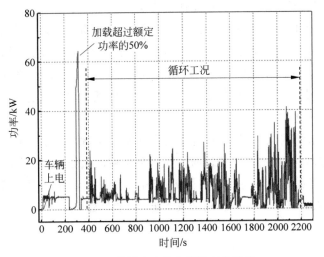

图 8-26 燃料电池汽车低温起步案例

8.5 燃料电池开发试验技术

8.5.1 燃料电池内部特性试验

燃料电池堆是一个典型的多物理场耦合系统,内部传热传质和电化学过程复杂。理论上,在一定的外部操作条件(如流量、压强、温度等)下,经过足够长时间后,燃料电池在一定电流下的输出电压是固定的。但在实际情况中,由于电堆内部气、水、热状态需要很长时间(几十分钟)才能达到平衡状态,受电堆内部气体扩散层、催化剂层和膜的状态影响,电堆特性与电堆的历史状态有关。如图 8-27 所示,在同样的操作条件下,随着电流加载、降载,相同电流下的电压并不相同。这种现象也称为燃料电池的"滞回效应"。

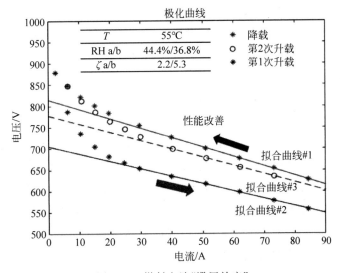

图 8-27 燃料电池"滞回效应"

1) 考虑"滞回效应"的燃料电池性能评价方法

"滞回效应"是质子交换膜燃料电池的基本特性,其本质是堆内传热传质过程,尤其是气液两相流传质过程导致电堆内部状态的切换过程远长于系统操作参数切换过程(前者为分钟级,后者为秒级)。目前大多数系统级建模、测试及分析方法未考虑堆内状态相对于操作参数的滞回效应,容易产生对电堆性能的"误判"。如何减少误判,提高对燃料电池性能评价的准确性?主要有两种方法:

方法一:延长系统测试时间,或对电堆进行反复加、降载,确保电堆内部状态达到平衡。这种方法测试成本高,且如何界定测试时间及反复加载的次数,也是个难点。

方法二:建立考虑堆内状态过程滞回效应的系统级模型,在有限时间内进行电堆性能测试,并通过模型来修正。这种方法测试成本低,但如何建立能反映堆内动态过程的模型,是个很大的挑战。

2) 堆内分布式状态在线测试方法

燃料电池堆性能评价的难点在于如何确定电堆内部是否已经达到平衡状态。为进一步提升燃料电池堆性能,需要对燃料电池内部状态进行检测。当前,针对堆内电流密度、温度、水含量及气体组分,常见的检测方法如下。

(1) 电流密度分布:单片分割法、感生磁场法、垫圈植入法、温度反推法等。

(2) 温度:热电偶植入法、热敏电阻植入法、光纤光栅植入法、红外热成像法、激光吸收光谱法等。

(3) 水含量:交流阻抗法、中子成像法、X光成像法、核磁共振法、电导率法、红外吸收光谱法、电子显微法、荧光显微法、质谱仪采样法、滞留时间分布法、透明可视化法等。

(4) 气体组分:质谱仪采样法等。

清华大学燃料电池动力系统课题组设计了一套"车用大面积燃料电池单体多通道气体组分在线采样系统",其原理如图8-28所示,该系统由单电池试验台、燃料电池多通道气体采样单片和气体采样系统组成。

为解决大面积单片散热较差的问题,设计开发了可控制冷却液流量和温度的冷却系统软硬件,该系统能将单片温度维持在合适的范围内。设计的监控系统控制程序在满足上述要求的同时,还能够采集传感器信号,融合燃料电池测试台供气系统及增湿系统的数据,与单电池电子负载通信,控制负载电流;与单片电压检测模块通信,并进行数据记录,实现系统数据有效融合和网络化控制。

图8-29所示为该系统完成阴极和阳极气体采样测试的结果。图8-29(a)为阴极采样结果,图8-29(b)为阳极采样结果。每次切换采样通道时,流道内气体分压信号会经历一个短暂的动态过程,之后达到稳定状态。当采样结束切换到氩气吹扫时,若氩气压力较高,将推动采样管路内残余气体进入质谱仪,使得气体分压升高,采样信号出现瞬时脉冲。另外,由于连接进出口管路的采样管路比连接单片内气体采样口的采样管路短,因此采样气体的总压力较高,但不影响各组分体积分数的测量结果。

通过该系统,也可测量得到稳态工况下大面积单电池在不同采样点的气体浓度分布情况,如图8-30所示。阴极标出的是氧气占氮气氧气总和的体积分数,阳极标出的是氢

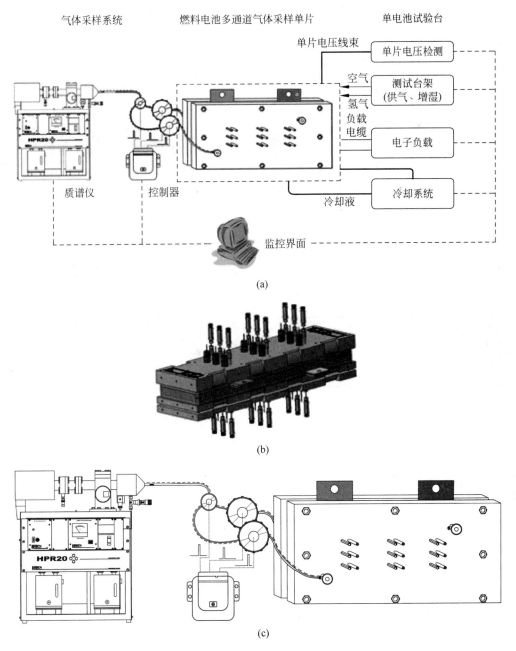

图 8-28 系统原理

(a) 车用燃料电池大面积单片多通道气体组分在线采样系统；
(b) 带气体采样口的燃料电池单片；(c) 多通道多气体组分采样系统

气占氢气氮气总和的体积分数。该设备试验结果重复性较好，阴极氧气分压占比相对误差不超过 3.17%，阳极氢气分压占比相对误差不超过 1.67%。进一步信息读者可查阅文献[16-17]。

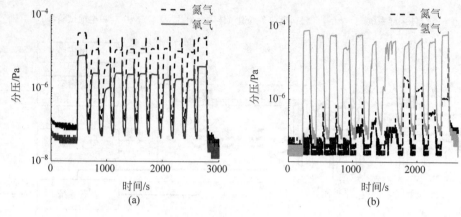

图 8-29 气体采样测试结果
(a) 阴极；(b) 阳极

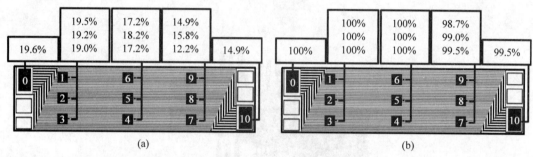

图 8-30 同一组试验中的三次气体组分采样结果
(a) 阴极；(b) 阳极

8.5.2 燃料电池发动机经济性试验

随着燃料电池技术发展，燃料电池发动机经济性测试已经发展得较为成熟，一般来说有几种测试方式：①燃料电池动力系统经济性测试方法；②燃料电池发动机经济性测试方法；③燃料电池发动机经济性万有特性图测试方法。本节重点介绍后两种测试方法。

1. 燃料电池发动机经济性测试方法

燃料电池发动机经济性是进行动力系统匹配与控制的关键，一般可以用发动机效率来进行评价，具体计算方法可以参考 8.2.3 节。此时，通过标定不同负载工况下的系统效率，即可得到如图 8-31 所示的燃料电池效率曲线图。效率曲线对于燃料电池发动机的优化设计十分关键，通过比较系统负载效率，既可以实现不同燃料电池发动机间的经济性评价，也可以实现同一台燃料电池发动机经济性的优化。

2. 燃料电池发动机经济性万有特性图测试方法

动力系统经济性测试方法（见 8.4.4 节）和燃料电池发动机经济性测试方法是当前燃料电池发动机开发的主要方法。但是，这两种方法一般都是在固定工况下实现的，此时动力系统已经完成匹配，燃料电池发动机已经完成前置的标定，其经济性评价并未涉及燃料电池发动机的底层本征特征，没有考虑燃料电池发动机性能随背压、流量、温度等因素的变化，将其简化为一根随负载变化的效率曲线，不便于充分研究燃料电池发动机效率特征。

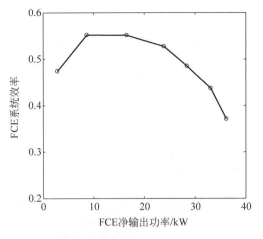

图 8-31　燃料电池发动机效率曲线

燃料电池发动机的发电效率依赖于合适的空气、氢气供应以及水、热管理。考虑实际工况与使用的不确定性，燃料电池发动机效率与附件控制策略的深度耦合特征对于动力系统设计至关重要。在传统内燃机设计分析中，主要采用了万有特性图的方式对全工况状态进行评价，以图 8-32 为例，万有特性图考虑了转速、扭矩、油耗、功率等综合控制因素，可更加全面地描述内燃机的经济性。

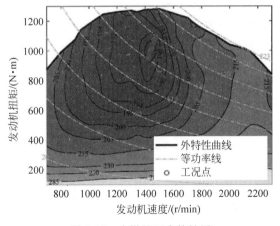

图 8-32　内燃机万有特性图

为了更加全面地获得燃料电池发动机在不同策略下的经济性特征，更好地对燃料电池混合动力系统进行有效匹配，借鉴内燃机万有特性图的设计方式，提出了燃料电池在全工况下的经济性分析方法，以获得燃料电池发动机的万有特性图。本节简要介绍作者所在单位在燃料电池全工况下经济分析的思路和方法。

由于万有特性图可变工况的组合极多，如果采用全工况测试标定的方式进行，会使得测试的工作量极大，因此，通常会首先使用基于模型的标定，并基于模型获得剩余工况点的信息。从附件功耗考虑，空压机是影响燃料电池发动机效率最重要的因素，本书以空压机控制与特征为主要关注点，通过建立包含空压机功耗模型与燃料电池堆反应机理的系统模型，对燃料电池发动机的全工况经济性进行分析评价。

1) 燃料电池空压机模型

使用商业软件对燃料电池空压机模型进行了设计分析,仿真得到了空压机的典型 MAP 图,如图 8-33 所示,并通过实际台架标定,获得包含不同信息的空压机 MAP 图,该项工作的实现方法较多,不进行赘述。

彩图 8-33

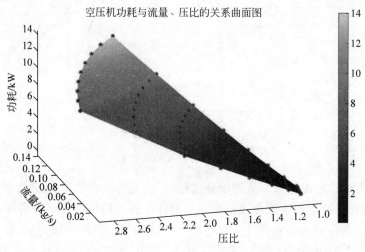

图 8-33　空压机功耗与压比、流量的三维关系图

2) 燃料电池堆模型

燃料电池堆发电反应是一个多物理场耦合的复杂传热传质问题,传统经济性分析一般仅需要对一条固定的极化曲线进行分析,通常使用集总参数模型,大幅简化了燃料电池内部的传热传质过程。为了兼顾机理解释与计算精度,本书使用了燃料电池沿质子传递方向的伪一维模型,主要考虑了水的传递、气液两相传质、氧气扩散等过程,并包含必要的电化学动力学过程。

图 8-34 是本节所使用的燃料电池模型,通过求解阳极流道内、阳极流道与阳极扩散层界面处、阳极催化剂层内、质子交换膜内、阴极催化剂层内、阴极流道与阴极扩散层界面处、阴极流道内等关键位置处的物质组分浓度,能够近似得出沿质子传递方向的物质组分分布规律。再结合流道内的物质组分浓度与外围附件系统的物质组分浓度之间的关系,便可以建立燃料电池系统模型,用于实际系统的仿真。

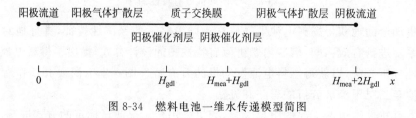

图 8-34　燃料电池一维水传递模型简图

基于所建立的一维电堆模型,本书使用两组商业化电堆的数据进行了拟合分析,验证了模型的可靠性,如图 8-35 所示。

3) 燃料电池万有特性图

基于空压机模型+电堆模型+管道模型,此时可以获得燃料电池发动机在不同操作系

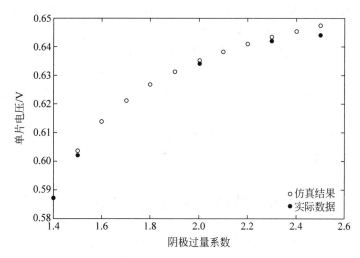

图 8-35 背压、电流密度不变条件下仿真结果与实际数据对比图

统上的性能工况。由于影响燃料电池效率的因素很多,本节以背压为参数简要介绍分析过程。

如图 8-32 所示,一般而言,内燃机万有特性图的横轴为转速,纵轴为扭矩,图中会标注等油耗线和等功率线,万有特性图的横、纵坐标之间不强耦合。因此,内燃机可以在特定转速下输出一定范围的扭矩,需要注意的是,二者之间有外特性曲线作为耦合约束边界。

在燃料电池发动机中,电流密度、背压二者之间也存在类似于扭矩、转速那样的关系——电流密度和背压之间不存在强耦合关系,每个背压下都可以输出各种不同的电流密度;但二者也不是完全无关联,电流密度的最大可取值会随着背压的升高而升高。

本书提出的类似内燃机万有特性图的燃料电池发动机万有特性图,如图 8-36 所示,以背压为横轴,电流密度为纵轴,黑色粗线代表电堆平均单片电压 0.5V 所对应的电流密度随背压的变化曲线,可以被认为是燃料电池发动机的"外特性曲线";图中红色点划线是等系统效率线,蓝色实线是等系统净输出功率线。

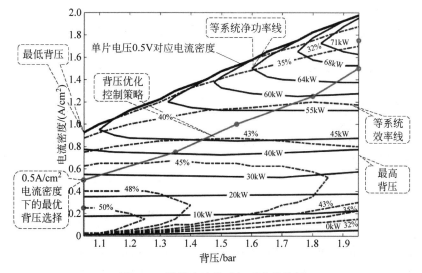

彩图 8-36

图 8-36 燃料电池发动机万有特性图

该图可以实现与燃油发动机万有特性图相类似的功能，并具有以下优势。

（1）该方法可以评价燃料电池发动机的经济性和"动力性"。通过比较两个不同燃料电池发动机的万有特性图区域宽度与形貌，可以实现燃料电池发动机经济性本征能力的全面评价。

（2）指导燃料电池发动机的经济性优化工作，可以利用万有特性图，根据需求功率选择最经济的系统操作条件。

（3）指导燃料电池汽车的动力系统匹配优化工作，可以利用万有特性图，获知并确保燃料电池发动机工作在高效区间。

8.6 燃料电池试验技术展望

随着燃料电池汽车产业的快速发展，现有的部分试验方法和标准规范已无法满足技术发展需求，亟须更新和完善。近几年，我国相继发布了 GB/T 37154—2018、GB/T 36288—2018、GB/T 39132—2020、GB/T 24549—2020、GB/T 26779—2021 和 GB/T 24554—2022 等国家标准，从燃料电池发动机性能、燃料电池堆安全性、燃料电池汽车安全性和氢气排放等方面进一步完善了燃料电池相关试验方法和标准体系。下一步，将聚焦燃料电池汽车及关键部件的环境适应性、耐久性等方面，开展试验技术攻关，总结出适合中国国情的燃料电池动力系统综合性能评价方法，尤其是可靠性和寿命评价方法，进而完善相关标准体系。此外，基于中子成像、分区技术、在线质谱等新型表征手段的燃料电池开发试验技术也将成为重点发展方向。

参 考 文 献

[1] 衣宝廉. 燃料电池——原理、技术、应用[M]. 北京：化学工业出版社，2003.

[2] 詹姆斯·拉米尼，安德鲁·迪克斯. 燃料电池系统——原理·设计·应用[M]. 朱红，译. 北京：科学出版社，2006.

[3] 全国汽车标准化技术委员会. GB/T 24548—2009 燃料电池电动汽车 术语[S]. 北京：中国标准出版社，2010.

[4] 全国汽车标准化技术委员会. GB/T 24554—2022 燃料电池发动机性能试验方法[S]. 北京：中国标准出版社，2023.

[5] 全国汽车标准化技术委员会. GB/T 37154—2018 燃料电池电动汽车 整车氢气排放测试方法[S]. 北京：中国标准出版社，2018.

[6] 全国汽车标准化技术委员会. GB/T 36288—2018 燃料电池电动汽车 燃料电池堆安全要求[S]. 北京：中国标准出版社，2018.

[7] 冀雪峰，郭帅帅，郝冬，等. 车用燃料电池堆气密性综合测评方法及验证[J]. 电池工业，2021，25(1)：33-37.

[8] 中国汽车工程学会. TCSAE 183—2021 燃料电池堆及系统基本性能试验方法[S]. 北京：中国汽车工程学会.

[9] LAN H, HAO D, HAO W, et al. Development and comparison of the test methods proposed in the Chinese test specifications for fuel cell electric vehicles[J]. Energy Reports, 2022, 8: 565-579.

[10] ISO 23828: 2022 Fuel cell road vehicles — Energy consumption measurement—Vehicles fuelled with

[11] 兰昊,郝冬,王晓兵.燃料电池电动汽车氢气消耗量测量方法研究[J].汽车科技,2021(3):14-19.

[12] 中国汽车工程学会.TCSAE 122—2019 燃料电池电动汽车 低温冷起动性能试验方法[S].北京:中国汽车工程学会.

[13] 国家市场监督管理总局,国家标准化管理委员会.GB/T 38146.1—2019 中国汽车行驶工况 第1部分:轻型汽车[S].北京:中国标准出版社,2019.

[14] 国家市场监督管理总局,国家标准化管理委员会.GBT 38146.2—2019 中国汽车行驶工况 第2部分:重型商用车辆[S].北京:中国标准出版社,2019.

[15] HAO D,ZHANG Y,WANG R,et al. An Improved Test Method for Energy Consumption and Range of Fuel Cell Vehicles[J]. International Journal of Chemical Engineering 2020,5704180.

[16] 方川,徐梁飞,黄海燕.大活性面积燃料电池多通道气体在线采样系统[J].实验技术与管理,2018,35(12):112-117.

[17] 方川,黄海燕,徐梁飞.一种多功能燃料电池堆实验台的研发[J].汽车工程,2019,41(4):361-365,387.

[18] XU L,HU Z,FANG C,et al. A reduced-dimension dynamic model of a proton-exchange membrane fuel cell[J]. International Journal of Energy Research,2021,45(12):18002-18017.

[19] 绍静玥,黄海燕,卢兰光.燃料电池典型工况试验研究[J].汽车工程,2007,29(7):566-569,585.

[20] PEI P C,CHANG Q F,TANG T. A Quick Evaluating Method for Automotive Fuel Cell Lifetime[J]. International Journal of Hydrogen Energy,2008,33(14):3829-3836.

[21] LI J,HU Z,XU L,et al. Fuel cell system degradation analysis of a Chinese plug-in hybrid fuel cell city bus[J]. International Journal of Hydrogen Energy,2016,41(34):15295-15310.

[22] XU L,REIMER U,LI J,et al. Design of durability test protocol for vehicular fuel cell system operated in power follow mode based on statistic results of on-road data[J]. Journal of Power Sources,2018,377:59-69.

[23] XU L,LI J,REIMER U,et al. Methodology of designing durability test protocol for vehicular fuel cell system operated in soft run mode based on statistic results of on-road data[J]. International Journal of Hydrogen Energy,2017,42:29840-29851.

[24] PEI P,CHANG Q,TANG T. A quick evaluation method for automotive fuel cell lifetime[J]. International Journal of Hydrogen Energy,2008,33:3829-3836.

[25] HU Z,XU L,LI J,et al. A reconstructed fuel cell life-prediction model for a fuel cell hybrid city bus[J]. Energy Conversion and Management,2018,156:723-732.

[26] GAO W,HU Z,HUANG H,et al. All-condition economy evaluation method for fuel cell systems: System efficiency contour map[J]. eTransportation,2021,9:100127.

[27] HU J,LI J,HU Z,et al. Power distribution strategy of a dual-engine system for heavy-duty hybrid electric vehicles using dynamic programming[J]. Energy,2021,215:118851.

第9章 车用动力电池性能试验

9.1 概　　述

近年来,能源危机和环境污染等问题日益加剧,纯电动汽车、混合动力汽车等新能源汽车成为研究热点。动力电池是纯电动汽车唯一的动力源,也是混合动力汽车动力系统的核心部件,对电动汽车的发展起着至关重要的作用。目前,锂离子电池因具有能量密度高、功率密度大、环保等特点以及较好的寿命和安全性,已成为最主要的一种车用动力电池。

为了满足车辆的各种动力需求,必须选择合适的动力电池;同时为保证动力电池在使用过程中高效、可靠、安全、耐久,需要开发电池管理系统对车用锂离子电池进行有效的管理与控制。在动力电池选型和电池管理系统的算法开发过程中,需要对电池的动力性、耐久性和安全性等各项基本性能全面了解,为此需进行相应的锂离子电池性能试验。锂离子电池测试的对象为单体、模组和系统,中国已颁布了电池测试评价的相关标准,如电池单体和模组的性能测试标准 GB/T 31486—2015、功率型电池系统的性能测试标准 GB/T 31467.1—2015、能量型电池系统的性能测试标准 GB/T 31467.2—2015、电池(单体/模组/系统)寿命测试标准 GB/T 31484—2015、电池(单体/系统)的安全测试标准 GB 38031—2020 等。本章简要介绍锂离子电池的工作原理与基本性能参数,着重介绍作者所在单位在电池管理系统开发过程中一些常用的基本性能测试方法。

9.1.1 锂离子电池的基本结构

锂离子电池是一种二次电池,它的基本结构如图 9-1 所示,一般由电池的正极、负极、隔膜、电解质和外壳构成。电池的正、负极一般由可以嵌入和脱出锂离子的化合物或材料组成。目前常用的正极材料有层状结构的三元材料($LiNi_xCo_yMn_{1-x-y}O_2$,缩写 NCM 或 $LiNi_{0.8}Co_{0.15}Al_{0.05}O_2$,缩写 NCA)、橄榄石结构的磷酸铁锂($LiFePO_4$,缩写 LFP)和尖晶石结构的锰酸锂($LiMn_2O_4$,缩写 LMO)等。常用的负极材料可以分为碳材料(如石墨)以及非碳材料(如钛酸锂)等。锂离子电池电解质分为液体、固体和固液混合物 3 类,目前锂离子动力电池一般采用有机液体电解质,其中,电解质锂盐为 $LiPF_6$。

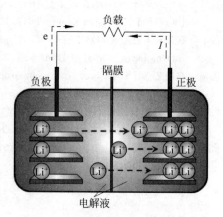

图 9-1　锂离子电池基本结构

9.1.2 锂离子电池的工作原理

在电池的充放电过程中,电池的反应方程式如下:

正极反应:$LiMO_2 \underset{放电}{\overset{充电}{\rightleftharpoons}} Li_{1-x}MO_2 + xLi^+ + xe^-$

负极反应:$nC + xLi^+ + xe^- \underset{放电}{\overset{充电}{\rightleftharpoons}} Li_xC_n$

电池反应通式：$LiMO_2 + nC \underset{\text{放电}}{\overset{\text{充电}}{\rightleftharpoons}} Li_{1-x}MO_2 + Li_xC_n$

式中：M——Co、Mn、Ni 等元素；

x——参与反应的锂离子或电子计量数；

n——负极参与反应的分子或原子数。石墨负极的 n 为 6。

从反应方程式可以看出，当电池充电时，Li^+ 从电池正极脱出，经过电解液到达负极并嵌入负极材料中；电池放电时，Li^+ 从电池负极脱出，经过电解液到达正极并嵌入正极材料中。电池的充放电过程是 Li^+ 在电池的正负极上嵌入、脱出，并在正负极之间来回移动的过程，因此，锂离子电池也被形象地称为"摇椅电池"。

9.2 术语定义及主要性能参数

9.2.1 术语和定义

(1) 电池单体：将化学能与电能进行相互转换的基本单元装置，通常包括电极、隔膜、电解质、外壳和端子，并被设计成具有可充电及放电功能。

(2) 电池模块：将一个以上单体电池按照串联、并联或串并联方式组合，并作为电源使用的组合体。

(3) 电池包：通常包括电池单体、电池管理模块、电池箱及相应附件（冷却部件、连接线缆等），具有从外部获得电能并可对外输出电能的单元。

(4) 电池系统：一个或一个以上电池包及相应附件（管理系统、高压电路、低压电路、热管理设备以及机械总成等）构成的能量存储装置。

(5) 截止电压：指充电过程的允许最高电压或者放电过程的允许最低电压。

(6) 恒流充电/放电过程：指以恒定的电流给电池充电/放电。

(7) 恒压充电/放电过程：指以恒定的电压给电池充电/放电（为保持电压恒定，恒压过程中电池的电流绝对值会逐渐降低）。

(8) 环境温度：指电池周围空间温度的平均值。在测试中以高低温箱的恒温控制来保证环境温度的恒定。

(9) 标准循环：电池厂商规定的标准容量测试的循环充放电方法，通常在室温（25℃）下进行。

(10) 电池极化：电池电极上无外电流通过时对应的电势是平衡电势。当有电流通过电极时，电极电势将偏离平衡值，这种偏离平衡的现象称为电极的极化。电池的极化可以分为电化学极化、欧姆极化和浓差极化三类。

9.2.2 锂离子动力电池主要性能参数

(1) 开路电压和工作电压：电池的开路电压可以简写为 OCV(open circuit voltage)，它是蓄电池在开路情况下的端电压，指电池在连接电路断开状态下进行充分静置，达到稳定后，正负极之间的电势差。

电池的工作电压是指电池在工作状态下，即有电流流过负载时电池正负极之间的电势差。在电池放电状态下，由于电池内阻的作用，工作电压总是低于开路电压；在充电状态下则刚好与之相反,工作电压总是高于开路电压。

(2) 电池的内阻:电池的内阻是指电池在工作时,电流流过电池内部所受到的阻力。包括欧姆内阻、电化学极化内阻和离子迁移内阻等,三者之和称为电池的总内阻。一般来说,极化内阻指电化学极化内阻与离子迁移内阻之和,电池的总内阻由欧姆内阻和极化内阻两类组成。

电池内阻是衡量电池性能的重要参数,电池内阻大,会增加电池内部的能量损耗,加剧电池的产热,同时输出能力低。电池的内阻主要受到电池材料、制造工艺、电池结构、温度等因素的影响。

(3) 电池的容量:这里介绍与容量相关的三个概念,即额定容量、标准容量与实际容量。

电池的额定容量,是以制造商规定的条件测得的并由制造商申明的电池单体、模块、电池包或系统的容量值。不同电池系列所规定的额定容量测量标准有所不同,是根据电池的性能和用途来规定的。

电池的标准容量:是指室温下按相关充电规程将电池充满电后,在规定的环境温度(一般为室温)、标准的放电电流下能够放出的电量,单位为 A·h。

电池的实际容量,是指电池在一定的放电条件下所能放出的实际电量。对于某一电池而言,标准容量只与它自身的老化程度有关,而实际容量会受到放电电流强度、温度以及终止电压等的影响。放电条件不同,电池的实际容量也会有所不同。

(4) 电池的输出能量与比能量:电池的输出能量,是指电池在一定的放电条件下对外做功所能够放出的电能。它等于电池在上下限截止电压区间内放电容量和电池平均工作电压的乘积或等于放电功率的积分,单位为 W·h。

电池的比能量可以分为质量比能量和体积比能量。质量比能量是指电池能量与电池质量之比,单位为(W·h)/kg。体积比能量是指电池能量与电池体积之比,单位为(W·h)/L。

(5) 电池的功率与比功率:电池的功率,是指在一定放电条件下,电池在单位时间内能够输出的能量,通常可使用电压与电流的乘积来进行计算,单位为 W。

电池的比功率可以分为质量比功率和体积比功率。质量比功率是指电池功率与电池质量之比,单位为 W/kg。体积比功率是指电池功率与电池体积之比,单位为 W/L。

(6) 充放电倍率:充放电电流的大小常用充放电倍率来表示。充放电倍率是充放电电流与额定容量除以 1h 之后的比值。例如:额定容量为 20A·h 的电池用 40A 放电时,其放电倍率为 2C,用 10A 充电时,充电倍率为 0.5C。同时,充放电倍率也是电池充放电快慢的一种量度,可以用来表示电池在规定的时间内放出额定容量时所需的电流值。例如:电池的额定容量用 1h 放电完毕,称为 1C 放电;5h 放电完毕,则称为 1/5=0.2C 放电。

(7) 电池的荷电状态:电池的荷电状态可以简写为 SOC(state of charge),一般可以定义为电池的剩余可放电容量与标准容量的比值。电池的荷电状态一般用百分数来表示,其取值范围为 0~100%。当 SOC=0 时,表示电池的电量完全放尽,当 SOC=100% 时,表示电池的电量完全充满。

(8) 放电深度:电池的放电深度可以简写为 DOD(depth of discharge),是指电池放出的电量占标准容量的百分比。电池的放电深度是影响电池寿命的重要参数之一。

(9) 循环寿命:循环寿命是指在一定的环境条件下,按一定的充放电规程进行充电与放电(每个充放电周期称 1 个循环),直至电池容量衰减或内阻增加一定比例(一般能量型电池容量衰减 20%,功率型电池内阻增加 1 倍,定义为寿命终点)所经历的循环数,单位为次。GB/T 31484—2015 中定义了标准循环寿命和工况循环寿命。

(10) 日历寿命:日历寿命是指在一定环境条件(如温度、SOC)下,没有负载时电池搁置直至电池容量衰减或内阻增加一定比例(定义为寿命终点)所经历的时间,单位一般为年。

(11) 库仑效率:库仑效率是电池放电容量与同一循环过程中充电容量之比,是表征电池充放电可逆性的重要参数,也是决定电池寿命的参数之一。影响库仑效率的因素很多,比如电解液的分解,电极界面的钝化,电解液的电子导电性等。

(12) 自放电率:电池的自放电是蓄电池内部自发的或不期望的化学反应造成可用容量自动减少的现象。自放电率是指在开路状态下,电池单位时间内电量降低的百分数,用于表征电池的荷电保持能力。

以常温月自放电率为例,将电池按标准完全充满电后,常温开路放置一个月,然后用标准放电规程放电至截止电压,并将其容量记为 C_1,电池初始容量记为 C_0,$(1-C_1)/C_0$ 即为该电池的常温月自放电率。电池的自放电率主要受到电池的制造工艺、电池材料、储存条件等因素的影响。

以上是锂离子电池的一些常用性能参数。相比铅酸电池、镍氢电池等其他类型的二次电池,锂离子电池具有能量密度高、自放电率低、寿命长等优点。三类电池的性能比较如表 9-1 所示。

表 9-1 三类电池性能比较

参 数 名 称	铅酸电池参数	镍氢电池参数	锂离子电池参数
常见工作电压/V	2	1.2	3.2~3.7
质量比能量/((W·h)/kg)	30~50	60~90	70~300
循环寿命(100%DOD)	≥300 次	≥400 次	≥600 次
放电率/(%/月)	6~8	20~35	<2
快速充电能力	一般	较好	好
耐过充能力	一般	强	差
记忆效应	无(但是有硫酸盐化)	有(OCV 有滞回)	无(OCV 滞回小,LFP 稍大)
环境污染	严重	微小	微小
使用温度范围/℃	−20~50	−20~50	−20~55
价格/(元/(W·h))	<1	2~7	1~7

9.3 车用动力电池基本性能试验平台

车用动力电池基本性能试验平台一般包含电性能试验平台、热特性试验平台和机械特性试验平台三大类。

9.3.1 电性能试验平台

1. 充放电测试仪

在车用动力电池的相关测试中都需要对电池进行充放电处理,电池充放电测试仪是检测电池的充放电性能、电池容量以及电池充放电安全的核心设备。图9-2所示为某一款充放电测试仪,其测试量程为30V10A,具有8个测试通道。

充放电测试仪(台)的主要功能如下。

(1)具有恒流恒压充放电以及工况模拟功能。用户可以根据需求进行充放电编程。

(2)具有多通道充放电功能。充放电测试仪具有多个测试通道,可以同时进行多个电池的充放电试验。

(3)具有在线监测功能和快速容量分析功能。可实时在线监测、显示所有测试数据,如电流、电压、放电时间、容量。

(4)具备多项警报功能。能适时发出警报,风扇故障报警并停止放电。

图 9-2　充放电测试仪

(5)具备安全保护功能。在短路、过流、温度过高等情况下有自动保护功能。

2. 电化学工作站

除了基本充放电测试之外,车用动力电池研究中常见的测试还有电化学交流阻抗(EIS)测试,相比直流测试技术,它可以提供电池内部的动力学信息,从而辅助进行更准确的建模等过程。图9-3为某款用于锂离子电池EIS测试的电化学工作站(型号为Autolab PGSTAT302N,连接了EIS测试模块FRA32M)。主要性能指标:最大控制电压30V,最大电流为2A,借助电流放大设备可扩展至20A,EIS测量范围可扩展到最大10MHz,具有8个测试通道。

3. 库仑效率仪

车用动力电池测试中有时需要对电池的库仑效率进行准确测量,从而实现寿命预测,以缩短电池寿命的测试时间。而传统的测控精度为0.1%的高性能充放电测试设备无法有效测量与评价不同电池间库仑效率的差异,因此需要使用图9-4所示的电池库仑效率测试仪。它具有20ppm的高稳定度、50ppm的高准确度,可实现正确、有效的库仑效率测试。

图 9-3　电化学工作站

图 9-4　库仑效率测试仪

9.3.2　热特性试验平台

1. 可编程式高低温箱(舱)

温度对于车用动力电池的性能有很大的影响,为了进行不同温度下的电池性能测试,需要将电池置于恒定的温度环境中。电池测试一般在可编程式高低温箱(舱)中进行,如图 9-5 所示为某款温箱,设备上方的箱体是用来放置电池的测试箱体,设备下方一般布置制冷压缩机和风扇。

可编程式高低温箱(舱)的主要功能如下。

(1) 具有自动温度控制功能。可以根据试验需求,提前设定不同时刻的温箱温度。当温箱达到设定时刻后,会根据设定参数调整温箱的温度。

(2) 具有精确的温度控制功能。温度调整稳定后,温度的上下波动小于 0.5℃,且温箱的工作空间内任一点的最高和最低温度之差一般要求低于±2℃。

图 9-5 可编程式高低温箱

(3) 具有抗干扰能力。温箱能够适应外界环境的变化,从而保证设备稳定的工作。

(4) 具备多项警报功能,一般设备监控系统中均安装显示故障信号,能及时切断高低温箱的电源,且进行报警。

2. 绝热加速量热仪

绝热加速量热仪(accelerating rate calorimetry,ARC)是进行车用动力电池热安全测试的主要实验仪器之一。ARC 的主要工作原理是通过对仪器的控制,使得样品温度与量热腔温度始终保持一致,从而提供绝热环境。

ARC 工作原理: 由于电池及其材料在高温情况下才会出现自产热的情况,在 ARC 实验过程中,首先需要加热电池或材料样品,直至检测到样品自产热之后,再进入绝热跟踪阶段,保持绝热测试环境。ARC 一个典型的工作模式为"heat-wait-seek",即"加热-等待-搜寻",如图 9-6 所示。加热过程中,从当前温度开始,设定一个更高的加热温度 T_{target}(T_{target} 一般比当前温度高 5℃),温度将会以台阶状上升。每个台阶加热完成后,进行一段时间的

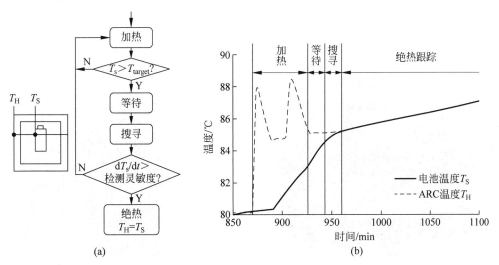

图 9-6 ARC 的工作原理

(a) ARC 的实验流程图;(b) 一个典型的 ARC 测试曲线

等待(wait)，以保证样品达到热平衡。然后进入搜寻(seek)阶段，ARC 根据样品表面温度 T_S 及其变化率 dT_S/dt，判定样品是否开始自产热。如果 ARC 判定样品开始自产热，即检测到样品的自升温速率大于 ARC 设定的检测灵敏度(sensitivity)时，如 0.01℃/min，ARC 将会跟踪样品的温度，进入"绝热(exotherm)"阶段。在"绝热"阶段，ARC 控制加热器加热，使得量热腔温度 T_H 总是等于样品表面温度 T_S ($T_H = T_S$)。于是，样品与外界不存在换热，即进入绝热测试环境。在绝热测试环境下，电池产生的热量完全被电池吸收并造成 ΔT 的温升。在电池或材料的热容 MC_p 已知的情况下，就可以准确获得绝热环境下的产热量 $\Delta H = MC_p \Delta T$，这个产热量 ΔH 是不受散热条件影响的。相应地不同温度下的升温速率可以通过求取温度曲线的斜率获得。

传统的 ARC、差示扫描量热仪(differential scanning calorimeter, DSC)的量热腔容积较小，研究人员一般只能测定纽扣电池、18650(18650 为一种圆柱形电池型号，18 代表直径为 18mm，650 表示高为 65.0mm)小型电池的热失控特性。而当研究对象为大容量动力电池时，应使用具有大容积量热腔的量热仪器进行测试。但是，量热腔容积变大后，量热仪的测试精度会大大下降。目前，英国 THT 公司掌握了较为成熟的大型动力电池绝热量热技术。THT 公司生产的大型加速绝热量热仪，又称为 EV-ARC(extended volume-accelerating rate calorimetry)，具有与传统小容积 ARC 相同的绝热测试功能。特别的是，EV-ARC 具有大型量热腔，圆柱体量热腔直径达到 25cm，深度达到 50cm，可以测试大容量动力电池的热特性，如图 9-7 所示。图中较小的量热腔对应传统的 ARC(产品说明中称为 Standard ARC)，较大的量热腔(扩展体积的加速量热仪)则对应 EV-ARC。

3. 热箱

热箱是进行车用动力电池热滥用安全特性测试的主要仪器。主要是考虑到实际中有可能发生高温使用情况，因此用热箱来模拟高温工作环境，从而考察电池的热安全性。根据 GB 38031—2020 中 7.1.1 节规定，首先将电池依照制造商规定的方法进行充电，接着根据该标准中 8.1.5 节的热滥用试验方法对电池进行热箱试验。将充满电的电池放入试验箱中，然后将试验箱以 5℃/min 的升温速率进行升温，当箱内温度达到 130℃±2℃ 后恒温，并持续 30min。若电池不起火、不爆炸则说明电池通过该项测试。

图 9-7　包含 EV-ARC 在内的 THT 加速绝热量热仪

图 9-8　热箱

图 9-8 所示即为某款热箱,其主要功能如下:

(1) 具有耐高温性能。热箱采用耐腐蚀耐高温材质制备而成,内部的温度传感器也具有精度高、感应快、耐高温等特点。

(2) 具有精确的温度控制功能。温度调整稳定后,温度的上下波动小于 0.5℃,且空载测试下温箱的温度偏差一般要求低于 ±1.0℃。

(3) 具有超温保护系统。当温度失控,超过超温保护器设定的温度时,设备会自动停止加热供电,从而保护产品及设备的安全。

(4) 具备安全泄压装置。设备内箱后方开有防爆泄压口,当电池发生爆炸时可以瞬间排放所产生的冲击波,从而有效保障设备及操作人员的安全。

4. 差示扫描量热仪(DSC)

DSC 是用于测试车用动力电池化学反应动力学参数的重要仪器。其测试原理是将样品置于一定的温度程序(升/降/恒温)控制下,通过观察样品端和参比端的热流功率差随温度或时间的变化过程,来获取样品在温度程序控制过程中的吸热、放热、比热变化等相关热效应信息,进而计算热效应的吸放热量(热焓)与特征温度(起始点、峰值、终止点等),研究反应动力学参数等。图 9-9 所示为某款 DSC,其主要功能如下:

(1) 具有精确的温度控制系统。温度测试范围为 25～1300℃,温度精确度为 ±0.05℃。

(2) 具有机械制冷系统。可以实现线性程序冷却和快速冷却,从而使得仪器快速降温。

(3) 具备自动进样功能。可通过加配自动进样器,实现 DSC 的自动装填实验样品功能,从而提高实验测量效率。

5. 热常数分析仪

热常数分析仪是测量车用动力电池导热系数、热扩散率和热容等热物性参数的常用仪器设备。其测量原理是基于瞬变平面热源法,可以在短时间内完成参数测试。

图 9-9　差示扫描量热仪

图 9-10　热常数分析仪

图 9-10 所示为某款热常数分析仪,其主要特点如下:

(1) 具有快速测量热物性参数的特点。

(2) 具有测量范围宽且测量精度高的特点。其基本模块导热测试范围为 0.005～500W/mK,加上其他模块后可高达 1800W/mK。

(3) 具有测量样品种类广泛的特点。可以通过搭配相应模块,实现对固体、粉末、涂层、薄膜、液体及各向异性材料导热性能的测定。

9.3.3 机械特性试验平台

1. 原位膨胀分析系统

车用锂离子电池充放电过程中,锂离子在电极活性材料中的嵌入和脱出、温度变化、析锂等过程将引起电池膨胀和收缩,在外部位移/压紧力约束下,会发生体积和应力的宏观尺度变化。图 9-11 为电池原位膨胀分析系统,可以原位无损测量电芯厚度和膨胀力,评估不同工况下电芯性能;可对电芯施加恒压力和恒间隙测试模式,评估不同受力条件下的电芯性能。其压力测试范围为 10~1000kg,压力分辨率/精度为 1kg/±0.3%;绝对厚度测量范围为 0~100mm,绝对厚度分辨率/精度为 $0.1\mu m/\pm 1\mu m$。

2. 电池针刺试验机

虽然国家强制标准 GB 38031—2020 中取消了电池针刺要求,针刺试验仍是众多整车企业评价电池在极端工况条件下安全性的一种方法。针刺试验机实验规程可参考国标 GB/T 31485—2015 电动汽车用动力蓄电池安全要求及试验方法中 6.2.8 节对于针刺实验的规定,将直径为 5~8mm 的钢针以 (25 ± 5)mm/s 的速度从垂直于电池极板的方向贯穿电池,并观察 1h。若电池不起火、不爆炸,则表示顺利通过该项试验。图 9-12 为某款电池针刺试验机,它备有耐高温钨钢针、防爆观察窗、防爆照明灯、烟雾探测报警泄压阀等。其工作室尺寸不小于 400mm×600mm×600mm;可测电池尺寸为 400mm×300mm×200mm。针刺速度为 10~50mm/s,可调;针刺力为 0~13kN,可调;针刺行程为 0~500mm,可调;试验平台可升降调节,以获得不同的样品放置高度。精度控制方面:针刺力控制精度为±1%;位移控制精度为±1%;速度控制精度为±0.1mm/s。

注:"针刺力"是指刺针与电池之间的相互作用力。

图 9-11 原位膨胀分析系统

图 9-12 电池针刺试验机

9.4 车用动力电池主要试验内容

车用动力电池测试的对象为电池单体、模块和电池系统,电池单体的试验内容包括电池的基本性能测试(容量测试、内阻测试、开路电压测试)、耐久性测试以及热特性测试(电池热物性参数测试、有效熵电势测试、热失控测试)。电池模块或电池包的试验内容主要为基本性能测试(容量测试、内阻测试)。电池系统相关测试主要包括:①室温、高温和低温下的容量和能量测试;②室温、高温和低温下的功率和内阻测试;③室温、高温下,车载无负载和电池系统存储状态下的容量损失测试;④高低温启动功率测试;⑤能量效率测试;⑥标准循环寿命测试;⑦工况循环寿命测试。进一步信息可参考相关标准,如 GB/T 31467.1—2015、GB/T 31467.2—2015 和 GB/T 31484—2015。

本节重点介绍车用动力电池管理系统开发中常用的电池试验内容,含电池单体和电池模块或电池包的试验。

9.4.1 基本性能试验

1. 单体基本性能试验

通过基本性能试验,可以获得不同工作条件下,电池的容量、内阻及开路电压等基本性能参数,为电池评价和建模提供数据。

1) 试验内容

车用锂离子电池单体基本性能试验主要包含以下几个方面的内容。

(1) 容量测试。容量是锂离子电池最重要的参数之一,反映电池承载电荷的能力,分为充电容量和放电容量。锂离子电池的容量受充放电方法、环境温度、倍率等因素的影响。在基本性能测试中,通常测试电池的放电/充电容量随环境温度、倍率的变化关系,此时需保证电池的充电/放电条件一致,即在相同的环境温度和充电/放电方法下进行充电/放电,再观察不同条件下放电/充电容量的差别。

(2) 内阻测试。测量电池内阻的方法主要有三种,分别为交流阻抗频谱法、断电法和阶跃法。断电法和阶跃法是利用电流突变时,欧姆内阻与其他极化现象响应时间的不同,来进行不同内阻的辨识。输入电流瞬间变化时,欧姆内阻引起的电压降瞬间发生变化,随后,其他极化以近似指数的规律完成瞬态过程,直至电压恢复到稳态电压值。交流阻抗频谱法是向电池输入不同频率的微小电压/电流交流信号,通过分析输出信号(电流/电压)和输入信号(电压/电流)的关系,推断电池的等效电路参数,从而得到电池的内阻。本章采用阶跃法测量不同 SOC 对应的电池直流充放电欧姆内阻和总内阻,阶跃法也称为 HPPC(hybrid pulse power characterization)测试法。

(3) 开路电压测试。电池的开路电压(OCV)是指连接电池的电路断开后电压达到的稳定值。对于充电过程的电池,断电后电压将逐步下降至稳定值,对于放电过程的电池,断电后电压将逐步上升至稳定值。电池的开路电压随 SOC 变化,开路电压表征电池在某一荷电状态 SOC 下所对应的稳定电动势,开路电压测试的内容即是测量电池 OCV-SOC 曲线。OCV-SOC 曲线的测试方法主要有插值法和静置法两种。

2) 试验方法

本节介绍容量测试、内阻测试和开路电压测试的试验方法,试验对象以车用三元锂离子电池单体(电池容量为 37A·h)为例。所有测试均需要在恒温间或恒温箱内进行,以保证稳定的环境温度。

(1) 容量测试

容量测试的内容为测试电池单体在不同温度、不同倍率下的放电容量,以获得电池放容量随温度、倍率的变化关系。

测试中,温度点、倍率点的选取范围需要覆盖电池的工作温度和工作倍率区间。本节示例中试验参数点选取参见表9-2。

表9-2 容量测试的试验点选取

倍率	温度			
	−25℃	0℃	25℃	55℃
1/3C	√	√	√	√
1C	√	√	√	√
3C	√	√	√	√

测试过程中需要保证除温度、倍率外的其他试验条件完全一致,包括电池的充电方法和放电截止电压。根据试验用37A·h三元锂离子电池说明书,该电池的标准充电模式为:25℃下,以1C倍率(37A)恒流充电至4.2V,再以4.2V恒压充电直至电流达到截止电流1.85A。电池的充电截止电压为4.2V,放电截止电压为2.5V。测试的具体步骤见表9-3。

表9-3 容量测试步骤

步骤	操作
1. 静置	温箱调至25℃,静置3~5h至温度平衡(根据前期电池温度确定,一般电池温度零度以下静置5h,零度以上静置时间3~5h)
2. 充电	以1C倍率(37A)恒流充电至充电截止电压(4.2V),再以充电截止电压(4.2V)恒压充电至充电截止电流1/20C(1.85A)(如果无厂商资料,一般以1/20C为截止电流)
3. 静置	温箱调至−25℃,静置5h至电池温度平衡
4. 放电	以1/3C倍率恒流放电至放电截止电压(2.5V)
5. 循环	重复3次步骤1~4,以消除前一次充放电以及测量误差的影响。静置的时间根据充、放电温度差进行调整,一般零下静置5h,零上静置3~5h,充放电切换温度不变则可静置1~3h
6. 循环	改变4中的放电倍率为1C、3C,重复步骤1~5
7. 循环	改变3中的温箱温度为0℃、25℃、55℃,重复步骤1~6

下面以一个具体的例子来演示容量测试的结果和分析方法。图9-13为温箱在25℃的情况下,容量为37A·h的三元锂离子电池以1/3C倍率做容量测试的原始电压、电流随时间变化的曲线。该试验包括两次充放电循环。在进行试验数据处理时,实验者根据每次放电过程的电流对时间积分得到放电电量,并以两次放电电量的平均值作为该温度和倍率下的电池容量。

进一步研究锂离子电池放电容量与倍率的关系。以37A·h的三元锂离子电池为测试对象,在25℃不同倍率下进行放电测试,可得到图9-14所表示的放电电压随时间变化的对比曲线。从图中可看出,相同温度下放电倍率越大,电池电压下降速率越大,从而会越快达到放电截止电压。

进而通过试验结果,可得到电池放电容量随温度、倍率变化的曲线。图9-15(a)为在不同环境温度下,电池的放电容量随放电倍率变化的曲线。可以看出在0℃及以上的环境温度,电池的放电容量随放电倍率增加而减少,这是大倍率放电下电池极化增大,放电时提前

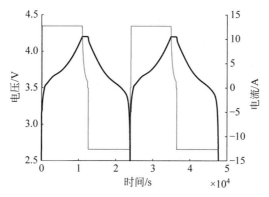

图 9-13　常温(25℃)下,37A·h电池以1/3C倍率容量测试电压、电流曲线

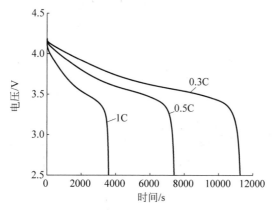

图 9-14　常温(25℃)下,37A·h电池在不同倍率下放电测试电压曲线对比

达到截止电压导致的。但是-25℃下,以3C倍率放电,容量反而增加,这是由于低温下,以3C倍率放电时电池自身温升较大造成的。图9-15(b)为在不同倍率下,电池放电容量随环境温度的变化曲线。可以看出,一般情况下环境温度升高,电池的放电容量也增加。在大倍率和低环境温度条件下,由于电池自身温度升高明显,放电容量随环境温度的变化规律可能略有区别。图9-16为试验电池在-25℃下不同放电倍率的电池电压和温度变化曲线,可以看出在以3C倍率放电时,电池自身的温升非常明显,因此电池容量有所增加。

(2) 内阻测试

采用阶跃法(也称作HPPC方法)测量不同温度下、不同SOC对应的电池直流充放电欧姆内阻和总内阻,试验方法的设计主要参考了《FreedomCAR电池试验手册》。欧姆内阻与电流无关,会使电压在施加电流后的短时间内发生改变;电池极化内阻与电流大小相关,会随电流值的增大而改变并最终达到平衡。实验仪器的采样频率为1Hz,试验中通过向电池输入阶跃电流信号,使用1s内的电压变化值比1s内的电流变化值来获得短时间响应的内阻(本书近似看作欧姆内阻),用30s内的电压变化值比30s内的电流变化值获得近似总内阻。试验原理如图9-17所示。

当 $\Delta t = 1s$ 时,可近似得到电池的欧姆内阻:$R_{Ohm} = \dfrac{\Delta U_{1s}}{I}$;

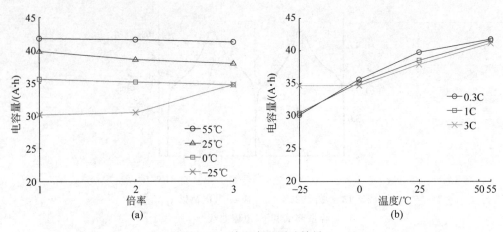

图 9-15 放电容量测试结果
(a) 不同倍率下放电容量对比；(b) 不同温度下放电容量对比

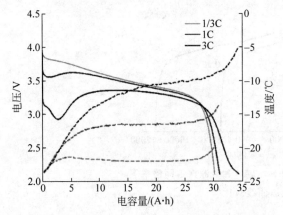

图 9-16 低温(-25℃)下,不同倍率放电电压与温度曲线

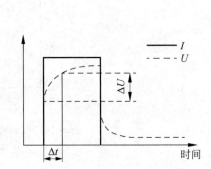

图 9-17 阶跃法电阻测试原理

当 $\Delta t = 30s$ 时,可近似得到电池的总内阻: $R_{\text{total}} = \dfrac{\Delta U_{30s}}{I}$;

当电流为正时(充电)得到电池的充电内阻,电流为负时(放电)得到电池的放电内阻。在不同 SOC 处,电池的内阻不同。

测量 -25℃、-10℃、0℃、10℃、25℃、40℃下,电池在不同 SOC 处的内阻,试验的具体步骤如表 9-4 所示。

表 9-4 阶跃法测量电池内阻的具体试验步骤

步 骤	操 作
1. 静置	温箱调至 25℃,静置 3h 至温度平衡
2. 充电	以 1C 倍率(37A)恒流充电至 4.2V,再以 4.2V 恒压充电至 1.85A
3. 静置	温箱调至 -25℃,静置 5h 至温度平衡
4. 电流脉冲[①]	以 1C 恒流放电 30s,静置 40s,1C 恒流充电 30s
5. 调整 SOC	以 1C 倍率放电,调整至下一个 SOC 点(如以 5% SOC 为间隔,则调整 SOC 至 95%),静置 3~5h

续表

步 骤	操 作
6. 循环	重复步骤4~5,至SOC为0%
7. 电流脉冲①	以1C恒流放电30s,静置40s,1C恒流充电30s
8. 静置	静置1h
9. 循环	改变3中的温箱温度为-10℃、0℃、25℃、10℃、40℃,重复步骤1~8

注：①上限电压4.2V,下限电压为2.5V。如果电压超限,自动跳转下一步。

HPPC测试步骤的示意图参见图9-18。

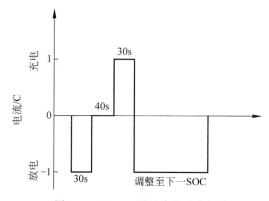

图9-18 HPPC测试步骤示意图

图9-19所示为电池放电HPPC测试全过程电压随时间变化的曲线。为使读者更好地理解这一过程,作者对其中部某单次HPPC步骤进行了放大,图中的脉冲充/放电是为了计算该电池在此温度和SOC下的内阻(包括欧姆内阻和总内阻,方法如图9-17所述)；放电5%步骤是为了让电池状态达到下一个测试的SOC；充分静置步骤是为了让电池恢复平衡的电化学状态,以提高内阻及OCV的测试精度。

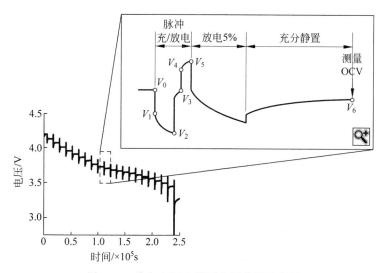

图9-19 放电HPPC测试电压曲线示意图

从 100%SOC 至 0%SOC 每隔 5%SOC 进行一次 HPPC 测试,得到电池在各 SOC 测量点下的内阻,进而进行插值/曲线拟合,这样就可以得到电池在不同温度和不同 SOC 下的充电/放电内阻,如图 9-20 所示。从图 9-20 可看出不同温度下,电池放电欧姆内阻(以 1s 为时间间隔计算的内阻)随 SOC 的变化关系,图中从下至上依次为 40℃、25℃、10℃、0℃、-10℃、-25℃ 的内阻曲线。可以看出,随着温度降低,电池内阻逐渐升高,尤其在 0℃ 以下时,变化更为显著。

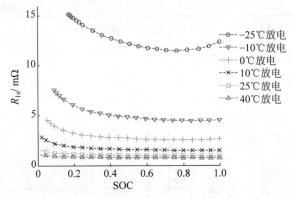

图 9-20 不同温度下电池内阻随 SOC 变化曲线

(3) 开路电压(OCV)测试

OCV-SOC 曲线的测试方法主要有插值法和静置法两种。测试目的为获得电池的开路电压与 SOC 关系曲线。在不同温度下,电池开路电压与温度有一定关系,但变化不大,可以认为电池开路电压与 SOC 关系曲线基本不变。但电池放电和充电过程达到相同 SOC 时,静置获得的开路电压可能会有差异,称为电池的开路电压滞回现象。对于磷酸铁锂电池,滞回现象较为明显,对于三元锂电池,充放电开路电压曲线的差别较小。本节给出三元锂电池开路电压随 SOC 变化关系曲线的测试方法。

首先对插值法进行介绍。插值法是将电池用相等的小倍率电流充电和放电,则电池的 OCV 曲线近似为充电与放电电压曲线的中值。该方法原理简单,但精度较差,尤其是在 SOC 的两端区间,两条充放电端电压曲线相对于 OCV 曲线并不完全对称,另外这种方法无法获得(带)滞回的开路电压曲线。因此 OCV 插值方法并不常用。

本节使用静置法对电池的开路电压进行测试。该方法是目前已知的 OCV 试验方法中精度较高的一种,它通过停止充放电让电池处于足够时间的静置状态而得到稳定、准确的 OCV。由于静置时间不同,得到的 OCV 曲线可能存在差异,一般常温下(大于 0℃)选取静置时间为 3h 以上,低温下(小于或等于 0℃)选取静置时间为 5h 以上。

测试具体步骤参考表 9-5 和表 9-6。

表 9-5 静置法测量电池放电开路电压曲线

步 骤	操 作
1. 静置	温箱调至 25℃,电池在温箱中静置 3h 至温度平衡
2. 充电	以 1C 倍率(37A)恒流充电至充电截止电压(4.2V),再以充电截止电压(4.2V)恒压充电至充电截止电流 1/20C(1.85A)
3. 静置	静置 3~5h
4. 调整 SOC	以 1C 倍率放电,调整电池 SOC 为 95%,静置 3~5h
5. 循环	以 5%SOC 为间隔,重复步骤 4,至 SOC 为 0%

表 9-6 静置法测量电池充电开路电压曲线

步　　骤	操　　作
1. 静置	温箱调至 25℃,电池在温箱中静置 3h 至温度平衡
2. 充电	以 1/3C 倍率恒流放电至放电截止电压(2.5V)
3. 静置	静置 3～5h
4. 调整 SOC	以 1C 倍率充电(电压达到截止电压后转恒压充电),调整电池 SOC 的增量为 5%,静置 3～5h
5. 循环	以 5%SOC 为间隔,重复步骤 4,至 SOC 为 100%

在实际电池测试过程中,为了提高效率,往往将开路电压测试与内阻测试(内阻测试方法参见前文)相结合(见图 9-19 中放大图最右侧)。图 9-21 为 25℃下电池的开路电压曲线,可以看出试验使用的 37A·h 三元锂离子电池充放电开路电压有滞回现象,但不显著。图中 CHA(charge)代表充电状态开路电压,DCH(discharge)代表放电状态开路电压。

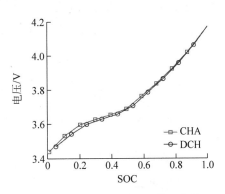

图 9-21　25℃下开路电压滞回曲线

2. 电池模块或包测试

电池模块或包的基本性能测试目的主要是用于评价电池一致性,为电池管理中的状态估计、均衡算法等提供支持。

1) 容量测试

模组或包的容量测试步骤如表 9-7 所示。

表 9-7　模块或包的容量测试步骤

步　　骤	操　　作
1. 准备	将多通道采集设备(也可以是电池管理 BMS)的电压传感器连接到模块或包的各个单体极柱上,将温度传感器适当地布置在模块或包的电池表面上(采用硅胶和胶带固定)。调节采集设备与充放电仪器之间的通信,保证采集设备能够正确收到模块中每个单体的电压及温度
2. 静置	将电池模块或包放置于温箱中调至 25℃,静置 3h 至温度平衡
3. 充电	以 1C 倍率恒流充电至最高单体电压为 4.2V,静置 10s,再以 1/20C 充电至最高单体电压达到充电截止电压(4.2V)
4. 静置	温箱调至测试温度(用户关心的温度),静置 5h 至电池模块或电池包温度平衡
5. 放电	以 1/3C 倍率恒流放电至最低单体电压达到放电截止电压(2.5V)
6. 循环	改变步骤 5 中的放电倍率为 1C、3C,重复步骤 2～5

2) 内阻测试

电池模块或包的内阻测试也采用与单体电池一样的阶跃法(也称作 HPPC 方法)测量,但是不用考虑太多的温度,一般只是考虑室温情况,其过程如表 9-8 所示。

表 9-8　阶跃法测量电池模块或包的内阻试验步骤

步骤	操作
1. 准备	将多通道采集设备(也可以是电池管理 BMS)的电压传感器连接到模块或包的各个单体极柱上,将温度传感器适当布置在模块或包的电池表面上(采用硅胶和胶带固定)。调节采集设备与充放电仪器之间的通信,保证采集设备能够正确收到模块中每个单体的电压及温度
2. 静置	温箱调至 25℃,静置 3h 至电池模块或电池包温度平衡
3. 充电	以 1C 倍率恒流充电至最高单体电压(4.2V),静置 10s,再以 1/20C 倍率充电至最高单体电压达到充电截止电压(4.2V)
4. 静置	温箱调至测试温度,静置 5h 至电池模块或电池包温度平衡
5. 电流脉冲[①]	以 1C 倍率恒流放电 30s,静置 40s,以 1C 倍率恒流充电 30s
6. 调整 SOC	以 1C 倍率放电,调整至下一个 SOC 点(如以 5% SOC 为间隔,则调整 SOC 至 95%),静置 3~5h
7. 循环	重复步骤 5~6,至 SOC 为 0%
8. 电流脉冲[①]	以 1C 倍率恒流放电 30s,静置 40s,以 1C 倍率恒流充电 30s
9. 静置	静置 1h

注:①单体最高上限电压为 4.2V,单体最低下限电压为 2.5V。如果电压超限,自动跳转下一步。

9.4.2　耐久性试验

1. 试验内容

车用动力电池的耐久性可以由电池寿命进行表征,在相同的运行工况下,电池寿命越长,电池的耐久性越好。电池寿命包括日历寿命与循环寿命,日历寿命是指电池在静置储存状态下的寿命,循环寿命指电池在不同工况循环作用下的寿命。一般而言,研究日历寿命需要的时间较长。

表征电池寿命的参数较多,其中,电池的标准容量衰减率及电池内阻的变化率最为常用。一般能量型电池以电池的标准容量衰减为初始值的 80%,功率型电池以内阻增长为初始值的 2 倍,作为电池寿命终结的标志。

影响电池耐久性的因素很多,以温度和倍率的作用最为显著,本节中主要考虑以下两个因素的作用:环境温度与放电倍率。

2. 试验方法

寿命试验的常用方法为,选择一定数量的电池样品置于不同应力水平(温度、SOC、倍率)下测试,观察所有样品的寿命情况。寿命测试包括日历寿命、循环寿命(含恒电流循环、工况循环)测试等。日历寿命测试试验点可以参考表 9-9,循环寿命测试中选取的试验点可以参考表 9-10,工况循环寿命测试工况可参考 GB/T 31484—2015,每个试验点需要测试至少两个样品。

表 9-9　日历寿命测试试验点

SOC	温度			
	−25℃	0℃	25℃	55℃
25%	√	√	√	√
50%	√	√	√	√
75%	√	√	√	√
100%	√	√	√	√

表 9-10 循环寿命测试试验点

电流倍率(I_1)	温度			
	-25℃	0℃	25℃	55℃
1/3C	√	√	√	√
1C	√	√	√	√
3C	√	√	√	√

日历寿命测试试验步骤如表 9-11 所示,为了获得电池标准容量及内阻衰减与搁置时间的关系,每隔一段时间需要将环境温度调整至 25℃,对电池进行标准容量测试和 HPPC 测试。在 25℃下进行的参考测试又称 RPT(reference performance test)测试。

表 9-11 日历寿命测试试验步骤

步骤	操作
1. RPT 测试	温箱调至 25℃,静置 3~5h 以上至温度平衡(根据电池初始温度,温度越低静置时间需要越长); 进行电池标准容量测试和 HPPC 测试
2. 静置	温箱调至 25℃,静置 3h 至电池温度平衡
3. 充电	以 1C 倍率恒流充电至截止电压,再以截止电压恒压充电至 1/20C 截止电流
4. 静置	静置 30min
5. 调整 SOC	以 1C 倍率放电,调整电池 SOC 至测试的 SOC
6. 搁置	温箱调整至测试温度,搁置 1 周时间(为了缩短 RPT 时间,可根据衰减情况调节,衰减慢可以增加搁置时间)
7. 循环	重复步骤 1~6,直至电池容量衰减至初始容量的 80% 或内阻增加 2 倍

循环寿命试验步骤如表 9-12 所示,为了对比电池单体在不同循环次数时的内阻和容量,每隔一定的循环次数,需进行一次 RPT 测试。

表 9-12 循环寿命测试步骤

步骤			操作
1. RPT 测试			温箱调至 25℃,静置 3~5h 以上至电池温度平衡; 进行电池标准容量测试和 HPPC 测试
2. 调整温度			温箱调至试验点温度,静置 3~5h(目标温度≥0℃,取 3h,否则取 5h)
3. 循环①	恒电流循环	(1)	以 1C 倍率充电至截止电压,再以截止电压恒压充电至 1/20C 截止电流
		(2)	搁置 30min
		(3)	以试验点倍率放电至截止电压
		(4)	搁置 1h
		(5)	步骤(1)~(4)循环 n 次
	工况循环	(1)	以 1C 倍率充电至截止电压,再以截止电压恒压充电至 1/20C 截止电流
		(2)	搁置 30min
		(3)	以指定工况放电至截止电压
		(4)	搁置 1h
		(5)	步骤(1)~(4)循环 n 次
4. 循环			重复步骤 1~3,直至电池容量衰减至初始容量的 80% 或内阻增加 2 倍

注:①表示有些电池在低温下有可能无法进行充电,此时可以不考核低温循环寿命。

寿命测试的图例如图 9-22 所示,图中为磷酸铁锂电池在 45℃、1/3C 放电倍率下的寿命测试结果。可以看出,电池的容量随循环次数的增加显著下降,但内阻却没有明显增加。

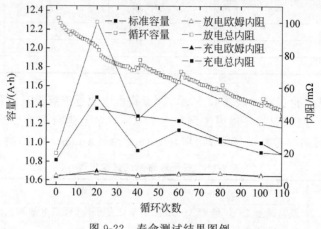

图 9-22 寿命测试结果图例

9.4.3 热特性试验

1. 试验内容

车用锂离子电池的特性(如内阻)受温度影响很大。而在实际使用过程中,一方面,锂离子电池所处的环境温度受场地、季节以及气候的影响较大;另一方面,在锂离子电池充放电过程中,电池温度也会受到自身产热的影响。为了精确估计电池的状态,需要通过热特性试验获得电池热特性参数,从而建立电池温度预测模型,最终实现电池温度的精确预测。

其中,锂离子电池热特性试验主要包含以下 3 个内容。

1) 电池的热物性参数(比热容测试和导热系数) 测试

电池的比热容和导热系数是电池的两个重要热物性参数,需要测试标定。

2) 有效熵电势测试

电池产热模型中的反应热取决于工作电流和有效熵电势 U_{EP}(即 $T_{abs} dU_{OCV}/dT$,其中,T_{abs} 指绝对温度;dU_{OCV}/dT 为反应热系数),有效熵电势参数受电极材料影响较大,且在很大程度上受 SOC 的影响,为了实现反应热的实时在线估算,需要在线下进行专门的标定测试,获取不同 SOC 下的电池有效熵电势。

3) 电池热失控特性测试

通过电池热失控特性测试,可以获得评价电池热安全的 3 个特征温度,即副反应自产热起始温度(一般采用 T_1 表示)、热失控触发温度(一般采用 T_2 表示)和热失控最高温度(一般采用 T_3 表示)。

2. 试验方法

本节介绍车用动力电池的热物性参数测试(比热容测试和导热系数测试)、有效熵电势测试及热失控特性测试的试验方法。

1) 比热容测试

比热容测试根据加热量与温升的关系:$Q = cm\Delta T$,在已知加热量并测得温升的情况下,间接计算得到电池比热容 $c=\dfrac{Q}{m\Delta T}$,其中,Q 为加热量(J),m 为电池质量(kg),ΔT 为温升(℃)。比热容标定试验在绝热加速量热仪(ARC)中进行,ARC 可以保证腔内环境温度与电池温度始终保持一致,避免电池对外散热,模拟绝热环境。

比热容测试的具体步骤见表 9-13。

表 9-13 比热容测试步骤

步 骤	操 作
1. 布置加热片	在两块电池单体之间放置矩形电阻加热片,加热片的大小略小于电池单体;加热片与两电池单体紧密接触,并用耐高温胶带固定在一起
2. 布置温度传感器	将电池置于 ARC 中,并在电池表面布置温度传感器
3. 加热	设定 ARC 的 step 为 0 模式(放热模式),启动加速量热仪,并按 hold 保持,开始加热加热片,使电池从 30℃升高到 60℃后停止加热
4. 记录	记录温度、加热功率等试验数据,完成试验

比热容(C_p)测试的参考结果如图 9-23 所示,可以看到在所测的温度(T)区间,电池比热容数据在 1000~1300J/(kg·K)范围内有一定波动。图中同时给出了比热容随温度变化的线性拟合曲线。可以看出,电池的比热容随温度升高而略有增大。

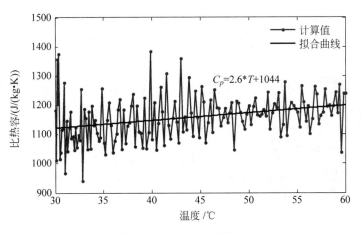

图 9-23 比热容计算结果

2) 导热系数测试

为建立精准的车用动力电池热管理及热失控蔓延模型,需要对电池导热系数进行准确的测算。由于电池导热系数是各向异性的,不能通过简单计算直接得到,所以需要借助辨识方法与试验数据拟合得到。

导热系数测试的具体步骤见表 9-14 和图 9-24。

表 9-14 导热系数测试步骤

步 骤	操 作
1. 取出单体内部电芯	取两个电池单体,分别拆除外壳,取出电芯,并对它们进行剪裁处理,保证其厚度为 5mm 左右(保证有较好的导热性能),记录各自的电芯质量及几何尺寸,如图 9-24(a)所示

续表

步　骤	操　作
2. 布置温度传感器	在两块电池单体的外表面中轴线上,以中心点为原点,每隔25mm布置1个温度传感器(包括中心点,共布置3个传感器),并用聚酰亚胺胶带进行粘贴紧固,如图9-24(b)所示
3. 布置陶瓷加热片	选取圆形陶瓷加热片对电芯进行加热,并在加热片表面涂抹少许导热硅脂,用以强化电池与加热片之间的接触,如图9-24(c)所示
4. 电芯二次封装	然后将第3步中的加热片放置在上述两个电芯的内表面中心位置,并用聚酰亚胺胶带缠绕紧固,如图9-24(d)所示; 然后使用铝塑膜对电池样品进行封装,并用保温棉进行全方位包裹,以减少环境散热的影响,如图9-24(e),(f)所示; 最后用夹具夹紧后放置于恒温箱内,直至电池与温箱温度达到近似平衡,如图9-24(g)所示
5. 加热	将加热片连接直流电源,根据需求调节直流电源输出电压,保证电池外表面中心点处的温度能够在3~5min最高温升达到20℃左右
6. 记录试验数据	温升达到20℃之后关闭加热器电源,记录加热总时长。停止加热5min后,关闭数据采集器,并收集温度数据
7. 建模辨识参数	应用多物理场仿真软件Comsol建立符合导热系数测试过程的物理模型,即固体传热模型。以试验记录的对应点处的温度作为参数模型辨识的目标温度,通过不断调整模型中的导热系数以及环境散热系数来使得各点处的试验值与仿真值误差最小,从而获得对应的导热系数参数值,如图9-24(h),(i)所示

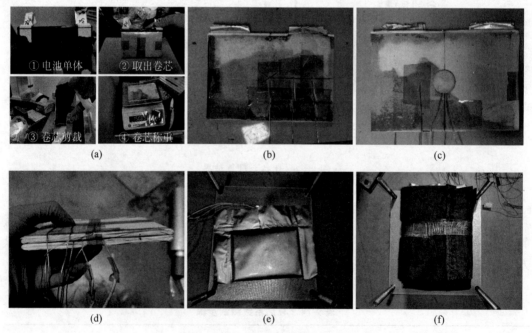

图 9-24　导热系数测试步骤

(a) 制备电芯样品;(b) 外表面布置温度传感器;(c) 内表面布置陶瓷加热片;(d) 两块卷芯合并;
(e) 铝塑膜封装;(f) 保温棉隔热;(g) 放置恒温箱中;(h) 模型搭建;(i) 试验值与仿真对比

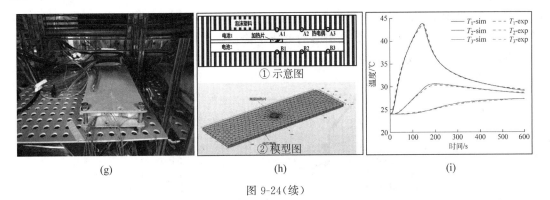

图 9-24（续）

导热系数测试的参考结果如图 9-25 所示。图中虚线为热电偶布置点处的试验温度曲线，实线为对应的仿真温度曲线，可以看出两者的拟合结果较好，进而可以从 COMSOL 模型中读取此时对应的电芯导热系数值。

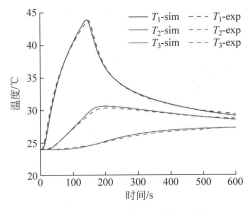

图 9-25 导热系数参数辨识结果

3）有效熵电势测试

考虑实车会在各种不同的工况下运行，需要对车用动力电池全 SOC 范围、全温度范围（−20～55℃）内的反应热进行测试标定。

有效熵电势测试的具体步骤见表 9-15。

表 9-15 有效熵电势测试步骤

步　骤	操　作
1. 调整 SOC	温箱调至 25℃，静置 3h 至温度平衡，以 1C 倍率放电至截止电压（调整电池 SOC 为 0%）
2. 静置	静置 3h 至温度平衡，并测量开路电压
3. 静置	温箱调至 55℃，静置 3h 至电池温度平衡，并测量开路电压
4. 静置	温箱调至 25℃，静置 3h 至电池温度平衡，并测量开路电压
5. 静置	温箱调至 0℃，静置 5h 至电池温度平衡，并测量开路电压
6. 静置	温箱调至 −20℃，静置 5h 至电池温度平衡，并测量开路电压
7. 静置	温箱调至 25℃，静置 5h 至电池温度平衡，并测量开路电压
8. 调整 SOC	以 1C 倍率充电依次将电池 SOC 增加 10%，并重复步骤 2～7，直到调整电池 SOC 至 100%

图 9-26 显示了不同温度下开路电压的变化过程示例。需要注意的是,在静置过程中特别是高温静置时会存在由于自放电引起的电压下降。在数据处理中,假设电池自放电造成的电压降和静置时间成正比,通过计算静置段电压变化的斜率来消除自放电的影响。

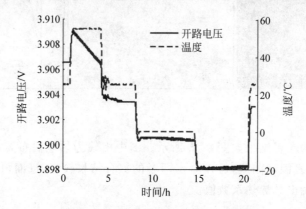

图 9-26 开路电压随温度的变化曲线

根据测得的电池电压、温度数据,按式(9-1)可以计算得到电池的反应热系数(dU_{OCV}/dT)。根据电化学原理,正常工作范围内反应热系数 dU_{OCV}/dT 不随温度变化,而熵电势 U_{EP} 则可表示为绝对温度 T_{abs} 和 dU_{OCV}/dT 的乘积,如式(9-2)所示。图 9-27 给出了熵电势的测试结果,由曲面对比可见,SOC 对熵电势的影响比温度要大很多。

$$\frac{dU_{OCV}}{dT} = \frac{U_{OCV}(T_1) - U_{OCV}(T_2)}{T_1 - T_2} \tag{9-1}$$

$$U_{EP} = T_{abs} \frac{dU_{OCV}}{dT} \tag{9-2}$$

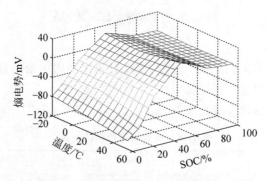

图 9-27 有效熵电势测试结果

4) 热失控特性测试

车用动力电池热失控特性试验在 EV-ARC 中进行,EV-ARC 可以保证腔内环境温度与电池温度始终保持一致,避免电池对外散热,模拟绝热环境,从而可以得到绝热环境下的电池自产热导致的温升,可以用于建立锂离子电池热失控模型和评估锂离子电池的安全性。

热失控特性测试的具体步骤见表 9-16。

表 9-16 电池热失控特性测试步骤

步 骤	操 作
1. 传感器布置[①]	为保证 EV-ARC 本身自带的 N 型热电偶(测量 T_S)与电池样品表面贴紧,用夹具将其紧压在电池中心位置。同时为了获得准确的热失控最高温度,另外增加一套温度测量装置,测量内部温度 T_C
2. 加热	从当前温度开始,加热至设定温度 T_{target}(T_{target} 一般比当前温度高 5℃)
3. 等待[②]	加热完成后,进行一段时间的等待(wait),以保证样品达到热平衡
4. 寻峰	等待后,ARC 根据样品温度 T_S 及其变化率 dT_S/dt,判定样品是否开始自产热。如果 ARC 判定样品开始自产热,即检测到样品的自升温速率大于 ARC 设定的检测灵敏度(sensitivity)时,如 0.01℃/min,进入"绝热(exotherm)"阶段。否则,重新回到步骤 1 加热
5. 绝热	ARC 将会跟踪样品的温度,模拟绝热环境
6. 记录	记录温度、电压等试验数据,完成试验

注:① 对于软包电池可以将温度传感器插入到两节并联电池之间,并用高温胶带重新捆绑,该温度所测得的数值可以作为电池内部温度 T_C;其他电池根据具体情况,可能需要对电池进行改造布置。
② 等待时间需要通过标定得到(等热容物标定),一般大容量电池取 30min。

电池热失控特性测试结果如图 9-28 所示(图中 T_{sep} 为隔膜熔解温度),测试开始后,ARC 重复进行加热等待寻峰过程;当电池达到 T_1 时,样品的自升温速率大于 ARC 设定的检测灵敏度,进入绝热阶段;当电池达到 T_2 温度时,电池发生热失控,温升速率急剧增加,在短时间内达到最高温度 T_3。

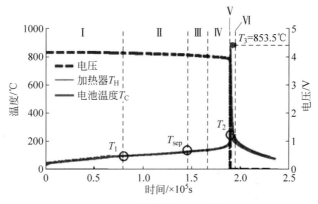

图 9-28 热失控特性测试结果

参 考 文 献

[1] 李哲. 纯电动汽车磷酸铁锂电池性能研究[D]. 北京:清华大学,2011.
[2] FreedomCAR Battery Test Manual for Power-Assist Hybrid Electric Vehicles. INEEL, October, 2003.
[3] 冯旭宁. 车用锂离子动力电池热失控诱发与扩展机理、建模与防控[D]. 北京:清华大学,2017.
[4] 刘光明. 面向电动汽车续驶里程估计的电池剩余放电能量预测研究[D]. 北京:清华大学,2015.
[5] 李哲,韩雪冰,卢兰光,等. 动力型磷酸铁锂电池的温度特性[J]. 机械工程学报,2011,47(18):115-120.

［6］ 沈萍. 基于模型的电池状态高精度联合估计研究[D]. 北京：清华大学，2018.
［7］ LI Z,LU L G,OUYANG M G,et al. Modeling the capacity degradation of $LiFePO_4$/graphite batteries based on stress coupling analysis [J]. Journal of Power Sources,2011,196：9757-9766.
［8］ LIU G M,OUYANG M G,LU L G,et al. Analysis of the heat generation of lithium-ion battery during charging and discharging considering different influencing factors [J]. Journal of thermal analysis and calorimetry,2014,116(2)：1001-1010.
［9］ FENG X N,FANG M,HE X M,et al. Thermal runaway features of large format prismatic lithium ion battery using extended volume accelerating rate calorimetry [J]. Journal of Power Sources,2014,255：294-301.

第10章 车用驱动电机系统测试

电动汽车用驱动电机系统(以下简称"车用驱动电机系统")是实现机电能量转换的关键部件。车用驱动电机系统往往兼具电动和发电功能,并可以正转和反转,满足车辆多种工作模式运行需要。在车辆前进或倒退时,驱动电机系统将车载电能转化为机械能驱动车辆运行;车辆减速、制动或下坡过程中,驱动电机系统发电运行,将车辆动能或势能转化为电能存储在车载储能系统中。此外,车辆的前进和倒退一般通过控制电机转向实现而不需要额外的换向机构。本章主要介绍车用驱动电机系统试验内容和试验方法。

10.1 概　　述

10.1.1 系统组成

车用驱动电机系统是指安装在电动汽车上,为车辆行驶提供驱动力、实现机械能与电能间相互转化的系统,主要包括驱动电机本体、电机控制器以及工作所必须的附件。随着集成一体化技术发展,减速器/变速装置作为传动所需的重要部件,越来越多地与驱动电机系统集成到一起,称为集成式驱动电机系统或一体化电驱动总成。图10-1所示为某一体化电驱动总成实物,图10-2为其组成示意图。

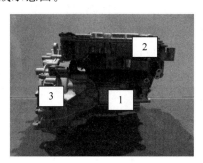

图10-1　某一体化电驱动总成实物
1—电机；2—控制器；3—减速器

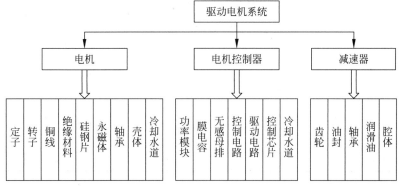

图10-2　车用驱动电机系统组成

10.1.2 系统特点

与传统工业用电机相比,车用驱动电机系统特殊的应用环境是影响设计和测试的关键因素。整体来看,车用驱动电机和工业电机都是电机的一种,分类及控制方法基本相同。在各种电机类型中适于车用驱动电机系统的主要有四种:直流电机、感应电机、永磁同步电机和开关磁阻电机[1-3]。当前电动汽车所用的驱动电机以异步电机和永磁同步电机为主,尤其是铜转子异步电机和内置式永磁同步电机为电动汽车用驱动电机主流选择[1-2]。表10-1给出了车用驱动电机系统与工业用电机系统的对比[3]。从表中可见车用驱动电机比工业用电机工作环境复杂,要求更高。目前,电动汽车用驱动电机系统朝着高速化、集成化方向发展,同时车载直流供电电压、功率等级进一步提升,噪声、成本进一步下降,碳化硅(SiC)材料、超级导线、油冷、扁线绕组、共壳体等新材料、新技术、新工艺逐渐应用,为测试评价技术带来新的挑战。

车用驱动电机系统的测试贯穿产品的开发、设计和应用全过程。在开发阶段,主要开展性能验证和匹配标定,以保证产品的基本性能达到设计目标;在设计验证(design verification, DV)阶段,需要对样品进行功能和性能测试,以确定产品是否可以满足车载应用需要;在产品批量验证(process verification, PV)阶段,需要以一定数量产品开展全面性能评估,以确认产品可以满足批量生产和装车需要,合理选择测试项目及其组合可以有效缩短测试周期、降低测试成本。此外,还有产品下线检测(end of line, EOL)、型式认证试验、生产一致性测试等,在产品使用一定时期后,部分厂家还会开展在用产品性能测试,获取关键数据以支撑产品迭代升级。就测试对象而言,主要包括关键材料(绝缘、导电、磁性等)、关键部件(功率半导体、轴承、齿轮、壳体、冷却回路、转子、定子、电机控制器等)、驱动电机系统、动力系统等。本章主要介绍驱动电机系统测试,围绕表10-1所示车用驱动电机系统特殊的要求开展,验证系统性能是否满足设计或制造要求。

表10-1 车用驱动电机系统与工业用电机系统的比较

性能参数	车用驱动电机系统	工业用电机系统
尺寸	布置空间有限,一般需要根据具体产品进行特殊设计	空间不受限制,可用标准封装配套各种应用
工作环境	环境温度变化范围大($-40 \sim 105^\circ C$),且存在交变,存在气体、水、尘等,受来自路面或其他车载设备的振动和冲击	环境温度适中($-20 \sim 40^\circ C$),静止应用,振动较小,部分环境存在气体、水、尘、爆炸物粉尘等
可靠性	很高,以保证全生命周期驾乘安全	较高,以保证生产效率
冷却方式	通常为液冷(体积小)	通常为风冷(体积大)
控制性能	精确的力矩控制,动态性能较好	多为变频调速控制,动态性能较差
调速范围	很宽	一般
功率密度	很高	一般不做特殊要求
效率	要求具有较大的高效区	一般要求一个或多个高效率工作点
安全性	很高	较高
噪声	很高	一般
电磁兼容	很高	较高
性价比	极高	一般

10.2　主要性能参数

车用驱动电机系统部分性能参数和术语定义与传统工业用电机存在一定差异,这是由其应用环境决定的。

10.2.1　术语和定义

GB/T 18488.1—2015《电动汽车用驱动电机系统 第 1 部分:技术条件》给出了车用驱动电机系统相关的术语及其定义[4],其中规定 GB/T 2900.25《电工术语 旋转电机 标准》、GB/T 2900.33《电工术语电力电子技术》和 GB/T 19596《电动汽车术语》中界定的术语及其定义适用于该标准。车用驱动电机系统主要的术语包括驱动电机系统、驱动电机、驱动电机控制器、直流母线电压等[4]。其中,比较特殊的有:

1) 持续扭矩、持续功率

持续扭矩和持续功率分别是指在规定的工作条件下长时间持续工作的最大扭矩和最大功率。规定的工作条件包括但不限于直流母线电压、冷却条件、环境条件等。长时间持续工作的要求是一个定性要求,实际执行中可以考虑车辆运行时间以 2~4h 为宜,在此期间驱动电机系统不应出现过温报警、功率下降等异常现象。也可以使用温升等参数作为判定的条件,如 10min 内温升小于 1℃ 即可认为达到热平衡,该工作点可长时间持续运行。峰值功率和峰值扭矩还需要指明所持续的时间,如乘用车用驱动电机系统,峰值扭矩持续时间可选择 10s 左右。

2) 主动放电、被动放电

考虑车用高压安全性,直流母线电源断开后,电机控制器直流母线端的电容需要在规定时间内完成放电,根据该电容放电方式的不同分为主动放电(active discharge)和被动放电(passive discharge)。当直流母线端电源被切断后,驱动电机控制器主动启动放电机制,其直流母线端电容快速放电的过程称为主动放电。当直流母线端电源被切断后,驱动电机控制器不主动启动放电机制,其直流母线端电容放电的过程称为被动放电。

10.2.2　系统性能参数

1) 驱动电机系统效率

图 10-3 为典型车用驱动电机系统原理示意图,驱动电机系统的效率为输出功率与输入功率之比,计算公式如式(10-1)所示。

$$\begin{cases} \eta_{\text{电动}} = \dfrac{P_M}{P_E} \times 100\% = \dfrac{P_M}{P_1} \times \dfrac{P_1}{P_E} \times 100\%, & \text{电动} \\ \eta_{\text{发电}} = \dfrac{P_E}{P_M} \times 100\% = \dfrac{P_E}{P_1} \times \dfrac{P_1}{P_M} \times 100\%, & \text{发电} \end{cases} \quad (10\text{-}1)$$

电动工作时,驱动电机系统将车载储能系统中的电能转化为机械能输出驱动车辆,此时系统输出功率为电机轴端机械功率 P_M,输入功率为控制器直流端电功率 P_E,包含了电机电动运行效率 P_M/P_1 与电机控制器逆变工作(DC-AC)效率 P_1/P_E 两部分;发电运行时,驱动电机系统将车辆机械能转化为电能回馈到电池组,此时系统输出功率为控制器直流端电功率 P_E,输入功率为电机轴端机械功率 P_M,包含了电机控制器整流工作(AC-DC)效率 $P_E/$

P_1 与电机发电运行效率 P_1/P_M 两部分。

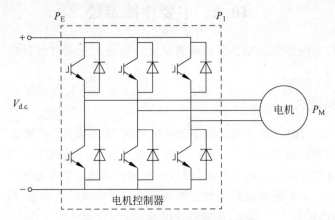

图 10-3　驱动电机系统原理示意图

P_E—电机控制器直流端电功率；P_1—电机控制器交流端电功率；P_M—电机轴端机械功率。

2）扭矩控制精度

扭矩控制精度是驱动电机系统扭矩实际值与扭矩期望值的最大偏差，或扭矩实际值与扭矩期望值的最大偏差占扭矩期望值的百分比。

3）驱动电机控制器直流母线电容放电时间

当驱动电机控制系统被切断直流端电源后，驱动电机控制器直流母线端电容放电至 60V 或 0.2J 所经过的时间为驱动电机控制器直流母线电容放电时间[4-5]。为保证乘员和维修人员安全，要求驱动电机控制器应具有被动放电功能。

4）工作电压范围

驱动电机系统在规定条件下，输出规定的扭矩、转速、功率的电压范围为工作电压范围，分为无限制功率工作电压范围和限功率工作电压范围。图 10-4 给出了电压范围和系统运行状态示意图。驱动电机系统在无限制工作电压范围内应能够输出峰值扭矩、峰值功率、最高工作转速且不应限功率，且无限制工作电压范围的大小和边界应符合产品技术文件规定。在限功率工作电压范围内，驱动电机系统输出的最大功率或扭矩低于峰值功率或峰值扭矩，

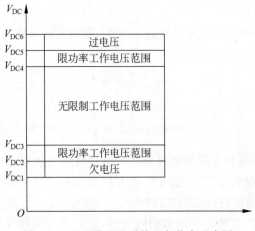

图 10-4　电压范围和系统运行状态示意图

为了安全驾驶,车用驱动系统降功率运行时需要向整车发出报警提示。在过电压或欠电压区,驱动电机系统关闭输出并发出报警信号。在进行车辆动力系统匹配设计时,应合理选择车载储能系统工作电压范围,使驱动电机系统尽量工作于无限制功率工作电压范围内。

10.2.3 测试平台要求

驱动电机系统测试平台主要包括测功机、功率分析仪、高压直流电源/电池模拟器、冷却系统、温箱等[6],图10-5是典型驱动电机测试台架示意图[7],各部分主要功能如下:

(1) **测功机**。测功机实际上也是一种电机,可以根据被测驱动电机系统运行需要,工作于扭矩或转速控制模式,并施加所需载荷。当被测驱动电机系统工作于扭矩控制模式时,测功机工作于转速控制模式;当被测驱动电机系统工作于转速控制模式时,测功机工作于扭矩控制模式。

(2) **高压直流电源**。高压直流电源模拟车载电源,提供被测驱动电机系统电动工作所需的电能并吸收被测驱动电机系统发电工作时产生的电能,吸收的方式一般是将电能变换后输出到电网。

(3) **功率分析仪**。功率分析仪采集被测驱动电机系统工作的电压、电流、扭矩和转速并分别计算电功率、机械功率和效率等。

(4) **冷却系统**。冷却系统为被测驱动电机系统提供所需的冷却条件。

(5) **数据采集系统**。数据采集系统采集油温、振动、电压、电流等信号。所有反馈信号都需要连接至台架控制系统进行统一处理和记录存储。

对于输出为两个半轴的一体化电驱动总成则需要两电机总成测功机台架,如图10-6所示,两个半轴分别连接至两台测功机。

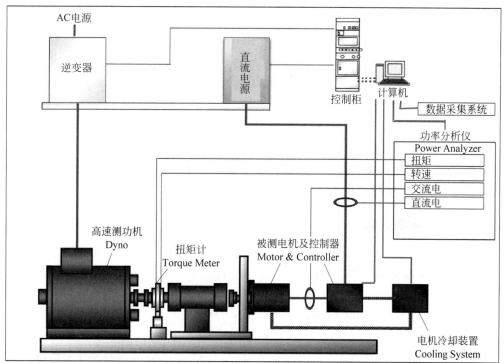

图 10-5 驱动电机系统测试台架示意图

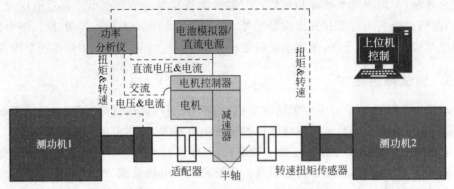

图 10-6　两电机总成测功机台架示意图

为了保证测试结果的精度和可靠性,测试设备所用测量仪器的准确度或误差应不低于表 10-2 的要求[4-5],并满足实际测量参数的精度要求,尤其对于测量电气参数的仪器仪表,应能够满足相应的直流参数和交流参数测量的精度和波形要求。测量时,各仪器的读数应同时读取。对于长期使用的测量仪器需定期完成标定。

表 10-2　试验仪器准确度

项　号	试验仪器	准确度或误差
1	电气测量仪器	0.5 级(兆欧表除外)
2	分流器或电流传感器	0.2 级
3	转速测量仪	±2r/min
4	扭矩测量仪	0.5 级
5	温度计	±1℃
6	微欧计	0.2 级

试验过程中,图 10-3 所示电机控制器直流端电压由高压直流电源提供,或者由高压直流电源和其他储能(耗能)设备联合提供。由于高压直流电源电压变化会影响测试结果,所以台架测试用高压直流电源的控制精度应满足一定要求。对于稳态参数测试来说,当试验电源的直流工作电压不大于 250V 时,其稳压误差应不超过±2.5V;当试验电源的工作直流电压大于 250V 时,其稳压误差应不超过被测驱动电机系统直流工作电压的±1%。对于动态测试,还需要满足功率突变时电压跳变幅值和恢复时间等动态控制精度要求,必要时在电源输出端增加合适的滤波电容以减小电压波动。

10.2.4　测试环境要求

环境条件改变将影响驱动电机系统某些性能,因此测试需要在一定的环境条件下进行。如无特殊要求,可参考 GB/T 18488.2—2015 和 GB/T 38031 中给出的测试环境要求执行。

(1) 温度:23±5℃;
(2) 相对湿度:10%～90%RH;
(3) 气压:86～106kPa;
(4) 海拔:不超过 1000m,若超过 1000m,应按 GB 755—2008 的有关规定处理。

试验中布线的规格尽量与车辆中的实际布线一致,布线长度宜与车辆中的实际布线相同。如果试验中的布线对测量结果产生实质性影响，则应调整相应的外线路阻抗，使之与车辆中布线的阻抗相等。

10.3 主要测试内容

在电动汽车中，驱动电机系统一般作为执行器，接受整车控制器控制指令，提供车辆运行所需的驱动力或制动力。驱动电机系统作为能量转换的核心和执行部件，测试内容包括输入输出特性和效率、环境适应性、安全性、噪声振动、电磁兼容和可靠性等，相关测试可以参考相关国家推荐标准和行业标准，如 GB/T 18488、QC/T 1132、GB/T 36282、GB/T 29307 等。其中输入输出特性（包括特征参数、效率、控制精度、工作电压范围、超速等）、温升、可靠性测试主要在测功机台架上进行；噪声和电磁兼容测试需要在特定的测试环境下基于测功机台架和专用传感器开展测试；环境类测试包括高温试验、低温试验、湿热循环试验、耐振动试验、耐冲击试验、防水、防尘试验、盐雾试验、冰水冲击试验等，它们对应的测试设备有高低温环境箱、振动台、防护等级试验台、盐雾箱、冰水冲击箱等。

10.3.1 输入输出特性试验

车用驱动电机系统输入输出特性是表征驱动电机、驱动电机控制器或驱动电机系统的扭矩、转速、功率、效率、电压、电流等参数间的关系，包含持续扭矩、持续功率、额定转速、峰值扭矩、最高工作转速、峰值功率、效率等主要性能参数，是驱动电机系统设计验证和整车匹配选型设计的依据，也是驱动电机系统试验的主要内容。

输入输出特性测试应分别在电动和发电状态下进行，以下以电动状态为例进行说明。

1) 持续扭矩/额定转速/持续功率

试验前首先确认各种连接正确且牢靠，主要包括被测电机与测功机之间机械连接，直流电源与电机控制器、电机控制器与电机之间动力电缆的连接，电机控制器与电机之间信号线和各子系统与上位机通信线连接，冷却液系统管路连接等。此外，还需要完成系统功能调试，确保通信和控制正常。考虑减速器润滑要求，集成式驱动电机系统还需要加注规定容量和型号的润滑油，并按照产品技术文件规定的方法完成磨合。

试验时，将电机控制器直流端电压从零缓慢升至试验电压，控制测功机工作于转速控制模式，按照一定速率从零升至额定转速并保持稳定，向电机控制器发送扭矩指令使其工作于持续扭矩下，保持测试系统工作在规定的时间内，监测并记录驱动电机控制器直流母线端电压和电流、电机轴端扭矩和转速。试验结束时首先将电机控制器扭矩指令降为零，然后将测功机台架转速降至零，最后断开直流端电源连接。

驱动电机系统的持续扭矩、额定转速、持续功率及其持续时间应能满足设计要求。根据测得的持续扭矩和额定转速，利用式(10-2)计算驱动电机轴端持续功率。

$$P_m = \frac{n \times T}{9550} \tag{10-2}$$

式中：P_m——驱动电机系统的功率，kW；

n ——驱动电机转速，r/min；

T ——驱动电机轴端扭矩，N·m。

对于有两个输出单轴的驱动电机系统,利用式(10-3)计算驱动电机轴端持续功率。

$$P_\mathrm{m} = \frac{n_1 \times T_1 + n_2 \times T_2}{9550} \tag{10-3}$$

式中:n_1,n_2——驱动电机半轴两端转速,r/min;

T_1,T_2——驱动电机半轴两端对应扭矩,N·m。

2) 峰值扭矩/最高工作转速/峰值功率

峰值扭矩/最高工作转速的试验准备和试验方法同上。测试时,测功机和被测电机分别工作于最高工作转速和峰值扭矩并保持,工作时间满足规定。根据式(10-2)或式(10-3),可计算获得驱动电机轴端峰值功率。峰值功率工作持续时间一般较短,需要重复测量时,应将被测电机扭矩降为零的同时降低其转速至额定转速或更低,保持冷却系统正常工作,待充分冷却后再开始测试。

3) 效率

车用驱动电机系统工作点不固定,因此需要测量其整个扭矩-转速工作平面内的效率。显然,扭矩转速点越多,对系统效率的掌握就越准确,但工作量和测试时长也会相应增加。标准[4-5]给出的转速测试点的选取方法是:在驱动电机系统工作转速范围内取不少于10个转速点的转速,最低试验转速点的转速不大于最高工作转速的 10%,相邻试验转速点之间的间隔不大于最高工作转速的 10%。选择测试点时应尽量包含必要的特征点,如额定工作转速点、最高工作转速点、持续功率对应的最低工作转速点、最高效率对应的转速点、其他特殊定义或关注的工作转速点等。目前最高转速已超过 20000r/min,10% 的转速间隔已不能满足测试需要,可以适当增加转速测试点数量。

扭矩测试点的选取方法是:在驱动电机系统电动或馈电状态下,在每个转速点上取不少于 10 个扭矩点,对于高速工作状态,在每个转速点上选取的扭矩点数量可以适当减少,但不宜低于 5 个。测试点选择时应包含必要的特征点,如持续扭矩数值处的点、峰值扭矩(或最大扭矩)数值处的点、持续功率曲线上的点、峰值功率(或最大功率)曲线上的点、最高效率对应的扭矩点、其他特殊定义或关注的工作点等。

(1) 效率测试

试验时,首先运转冷却系统使其正常工作,控制高压直流电源逐步提升直流母线电压至试验电压,通过上位机控制测功机工作于试验转速,给电机控制器发送指令控制驱动电机系统工作于试验扭矩,待系统稳定后,记录直流母线电压和电流、轴端转速和扭矩等参数。然后,调节驱动电机系统工作于下一个试验扭矩并记录相关参数,完成该转速下所有规定扭矩的测量后,将扭矩降为零,再调节测功机工作于下一个试验转速并完成该转速下所有扭矩点测试和数据记录,直到完成所有测试点的测试。试验过程中,若电机或控制器温度过高,允许停机或降低扭矩或转速并保持冷却系统工作,待驱动电机系统温度降到允许工作范围内再开展测试。

根据式(10-1)分别计算驱动电机系统各工作点效率,其中,电机控制器直流端电功率 P_E 可表示为

$$P_\mathrm{E} = UI \tag{10-4}$$

式中:U——驱动电机控制器直流母线电压平均值,V;

I——驱动电机控制器直流母线电流平均值,A。

图10-7给出了某驱动电机系统额定工作电压、室温工作环境、规定冷却条件、电动模式下各测试点分布及效率MAP图,其中不同转速下最大扭矩点连接而成的曲线称为外特性曲线。图中效率相等的相邻各点所连成的曲线称为等值线,如标记85的线由系统效率等于85%的等效率点连线而成,它包围的区域内驱动电机系统效率都大于85%。所有试验点中效率最大值即为系统最高效率,可作为系统性能高低的参考指标之一。

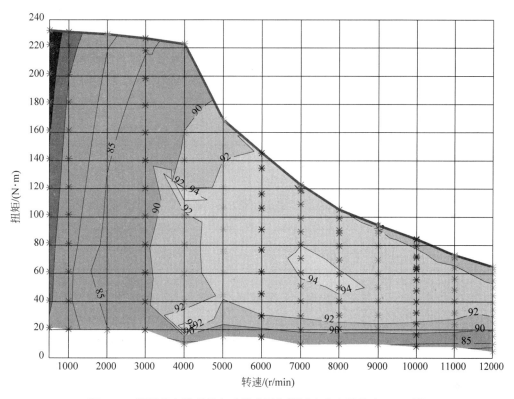

图10-7 某驱动电机系统电动模式下各测试点分布及效率MAP图

(2) 高效区占比计算

在规定的电压和冷却条件下,驱动电机系统的高效工作区占总工作区的百分比称为高效区占比。目前通常以效率不低于85%的工作区域占比计算高效区占比,是车用驱动电机系统重要评价指标之一。

分别求取高效率限值及以上的工作点分布区域面积 A_1 和被测区域面积 A_2,根据式(10-5)计算高效区占比。

$$i = \frac{A_1}{A_2} \times 100\% \tag{10-5}$$

如图10-7所示,效率大于85%的高效区面积和被测区域面积都是不规则图形。工程实践中可以分别统计效率大于给定高效限值的测试点数量和总的测试点数量,二者的比值即为高效工作区占比。以图10-7驱动电机系统为例,均匀选择145个测试点,统计效率≥85%的点共108个,则计算可得高效区占比为74.48%,如果更关注额定转速不同扭矩下的点和外特性上某些点,增加总测试点数为167个,统计可得效率不低于85%的点共129个,则计算可得高效区占比为77.25%,可见计算结果受测试点选择影响。

为了更准确计算高效区占比,推荐采用面积法。不规则图形的面积计算可采用剖分[8]或分割[9]方法。如图10-7所示,通过不同等转速(平行于Y轴的线)和等扭矩线(平行于X轴的线)将高效区和总工作区域剖分成不同网格,分别计算每个区域面积可以获得所需的高效区和总的工作区域面积。以剖分法[8]为例,进一步缩小图10-7中转速和扭矩的间隔可以增加剖分数,表10-3给出了不同剖分数下高效工作区占比计算结果[8],其中剖分数指转速(X轴)和扭矩(Y轴)两个维度的等距分割数,随着剖分数增加,高效工作区占比计算结果逐渐稳定,计算表明,各向剖分数为100左右即可获得收敛且具有较高精度的结果。对比数点法结果可知,在测试点均匀分布的情况下用数点法计算高效区占比具有较好的参考价值,否则建议采用面积法,以避免计算结果存在较大偏差。

表10-3 某驱动电机系统不同剖分数下高效区计算结果

序号	剖分数($X \times Y$)	高效区块数	≥85%的高效区占比/%
1	23×12	132/205	64.39%
2	115×11	641/897	71.46%
3	115×23	1214/1609	75.45%
4	115×46	2452/3304	74.21%
5	115×91	4885/6544	74.65%

基于高效区占比计算结果可以对车用驱动电机系统能效开展对比和评价。能效等级是表示产品能效高低的一种分级方法,T/CSAE 144—2020[8]选择驱动电机系统或电驱动总成效率不低于85%的高效区占比作为能效等级分级依据。基于当前驱动电机系统和总成高效区占比测试数据统计,将驱动电机系统和电驱动总成能效等级分为4级,其中1级能效等级的能效最高,对于驱动电机系统1级能效的要求是高效区占比不低于90%,对于一体化总成由于减速器的存在,1级能效的要求是高效区占比不低于85%。

(3) 工况效率测试与计算

与实车续驶里程表现更为紧密的是驱动电机系统工况效率,即搭载驱动电机系统的车辆工作于某循环工况下驱动电机系统总输出能量和总输入能量之比,典型的工况有CLTC-P、WLTP、NEDC等,并可以进一步分为工况驱动效率、工况回馈效率等,分别是电动工作时间内轴机械功率积分与直流端电功率积分之比和馈电工作时间内直流端电功率积分与轴端机械功率积分之比。需要注意的是,工况效率测试时各个参数必须用高同步数据采集系统同步采集。

一般采用如下两种测试方法[10]:

① 台架布置整车控制器、驱动电机系统、高压直流电源、油门踏板和制动踏板(或油门和制动踏板信号)等,将指定工况下的车速设定为目标值,公差要求按照GB/T 18386《电动汽车能量消耗率和续驶里程试验方法》执行,测试系统示意图如图10-8所示,测功机工作于道路负载模拟(road load simulation, RLS)模式,根据目标车型参数提供不同车速下的阻力矩,驾驶员模型根据车速指令和反馈控制输出油门和踏板信号给整车控制器,整车控制器根据一定的算法计算并输出扭矩指令控制驱动电机系统工作,实现车速调节与跟随,在没有整

车控制器时也可以由驾驶员模型根据目标车速和车速反馈结果输出扭矩指令给电机控制器完成测试。测试过程中,根据需要将直流母线电压设置为额定工作电压或其他指定电压,也可以用实际电池包或电池模拟器实时模拟车载储能动力电池。

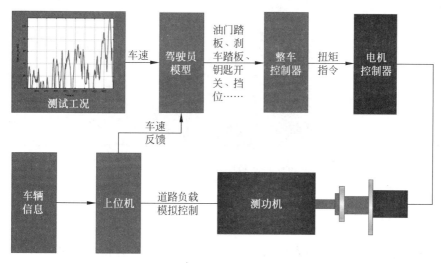

图 10-8 驱动电机系统工况效率测试示意图

工况效率测试也可以在整车上进行。测试时,将整车安装在四驱总成台架上并布置传感器开展上述工况效率测试,驾驶员或自动驾驶机器人控制车速跟随测试工况变化。图 10-9 给出某型车辆驱动电机系统分别在 CLTC-P 和 WLTC 循环工况下的扭矩-转速工作点分布图(100Hz 采样频率)。由图中可见,工作点主要在低扭矩区域,对应该驱动电机系统工况效率分别为 81.1% 和 80.5%。目前随着 SiC 功率模块的应用以及技术提升,某些驱动电机系统的 CLTC-P 工况效率可以达到 86% 甚至更高。

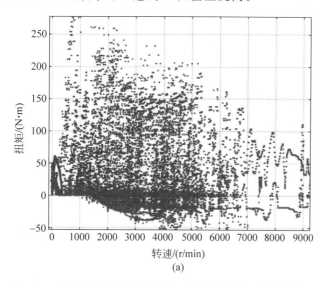

图 10-9 某型车辆驱动电机系统工况效率测试工作点分布图
(a) CLTC-P 工况;(b) WLTC 工况

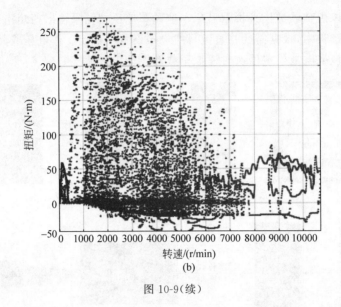

图 10-9（续）

② 通过实车测试或软件仿真将指定工况车速-时间关系转化为被测驱动电机系统转速/扭矩-时间关系,分别控制测功机和被测电机工作于给定转速和给定扭矩。试验中记录直流端电压、电流、输出扭矩、输出转速,各记录数据应保持同步,采样频率不低于10Hz。图 10-10 给出了搭载某型车的驱动电机系统 NEDC 工况下扭矩/转速-时间关系曲线,额定电压下测得该驱动电机系统在 NEDC 工况下的综合效率为 77.5%。

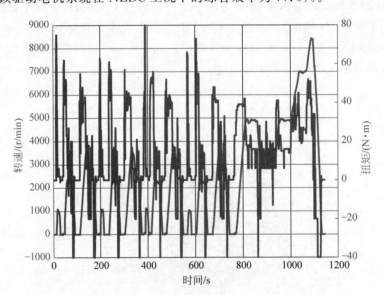

图 10-10 某型车驱动电机系统在 NEDC 工况下的扭矩转速曲线

4）控制精度

车用驱动电机系统接收并执行整车控制器的扭矩或转速指令,扭矩或转速的控制精度决定了它作为执行器的响应质量。尤其是,车用驱动电机系统以车载动力蓄电池作为电源,制动时给电池充电,而动力电池寿命及安全性受到过充和过放影响[7],车辆运行过程中,整车控制器应控制直流母线端电功率在动力电池允许的最大充/放电功率内变化,电动和馈电状态下驱动电机系统良好的转速/扭矩控制精度是实现该控制目标的基础和保障。

以扭矩控制精度测试方法为例进行说明。对具有扭矩控制功能的驱动电机系统,在设定转速条件下的10%～90%峰值扭矩范围内,均匀取10个不同的扭矩点作为目标值。按照某一扭矩目标值控制驱动电机由零扭矩工作至设定状态,连续记录驱动电机升扭矩和稳态后的实际扭矩值,并计算实际扭矩与目标扭矩的差值,或者实际扭矩与目标扭矩的偏差占目标扭矩值的百分数,此值即为在给定转速条件下,这一扭矩目标值对应的扭矩控制精度。对每一个扭矩目标值均进行以上试验,选取扭矩控制精度中的误差最大值,即为特定转速条件下驱动电机系统的扭矩控制精度。

试验时,驱动电机控制器直流母线电压依次设定为额定电压、最高工作电压、最低工作电压,并分别在电动和馈电状态下完成测试,必要时可改变环境温度开展测试验证。扭矩控制精度可用绝对扭矩偏差或相对偏差来要求,目前一般可以满足100N·m以下±5N·m,100N·m及以上±5%的要求。

5) 堵转扭矩

堵转扭矩是指转子在所有角位堵住时所产生的扭矩最小测得值,反映了电机的启动性能和车辆起步能力。试验时,应确保驱动电机系统冷却条件满足要求,直流母线电压设置在额定电压或其他试验电压。将驱动电机转子堵住,通过驱动电机控制器为驱动电机施加所需的堵转扭矩,记录堵转扭矩和堵转时间,改变驱动电机定子和转子的相对位置,一般从初始位置开始沿圆周方向等分取5个堵转点,分别开展测试,取5次测量结果中堵转扭矩的最小值作为该驱动电机系统的堵转扭矩。堵转扭矩的大小及其持续时间与电机类型、冷却条件、控制方式、控制器设计等密切相关。从测试结果来看,驱动电机系统堵转扭矩一般不大于峰值扭矩,比如某感应驱动电机系统峰值扭矩为220N·m,堵转扭矩为200N·m,而某永磁驱动电机系统峰值扭矩为400N·m,堵转扭矩只有300N·m。

10.3.2 环境适应性试验

影响车用驱动电机系统性能的永磁材料、绝缘材料、电子元件和功率模块对环境比较敏感,因此需要验证驱动电机系统耐受各种环境的能力。环境类试验主要分为电气负荷、机械负荷、气候负荷和化学负荷,称为环境适应性测试或耐环境测试。GB/T 28046系列标准给出了相应的试验方法和要求,对应转化自ISO 16750系列标准,测试对象主要针对小体积电气部件,为了满足车用驱动电机系统等大质量设备测试需要,国际标准化组织于2018年推出了ISO 19453系列标准,目前ISO 16750系列标准正在修订,纳入了驱动电机系统等大质量设备的测试方法。除此之外,一些组织和企业也制定了自己的标准,如德国汽车工业联合会(VDA)推出的LV123、LV124标准等,大众的VW80000系列标准等,都可以作为产品测试用例的选择和参考。目前驱动电机系统常见的环境适应性测试项目主要包括高温和低温试验、温度交变试验、湿热循环试验、盐雾试验、振动试验和防水防尘等项目[7]。通过这些项目的测试,验证电机系统对其环境的适应性和可靠性,观察可能出现的故障,图10-11为几种典型的环境试验项目。

环境适应性试验后一般需要检验被测样品绝缘性能是否满足要求,必要时在恢复常态后,复测驱动电机系统性能,尤其是在盐雾、防水、防尘、冰水冲击等试验后,这类试验容易有

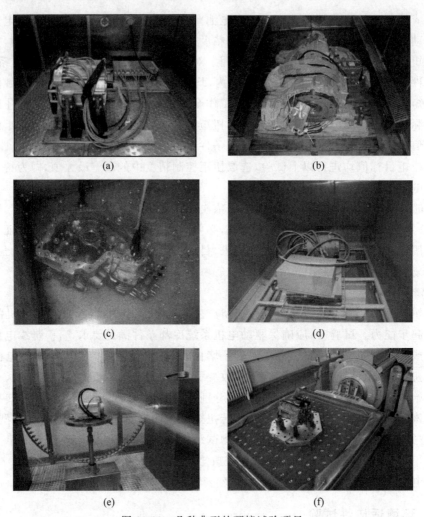

图 10-11 几种典型的环境试验项目
(a) 温湿度试验;(b) 盐雾试验;(c) 防水测试;(d) 防尘测试;(e) IPX6 防护等级试验;(f) 振动试验

液体和粉尘进入腔体内部导致系统绝缘性能大幅下降而无法正常工作的情形。

环境适应性测试的设计目的是贴近实车应用环境,满足车辆全生命周期使用要求。越来越多的测试在标准之外,要求同时考虑多种应力的叠加测试。如:振动试验时叠加温湿度环境,或驱动电机系统旋转且带有一定负荷;防水测试时控制电机按照一定速度旋转等。合理设计环境类试验方法和组合以更贴合用户实际使用环境,可以准确考核驱动电机系统的环境适应性和生命周期内环境可靠性。

环境类试验中如何确定测试条件是测试技术关注的重点,如试验温度、湿度、试验时长等。下面简要介绍高温寿命加速试验测试时长和台架振动条件确定方法。

1) 高温寿命加速试验时长计算

温度试验是为了模拟驱动电机系统在汽车使用周期内承受热负荷的情况,检验其部件的耐热性。为了缩短测试时长,通常利用高温进行加速,基本思想是利用高温应力下的寿命特征去外推正常温度应力水平下的寿命特征,实现这个基本思想的关键在于建立寿命特征与应力水平之间的关系,即加速模型,Arrhenius 模型是最典型、应用最广的加速模型[11]。

为了计算高温加速试验的持续时间,必须按照驱动电机系统设计任务的应用曲线,并结合按百分比计算的温度集中和汽车在场地的工作小时数进行考虑。设典型场地温度 $T_{\text{Field},i}$ 占整个工作时间的比例为 p_i,按照式(10-6)计算其 Arrhenius 模型加速系数 $A_{T,i}$。

$$A_{T,i} = e^{\left[-\left(\frac{E_A}{k}\right)\right]\left[\frac{1}{T_{\text{test}}+273.15} - \frac{1}{T_{\text{Field},i}+273.15}\right]} \tag{10-6}$$

式中:E_A——激活能,此处选择 $E_A = 0.45\text{eV}$;

k——玻尔兹曼常数,$k = 8.617 \times 10^{-5} \text{eV/K}$;

T_{test}——测试温度,通常为了缩短测试时间,选择最高测试温度 $T_{\max}$。

依据 Arrhenius 模型加速系数,按照式(10-7)得出高温寿命加速试验持续时间(h)。

$$t_{\text{test}} = t_{\text{oper}} \cdot \sum_i \left(\frac{p_i}{A_{T,i}}\right) \tag{10-7}$$

式中:t_{oper}——场地工作时间,h。

例如,对于表 10-4 中温度集中分布和场地工作时间 8000h 的驱动电机系统来说,按如下步骤计算其高温耐久寿命试验的试验持续时间。

表 10-4 某驱动电机系统温度集中分布

序 号	温度/℃	分布/%
1	-40	6
2	23	20
3	60	65
4	100	8
5	105	1

采用 $T_{\text{test}} = T_{\max} = 105℃$,按照式(10-6)分别计算表 10-4 中各温度的 Arrhenius 模型加速系数如下:$A_{T,1} = 5369$,$A_{T,2} = 45.8$,$A_{T,3} = 6.46$,$A_{T,4} = 1.20$,$A_{T,5} = 1.00$。此处,选择部件的场地工作时间 $t_{\text{oper}} = 8000\text{h}$,根据式(10-7)得出高温加速试验的持续时间为

$$t_{\text{test}} = 8000 \cdot \left(\frac{0.06}{5369} + \frac{0.20}{45.8} + \frac{0.65}{6.46} + \frac{0.08}{1.20} + \frac{0.01}{1.00}\right) = 1452(\text{h})$$

2) 台架振动试验条件开发

随着汽车保有量增加和主机厂技术实力提升,越来越多的厂家开始自主制定环境试验规范,其中台架振动测试条件的开发近年来成为行业研究热点。车辆实际运行时的振动引起的失效是驱动电机系统故障的主要原因之一[7]。对于纯电动汽车来说,振动主要来自路面激励,属于随机振动,对于安装在发动机等旋转部件上的驱动电机系统来说,还受到来自发动机的振动,通常为正弦扫频振动。

图 10-12 为典型驱动电机系统振动测试工况研究方案[7]。振动台上测试考核的是被测部件在给定振动激励下的可靠性,因此振动工况开发所采集的振动信号应是激励源信号,尽量减少驱动电机系统振动响应信号干扰,所以数据采集时应尽量将振动传感器布置在驱动电机系统安装点附近。同时,由于振动台上安装悬置会引起共振或甚至不能完成测试,对于有悬置的驱动电机本体和电机控制器,传感器安装点设置在电机与悬置连接点附近,根据连接点数,一般需要布置 3~5 个传感器,数据处理时选择各点平均值或最大值。

如图 10-13(a)所示,每个安装点收到的振动信号可以分为三个方向。一般采用三向加

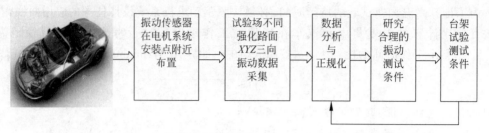

图 10-12　驱动电机系统振动测试工况研究方案

速度振动传感器完成数据采集,传感器布置在安装点附近平坦位置,粘贴牢靠。为了减少车内电气噪声干扰,可以在传感器和车身之间增加符合要求的绝缘薄膜,如图 10-13(b)所示。振动信号传感器灵敏度和加速度测试范围应满足驱动电机系统振动信号采集要求,通常灵敏度不低于 $100\text{mV}/g$,加速度测试范围为 $\pm 50g$。目前,驱动电机系统台架振动测试关注的最高测试频率 $f_{\max}$ 一般为 2000Hz。

图 10-13　传感器安全示意图
(a)传感器信号方向;(b)传感器粘贴位置和方法

对于整个生命周期的振动信号可进行加速处理以便在台架上快速验证。振动引起的失效实际上是疲劳损伤累计后的结果,通常基于线性疲劳损伤累计理论对疲劳损伤进行加速,依据 Miner 法则[11]按照式(10-8)计算台架振动能量,其中台架测试时间参考相关标准或自行规定。

$$\left(\frac{t_{\text{test}}}{t_{\text{field}}}\right)=\left(\frac{\sigma_{\text{field}}}{\sigma_{\text{test}}}\right)^n \tag{10-8}$$

式中:t_{test}——台架测试时间,h;

　　　t_{field}——场地工作时间,h;

　　　n——加速系数;

　　　σ_{test}——台架振动能量,$(g)_{\text{rms}}$;

　　　σ_{field}——场地测试振动能量,$(g)_{\text{rms}}$。

其中,$(g)_{\text{rms}}$ 是在一定的频率范围内对 PSD 积分后的平方根,也叫加速度总均方根值 rms(root mean square),近似计算可以求 PSD-频率曲线下的面积然后开方,即

$$(g)_{\text{rms}}=\sqrt{\Sigma(\text{PSD}\times\Delta f)} \tag{10-9}$$

式中:PSD——功率谱密度(power spectral density),指的是随机信号的各个频率分量所包含的功率(或称能量)在频域上的分布;

　　　f——频率,Hz。

材料不同,所用的加速系数也不同。驱动电机系统关键部件的构成材料包括铜合金、铝合金、焊锡、树脂等,参考 ISO 19453.3—2018,一般可选加速系数为 5。

图 10-14 为某驱动电机系统 Z 方向加速后功率谱密度与频率的关系,坐标为双对数坐标,横轴为频率,纵轴为功率谱密度。为了方便台架试验,可以对图中曲线进行平顺处理。对于每一条曲线来说,平顺曲线可以有很多,通常采用加速前后振动能量一致原则,且平顺过程中应尽量保留与车辆自身特性相关的频率段和相应的振动能量。

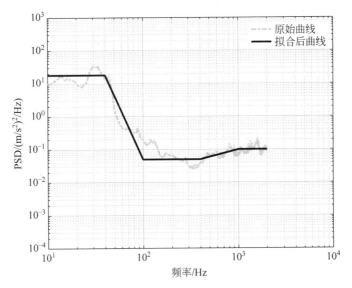

图 10-14　某驱动电机 Z 方向振动信号不同频率下 PSD 分布

对于驱动电机和控制器分开安装的,应分别获得各自振动条件并开展试验验证。台架试验顺序建议为振动能量由大到小的顺序,对于驱动电机系统来说一般是 $Z \rightarrow X \rightarrow Y$。试验后先通电判断电机及控制器能否正常工作,然后将外壳拆开,仔细观察控制器内部是否有焊点脱落、虚焊、固定松动等情况;观察电机内部的电气连接是否松动、断开,对于永磁电机,观察硅钢片之间是否出现缝隙,以此判断故障等级。图 10-15 为振动试验后两种典型失效案例。

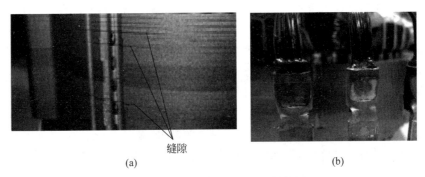

图 10-15　振动试验后典型失效案例
(a) 硅钢片松动产生的缝隙;(b) 内部端子连接断开

10.3.3 安全性试验

1）电气安全测试

电动汽车中电压等级划分为 A 级电压和 B 级电压。在 GB/T 19596—2017《电动汽车术语》以及 GB 18384—2020《电动汽车安全要求》中定义的电压等级如表 10-5 所示。A 级电压一般视为安全电压，电气安全性测试要求较低，对 B 级电压，也就是我们俗称的电动汽车高压电，为保证人体安全，应充分验证其安全性。

表 10-5 电压等级   V

电压等级	最大工作电压 U	
	直流	交流（rms）
A	$0<U\leqslant60$	$0<U\leqslant30$
B	$60<U\leqslant1500$	$30<U\leqslant1000$

无论是电机控制器还是电机本体，都用金属壳体与外界物理隔离，以防止从任何方向直接接触带电部位，防护上满足相应要求。电气设计上，绝缘电阻和耐压性能应满足标准要求，同时外壳可触及部分要可靠接地，在断开高压后电机控制器直流母线端支撑电容应设计泄放回路且泄放时间满足要求。此外，为了安全起见，要求有明显的高压和接地标志，B 级电压动力电缆与线束外皮颜色应采用橙色加以区别。

电气安全测试国标[4]中涉及的测试项目有绝缘电阻测试、安全接地测试、耐压测试、高压放电时长测试等。

（1）**绝缘电阻测试**。在进行电机性能测试前和各环境类试验结束后，一般都要求测量绝缘电阻作为产品性能完好的检验依据之一。试验时用绝缘测试仪表分别测试动力端子与外壳、动力端子与信号端子之间的绝缘电阻，对于电机还需要测试定子绕组对机壳、定子绕组对温度传感器之间的绝缘电阻。GB 18384—2020《电动汽车安全要求》中对绝缘电阻值的要求是：在最高工作电压下，直流电路绝缘电阻应不小于 $100\Omega/V$，交流电路绝缘电阻应不小于 $500\Omega/V$[7]。作为关键部件，驱动电机系统直流母线端的绝缘电阻要求不低于 $1M\Omega$[4]。

（2）**安全接地测试**。为了保障人体安全，驱动电机和电机控制器外壳应良好接地。安全接地测试是为了检查驱动电机和电机控制器能触及的可导电部分与接地点之间的电阻是否满足要求。GB 18384—2020《电动汽车安全要求》给出了安全接地技术要求和测试方法。

（3）**耐压测试**。耐压测试是用来检验被测设备在一定时间内施加规定的电压时绝缘能力是否合格。耐压测试电压应参考相关标准合理选择，电压过低达不到测试效果，电压过高则会对绝缘材料或设备造成永久性损害，若没有明确规定，可参考经验公式：试验电压＝最高工作电压×2＋1000V。测试时，被测设备与电源断开，耐压测试仪两端分别连接到被测设备两端或被测设备与地之间，将试验电压从零逐渐升高到规定的电压值，并持续一段规定的时间，检查是否有击穿现象或漏电流是否大于规定值，如在规定的时间内，其漏电流始终保持在规定的范围内，可以判定该设备可以在正常的工作运行条件下安全运行。

驱动电机系统耐压测试点包括动力连接端与壳体或信号端子之间、定子绕组对壳体、定子绕组对温度传感器等。为了抑制差模干扰和共模干扰，通常在电机控制器直流输入端两线之间(X 电容)以及直流输入端两线与地之间(Y 电容)跨接有电容,如果采用交流电压测试动力连接端子和壳体之间的耐压,则需要拆掉 Y 电容,否则容易引起误判。考虑车载电源提供的为直流电且不会反向,可采用直流试验电压完成测试,所用的直流试验电压为对应交流试验电压的峰值[4]。定子绕组对壳体、定子绕组对温度传感器的耐电压测试一般用工频交流电压。

电机定子绕组一般由漆包线绕制而成,绕组中线圈层与层之间、匝与匝之间的绝缘失效导致的损坏烧毁不在少数,因此绕组匝间也需要进行耐压测试,称为匝间冲击耐压试验。测试采用匝间冲击耐压测试仪,匝间无故障的电机绕组试验曲线和参考线应基本重合,无显著差异。匝间耐压试验判断原理是[12]:当线圈发生短路时,短路匝会改变线圈中的电感和电阻,从而改变充电电压波形在线圈中的振荡频率和衰减速率,其电压衰减波形与参考波形不完全重合。永磁电机整机定子磁势与转子磁场存在相互作用,在转子位置不变时定子三相绕组匝间试验波形受转子磁场分布影响,其三相组冲击电压试验波形不同[12],测试时可以调整转子相对定子的位置,找出定子三相绕组磁场分布相同的位置,在转动转子过程中,若可以找到三相绕组匝间波形重合的位置,再改变冲击波的幅值,波形仅幅值随之改变,相位不变,判断其匝间无故障。如果始终找不到波形重合的位置,再测试三相电流是否平衡,若三相电流不平衡度大于 10%,表明定子匝间绝缘有故障发生。

(4) **高压放电时长测试**。高压放电时长测试是为了验证驱动电机控制器被切断直流母线端电源后支撑电容放电至安全电压的时间,以保障乘员和维修人员安全。测试可采用示波器或高速数采系统,监测并记录直流母线电源被切断后直流母线端电压变化,放电至直流电压为 60V 所经过的时间应不大于标准要求[4-5]。驱动电机控制器直流母线端电容被动放电时间应不大于 5min;当对驱动电机控制器有主动放电要求时,驱动电机控制器直流母线端电容放电时间应不大于 3s。

2) 保护功能测试

驱动电机系统在运行过程中,时常会出现高压过压和欠压、低压过压和欠压、过流、过温、短路、超速、堵转、传感器开路或短路、通信超时等现象,为保护驱动电机系统或车辆行驶安全,需要有对应合理的保护措施。保护功能的测试通常采用人为制造故障验证是否能够触发相应的保护功能的方法,如高压过压的触发可以通过缓慢调整直流电源的电压至报警电压并保持,驱动电机系统应按照设计要求发出报警信息,必要时关闭功率输出。在研发测试中,保护功能测试可以采用软件模拟方式,即在软件中人为修改采集量大小以触发保护,验证保护功能是否正常。

3) 基于 HIL 的功率级安全性测试

为了解决驱动电机系统功能验证和故障触发的困难,通常采用硬件在环测试(hardware-in-the-loop,HIL)或硬件在环仿真测试方法。驱动电机系统各项控制和保护功能是通过电机控制器(motor control unit,MCU)实现的,因此常用的驱动电机系统安全性测试对象是电机控制器。电机控制器的 HIL 测试系统可让工程师在无实物电机以及无测功机系统的环境下,完成对电机控制器的安全性验证,分为信号级、功率级和机械级,可以根据不同使用场景选择[7]。

电机控制器功率级硬件在环系统称为 Power-HIL,主要由高压直流电源/电池模拟器、电机模拟器(E-motor emulator,EME)以及相关的 HIL 设备构成。图 10-16 为典型 Power-

HIL 系统构成原理。相比于图 10-5 所示测功机台架，用 EME 取代了实际的电机，EME 通过输入的电机参数和电机模型模拟电机三相线上电压、电流变化，并实时模拟输出转子传感器信号，实现电机控制器的正常工作。

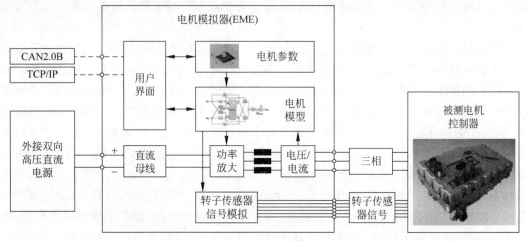

图 10-16 Power-HIL 系统构成原理

利用电机模拟器可以进行极限性能和故障注入测试以验证驱动电机系统安全性。基于功能安全的故障注入测试用例很多，有扭矩监控故障、高压回路断开故障、电机旋变故障、相间短路/短路故障、温度传感器故障、通信故障、转子故障、过温、超速、断轴故障等。扭矩失效的危害有动力丧失、非预期加速等。图 10-17 为某驱动电机控制器旋变断线故障测试结果，这是模拟行车时旋变接插件松动，导致无法读取电机位置的故障，被测电机控制器有扭矩校验功能，检测到旋变信号异常后进入三相主动短路（active short circuit, ASC）状态，即全桥电路中的上桥臂开关全导通、下桥臂开关全关断或上桥臂开关全关断、下桥臂开关全导通的状态。若无扭矩校验功能时，旋变断线会影响扭矩输出结果，严重时发生非预期反向扭矩，危害车辆运行安全。

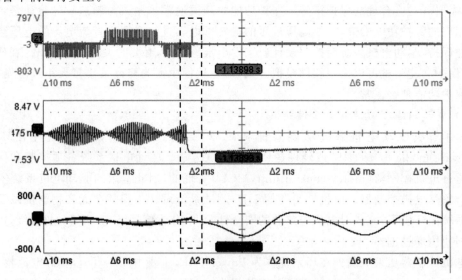

图 10-17 某驱动电机控制器旋变断线故障测试结果

10.3.4 NVH性能试验

NVH是噪声、振动和舒适性等各项指标的总称,NVH性能好坏会影响乘坐舒适性及用户购买欲。在电动汽车尤其是纯电动汽车中,由于没有内燃机噪声的遮掩,驱动电机系统噪声成为主要的噪声源,因此驱动电机系统NVH性能是当前研究的热点。和传统的噪声测试不同,驱动电机系统噪声测试一般是测量全转速范围内不同扭矩下的噪声。

1) NVH测试环境

NVH测试环境一般有半消声室和全消声室,如图10-18所示。半消声室要求试验舱6个面中只有一个面为硬反射面,其他面均需要布置吸声材料,多用于需要较大动力驱动的总成测试。全消声室则6个面均布置吸声材料,多用于小产品或零部件的测试。

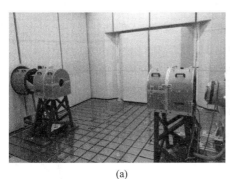 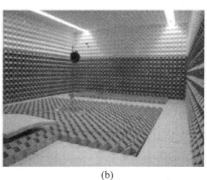

(a) (b)

图 10-18 NVH测试用声学环境舱
(a) 半消声室;(b) 全消声室

驱动电机系统NVH测试使用的大多是半消声室。图10-18(a)为某两电机总成噪声测试用半消声室,地面为反射面,其余墙面和门都铺设平板吸声材料,照明和出风口也进行了声学处理。半消声室主要的指标有截止频率、自由声场半径、背景噪声等。墙面的吸声系统应能对截止频率以上的声波保证99%的吸声系数;自由声场半径要满足传感器布置需要[13];根据ISO 3745—2003和GB 6882的规定,在测试频率范围内,背景噪声的声压级至少比被测声源的声压级低6dB。为满足驱动电机系统测试需要,设备全部关闭时,背景噪声水平要求≤25dB(A)。设备运行时,背景噪声水平要求≤40dB(A)。为了满足背景噪声要求,测功机通常放置在半消声室墙外的设备间,通过碳纤维轴与被测电机连接。若将驱动电机放置在半消声室中,需要使用专用的静音电机或进行专门的声学处理。

2) NVH测试要求

噪声的测量采用声级计,包括传感器、电缆、信号处理器和显示器等,其中传感器频率范围应覆盖20Hz~20kHz。振动测量采用振动加速度传感器,频率范围1~10kHz,最大量程50~100g。

此外,在包络测量面内应尽量减少试验台附属设备(驱动法兰、台架支撑、冷却管路等)、运转所必须的部件(控制器、线缆、悬置支架等)等所有附件的安装和布置,必要时最大反射表面部位应进行声学处理[13]。

驱动电机系统进行噪声测试时,安装方式应符合实际使用情况。主要注意事项有:

(1) **机械安装**。驱动电机系统采用刚性安装支撑方式；连接测功机和电机的法兰应具备高刚度低惯量性能，同时需加入弹性隔振元件；电机控制器应远离电机并对其进行声学处理，使其不影响电机本体噪声测试结果；对于一体化电驱动总成，电机控制器视为系统一部分。如果需要单独测试电机控制器的噪声，需将其单独放置在半消声室内的反射面上测量，测试中保持平稳静止。

(2) **温度控制**。试验时，按照要求为驱动电机系统进行冷却和润滑并提供规定的直流母线电压，试验过程中，绕组、润滑油等各部件的温度控制在设定范围内。

(3) **信号采集**。根据被测件的结构，选择合适的测量方法[13]。被测件和传感器按照要求放置于待测位置。测试时应分别记录不同转速不同扭矩下的声压级，监控参数包括但不限于电压、电流、扭矩、转速、功率、冷却液温度、润滑油温度等。

3) NVH测试

驱动电机系统NVH测试分为电动工况和发电工况，输入的扭矩、转速、油温和速度变化率应满足测试要求。常用噪声测试工况有全油门加速（wide open throttle，WOT）工况和部分负荷测试（partial open throttle，POT）工况，其中，WOT工况一般对应驱动电机系统外特性。

噪声性能评价指标有声压级、声功率和声品质等。其中，声压级（sound pressure level）是均方根声压与基准声压之比的以10为底的对数乘以20[15]，用分贝（dB）表示，符号为L。可根据式（10-10）计算得到所有传感器测量的平均声压级L'。

$$L' = 10\lg \sum_{i=1}^{n} \frac{10^{0.1L_{pi}}}{n} \tag{10-10}$$

式中：L_{pi}——第i个传感器位置的声压级；

n——传感器位置的个数。

稳态工况的测量结果按照要求修正，非稳态工况的测量结果不需要修正。在满足要求的半消声室测量时可不做背景噪声修正K_1和环境噪声修正K_2，如需要修正，修正后表面声压级$L = L' - K_1 - K_2$。

声压级随着工作扭矩、转速变化而变化。图10-19为某一体化总成不同转速下声压级随扭矩变化曲线，横轴为转速，纵轴为A计权平均声压级[13]，单位为dB(A)。从图中可见，驱动电机系统噪声声压级随着扭矩增加而增加。图10-20为不同转速WOT工况下该总成声压级测试结果。从图中可见，随着转速增加噪声声压级随之增加，但在超过一定转速后声压级增加的速率降低。

图10-21为某驱动电机系统的声压级彩图（colormap），横轴为声波频率，纵轴为电机转速，各斜线对应不同的阶次。从图中可以看到哪些阶次噪声比较大，结合电机极槽数进行分析，确认优化目标。此外，还可以确认是否存在共振或转速敲击，某个频率下的共振会引起该频率下所有转速测得的声压级异常，而某个转速附近敲击会引起该转速带所有频率的声压级异常。

一般来说，驱动电机系统声压级并不突出，但实际车辆使用中有时候给人的感觉并不舒适，这是由于高频成分能量突出，声品质不佳。声品质（sound quality）属于心理声学的范畴，是指声音在特定技术目标或任务内涵中的适宜性，主要研究声音和听觉感受之间的关系。声品质更强调人对声音的主观感受，表征声品质的客观指标比较多，对于驱动电机系统常用突出比、响度、尖锐度来评价。

第 10 章 车用驱动电机系统测试

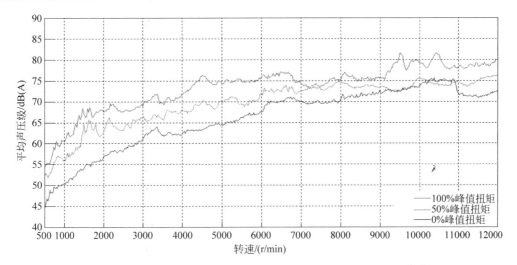

图 10-19 某驱动电机系统不同转速下平均声压级随扭矩变化曲线

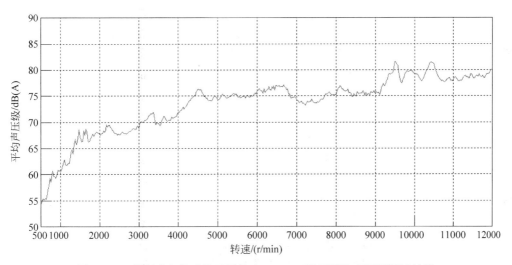

图 10-20 某驱动电机系统不同转速 WOT 工况下平均声压级测试结果

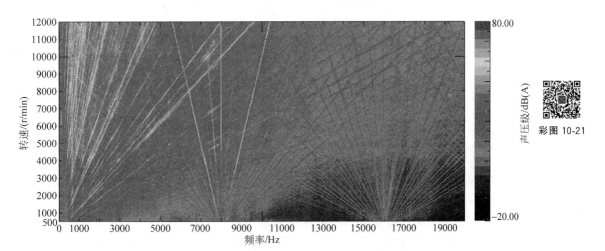

图 10-21 某驱动电机系统 WOT 工况下 colormap 图

驱动电机系统噪声源主要包括机械噪声和电磁噪声。机械噪声由减速器激励、轴承激励、转子偏心激励等引起；电磁噪声主要由气隙磁密产生的旋转力波作用在定子铁芯上，引起结构振动进而向外辐射噪声。基本解决方法是：加强结构壳体、设计电机斜极、优化齿轮修形、提升电控载波频率等，在整车上还可以优化起步加载扭矩、传递路径、声学包裹等。

10.3.5 电磁兼容试验

电磁兼容性测试是为了验证驱动电机系统的电磁干扰（electro-magnetic interference，EMI）和电磁抗扰（electro-magnetic susceptibility，EMS）性能。驱动电机系统工作频率范围宽、功率大，自身带有杂散电感和杂散电容，这些都助长了干扰信号的生成和传播，一般认为，驱动电机系统是电动汽车整车最大的骚扰源。同时驱动电机系统的控制单元以微处理器为核心，也容易受到干扰。为了保障车辆各电控部件安全可靠工作，对驱动电机系统电磁兼容性能（electro-magnetic compatibility，EMC）的关注越来越多。

1) EMC测试环境

根据驱动电机系统工作条件和整车运行需要，EMC试验主要有电磁辐射发射试验、电磁辐射抗扰度试验和电源线瞬态传导抗扰度试验。对于辐射发射的测量，反射能量能造成20dB以上的误差，因此有必要在屏蔽室的墙和天花板上使用射频吸波材料来保证辐射发射的测量，即测试应在装有吸波材料的屏蔽室（absorber-lined shielded enclosure，ALSE）中进行，也叫电波暗室（anechoic chamber），它提供了模拟开阔场地传播条件的测试环境。每项试验中，环境电磁噪声电平应比试验计划所规定的限值至少低6dB，屏蔽室的屏蔽效能应足以达到对环境电磁噪声电平的要求[14]。图10-22为在电波暗室中进行EMC测试的某驱动电机测试台架试验照片。

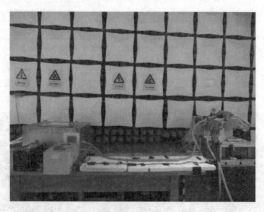

图10-22 某驱动电机系统台架测试

2) EMC测试方法与限值要求

EMI试验是用天线、线路阻抗稳定网络（line impedance stabilization network，LISN）、探头接收电驱系统的电磁噪声，试验方法参照GB/T 18655—2018[14]。试验时，窄带电磁辐射样品状态为高压（high voltage，HV）和低压（low voltage，LV）正常供电，驱动电机系统模块处于待机状态，系统无输出功率；宽带电磁辐射发射驱动样品状态为驱动电机处于正常工作状态,且转速为额定转速的50%,扭矩为持续扭矩的50%,机械输出负载达到持续功率的25%,当转速或扭矩达不到试验状态时,可调整扭矩和转速以达到持续功率的25%。宽带和窄带辐射电磁发射应不超过限值规定。图10-23为采用正极电源线电压法,对某驱动电机系统传导骚扰特性的测试结果,横轴为频率,纵轴为场强E。两组横线中值较大的一组为峰值限值,值较小的一组为平均值限值,两组曲线分别是峰值扫描结果和平均值扫描结果,一般峰值扫描结果不超过峰值限值、平均值扫描结果不超过平均值限值为合格。

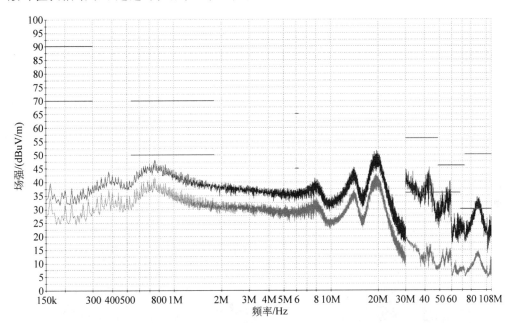

图10-23 某驱动电机系统传导骚扰特性测试结果

EMS试验是利用信号发生器发出指定调制的信号—通过功率放大器将信号放大—再通过场发生装置发出指定场强的干扰信号对样品进行抗干扰能力的检验。试验原理如图10-24所示。

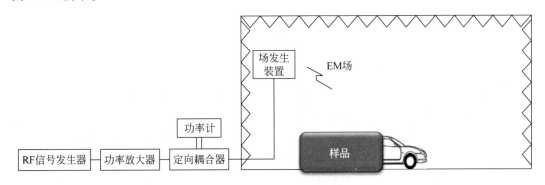

图10-24 EMS试验原理图

试验方法参照GB/T 36282—2018[15],分为电波暗室法和大电流注入(BCI)法。在20~200MHz时采用BCI法进行测试,强度为60mA,测试位置为低压线束距样品150mm、450mm、750mm的位置;在200~2000MHz时采用电波暗室法进行测试,强度为30V/m,

进行天线垂直极化测试。试验时,样品状态为驱动电机处于正常工作状态,且转速为额定转速的50%,扭矩为持续扭矩的50%,机械输出负载达到持续功率的25%,当转速或扭矩达不到试验状态时,可调整扭矩和转速以达到持续功率的25%。

电源线瞬态传导抗扰度试验是利用脉冲波形发生器通过样品低压电源线注入指定的脉冲干扰信号,来模拟整车控制系统在不同情况下产生的电源干扰信号。试验方法参照GB/T 36282—2018[15],试验时,样品状态为HV和LV,正常供电,驱动电机系统模块处于待机状态,系统无输出功率。

静电放电抗扰度测试的试验方法参照GB/T 36282—2018[15],分为上电模式的静电放电抗扰度测试和下电模式的静电放电抗扰度测试。其中,上电模式的静电放电抗扰度测试是通过静电发生器模拟人体直接或通过其他物体对样品的放电;下电模式的静电放电抗扰度测试是通过静电发生器模拟在装配过程中或维修时人体对样品的直接放电。试验时,上电模式的静电放电抗扰度测试样品状态为仅LV正常供电,下电模式的静电放电抗扰度测试样品不供电。图10-25(a)、(b)分别为静电放电抗扰度下电模式和上电模式测试布置示例。

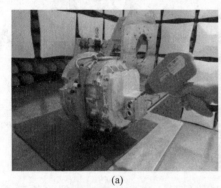 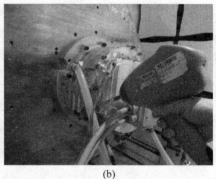

(a)　　　　　　　　　　　　　　(b)

图10-25　某驱动电机系统静电放电抗扰度测试布置示例图
(a) 下电模式;(b) 上电模式

10.3.6　可靠性试验

可靠性测试是为了保证产品在规定的寿命期间内,在预期的使用条件下保持功能可靠而进行的试验。当前电动汽车使用的电机以永磁同步电机和三相异步电机为主,和传统工业电机相比,使用环境更恶劣,电机工况和系统控制方式更复杂。因此电机的失效模式也有所差异,针对电动汽车驱动电机系统的可靠性测试国内也进行了研究,截至目前,推出了两个可靠性相关标准QC/T 893—2011《电动汽车用驱动电机系统故障分类及判断》和GB/T 29307—2012《电动汽车驱动电机系统可靠性试验方法》[16],规定了驱动电机系统的故障分类和可靠性台架试验方法,满足了电动汽车用驱动电机系统可靠性设计和测试的需求[7]。

根据可能引发的后果,电动汽车用驱动电机系统的故障模式分为四级:致命故障、严重故障、一般故障和轻微故障,如表10-6所示[7]。

表 10-6 驱动电机系统故障模式分类

故障级别	描述
轻微故障	外壳腐蚀生锈、非关键焊点脱落、部分紧固位置松动等
一般故障	冷却管路故障、安装设计不合理容易引起螺栓松动、线束故障、控制器故障报警但可以挪动车辆到维修点等
严重故障	电机性能衰减导致整车动力下降明显、传感器信号不正常导致不能连续正常工作、轴承磨损但未完全失效、绕组温度过高、线束故障
致命故障	出现定子绕组短路或过热引起烧毁、轴承损坏、断轴、花键等关键机械部件损坏、以及绝缘失效、过压引起电容击穿、电气短路、转速/位置传感器失效等导致电机系统不能正常工作,甚至可能引起人身危险

从失效模式看,致命故障和严重故障主要是由于温度和机械应力的影响导致驱动电机系统失效。

1) 测试标准设计与验证

GB/T 29307—2012[16]是基于绕组绝缘加速老化模型提出的,制定时参考了燃油发动机可靠性试验方法,采用了 400h 的截尾试验完成可靠性快速验证。工况设计运行功率为额定功率的 1.2 倍。理论温度加速系数采用 163,此时的电机绕组理论温升为 121K。针对可能出现的高转速运行,标准专门设计了 2h 的最高转速额定功率试验[7]。

可靠性试验按照标准要求[16]在测功机台架上进行。表 10-7 和图 10-26 是某驱动电机可靠性试验前后性能参数测量结果对比。从表中和图中可见,此驱动电机系统在可靠性试验前后性能变化很小,绝缘性能没有劣化[7]。

表 10-7 可靠性试验前后结果对比

序号	试验项目	检验结果 可靠性试验前	检验结果 可靠性试验后	变化值
1	绝缘电阻	≥2000MΩ	≥2000MΩ	—
2	扭矩	107.7N·m 123.7N·m	106.2N·m 123.9N·m	−1.5N·m 0.2N·m
3	功率	18.0kW 20.6kW	17.8kW 20.3kW	−0.2kW −0.3kW
4	堵转扭矩	116.9N·m	117.2N·m	0.3N·m
5	温升(额定功率)	57K	66K	9K
6	高效区(≥80%)	91.3%	90.8%	−0.5%

从测试结果看,此驱动电机系统完全满足标准的要求。但从表 10-7 中可看出,绕组的温度随着测试工况的变化范围在 70~95K 变化,试验环境温度为 20~25℃,因此温升在 50~75K。这与标准编制时考虑的理论温升 121K 存在一定差距,由于温度和加速老化效果正相关,按照标准进行 402h 的可靠性加速试验,不能反映实际使用的老化效果。

2) 基于用户实际数据的测试工况开发

前述测试验证结果表明所采用的循环工况和加速设计方面有一定的局限性,可能达不

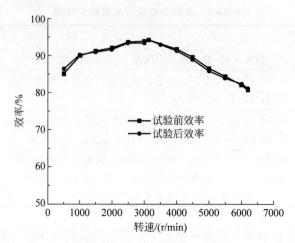

图 10-26 某驱动电机系统可靠性试验前后系统效率变化[7]

到预想的加速老化效果,因此,需要根据用户工况设计更加符合实际情况的加速老化工况。基于用户实际运行数据,针对驱动电机系统运行过程中受到的机械应力、电应力、热应力分别设计可靠性验证工况,这样可解决原标准中试验工况运行考核不全面问题。

新的试验工况首先需要基于具有代表性的用户大数据确定损伤考核目标。由于大多数车的运行里程没有达到设计目标里程,如 30 万公里等,因此实际采集全目标里程的数据进行处理和加速并不现实,而且行驶过程中车辆运行情况与驾驶员、城市、地域等有着密不可分的关系,为了满足代表性要求,必须采集多个代表性城市、一定数量车辆和里程数据,然后根据某个特征进行提取。典型的测试工况如 WLTP、CLTC、NEDC 等是基于这个思路提取的,但覆盖度仅有 50%,作为耐久工况开发需要满足更多用户驾驶习惯,覆盖至少 90% 激烈驾驶程度。依据此思路进行典型工况提取,提取后作为一个试验考核循环工况,重复该工况达到设计的目标里程即可。

其次,根据构建的设计目标里程通过实车测试或仿真的方法获得驱动电机系统在该工况下工作时的扭矩-转速与时间的关系曲线。图 10-27 为基于中国工况大数据构建的 30 万公里某驱动电机系统单循环工况扭矩-转速与时间关系曲线。对该工况进行 24 次循环,对应整车里程 30 万公里。基于该工况,可以计算各部件,如轴承、轴、齿轮、功率模块的损伤作为可靠性设计目标。

GB/T 29307 标准修订中将测试工况分为转速升降循环和扭矩负荷循环两个试验,并根据不同的设计寿命等级进行了考核等级划分。按系统薄弱环节的损伤模型对不同的速度片段次数进行加速折算,折算目标为 0~最高转速~0 的次数,所得转速升降循环如图 10-28 所示,对于 30 万公里目标里程,循环次数 30000 次。所得扭矩负荷循环如图 10-29 所示,对于 30 万公里目标里程,循环次数总计 50000 次,其中额定电压循环次数 40000 次,满功率工作上限电压循环次数 5000 次,满功率工作下限电压循环次数 5000 次。

试验后,可靠性试验故障常用平均首次失效前时间(MTTFF)、故障停机次数及平均失效间隔工作时间(MTBF)来评定[16]。

需要说明的是,由于各部件失效机理差异比较大,上述系统级可靠性测试很难对各

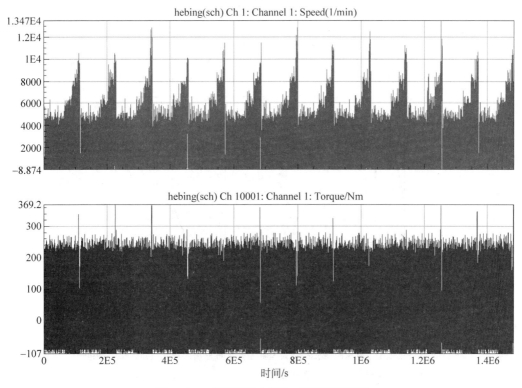

图 10-27　单循环样本转速、扭矩时间历程

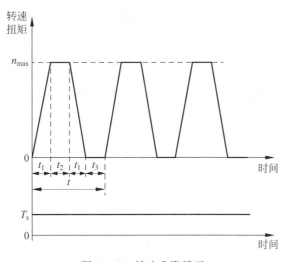

图 10-28　转速升降循环

n_{max}—最高工作转速；t—单次循环总时间；T_s—试验扭矩

个部件实现同步考核，因此某些考核不足的关键部件需要分别开展部件级可靠性测试，如功率模块、齿轮、轴承、冷却水道等，它们的测试方法可以参考相关标准或根据实际使用情况开发。

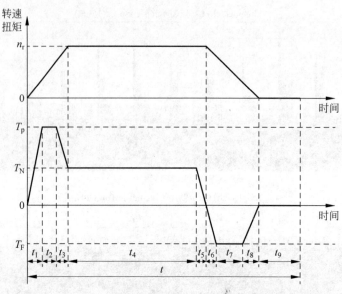

图 10-29 扭矩负荷循环

n_r—额定转速;T_p—峰值扭矩,当被测驱动电机系统工作于最低工作电压时,允许 T_p 降至此条件下可输出的最大扭矩;T_N—持续扭矩,当被测驱动电机系统工作于最低工作电压时,允许 T_N 降至此条件下可输出的持续扭矩;T_F—馈电状态下的持续扭矩;t—单次循环总时间

10.4 认证试验

  新能源汽车的快速发展推动了驱动电机系统的大量应用。公安部和中国汽车工业协会发布的数据显示,即使面对缺芯、疫情等影响,2021 年中国新能源汽车产销量分别达到 354.5 万辆和 352.1 万辆,较 2020 年分别增加了 217.9 万辆和 215.4 万辆,同比增长 159.5% 和 157.57%,占全国汽车总产销量的 13.6% 和 13.4%。2021 年全国汽车保有量 3.02 亿辆,其中新能源汽车保有量 0.08 亿辆。电动汽车用驱动电机系统的生产和应用得到了极大发展,涌现了以特斯拉、日本电产、联合电子、弗迪动力(比亚迪)、华为、苏州汇川、蜂巢、蔚然动力、上海电驱动、精进电动等为代表的系统供应商。

  作为电动汽车核心部件,驱动电机系统的认证测试是检验设计是否达到设计需求的客观验证手段。在汽车新产品准入政策方面,按照工信部 39 号文要求,驱动电机系统纳入其中,依据 GB/T 18488.1—2015 及 GB/T 18488.2—2015 执行(其中,电磁兼容性及可靠性为不强制要求内容)。按照国家认证认可监督管理委员会发布的 CNCA-C11-01:2020 强制性产品认证实施规则,驱动电机亦按照 GB/T 18488.1—2015 及 GB/T 18488.2—2015 执行,标准给出了测试项目和测试方法及评判依据,该标准当前在用的是 2015 版,是在 2006 版基础上进行的修订,新的修订将涵盖驱动电机系统最新发展和测试需求,如新的振动条件、一体化电驱动总成等。随着驱动电机系统发展和技术进步,标准也在不断更新,以更好地支撑和保障产业健康发展。

参 考 文 献

[1] ZHU Z Q, HOWE D. Electrical Machines and Drives for Electric, Hybrid, and Fuel Cell Vehicles[J]. Proceedings of the IEEE, 2007, 95(4): 746-765.
[2] CAI W, WU X G, ZHOU M G, et al. Review and Development of Electric Motor Systems and Electric Powertrains for New Energy Vehicles[J]. Automotive Innovation, 2021(4): 3-22.
[3] 赵航,史广奎. 混合动力电动汽车技术[M]. 北京:机械工业出版社,2012.
[4] 中华人民共和国国家质量监督检验检疫总局,中国国家标准化管理委员会. GB/T 18488.1—2015 电动汽车用驱动电机系统 第1部分:技术条件[S]. 北京:中国标准出版社,2015.
[5] 中华人民共和国国家质量监督检验检疫总局,中国国家标准化管理委员会. GB/T 18488.2—2015 电动汽车用驱动电机系统 第2部分:试验方法[S]. 北京:中国标准出版社,2015.
[6] 宋强,等. 电动汽车电机系统原理与测试技术[M]. 北京:机械工业出版社,2016.
[7] 吴志新,周华,王芳. 电动汽车及关键部件测试与开发技术[M]. 北京:科学出版社,2019.
[8] 中国汽车工程学会. T/CSAE 144—2020 电动汽车用驱动电机系统及电驱动总成能效等级和试验方法[S]. 北京:中国汽车工程学会,2020.
[9] 中国汽车工程学会. T/CSAE 232—2021 电动汽车碳化硅电机控制器效率测试方法[S]. 北京:中国汽车工程学会,2021.
[10] 中国汽车工程学会. T/CSAE 143—2020 纯电动乘用车一体化电驱动总成测评规范[S]. 北京:中国汽车工程学会,2020.
[11] 茆诗松,王玲玲. 加速寿命试验[M]. 北京:科学出版社,1997.
[12] 王洪波,陈健,沈江,等. 永磁电机匝间冲击耐压试验研究与分析[J]. 绝缘材料 2012,45(5):60-62,66.
[13] 中华人民共和国工业和信息化部. QC/T 1132—2020 电动汽车用电动动力系噪声测量方法[S]. 北京:中国标准出版社,2020.
[14] 国家市场监督管理总局,中国国家标准化管理委员会. GB/T 18655—2018 车辆、船和内燃机 无线电骚扰特性 用于保护车载接收机的限值和测量方法[S]. 北京:中国标准出版社,2020.
[15] 国家市场监督管理总局,中国国家标准化管理委员会. GB/T 36282—2018 电动汽车用驱动电机系统电磁兼容性要求和试验方法[S]. 北京:中国标准出版社,2018.
[16] 中华人民共和国国家质量监督检验检疫总局,中国国家标准化管理委员会. GB/T 29307—2012 电动汽车用驱动电机系统可靠性试验方法[S]. 北京:中国标准出版社,2012.

第11章 混合动力系统台架试验

11.1 概　　述

车用混合动力系统是指由两个或多个动力源能单独或同时驱动车辆的动力系统。根据动力源的不同,目前混合动力系统主要有油电混合和电电混合。油电混合动力汽车是通过动力耦合装置将内燃机和电机两种动力源结合共同驱动车辆,这样可更好地实现动力系统的节能减排;电电混合主要是指燃料电池与动力电池,整车功率由燃料电池和储能单元(energy storage system,ESS)(动力电池或者超级电容)一起提供。燃料电池提供系统稳态(或低频动态)功率,储能单元提供加减载时的动态峰值功率,并回收部分制动能量,实现延长电堆使用寿命、降低整车氢气消耗的目的。

混合动力系统开发一般采用基于模型的开发流程,包括离线仿真、快速原型、硬件在环仿真、台架试验以及实车标定等过程。其中台架试验已成为混合动力系统研究和开发的重要手段,通过台架试验可以测试零部件特性,对动力总成各部件进行性能评估,为仿真建模提供特征参数;目前动态测功机有足够的控制精度和响应速度,可以进行整车道路工况模拟,在台架上可以进行整车控制策略的开发和验证;通过台架试验还可以进行整车动力性测试及工况循环经济性测试,对动力总成进行耐久性考核。由此可见,通过台架试验可以对混合动力系统零部件及动力总成进行全面的测试,从而减少实车测试及标定的工作量,缩短混合动力汽车的开发周期。本章着重对油电混合动力台架系统及试验方法进行介绍。相关信息可参阅相关文献。

11.2 混合动力系统结构及工作原理

11.2.1 系统构型及特点

混合动力系统一般由多能源动力、电机、传动装置以及各部件的控制系统组成。目前常见的混合动力系统结构包括串联式、并联式、混联式等几种形式。串联式系统构型如图11-1所示,串联式构型的特征是只有电动机可为整车提供驱动力,而内燃机只带动发电机发电,或通过燃料电池系统直接输出电能,传输到储能装置或电动机。电动机产生力矩驱动车辆(驱动模式),或被车辆驱动发电存储到储能装置(制动能量回收模式)。因为系统中为车辆提供机械驱动力的通路只有电机一条,没有分支,故称作串联混合动力。电池作为能量储存器用于平衡能量差值。串联混合动力系统中,由于内燃机和驱动桥之间没有机械连接,内燃机工况的控制和调节可独立于汽车行驶工况,整车控制器可以控制内燃机在高效率工况点工作,提高动力系统效率。

并联式系统结构如图11-2所示。并联构型的特点是内燃机和电机两个能量转化装置可以并联起来同时给车辆提供驱动力。动力系统由内燃机、动力电池、电机和机械传动装置

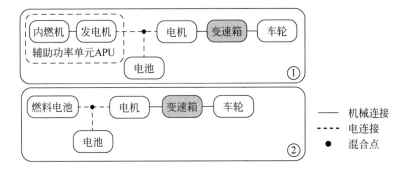

图 11-1　串联式混合动力系统

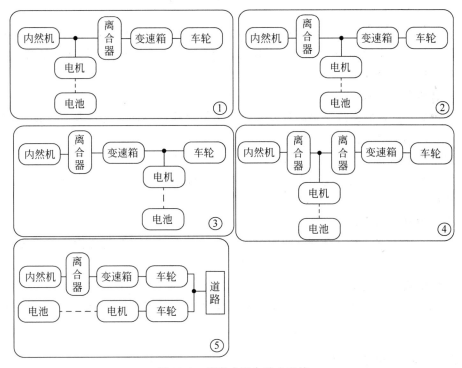

图 11-2　并联式混合动力系统

组成。电机与内燃机以机械耦合方式将机械能混合后驱动车辆。并联构型根据混合点位置的不同可细分为离合器前混合型（构型1，并联 P1）、离合器后混合型（构型2，并联 P2）、变速器后混合（构型3，并联 P3）、双离合器型（构型4，双离合并联 P2）和道路混合型（through the road, TTR）（构型5，并联 P4）。混合动力控制器可以根据整车工况优化发动机和电机工况点，提高动力系统整体效率。

混联式混合动力系统在结构上综合了串联式和并联式混合动力系统的特点，如图 11-3 所示。与串联结构相比，增加了机械能量的传递方式，与并联结构相比，增加了电能量的传递方式。内燃机的输出功率可以通过机械连接输出到驱动桥，也可以驱动发电机发电。电动机的驱动力矩通过传动装置传递给驱动桥，发电机输出的电能可以传递给电动机，也可以存储在动力电池中。混合动力控制器可以根据整车运行工况实现内燃机、发电机和电动机的优化控制,其缺点是系统结构和控制策略较为复杂,成本增加。

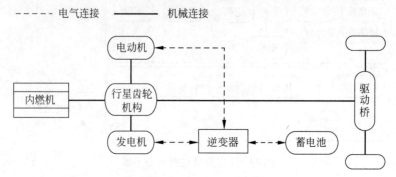

图 11-3　混联式混合动力系统

混合动力系统可以通过多能源动力、电机、传动系统等零部件参数匹配优化以及优化能量管理策略提升整车燃油经济性。以油电混合动力系统为例,通过优化其能量管理策略改善燃油经济性的途径如下:

1. 内燃机怠速停机

内燃机处于怠速状态或车辆减速时关闭内燃机可提高燃油经济性并改善排放,混合动力系统可利用驱动电机快速起动内燃机。

2. 制动能量回收

将制动时整车的动能转化为电能储存在动力电池中,通过制动能量回收策略可以提升燃油经济性。

3. 优化内燃机工况点

混合动力系统可以通过合理分配内燃机和电动机的驱动扭矩优化内燃机工况点,使内燃机工作在最佳燃油消耗曲线的工况点上,提高整车燃油经济性。

4. 附件能量管理优化

内燃机输出的机械能部分用于驱动冷却风扇和空调等附件,通过优化空调等附件的控制可提升燃油经济性。

11.2.2　控制策略工作原理

混合动力整车控制是混合动力汽车的核心技术之一,混合动力控制策略包括能量管理策略和动态协调控制策略。对于油电混合动力系统,能量管理策略主要实现内燃机和电动机之间动力分配,在满足整车动力需求的前提下,提高整车燃油经济性和降低排放。近年来,研究人员提出了多种能量控制策略,主要分为基于规则的能量管理策略、基于优化的能量管理策略和基于智能算法的能量管理策略等,如图 11-4 所示。

基于规则的能量管理策略是根据加速踏板和制动踏板开度、当前车速、电池电量等特性参数,基于预先制定的控制规则来控制内燃机和电动机的输出扭矩。该控制策略又称为电机辅助控制策略,是根据实际经验和内燃机稳态特性曲线制定的,如图 11-5 所示。这种策略的主要特点是控制算法简单、有较好的鲁棒性并易于实现,已经应用于实际运行的混合动力汽车中。由于控制策略主要依赖人工经验,并未考虑车辆行驶过程中参数的动态变化,因此,不一定是最优的控制算法。

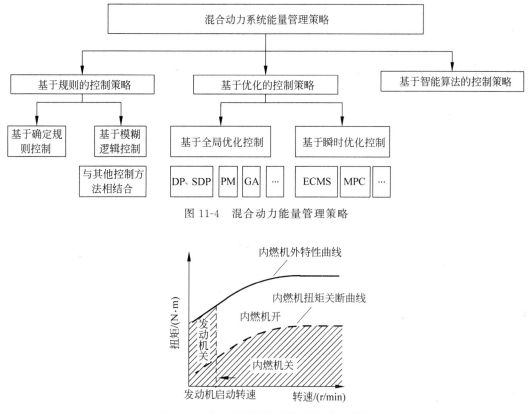

图 11-4 混合动力能量管理策略

图 11-5 基于规则的能量管理策略示意图

插电式混合动力汽车的能量管理策略一般分为两个阶段,如图 11-6 所示的电能消耗(charge depleting,CD)阶段和电能维持(charging sustaining,CS)阶段。在 CD 阶段电池 SOC 较高,控制器策略充分利用电能来驱动车辆;在 CS 阶段,控制策略尽量维持 SOC 在一个很小的区间内波动。CS 阶段的控制策略与非插电式混合动力汽车的控制策略类似。

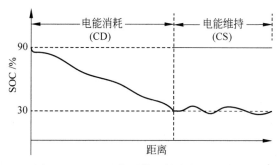

图 11-6 PHEV 能量管理策略的两个阶段

混合动力系统动态协调控制策略在模式切换和换挡等动态过程中协调控制各动力源及传动系统工作,提高车辆的平顺性和驾驶舒适性。并联混合动力系统无离合操作换挡过程控制如图 11-7 所示。

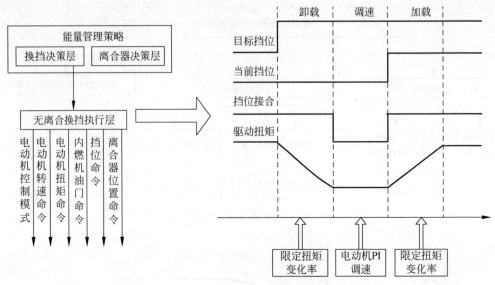

图 11-7 无离合操作换挡过程

11.3 混合动力台架试验系统

11.3.1 台架功能及结构

混合动力系统研究开发过程中需要进行的台架试验类型如图 11-8 所示,包括零部件试验和动力总成试验。通过对混合动力系统中内燃机、传动系统、电机、电池等部件进行性能测试,获取各部件的特性参数,能够为仿真建模及整车控制策略开发提供依据。混合动力台架通过实时控制器可实现驾驶员模拟和整车道路工况模拟功能,可以在台架上实现动力总成的构型研究、动力系统部件参数匹配、混合动力控制策略开发以及整车动力性和经济性等试验。

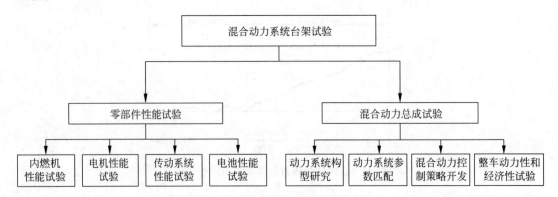

图 11-8 混合动力系统试验类型

混合动力台架试验系统结构主要包括测功机、数据采集系统、台架测试设备、实时控制器以及主控计算机系统等部分。目前国际上一些设备供应商已经开发出成熟的混合动力台架产品,比如 AVL 和 HORIBA 公司的台架产品。本章重点介绍作者在从事车用动力系统集成与控制研究工作中,设计开发的混合动力台架试验系统,如图 11-9 所示,各部分主要功能如下。

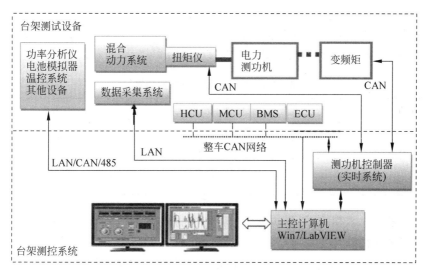

图 11-9 混合动力台架系统结构

（1）测功机。测功机的作用是作为负载吸收被测动力系统的输出功率,同时测量输出功率。混合动力台架一般采用交流电力测功机,可以工作在电动机模式和发电机模式,通过变频器实现转速和扭矩工况控制,动力系统输出的机械能可以转换成电能回馈到电网。测功机轴端安装编码器用于转速测量,测功机与动力系统之间安装扭矩法兰用于扭矩测量,功率通过转速和扭矩计算得到。根据被测动力系统的结构,台架可采用单测功机、双测功机、三测功机以及四测功机等形式。

（2）数据采集系统。数据采集系统包含温度、电压、电流等采集通道。电机控制器输出的三相交变电流变化较快,对瞬态波形的采集需要较高的采样频率,一般单通道大于 100kHz。

（3）功率分析仪。功率分析仪用于电机控制器直流端及交流端电量的采集,通过计算可得到电机控制器效率。

（4）动力电池模拟装置。混合动力台架上一般采用双向直流电源作为动力电池模拟装置,双向直流电源不仅能模拟电池包给电驱动系统供电,也能吸收电驱动系统发出的电能。

（5）温控系统。混合动力系统工作过程中,内燃机、电机以及测功机都会释放出大量的热能使得温度升高,温控系统通过水冷方式将台架各部件温度控制在一定范围内。

（6）台架控制器。台架控制器采用嵌入式工业计算机和实时操作系统,能够运行整车动力学模型和驾驶员模型,控制测功机实现整车道路工况模拟功能。

（7）主控计算机。主控计算机系统通过通信接口与台架各个设备连接,实现工况设定、数据采集、台架试验流程控制和数据处理等功能。

（8）其他设备。台架系统还包括联轴器、保护罩、测功机底座、标定系统等机械附件。

11.3.2 混合动力台架控制技术

混合动力台架试验可以分为稳态试验和动态试验两种类型。稳态试验一般用于零部件稳态工况下的性能测试,包括电机稳态特性测试、变速器效率测试等。动态试验通过台架系统模拟整车道路工况,对动力系统进行加减速及循环工况测试。混合动力台架系统测功机和被测动力系统控制模式的组合有 n/M、M/n 模式(稳态工作模式)和 RG/P、RG/V(动态工作模式)。

台架试验过程中测功机控制器实现对台架系统的实时工况控制,其主要模式如表 11-1 所示。其中,n/M 和 M/n 为稳态控制模式,RG/P 和 RG/V 为动态控制模式。

表 11-1 混合动力台架控制模式

控制模式	测功机工作模式	动力系统工作模式
n/M	转速控制	扭矩控制
M/n	扭矩控制	转速控制
RG/P	道路工况模拟	加速踏板控制
RG/V	道路工况模拟	车速控制

(1) n/M 模式。该模式下,测功机处于转速控制模式,动力系统处于扭矩控制模式。该模式通常用于电动机外特性及部分负荷特性测试。

(2) M/n 模式。该模式下,测功机处于扭矩控制模式,动力系统处于转速控制模式。该模式经常用于电动机转速模式的控制特性测试。

(3) RG/P 模式。该模式下,测功机模拟道路阻力,动力系统根据加速踏板和制动踏板设定值输出扭矩。该控制模式常用于测试动力系统的加速以及再生制动等性能。

(4) RG/V 模式。该模式下,测功机模拟道路阻力,驾驶员模型控制加速踏板和制动踏板实现车速跟踪。该控制模式通常用于循环工况测试,用于测试动力系统的动力性、经济性和排放性能。

动态控制模式下台架控制器运行整车动力学模型和驾驶员模型模拟道路工况,控制较为复杂,下面以单轴并联混合动力系统为例说明台架系统的动态控制原理,如图 11-10 所示。待测动力系统为单轴并联结构,包括内燃机、离合器、电动机、AMT(automated manual transmission)以及 HCU(hybrid control unit),变速器输出端与测功机连接,台架试验过程中,测功机控制器实时采集变频柜转速信号以及扭矩仪发送的扭矩信号,根据整车配置参数和整车动力学模型进行实时计算,控制测功机实现整车道路工况下的负载模拟。驾驶员模型根据目标车速计算加速踏板和制动踏板开度实现车速的跟踪,踏板信号通过模拟量接口输出给混合动力系统。因为台架不包含实际机械制动系统,机械制动扭矩部分通过模型计算模拟。

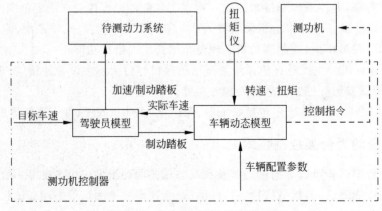

图 11-10 动态控制模式工作原理

车辆在道路上行驶过程的行驶阻力方程为
$$F_v = F_f + F_w + F_j + F_i \tag{11-1}$$
式中：F_f——摩擦阻力；

F_w——风阻；

F_j——惯性阻力；

F_i——坡度阻力。

整车驱动力和制动力与上述几部分阻力达到平衡，即 $F_v = F_f + F_w + F_j + F_i$。测功机控制器采用转速跟踪算法实现整车道路阻力和惯量模拟，转速跟踪算法中不包含微分环节，算法稳定性较好。控制框图如图 11-11 所示。

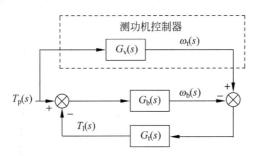

图 11-11 测功机控制器控制框图

控制算法的原理是根据实测的动力系统输出轴的扭矩 $T_p(s)$ 和车辆模型 $G_v(s)$，计算预期的变速器输出轴速度 $\omega_t(s)$，转速跟踪控制器 $G_t(s)$ 根据计算的 $\omega_t(s)$ 和实测的输出轴转速 $\omega_b(s)$ 计算负载扭矩 $T_l(s)$，使得动力系统能够跟踪模型计算的预期转速，实现模拟车辆动态工况的目的。如果 ω_b 能够快速准确跟踪 ω_t，则台架上的动力系统输出端的转速和扭矩就与实车道路运行时接近，台架实际控制效果与测功机加载响应速度有关。驾驶员模型根据设定车速，采用一个 PI 控制器控制加速踏板和制动踏板实现车速跟踪，如图 11-12 所示，其中比例控制部分采用分段变参数比例控制器，可以实现较好的车速跟踪效果。

图 11-12 驾驶员模型控制框图

主控计算机系统硬件采用 PCI 总线工业控制计算机，通过 PCI 总线和 LAN 总线扩展各种高速数据采集和通信接口。主控计算机通过 LAN 接口与测功机控制器通信实现测功机信息采集和控制命令传输，通过 PCI 总线扩展 CAN 和 RS485 通信接口与混合动力 CAN 网络和其他设备通信，通过 LAN 接口连接 CDAQ 数据采集模块。主控计算机软件基于虚拟仪器开发平台 LabVIEW 开发，实现数据采集、试验流程控制、界面显示、数据处理等多个任务。主控计算机系统结构框图如图 11-13 所示，虚拟仪器界面如图 11-14 所示。

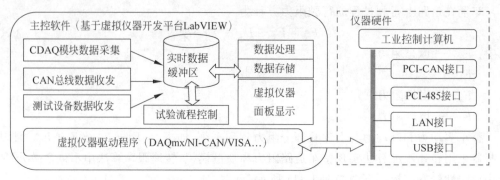

图 11-13 主控计算机软件架构

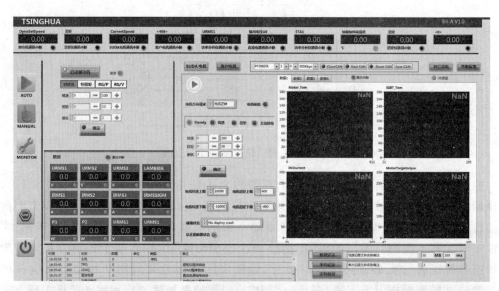

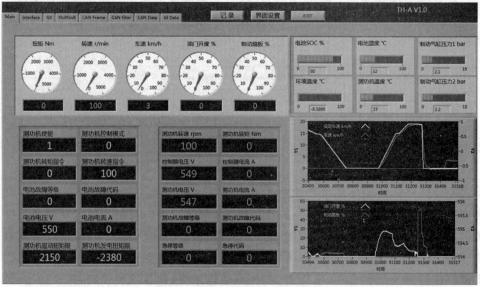

图 11-14 主控计算机虚拟仪器界面

11.4 混合动力台架应用

11.4.1 电机测试台架

电机测试台架可以实现电驱动系统的外特性、部分负荷特性、再生制动特性、效率特性和扭矩响应特性等测试,通过电机台架获取相应的特性参数和曲线,为整车建模仿真和控制策略开发提供依据。电机测试台架结构如图 11-15 所示,由被测电机、双向直流电源、测功机、变频柜、扭矩仪、功率分析仪、数据采集系统、变速装置、机械连接装置、其他测试设备及主控计算机等部分组成。测功机系统作为负载装置实现电机工况控制和机械功率测量;当电机转速或扭矩范围超过测功机最高转速或扭矩时,可通过变速装置实现与测功机转速扭矩特性的匹配;双向直流电源按照预先设定的电压给电机控制器供电;功率分析仪实现电机控制器直流输入端和交流输出端功率测量;数据采集系统可采集电压、电流、温度、振动等传感器输出信号;主控计算机通过 CAN、RS485、LAN 等通信总线与电机控制器及测试设备连接实现测试过程的数据采集、流程控制和数据处理。

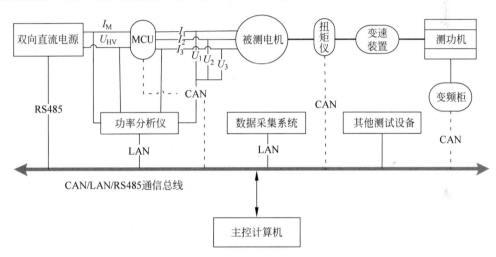

图 11-15 电机测试台架结构框图

电机外特性试验方法:

(1) 双向直流电源工作在恒压模式,设定为电机的额定电压;

(2) 测功机恒转速控制,从一个较小的工作转速(比如 100r/min)按照固定步长(比如 200r/min)增加至电机最高转速;

(3) 电机工作在扭矩控制模式,设定为最大扭矩;

(4) 对各工况点转速、扭矩、电压、电流及其他参数进行测量,得到电机外特性曲线。

电机效率特性试验方法:

(1) 双向直流电源工作在恒压模式,设定为电机的额定电压;

(2) 测功机恒转速控制,从一个较小的工作转速(比如 100r/min)按照固定步长(比如 200r/min)增加至电机最高转速;

(3) 电机工作在扭矩控制模式,在每一个转速下,以一个较小工作正扭矩(比如 10N·m)

按照固定步长(比如 20N·m)增加到该转速下的最大正扭矩;以一个较小工作负扭矩(比如-10N·m)按照规定步长(比如-20N·m)减小到该转速下最小的负扭矩;

(4) 对每个工况点的电机转速、扭矩、电压和电流进行记录,计算电机在每个工况点下的效率。

图 11-16(a)是某一款额定功率为 75kW 的交流电机的外特性曲线;图 11-16(b)是该电机效率 MAP 图。

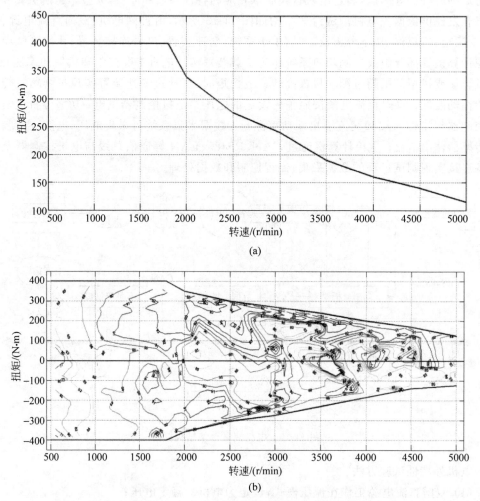

图 11-16 电机外特性曲线及效率 MAP 图
(a) 电机外特性曲线;(b) 电机效率 MAP 图

11.4.2 变速器测试台架

变速器测试台架可实现变速器的扭矩传递效率、换挡平顺性以及可靠性和耐久性测试,获取相应的参数和曲线,为变速器选型以及整车控制策略开发提供依据。变速器测试台架如图 11-17 所示,由三个测功机、三个扭矩仪、数据采集系统、被测变速器、差速器、机械连接装置、其他测试设备及主控计算机等部分组成。测功机 3 与变速器的输入轴相连,为动力装置提供驱动力;测功机 2 和测功机 1 分别与差速器的两个半轴相连,作为负载装置实现被测试件工况控制和机械功率测量；数据采集系统可采集温度、振动等传感器输出信号；主控计算系统通过 CAN、RS485、LAN 等通信总线与变速器控制器及测试设备连接实现测试过程的数据采集、流程控制和数据处理。

变速器传动效率试验方法：

(1) 测功机 2 和测功机 1 为转速控制模式，从一个较小的转速（比如 500r/min）按照固定步长（比如 200r/min）增加到最大转速；

(2) 测功机 3 为扭矩控制，从一个较小的扭矩（比如 10N·m）按照固定步长（20N·m）增加到测功机 1 在该转速下的最大扭矩；

(3) 利用 TCU(transmission control unit) 对变速器进行换挡，对变速器每个挡位工况点的转速和扭矩进行记录，计算变速器的传动效率。

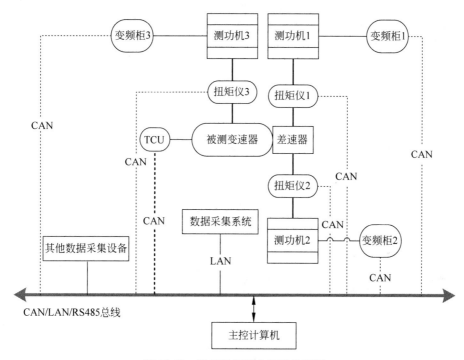

图 11-17 变速器测试台架结构框图

11.4.3 混合动力总成测试台架

混合动力总成测试台架能够实现整车动力系统的动力性、燃油经济性、整车控制策略的验证及标定等测试内容。由于混合动力总成有串联式、并联式和混联式等多种构型，动力系统布置方式有前置前驱、前置后驱、四驱等多种形式，因此混合动力总成台架也有多种结构形式，图 11-18、图 11-19、图 11-20 分别为单测功机、双测功机和四测功机混合动力总成测试台架结构框图，混合动力总成台架由测功机、扭矩仪、双向直流电源、被测混合动力总成、数据采集系统、机械连接系统以及其他测试设备构成。各部分功能与电机台架和变速器台架相同。通过对混合动力系统测试曲线分析，可对其动力性、经济性、排放性能进行分析。

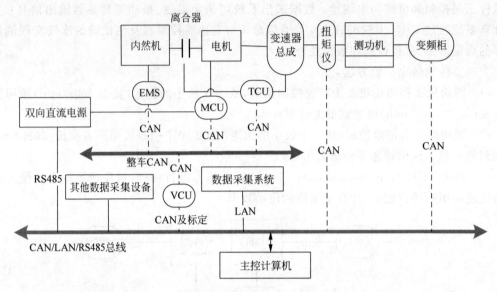

图 11-18 单测功机混合动力总成台架结构图

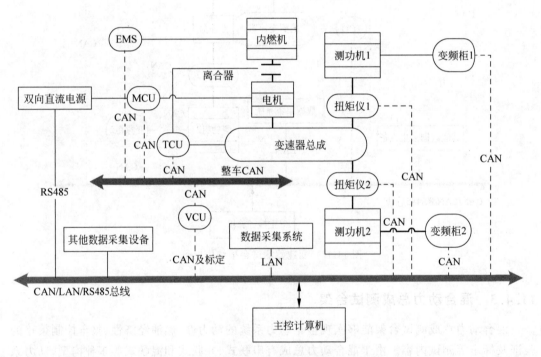

图 11-19 双测功机混合动力总成台架结构图

混合动力总成测试台架进行道路负载模拟测试试验方法如下。

(1) 整车控制器运行混合动力控制策略,测功机设置为 RG/V 模式。

(2) 载入循环工况曲线,驾驶员模型通过控制加速踏板和制动踏板跟踪设定车速,整车控制器接收到加速踏板和制动踏板信号,根据混合动力控制策略控制各部件。

第 11 章 混合动力系统台架试验 251

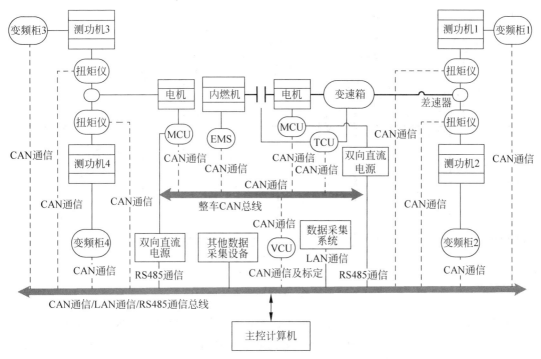

图 11-20 四测功机混合动力总成台架结构图

(3) 主控计算机系统记录测功机、油耗仪、排放分析仪、CAN 网络数据，循环工况结束后对测试数据进行分析处理。

图 11-21 所示为采用中国典型城市工况的混合动力总成台架试验结果。主要试验参数为：车重 12000kg，车轮半径 0.5 m，主减速比 5.7，滚动摩擦系数 0.014，迎风面积 $8.25m^2$，风阻系数 0.6。其中图 11-21(a) 是目标车速和实际车速曲线，图 11-21(b) 是加速踏板和制动踏板曲线，图 11-21(c) 是前 180s 部件扭矩及挡位曲线。

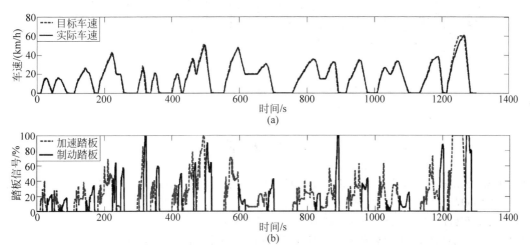

图 11-21 混合动力总成台架试验结果曲线
(a) 车速曲线；(b) 加速踏板及制动踏板曲线；(c) 各部件转矩以及挡位曲线

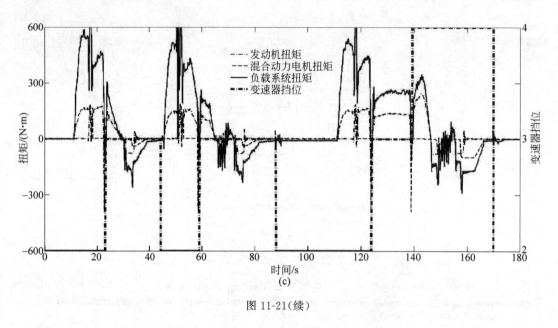

图 11-21(续)

图 11-22 所示为采用 WLTC(世界轻型车辆测试)工况的混合动力总成台架试验结果,图中显示的是车速和动力总成输出扭矩曲线,主要试验参数为:车重 2163kg,车轮半径 0.37m,主减速比 9.8。

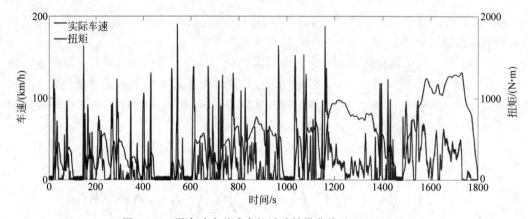

图 11-22 混合动力总成台架试验结果曲线(WLTC 工况)

参 考 文 献

[1] 叶晓,金振华,高大威,等. 测功机动态负载模拟算法[J]. 清华大学学报(自然科学版),2013(10):1492-1497.
[2] 吴钊. 新能源汽车台架试验系统开发[D]. 北京:清华大学,2016.
[3] 王好端. 混合动力控制器集成开发平台设计及应用[D]. 北京:清华大学,2012.
[4] 徐祥. 基于 LabVIEW 的新能源混合动力总成台架控制与测试系统开发与实现[D]. 镇江:江苏大学,2014.
[5] 杨军伟. 单轴并联混合动力系统动态协调控制策略研究[D]. 北京:北京理工大学,2015.

[6] 王红岩,芮强. 基于虚拟台架的变速箱箱体动态应力测试及影响因素分析[J]. 装甲兵工程学院学报,2007,21(6):49-53.
[7] 王欢. 基于AVL测功机的车用电机台架试验研究[J]. 机电工程技术,2018(2):11-14.
[8] 刘中林. 纯电动4轮独立驱动越野车试验台架的设计与实现[D]. 武汉:湖北大学,2013.
[9] AKPOLAT Z H,et al. Dynamic Emulation of Mechanical Loads Using a Vector-Controlled Induction Motor-Generator Set[J]. IEEE Trans On Industrial Electronics,1999,46(2):370-379.
[10] ARELLANO-PADILLA J,et al. Control of an AC Dynamometer for Dynamic Emulation of Mechanical Loads With Stiff and Flexible Shafts[J]. IEEE Trans On Industrial Electronics,2006,53(4):1250-1260.

附录A 试验指导书

试验1 汽油机速度特性试验

1.1 试验目的

(1) 了解和掌握汽油机功率、转速和燃油消耗量的测量方法。
(2) 理解汽油机速度特性的概念并掌握试验方法。
(3) 掌握汽油机速度特性试验结果的计算整理、曲线的制作和分析方法。
(4) 掌握汽油机速度特性规律及充量系数 ϕ_c 随转速的变化规律。

1.2 试验要求

(1) 试验前,复习内燃机原理和构造,熟悉和掌握与本试验内容相关的内燃机性能指标。
(2) 认真阅读本书的第1章、第2章和第3章,了解试验设备的原理及试验的基本条件。
(3) 试验中,按指导教师的要求操作仪器设备,正确观测和记录数据,按步骤进行试验。
(4) 试验后要求认真撰写试验报告,正确处理试验数据并规范列出试验数据和计算结果表格,绘制有关的速度特性曲线,结合原理对试验结果和试验特性曲线进行分析与讨论。
(5) 严格遵守实验室管理规章制度(安全、仪器操作、试验流程等)。

1.3 主要试验设备

(1) 测功机参数与调控:测功机为GW160电涡流测功机,主要参数为最高转速8000r/min,最大扭矩可达700N·m,最大功率达160kW;扭矩分辨率为±0.1N·m,测量精度为±0.4%;转速分辨率为±1r/min,测量精度为±5r/min;扭矩、转速以数字的形式在控制界面上显示。负载系统的控制工作方式有6种控制模式:

① 恒扭矩/恒转速控制(M/n);
② 恒转速/恒扭矩控制(n/M);
③ 恒扭矩/恒油门位置控制(M/P);
④ 恒转速/恒油门位置控制(n/P);
⑤ 恒调节阀(励磁)位置/恒油门位置控制(P_1/P),此种模式为手动控制,无反馈调整;
⑥ 推进特性控制(M/n^2),此种模式按船舶螺旋桨扭矩公式 $M \propto n^2$ 来调控。

(2) 油耗仪参数:用日本小野公司生产的DF-312容积式油耗仪,测量汽油机燃料消耗量;油耗分辨率为±0.1mL,时间分辨率为±0.1s,测量精度为±0.5%。

(3) 气体质量流量计参数:用上海同圆公司生产的ToCeiL热膜式气体质量流量计,测量汽油机进气空气消耗量;最大测量流量为600kg/h,分辨率为±0.1kg/h,测量精度为±1%。

1.4 汽油机台架系统装置

汽油机台架试验系统,如图 A1-1 所示。

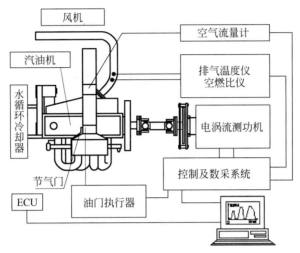

图 A1-1 汽油机台架试验系统

1.5 试验对象、燃料

(1)试验对象:试验用多点电控喷射汽油机的参数种类如表 A1-1 所示(具体参数值根据实际试验对象填写)。

表 A1-1 多点电控喷射汽油机参数

汽油机形式	
汽油机型号	点火顺序
缸径×行程/(mm×mm)	怠速/(r/min)
总排量/L	整机净质量/kg
压缩比	外形,长×宽×高/(mm×mm×mm)
额定功率(kW)/转速(r/min)	曲柄长度/mm
最大扭矩(N·m)/转速(r/min)	连杆长度/mm
最低燃油消耗率/(g/(kW·h))	燃料及标号

(2)试验用燃料:详细参数种类如表 A1-2 所示。

表 A1-2 燃料参数

汽油编号	辛烷值	铅含量/(mg/L)	硫含量/(mg/L)	燃油低热值/(kJ/kg)	密度(20℃)/(kg/m³)	碳氢比

1.6 试验标准及方法

1. 试验标准

汽油机试验条件,按国家标准 GB/T 18297—2001《汽车发动机性能试验方法》的规定进行控制。测量仪表精度及测量部位应符合 GB/T 18297—2001 的规定。

2. 试验方法

(1) 按国家标准 GB/T 18297—2001《汽车发动机性能试验方法》进行。

(2) 进行数据测量时,汽油机运行转速与选定转速相差不应超过 1‰ 或 ±10r/min,汽油机运行状态稳定 1min 后,方可进行试验测量。

(3) 进行速度特性试验时,从高速开始逐渐降低汽油机转速进行试验测量。

(4) 试验过程中,保持节气门开度不变,缓慢调节负荷以达到所选定转速的工况点,稳定后进行试验。

(5) 试验中燃油消耗量的测量方法在第 2 章中已有介绍。因汽油机的燃油易挥发,所以一般用容积法测量燃油消耗量。为保证测量结果的准确性,相同的工况最少测量 3 次,取平均值作为该工况的燃油消耗量数据。

(6) 试验中空气消耗量测量:由于汽油机进气具有脉动效应,因此从二次仪表中应读取波动的最大值和最小值,平均值即为该工况的空气消耗量数值,单位为 kg/h。每一工况要求至少测量两次,取平均值为该工况的测量数据。

(7) 试验分工:根据参加的人数(6 人左右)分 3 个小组,第 1 小组负责汽油机控制台的操作,并检查每一工作的配合次序;第 2 小组负责记录功率、转速、扭矩、水温、油温、排温、大气压、大气温度及湿度等参数;第 3 小组负责燃油消耗量、空气消耗量的测量与记录,同时汇总填写试验数据原始记录表格。条件允许时,各小组的任务可相应轮换。

1.7 试验步骤及内容

(1) 检查汽油机安装是否正确、安全、可靠。打开燃油开关、冷却水阀门及各测试系统开关,如汽油机测控仪等,起动汽油机,检查运转时有无明显的不稳定现象。无问题则进行汽油机预热及试验前的其他准备工作。

(2) 当汽油机达到预热要求后,选取规定的油门位置(如 $x\%$、100%),开始进行汽油机速度特性试验,每次试验适当选择 8 个以上的测量点。试验中汽油机采用测功机恒转速、调节油门方式(n/P)。

① 速度特性试验——部分油门位置:本次试验的节气门开度(TPS)定为 $x\%$。试验点转速由高到低,依次为××、××、…(r/min) 8 个测量点。试验测量数据记录表格如表 A1-3 所示。

表 A1-3 汽油机速度特性试验——试验数据记录表格

试验名称:汽油机 $x\%$ 节气门开度的速度特性								
试验日期		时间		地点			汽油机型号	
燃油编号			密度/(kg/m³)				试验人员	
大气压力/kPa			大气温度/℃					
序号	转速 n /(r/min)	扭矩 M_e /(N·m)	油耗 /(L/h)	$P_{机油压}$ /kPa	$T_{机油温}$ /℃	$T_{出水温}$ /℃	进气量 G_a /(kg/h)	空燃比 A/F
1								

续表

序号	$T_{排气温}$/℃	$T_{进气温}$/℃	湿度/%	$P_{0大气压力}$/kPa	修正系数/%	功率 P_e/kW	比油耗 g_e/(g/(kW·h))	充气系数 ϕ_c/%
1								

② 速度特性试验——全油门位置即外特性：节气门开度100%。试验点转速由高到低，依次选8个测量点。试验测量数据记录表格如表A1-4所示。

表 A1-4　汽油机外特性试验——试验数据记录表格

试验名称：汽油机100%节气门开度的速度特性——外特性								
试验日期		时间		地点		汽油机型号		
燃油编号			密度/(kg/m³)			试验人员		
大气压力/kPa			大气温度/℃					
序号	转速 n/(r/min)	扭矩 M_e/(N·m)	油耗/(L/h)	$P_{机油压}$/kPa	$T_{机油温}$/℃	$T_{出水温}$/℃	$T_{排气温}$/℃	空燃比 A/F
1								
序号	进气量 G_a/(kg/h)	$T_{进气温}$/℃	湿度/%	$P_{0大气压力}$/kPa	修正系数/%	功率 P_e/kW	比油耗 g_e/(g/(kW·h))	充气系数 ϕ_c/%
1								

(3) 试验过程中同步绘制性能的监督曲线，主要有扭矩、空燃比、比油耗随转速变化曲线，通过曲线的变化规律初步判断试验是否正确，以决定试验是否补点或重做。

1.8　试验数据整理及总结分析要求

(1) 按表A1-3、表A1-4填写试验结果和计算数据表格。

(2) 在同一坐标图上画出速度特性试验1(部分油门位置)和速度特性试验2(全油门位置即外特性)的性能对比曲线——M_e-n、P_e-n、g_e-n、A/F-n、G_a-n、$T_{排气温}$-n、ϕ_c-n 等特性对比曲线图，如图A1-2～图A1-8所示。

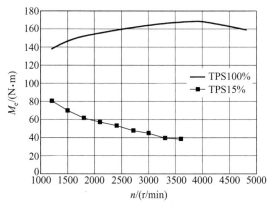

图 A1-2　转速-扭矩对比曲线

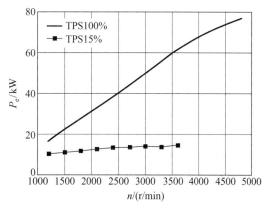

图 A1-3　转速-功率对比曲线

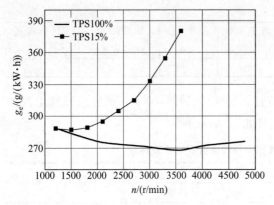

图 A1-4　转速-燃油消耗率对比曲线

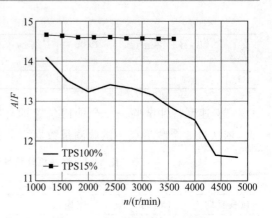

图 A1-5　转速-空燃比对比曲线

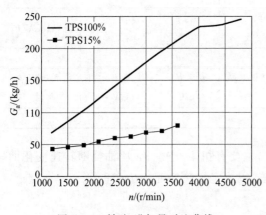

图 A1-6　转速-进气量对比曲线

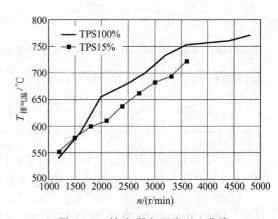

图 A1-7　转速-排气温度对比曲线

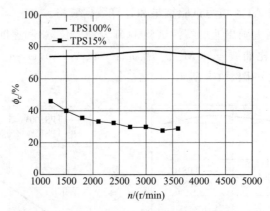

图 A1-8　转速-充气系数对比曲线

(3) 对比上述性能曲线图及试验结果进行下述分析、讨论。

① 分析不同参数的部分油门的速度特性与外特性曲线的差异及原因。

② 分析充气系数与扭矩特性曲线的相互关系,进一步比较影响扭矩特性的主要因素,并进行讨论。

③ 电控汽油机部分油门的速度特性与外特性空燃比应如何控制?

④ 测定及计算汽油机的升功率、最大功率、最大扭矩以及转速和扭矩储备系数后,对汽油机的动力性能进行评价。

⑤ 讨论速度特性试验时,试验点转速应如何选择,试验顺序对试验数据结果有哪些影响。

⑥ 讨论速度特性试验时,控制模式的选择是否合理,还可采用哪种模式进行试验,并分析利弊。

⑦ 讨论试验中出现的各种异常或特殊情况,分析、探讨发生的原因。

试验 2　汽油机负荷特性试验

2.1　试验目的

(1) 掌握汽油机负荷特性的试验方法。

(2) 掌握汽油机负荷特性试验结果的计算整理、曲线的制作和分析方法。

2.2　试验要求

(1) 了解和掌握汽油机负荷特性的试验方法,理解负荷特性试验的目的和意义,深刻理解负荷特性试验与速度特性试验的相同点和不同点。

(2) 其余内容同试验 1 的 1.2 中(2)、(3)、(4)、(5)。

2.3　主要试验设备

内容同试验 1 的 1.3。

2.4　汽油机台架系统装置

内容同试验 1 的 1.4。

2.5　试验对象、燃料

内容同试验 1 的 1.5。

2.6　试验标准及方法

内容同试验 1 的 1.6。

2.7　试验步骤及内容

(1) 内容同试验 1 的 1.7 中(1)。

(2) 当汽油机达到预热要求后,选取某一转速、变化油门位置进行汽油机负荷特性试验,适当选择 8 个以上的测量点。试验中汽油机转速控制采用测功机恒转速、油门调节方式 (n/P) 和 (n/M) 模式结合使用[①]。

(3) 此次试验的负荷特性转速定为 $x(r/min)$,转速确定后保持转速不变,通过改变节气门位置改变汽油机负荷,逐点进行试验。负荷选择由最低扭矩值开始,依次升高,直至节

---

① 满负荷和零负荷工况点时使用 (n/P) 模式,其余工况点使用 (n/M) 模式。

气门位置最大[①]结束。试验中要求找到空燃比值改变的拐点。

(4) 试验时汽油机水温、机油温度应尽量保持恒定,每个试验工况点在保持稳定后,记录相关试验数据,试验数据表格如表 A2-1 所示。

(5) 试验过程中需同步绘制以扭矩、空燃比和比油耗为主要参数的性能监督曲线,从曲线中可直接看出试验过程是否异常,以决定试验是否需补点或重做。

(6) 由于时间及条件限制,每个试验小组通常只能完成 1~2 个转速点的负荷特性试验,为了更好地分析被测汽油机性能,编写试验总结报告时,可用其他组的试验数据进行综合分析。

2.8 试验数据整理及总结分析要求

(1) 将试验测试结果和计算数据填写到表 A2-1。

(2) 画出负荷特性性能曲线,主要有 g_e-P_e、A/F-P_e、$T_{排气温}$-P_e、G_a-P_e 等特性曲线图,如图 A2-1~图 A2-4 所示。图 A2-1~图 A2-4 是某汽油机转速为 2800r/min 时的负荷特性试验曲线图。

(3) 根据所学汽油机原理知识,对试验结果进行分析。下面列举了若干问题,供读者参考。

① 负荷特性性能曲线呈鱼钩状的原因。

② 结合 A/F-P_e 曲线,说明曲线上各点空燃比标定的理由。进一步讨论空燃比标定值对油耗率及曲线走势的影响。

③ 结合 $T_{排气温}$-P_e 和 A/F-P_e 曲线,讨论负荷加大受限制的原因,并讨论如何根据动力性、经济性的要求确定外特性的最大扭矩点、额定功率点。

(4) 作出多条不同转速负荷特性曲线的充气系数曲线图,分析影响充气系数的各种主要因素,并进行讨论。

(5) 利用多条不同转速负荷特性曲线,作出等比油耗及等功率的全特性曲线图,对汽油机的经济性能进行分析。

(6) 讨论试验中出现的各种异常或特殊情况,分析、探讨发生的原因。

表 A2-1 电控汽油机转速为 x(r/min)时的负荷特性试验数据

试验名称:电控汽油机转速为 x(r/min)的负荷特性试验							
试验日期		时间		地点			汽油机型号
燃油编号		密度/(kg/m³)				试验人员	
大气压力/kPa		大气温度/℃					
序号	转速 n /(r/min)	扭矩 M_e /(N·m)	油耗 /(L/h)	$P_{机油压}$ /kPa	$T_{机油温}$ /℃	$T_{出水温}$ /℃	进气量 G_a /(kg/h)	空燃比 A/F
1								
序号	$T_{排气温}$ /℃	$T_{进气温}$ /℃	湿度 /%	$P_{0大气压力}$ /kPa		功率 P_e /kW	比油耗 g_e /(g/(kW·h))	充气系数 ϕ_c /%
1								

[①] 节气门最大位置一般指汽油机标定时额定工况点的节气门位置。为了解汽油机的最大负荷能力,若条件允许,可适当加大该节气门位置进行全负荷试验。

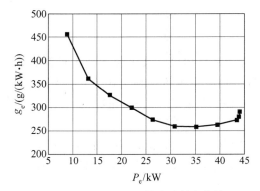

图 A2-1　2800r/min 燃油消耗率曲线

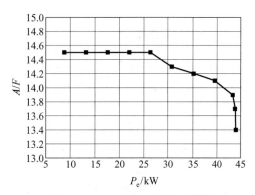

图 A2-2　2800r/min 空燃比曲线

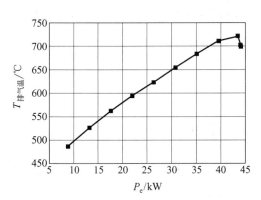

图 A2-3　2800r/min 排气温度曲线

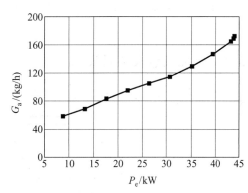

图 A2-4　2800r/min 进气量曲线

试验 3　柴油机速度特性、负荷特性试验

3.1　试验目的

(1) 了解并熟悉柴油机台架试验的主要设备。
(2) 掌握柴油机负荷特性、速度特性的试验方法。
(3) 掌握对试验数据进行修正及分析处理的方法。
(4) 能够根据柴油机特性曲线对其性能进行分析和评价。
(5) 能够根据试验结果找出提高柴油机排放性能的主要切入点(提高要求)。

3.2　试验要求

(1) 复习柴油机的基本构造和工作原理,进而了解车用电控高压共轨喷射系统的基本构造和工作原理。
(2) 了解柴油机负荷特性及速度特性的定义、试验方法以及注意事项。
(3) 编写试验大纲。大纲主要包括：试验内容、试验步骤、需要记录的参数——环境参数、柴油机状态参数、测试参数等。试验工况的柴油机转速可在 1500～2500r/min 范围选择。
(4) 其他同试验 1。

3.3 主要仪器设备

(1) 吸收功率设备(负载)测功机为 GW350 电涡流测功机。其主要参数为最高转速 5000r/min,最大扭矩 1500N·m,最大功率 350kW。负载系统有两种工作方式,即手动控制和自动控制。控制方式与试验 1 的 1.3 相同,有 6 种控制模式。转速、扭矩、功率、温度等以数字的形式在面板上显示。

扭矩分辨率±0.1N·m,测量精度±0.4%;转速分辨率±1r/min,测量精度±5r/min。

(2) 油耗仪参数:采用中国湘仪公司生产的重量式油耗仪,测量柴油机燃油消耗量。油耗分辨率±0.1g,时间分辨率±0.1s,测量精度±0.5%。

(3) 气体质量流量计参数:采用上海同圆公司生产的 ToCeiL 热膜式气体质量流量计,测量柴油机进气空气消耗量。最大测量流量为 1200kg/h,分辨率为±0.1kg/h,测量精度为±1%。

3.4 柴油机台架系统装置

柴油机台架性能试验装置简图如图 A3-1 所示。

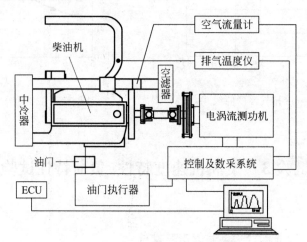

图 A3-1 柴油机台架试验装置

3.5 试验对象、燃料

(1) 试验采用车用增压中冷高压共轨直喷柴油机,需关注的主要参数如表 A3-1 所示。

表 A3-1 柴油机参数

型号		压缩比	
汽缸数		最大功率(kW)/转速(r/min)	
缸径×行程/(mm×mm)		最大扭矩(N·m)/转速(r/min)	
总排量/L		进气系统	
燃油供给系统			

(2) 试验用柴油的主要参数种类见表 A3-2。

表 A3-2　试验用柴油的主要参数

柴油编号		
T50/℃	硫含量/10^{-6}	总芳烃
T90/℃	十六烷值	多环芳烃
终馏点/℃	十六烷指数	密度(20℃)/(kg/m^3)

3.6　试验注意事项

(1) 安全注意事项：需遵守试验室安全规定，听从指导教师的安排；未经允许不得擅动试验室的设备和各种电源开关；试验前认真检查柴油机和测功机的水、电、油、气等是否满足试验要求；试验过程中不得随意进入试验区，不得进入柴油机旋转区域！

(2) 试验前的安全检查：检查柴油机与测功机的连接是否安全可靠；检查旋转件防护装置是否到位；检查柴油机安装支架是否牢固；检查柴油机及测功机上是否有散落的零件或其他杂物；检查是否有其他不符合安全规定的情况。

(3) 试验准备：明确任务分工；开启燃油油路阀门；开启试验室通风换气设备；开启测功机控制系统；柴油机控制系统上电；起动并预热柴油机；准备好试验记录表；记录环境参数等。

(4) 每组至少有一名同学自带坐标纸、铅笔、直尺、橡皮等作图工具，用以制作监控曲线。

3.7　试验方法

1. 负荷特性

根据试验用柴油机的具体情况，在柴油机的额定扭矩区域选取试验转速。通常情况下，所选取的转速尽可能取整，即试验转速为 50 或 100 的整数倍。

进行负荷特性试验时，一般从小负荷开始，逐步增大负荷至满负荷，整个试验需要选取 8 个以上的测试点，并尽可能包括典型工况点，例如 25%、50%、75% 等负荷点，且必须包括额定负荷点。

在进行负荷特性试验时，由于柴油机转速不变，改变柴油机扭矩，因此可以采取恒转速/恒扭矩控制模式，即 n/M 控制模式。

图 A3-2 为某柴油机的一条负荷特性曲线图。

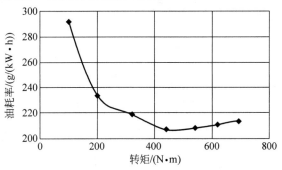

图 A3-2　某柴油机的一条负荷特性曲线

2. 速度特性

根据柴油机实际状态,选取一定的油门开度进行,具体方法同试验1中的1.6。

3. 试验数据测量及修正

试验过程中,需关注柴油机水温、机油温度,并应尽量保持恒定,且在每个试验工况保持稳定后,记录试验数据。由于柴油机试验并非是在标准状态下进行的,因此需要对试验过程中所采集的数据进行修正。具体的修正方法参见第4章或国家标准GB/T 18297—2001。

3.8 试验内容

(1) 按照已制订的试验方案,在1500~2500r/min选择两个试验转速进行负荷特性试验。注意负荷点选取的合理性,最低负荷一般不低于10%。且试验工况点至少取8个或根据需要增加试验工况点。

(2) 按照已制订的试验方案,在40%~75%选择两个油门开度进行速度特性试验。注意工况点选取的均匀性,且试验点至少取8个或根据需要增加试验工况点。

3.9 试验数据记录

参加试验的同学以试验小组为单位,每组自行制订试验记录表格(提示:记录表的内容至少包括试验名称,试验时间,试验地点,参加试验人员,大气温度、压力、湿度等环境参数,转速、扭矩等工况参数,油温、油压、水温等柴油机热状态参数,燃油消耗量和排放等需要测量的参数)。表A3-3、表A3-4仅供参考。

表A3-3 柴油机速度特性试验数据

试验名称:柴油机油门开度 x(%)的速度特性试验							
试验日期		时间		地点		柴油机型号	
燃油编号			密度/(kg/m^3)			试验人员	
大气压力/kPa			大气温度/℃				
序号	转速 n /(r/min)	扭矩 M_e /(N·m)	油耗 /(L/h)	$P_{机油压}$ /kPa	$T_{机油温}$ /℃	$T_{出水温}$ /℃	进气量 G_a /(kg/h)	空燃比 A/F
1								
序号	$T_{进气温}$ /℃	$T_{排气温}$ /℃	湿度 /%	$P_{0大气压力}$ /kPa	修正系数 /%	功率 P_e /kW	比油耗 g_e /(g/(kW·h))	充气系数 ϕ_c /%
1								

表A3-4 柴油机负荷特性试验数据

试验名称:柴油机转速 x(r/min)的负荷特性试验							
试验日期		时间		地点		柴油机型号	
燃油编号			密度/(kg/m^3)			试验人员	
大气压力/kPa			大气温度/℃				
序号	转速 n /(r/min)	扭矩 M_e /(N·m)	油耗 /(L/h)	$P_{机油压}$ /kPa	$T_{机油温}$ /℃	$T_{出水温}$ /℃	$T_{排气温}$ /℃	$T_{进气温}$ /℃
1								
序号	进气量 G_a /(kg/h)	空燃比 A/F	湿度 /%	$P_{0大气压力}$ /kPa	$T_{进气温}$ /℃	功率 P_e /kW	比油耗 g_e /(g/(kW·h))	充气系数 ϕ_c /%
1								

试验过程中需根据测量数据同步绘制主要性能的监督曲线,如扭矩与比油耗或空燃比的关系曲线。该曲线可直接反映试验是否异常,以决定试验是否补点或重做。

为全面分析柴油机特性,需要做多个负荷特性或速度特性试验。由于时间关系,每组仅能完成部分速度特性和负荷特性试验。总结试验时,各组可结合其他组的试验数据进行综合分析,在此基础上与汽油机进行对比分析。

3.10 试验报告要求

(1) 按指导教师要求编写试验报告。

(2) 报告格式可参阅第 1 章。

(3) 图 A3-3～图 A3-10 是某柴油机外特性及转速为 1250r/min 时的负荷特性试验曲线图,供读者参考。

(4) 根据所学内燃机原理知识,对试验结果进行分析。下面列举了若干问题,供读者参考。

① 对比汽油机与柴油机外特性曲线的差异并分析其原因。

② 对负荷特性曲线中的鱼钩状进行分析,并结合空燃比曲线讨论负荷加大受限制的原因。

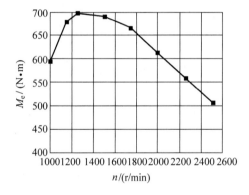

图 A3-3 外特性扭矩曲线

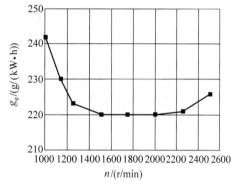

图 A3-4 外特性燃油消耗率曲线

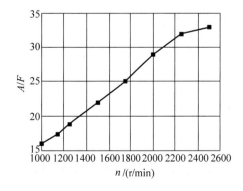

图 A3-5 外特性空燃比曲线

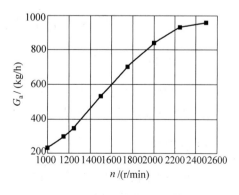

图 A3-6 外特性进气量曲线

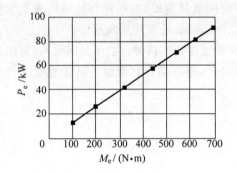

图 A3-7　1250r/min 功率曲线

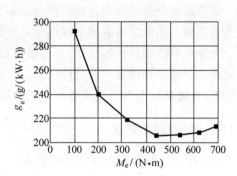

图 A3-8　1250r/min 燃油消耗率曲线

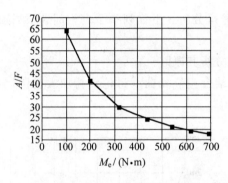

图 A3-9　1250r/min 空燃比曲线

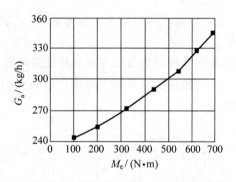

图 A3-10　1250r/min 进气量曲线

③ 对比分析汽油机与柴油机负荷特性曲线的差异及原因，并对二者之间的经济性进行分析。

④ 结合负荷特性进气量曲线，讨论增压与非增压柴油机在循环充气量方面的差异及原因。

⑤ 画出 8 条以上不同转速下的负荷特性曲线，绘出万有特性图，在此基础上分析该柴油机的经济性，并与汽油机进行对比分析。

⑥ 针对试验中出现的各种异常现象，分析、探讨发生的原因。

试验 4　汽油机灭缸法机械损失试验

4.1　试验目的

（1）了解和掌握汽油机灭缸法的试验方法和试验目的。

（2）掌握汽油机机械损失试验曲线的制作和分析。

4.2　试验要求

（1）按照指导教师的要求进行机械损失试验，从中理解汽油机灭缸法的试验目的和方法。

（2）掌握汽油机机械损失功率的计算及机械效率曲线的制作，结合原理分析其机理。

（3）其余内容同试验 1 的 1.2 中（3）、（4）、（5）。

4.3 主要仪器设备

内容同试验 1 中的 1.3。

4.4 汽油机台架系统装置

内容同试验 1 中的 1.4。

4.5 试验对象、燃料

内容同试验 1 中的 1.5,如条件允许可使用在研汽油机作为试验教学对象。

4.6 试验步骤及内容

(1) 无论做什么试验,试验前均要检查汽油机安装是否正确、安全、可靠;然后打开燃油开关、冷却水阀门及各测试系统开关,如汽油机测控仪等;接着起动汽油机,检查汽油机运转时有无明显的不稳定现象;无问题时则开始进行汽油机预热及试验前的其他准备工作。

(2) 汽油机灭缸法有两种方法:一种是断油;另一种是断火。后一种方法不建议使用,因该方法会在排气系统内产生大量燃油,极易引起后燃爆炸。

(3) 当汽油机达到预热要求后,将汽油机节气门(油门)全开,进行外特性试验。试验工况起始点从额定转速逐渐降低,直至最低工作转速。每个试验工况点稳定后(尤其关注排气温度)方可进行试验测试,测试试验数据记录表可参考表 A4-1。

表 A4-1 汽油机的外特性试验数据结果

试验名称:外特性试验								
试验日期		时间		地点			汽油机型号	
燃油编号				密度/(kg/m³)			试验人员	
大气压力/kPa				进气温度/℃				
序号	转速 /(r/min)	扭矩 /(N·m)	功率 /kW	出水温度 /℃	机油温度 /℃	进气温度 /℃	机油压力 /kPa	大气压力 /kPa
1								

(4) 进行某一转速 x(r/min)下的灭缸试验。首先测出汽油机的有效功率,然后对第 i 缸灭缸,调整测功机使汽油机转速恢复原值且稳定后,测出有效功率 P_{ei},得到被灭缸的指示功率:$P_i = P_e - P_{ei}$。试验测试数据表格如表 A4-2 所示。

(5) 用同样方法依次进行各缸断油试验,以此类推,最后得到第 n 缸指示功率,由此可计算出汽油机的总指示功率为

$$P_i = \sum_{i=1}^{n} P_{i-1}$$

表 A4-2 $x(r/min)$ 断油试验数据结果

试验名称：$x(r/min)$ 断油灭缸试验

试验日期		时间		地点			汽油机型号	
燃油编号				密度/(kg/m³)			试验人员	
大气压力/kPa				进气温度/℃				

外特性点	转速/(r/min)	扭矩/(N·m)	功率/kW	出水温度/℃	机油温度/℃	进气温度/℃	机油压力/kPa	大气温度/℃
断油缸号								指示功率/kW
1								
			总指示功率 P_i					
			总机械损失功率 P_m					

（6）根据测得的有效功率和指示功率，即可算出汽油机的机械损失功率：

$$P_m = P_i - P_e$$

计算试验数据表格如表 A4-3 所示。

表 A4-3 汽油机机械损失功率及机械效率数据结果

试验名称：汽油机机械损失功率及机械效率试验

试验日期		时间		地点			汽油机型号	
燃油编号				密度/(kg/m³)			试验人员	
大气压力/kPa				进气温度/℃				

序号	转速/(r/min)	机械损失功率/kW	出水温度/℃	机油温度/℃	进气温度/℃	机油压力/kPa	机械效率/%
1							

4.7 试验数据整理及总结分析要求

（1）按表 A4-1 填写外特性试验结果数据表格，按表 A4-2 分别填写各灭缸测试试验值。

（2）计算汽油机机械损失功率及机械效率，将数据填入表 A4-3 中。

（3）作出机械损失功率及机械效率随转速变化的曲线，如图 A4-1 所示。

（4）分析讨论上述两条曲线的变化趋势及原因。

（5）分析讨论灭缸法测汽油机机械效率的优缺点及其误差来源。

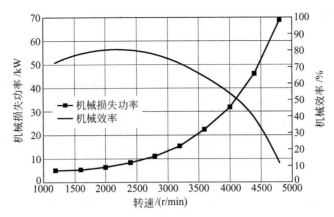

图 A4-1 汽油机机械损失功率及机械效率曲线

试验 5 电控汽油机点火提前角 MAP 图测定试验

5.1 试验目的

(1) 了解电控汽油机的电控管理系统。

(2) 掌握试验数据处理、曲线及三维曲面(MAP 图)的制作方法。

(3) 分析汽油机性能参数随点火提前角变化的规律以及点火提前角 MAP 图的特点,并掌握不同点火提前角对汽油机性能的影响。

5.2 试验要求

(1) 了解和掌握电控汽油机点火提前角的测量目的和试验方法。

(2) 为保证试验的顺利进行,试验前需认真阅读本书第 7 章,同时复习内燃机原理和构造,尤其是电控内燃机中各传感器的原理及安装位置,并了解试验的基本条件。

(3) 试验中,按指导教师的要求操作试验装置,并按步骤进行试验。

(4) 参考第 1 章试验报告格式编写试验测试报告,正确处理试验数据并绘制点火提前角曲线,结合原理进行分析。

5.3 主要仪器设备

本试验的主要仪器设备如表 A5-1 所示。

表 A5-1 试验用主要仪器设备

序 号	设备名称	说 明
1	测功机系统	德国 ZÖLLNER 公司 B-220AC 测功机及控制仪
2	空燃比传感器	日本特陶(NGK)生产的宽域空燃比传感器
3	空燃比二次仪表	自行开发的空燃比仪
4	电控开发系统	DELPHI 公司模块开发系统 MDS
5	三效催化器	DELPHI 公司 M82 型催化器
6	进气流量测量	上海同圆公司热膜式气体质量流量计

(1) 负载为电涡流测功机。测功机最高转速为 10000r/min，最大扭矩为 800N·m，最大功率为 160kW。

(2) 电控汽油机管理系统为德尔福(DELPHI)系统，如图 A5-1 所示。

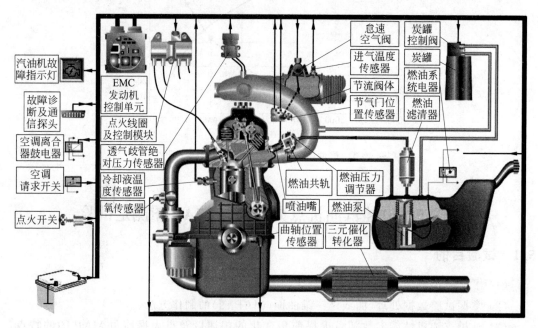

图 A5-1　德尔福电控汽油机管理系统

(3) 电控汽油机系统软件操作界面如图 A5-2 所示。

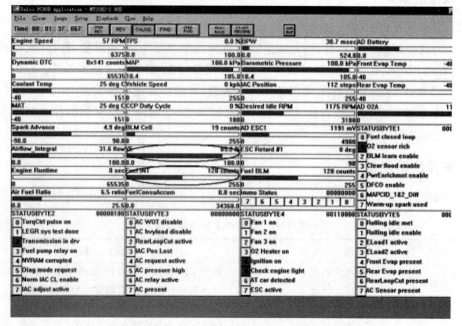

图 A5-2　电控汽油机软件(德尔福)操作界面

5.4 发动机台架系统装置

内容同试验 1 中的 1.4。

5.5 试验对象、燃料

内容同试验 1 中的 1.5,如条件允许可使用在研汽油机作为试验教学对象。

5.6 试验内容

(1) 试验前的第一步非常关键,具体可参考试验 1 中的 1.7 中(1)。

(2) 点火提前角的测量是在不同节气门开度与不同转速组成的工况面节点处进行,通过改变点火提前角,进而可获得扭矩和油耗等相关参数。

(3) 试验中每个测量点采用测功机恒转速、汽油机恒油门调节方式控制汽油机转速。

(4) 在指导教师的指导下,确定所需标定工况:转速和进气管压力。

(5) 对所选工况,即汽油机转速 $x(r/min)$ 和进气管压力 $x(kPa)$ 稳定后,将点火提前角由小到大逐步改变,改变间隔为 2°左右,同时进行如扭矩、油耗等参数的测量,测量点应尽可能地多,试验记录表格如表 A5-2 所示。

(6) 转速不变,依次改变进气管压力,进行上述试验测试。

(7) 其他转速点的试验测试方法同(5)、(6)。

(8) 点火提前角试验还应记录排放、噪声等相关性能参数。在教学试验中如果时间和条件允许,应进行排放和噪声测试。

表 A5-2 汽油机试验数据记录表

汽油机型号			$x(r/min)$、$x(kPa)$点火提前角试验					
大气压力/kPa		大气干温度/℃		大气湿温度/℃		试验日期		
燃油编号		汽油密度/(kg/m³)		试验地点		试验人员		
序号	转速/(r/min)	扭矩/(N·m)	功率/kW	进气管压力/kPa	点火角/(°)	油耗/(L/h)	出水温度/℃	机油温度/℃	机油压力/kPa
1									
序号	CO_2/%	$CO/10^{-6}$		$THC/10^{-6}$		$NO_x/10^{-6}$		$O_2/10^{-6}$	
1									

5.7 试验数据整理及总结分析

(1) 按表 A5-2 填写试验测试数据。

(2) 画出扭矩及油耗率随点火提前角变化的曲线族,图 A5-3 为其中一例。

(3) 对试验结果及试验曲线进行分析讨论。

① 各工况点扭矩随点火角变化的曲线及趋势有何特点,分析原因。

② 比较不同油门开度(进气管压力)时的曲线有何特点,分析原因。

③ 各工况点按动力性、经济性优化点火提前角的原则与依据。

④ 最佳动力性、经济性点火提前角随转速及负荷变化的规律,分析原因。
⑤ 进一步分析,当考虑排放、噪声等因素时,点火提前角又将如何选择。

(4) 综合各组试验曲线,按动力性、经济性优化要求作出点火提前角的三维曲面,如图 A5-4 所示。

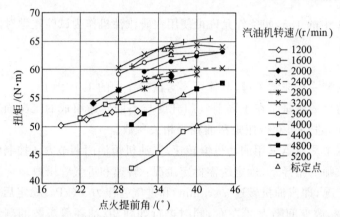

图 A5-3　某电控汽油机进气管压力 50kPa 时,各转速、扭矩与点火提前角的关系曲线

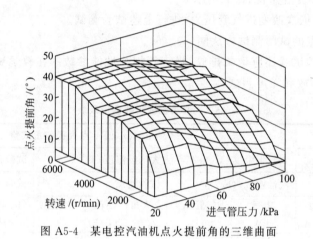

图 A5-4　某电控汽油机点火提前角的三维曲面

试验 6　汽油机排放污染物特性试验

6.1　试验目的

(1) 了解汽油机排放测试系统及原理。
(2) 了解和掌握汽油机排放测试方法及仪器的操作。
(3) 分析汽油机有害气体排放物 CO、THC、NO_x 含量随负荷及转速变化的规律。

6.2　试验要求

(1) 复习内燃机原理相关内容,研读本书第 6 章。
(2) 了解和掌握主要污染物(CO、THC、NO_x)测试的基本原理。

(3) 试验过程中需严格按照仪器操作规程使用仪器设备,按试验大纲要求进行试验,观察记录有效数据。

(4) 参考第 1 章试验报告格式说明编写试验测试报告。

6.3 主要仪器设备

(1) 负载系统即测功机和油耗仪与试验 1 中的 1.3 相同,读者可参考。

(2) 气体质量流量计:采用上海同圆公司生产的 ToCeiL 热膜式气体质量流量计,测量汽油机进气空气消耗量。主要参数:最大测量流量 600kg/h,分辨率 ±0.1kg/h,测量精度为 ±1%。

(3) 空燃比仪:采用日本 NGK 生产的 A/F-Boost Meter 空燃比仪,最大测量空燃比为 30,分辨率 ±0.05,测量精度 ±1%。

(4) 排放成分分析测试系统仪器为 AVL 公司的 CEB-Ⅱ型排气分析仪,主要参数如表 A6-1 所示。

表 A6-1　CEB-Ⅱ型排气分析仪参数

序号	名称	测量原理	测量范围	分辨率
1	CO	不分光红外线法(NDIR)	0～10%	0.1×10^{-6}
2	THC	氢火焰离子法(FID)	$0 \sim 30000 \times 10^{-6}$	0.1×10^{-6}
3	NO_x	化学发光法(CLD)	$0 \sim 10000 \times 10^{-6}$	0.1×10^{-6}
4	CO_2	不分光红外线法(NDIR)	0～20%	0.1×10^{-6}
5	O_2	磁力法	0～25%	0.1×10^{-6}
6	A/F	根据排放成分计算		

(5) 取样探头:由不锈钢制成,为一端封口的多孔直管,取样管内径为 6mm,壁厚应不大于 1.02mm。连接探头和排气管的管接头应尽可能地小,以便使探头的热损失减至最小。取样探头的结构示意图如图 A6-1 所示。

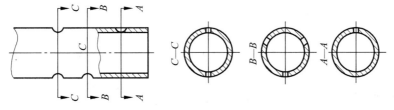

图 A6-1　取样探头装置图

以上仅介绍了常用的典型试验仪器,随着汽车能源动力试验技术的发展,试验仪器的功能及类型发生了很大变化,并已用于科学研究和试验教学。有关仪器读者可参阅本书的第 2、第 3 章及相关资料。

6.4 汽油机台架系统装置

台架试验系统在试验 1 的 1.4 的基础上增加了排放测试仪。

6.5 试验对象、燃料

内容同试验1中的1.5,如条件允许可使用在研汽油机作为试验教学对象。

6.6 试验方法

基本试验方法同试验1中的1.6,同时需参阅本书第6章有关排放测试方法介绍。

6.7 试验内容

1. 排放仪器预准备主要内容

(1) 打开总电源控制柜内的排放仪电源。

(2) 开启排放仪外红色开关电源(计算机系统起动)。

(3) 起动计算机系统后,打开显示屏旁边的小门,开启排放仪内绿色电源开关,排放仪电器开始预热,一般需预热30min。

(4) 打开CGS电源(颗粒物过滤器),测试前检查CGS内部过滤器是否清洗过及面板温度是否达到180℃。

(5) 分析单元、采样管预热。

(6) 仪器预热后,进行零点满度校正。校正过程:先打开样气气瓶开关(C_3H_8、O_2、CO、CO_2、NO_x),再打开气路系统开关,运行零点满度校正自动程序,运行后关闭样气气瓶开关和气路系统开关,并按说明书的要求进行后续工作。

2. 试验程序

(1) 试验前的第一步非常重要,试验者需认真对待,具体可参考试验1中的1.7中(1)。

(2) 当汽油机达到预热要求后,选取规定的油门位置(如$x\%$、100%)进行汽油机速度特性试验或选取某一转速,改变油门位置进行汽油机负荷特性试验,每次试验适当选择8个以上的测量点。

(3) 负荷特性排放试验过程:确定负荷特性转速为x(r/min),转速确定后保持转速不变,通过改变节气门位置改变汽油机负荷,逐点进行试验。负荷选择由最低扭矩值开始,依次升高,直至节气门位置最大结束。试验中要求找到空燃比改变的拐点。试验所需测量参数参见表A6-2。

(4) 外特性、部分油门速度特性排放试验:本次试验的节气门开度(TPS)定为$x\%$。试验点转速由高到低,依次选取8个以上测量点。

(5) 试验过程中同步绘制监督曲线,如空燃比、排放污染物随转速或负荷变化的曲线,通过曲线的变化趋势初步判断试验是否有异常,以决定试验是否需补点或重做。

(6) 因时间及条件限制,各试验小组需分别做不同工况点的排放特性试验,然后汇总,进而可进行综合分析。

(7) 试验结束后需对排放仪进行反吹自动程序,按指导教师要求逐步关闭排放仪的各个开关。

表 A6-2 试验数据记录表

汽油机型号		试验名称：电控汽油机 x(r/min)负荷特性试验							
大气压力/kPa		大气干温度/℃		大气湿温度/℃			试验日期		
燃油编号		汽油密度/(kg/m³)		试验地点			试验人员		
序号	转速/(r/min)	扭矩/(N·m)	功率/kW	进气管压力/kPa	点火角/(°)	油耗/(L/h)	出水温度/℃	机油温度/℃	机油压力/kPa
1									
序号	CO_2/%	CO/10^{-6}		THC/10^{-6}		NO_x/10^{-6}	O_2/10^{-6}		空燃比
1									

6.8 试验总结

（1）整理试验数据，填入表 A6-2 所示试验测试数据表格。

（2）分别画出被测对象排放污染物 CO、THC、NO_x、CO_2 随负荷变化的曲线，图 A6-2 为其中一例。

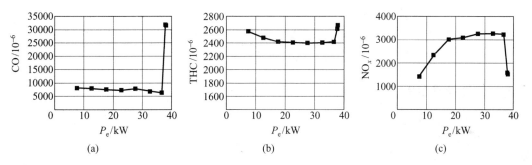

图 A6-2 2400r/min 负荷特性的排放量随功率变化曲线

（3）分析上述曲线形成的原因，并作出其他参数随负荷变化的曲线，图 A6-3 为其中空燃比、排气温度随功率变化的曲线。

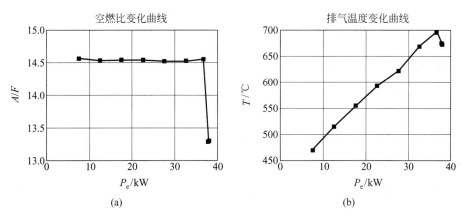

图 A6-3 空燃比及排气温度随功率的变化曲线

(4) 结合上述试验所作出的曲线,分析各种排放污染物排放量随负荷变化的规律及原因。

① 分析在最大负荷点处,各种排放污染物排放量急剧变化的原因。

② 分析闭环运行(理想混合气)的负荷范围内,三元催化器的特性。讨论采用三元催化器后仍然出现一定数量排放污染物的原因。

试验 7 柴油机排放试验

7.1 试验目的

(1) 了解柴油机排放测试系统及其原理。
(2) 了解和掌握柴油机排放测试方法及仪器的操作。
(3) 掌握柴油机排放测试循环工况及排放特性。
(4) 分析柴油机有害气体排放物 CO、THC、NO_x、CO_2 及微粒随负荷与转速变化的规律。

7.2 试验要求

(1) 复习内燃机原理相关内容,研读本书第 6 章。
(2) 了解试验设备基本原理及试验基本条件。
(3) 试验过程中按指导教师的要求操作仪器设备,了解排放测试程序及测试方法。
(4) 学会试验数据处理方法,编写试验测试分析报告。

7.3 主要设备仪器

(1) 测功机、油耗仪、气体质量流量计、空燃比仪、排气分析仪和取样探头等,同试验 6。
(2) 微粒采样装置为奥地利 AVL 公司生产的 SPC472,最大稀释比 100,分辨率为 ±0.1L/min,测量精度 ±2%。
(3) 电子天平为瑞典 METTLER TOLEDO 公司生产的 AX and MX/UMX,精度 $10\mu g$。
(4) 颗粒物数量(PN)测量。颗粒物数量测量是基于凝结颗粒计数器(condensation particle counters,CPCs)的测量方法,国六法规只要求对粒径在 23nm 以上的颗粒物数量进行测量。未来国七可能会到 10nm,进一步信息可参阅相关标准和说明书。

7.4 柴油机台架系统装置

柴油机台架排放测试系统简图如图 A7-1 所示。

7.5 试验对象、燃料

内容同试验 3,或在研柴油机。

7.6 试验标准及方法

(1) 试验条件:按国家标准 GB/T 18297—2001《汽车发动机性能实验方法》或商家规定的试验条件进行控制,如某发动机试验要求为:

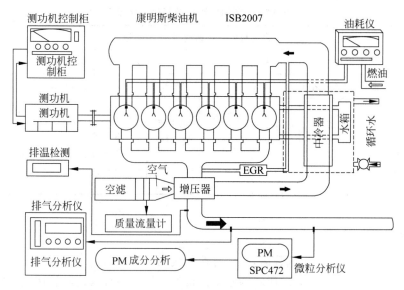

图 A7-1　柴油机台架排放测试系统简图

① 冷却液的出口温度控制在(88±5)℃。
② 机油温度控制在(90±5)℃。
③ 柴油温度控制在(40±2)℃。
④ 额定功率点(2500r/min)中冷后温度控制在(49±2)℃。
⑤ 额定功率点(2500r/min)中冷器压降为12.3kPa。
⑥ 额定功率点(2500r/min)排气背压为14.7kPa。

(2) 试验方法：基本试验方法同试验1中的1.6，同时需参阅本书第6章。

7.7　试验内容

(1) 内容同试验6中的6.7中1和2(1)。

(2) 在教师的指导下，进行排放分析仪的预热及标定工作。

(3) 为便于教学本试验是采取的速度特性和负荷特性试验，试验方法同试验3。试验所需测量参数如表A7-1所示，进而计算排放量，如表A7-2所示。标准试验需参阅本书第6章及相关标准。

表 A7-1　柴油机排放特性试验数据

试验名称：柴油机排放特性试验									
大气压力/kPa		大气干温度/℃		大气湿温度/℃		柴油机型号		试验日期	
燃油编号		燃油密度/(kg/m³)		试验地点		试验人员			
序号	转速/(r/min)	扭矩/(N·m)	燃油量/(L/h)	进气温度/℃	相对湿度/%	空燃比	微粒/mg	THC/10^{-6}	NO_x/10^{-6}	CO/10^{-6}
1										

表 A7-2 柴油机比排放量试验结果

试验名称：柴油机排放特性试验

大气压力/kPa	大气干温度/℃		大气湿温度/℃		柴油机型号		试验日期		
燃油编号	燃油密度/(kg/m³)		试验地点				试验人员		
序号	转速/(r/min)	扭矩/(N·m)	功率/kW	燃油量/(g/h)	油耗率/(g/(kW·h))	修正系数 NO_x	微粒/(g/(kW·h))	CO排放量/(g/(kW·h))	THC排放量/(g/(kW·h))	NO_x排放量/(g/(kW·h))
1										

7.8 试验总结

(1) 由表 A7-2 的试验测试数据，画出特性曲线图。

① 图 A7-2(a)～图 A7-4(a)所示为某柴油机外特性试验排放值随转速变化曲线。

② 图 A7-2(b)～图 A7-4(b)所示为某柴油机负荷特性试验排放值随负荷变化曲线。

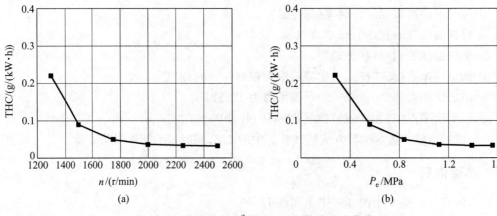

图 A7-2 某柴油机 0# 柴油 THC 排放试验曲线

(a) 外特性 THC 排放变化；(b) 1500r/min 负荷特性 THC 排放变化

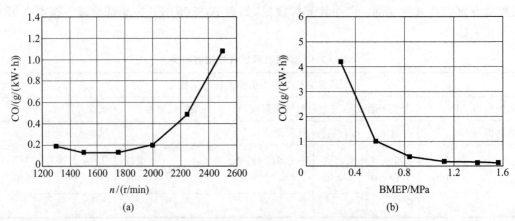

图 A7-3 某柴油机 0# 柴油 CO 排放试验曲线

(a) 外特性 CO 排放变化；(b) 1500r/min 负荷特性 CO 排放变化

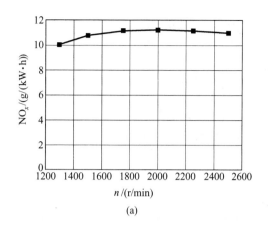
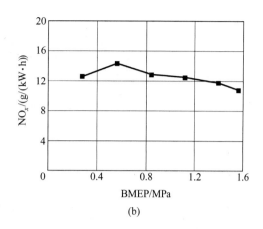

图 A7-4 某柴油机 0# 柴油 NO_x 排放试验曲线

(a) 外特性 NO_x 排放变化；(b) 1500r/min 负荷特性 NO_x 排放变化

(2) 将各组负荷特性试验曲线汇集组成排放特性曲线族,结合试验结果及特性曲线图进行分析讨论。

① 分析各特性曲线变化趋势及规律,并说明其原因。

② 与试验 6 汽油机负荷特性排放物试验结果进行对比分析。

试验 8　内燃机燃烧过程试验

8.1　试验目的

(1) 了解和掌握内燃机缸内压力测试系统结构、原理和测试方法。

(2) 掌握纯压缩线测量、上止点的确定方法及内燃机燃烧过程 p-V、p-φ 图的制取。

(3) 掌握内燃机燃烧过程及燃烧特性的分析方法。

8.2　试验要求

(1) 复习内燃机原理,进一步理解内燃机示功图的意义。

(2) 研读本书第 2 章和第 3 章,了解示功图制取及分析方法。

(3) 制定试验大纲,试验前与指导教师讨论大纲的可行性。

8.3　主要仪器设备及测试系统

(1) 测功机同试验 3 中的 3.3。

(2) 缸内压力测试系统试验简图,如图 A8-1 所示。

(3) 将试验中使用的主要仪器及参数记录到如表 A8-1 所示的表格内。

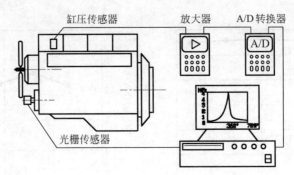

图 A8-1 缸内压力测试系统

表 A8-1 主要测试仪器及参数

序号	名 称	型号	规格	厂家	备 注
1	缸压传感器				
2	电荷放大器				
3	角标传感器				
4	数采系统				

8.4 试验对象、燃料

同试验 1 中的 1.5 或试验 3 中的 3.5,如条件允许可使用在研内燃机作为试验教学对象。

8.5 试验内容

(1) 按照试验 1 中的 1.7(1)进行试验前的准备。

(2) 在教师的指导下,进行压力测试系统仪器的预热工作。

(3) 暖机直至内燃机出水温度达到 85℃,将试验工况设定到目标工况,本次试验是在某一固定转速下,进行 3 种不同负荷工况(低负荷、中负荷、高负荷)的测试。

(4) 纯压缩线制取:对被测试缸采取灭缸法测取压力与曲轴转角,获得纯压缩线 p-φ,即压力随转角变化关系图,通过纯压缩线确定上止点。在内燃机转速不变的条件下,恢复测试缸供油。

(5) 将内燃机分别调整到 3 种不同负荷工况(低负荷、中负荷、高负荷),同时测量、记录被测内燃机缸内压力与曲轴转角。

8.6 试验总结

(1) 参考表 A8-2~表 A8-4 编制试验数据表格,记录灭缸及 3 种不同负荷工况(3 种不同循环供油量)时汽缸压力及曲轴转角等试验数据。

表 A8-2 内燃机 3 种不同负荷工况试验数据 2

序号	曲轴转角/(°)	低负荷		中负荷		高负荷	
		灭缸	工作	灭缸	工作	灭缸	工作
		缸内压力/bar	缸内压力/bar	缸内压力/bar	缸内压力/bar	缸内压力/bar	缸内压力/bar

表 A8-3 3种不同负荷工况试验数据

工况	喷油始点（点火时刻）曲轴转角/(°)	缸压脱离压缩线点曲轴转角/(°)	滞燃期长度/(°)	最高爆发压力/曲轴转角位置/(bar/(°))	燃烧持续期始点相位/(°)	燃烧持续期终点相位/(°)	燃烧持续期/(°)
低负荷							
中负荷							
高负荷							

表 A8-4 内燃机3种不同负荷工况试验数据1

工况	内容	转速/(r/min)	扭矩/(N·m)	水温/℃	功率/kW	喷油角或点火角/(°)
低负荷	工作					
	灭缸					
中负荷	工作					
	灭缸					
高负荷	工作					
	灭缸					

（2）为有效分析试验数据，一般取 10～20 个循环测试数据进行平均化处理，然后绘制 p-φ 图并进行分析（p-φ 图绘制方法可参考附录 B）。

（3）画出如图 A8-2、图 A8-5 所示的 3 种不同负荷工况的 p-φ 图及纯压缩线的 p-φ 图。根据被测内燃机的排量、压缩比、曲柄半径、连杆长度作出 p-V 曲线图，如图 A8-3、图 A8-6 所示，在此基础上指出如表 A8-3 所示的被测内燃机试验参数。

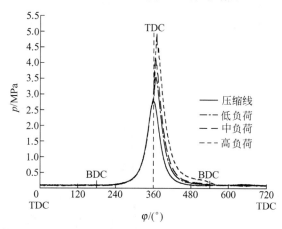

图 A8-2 柴油机 3 种不同负荷工况的缸内压力 p-φ 曲线

（4）计算累计放热率并绘制曲线，如图 A8-4、图 A8-7 所示。

（5）试验结果分析（以下分析点仅供参考）：

① 3 种不同负荷工况下的 p-φ 图与纯压缩线的 p-φ 图是否重合。若有偏差，是否有规律，分析其原因，并认知设置上止点热力损失补偿角的原因。

② 分析灭缸试验法作纯压缩线时可能存在的误差。与内燃机不工作时，通过拖动内燃机所获得的纯压缩线进行对比分析。

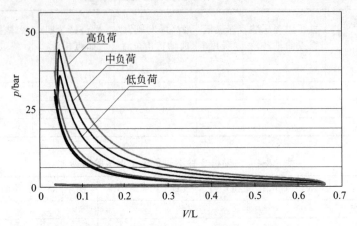

图 A8-3　柴油机 3 种不同负荷工况的 p-V 曲线

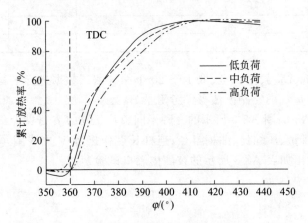

图 A8-4　柴油机 3 种不同负荷工况的累计放热率曲线

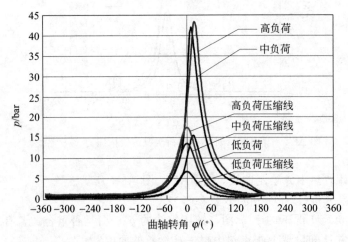

图 A8-5　汽油机 3 种不同负荷工况的缸内压力 p-φ 曲线

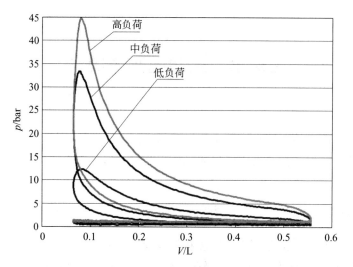

图 A8-6 汽油机 3 种不同负荷工况的 p-V 曲线

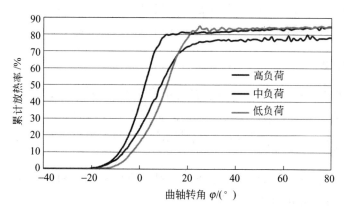

图 A8-7 汽油机 3 种不同负荷工况的累计放热率曲线

③ 对内燃机 3 种不同负荷工况(低负荷、中负荷、高负荷)下的 p-φ 图进行分析论述,在图中标明上/下止点、喷油时刻/点火时刻、燃烧始点、燃烧期终点位置,并对其滞燃期、最大压力相位、最大爆发压力值以及燃烧持续期始点、燃烧持续期终点、燃烧持续期进行对比分析。

④ 作出 $\mathrm{d}p/\mathrm{d}\varphi$-$\varphi$ 和 $\mathrm{d}Q/\mathrm{d}\varphi$-$\varphi$ 曲线图,分析压力升高率和放热率随曲轴转角变化的特点与规律。

附录 B 示功图画法简介

B.1 概述

示功图可有效地反映内燃机缸内工作过程，是研究和判断内燃机工作状态、放热规律、排放预测等的重要依据，因此，人们可以通过研究内燃机示功图来达到改善内燃机综合性能的目的。

B.2 示功图绘制方法

示功图的绘制方法主要有手工绘图法和软件辅助绘图法两种。

（1）手工绘图法，也称为描点法。即在坐标纸上采用一一对应的方式进行描点连线从而绘制整个 p-φ 或 p-V 曲线。

（2）软件辅助绘图法。用软件绘图的方法很多，如可以用 Excel、Origin、MATLAB 等各种数据处理软件进行绘图操作。下面以 MATLAB 为例简要介绍示功图的绘制方法。

B.3 数据预处理

在内燃机试验中，内燃机的热力过程具有不稳定性，即在一定的范围内无规律地变动，整个热力过程只是在宏观上达到稳定。试验中若仅有单个循环的压力曲线，是不具备可研究性的。因此，通常取若干个循环（10～20 个循环）的测试数据进行平均化处理，然后绘制 p-φ 图进行分析。

试验测试得到的内燃机示功图原始数据一般是曲轴位置 φ 和缸内压力 p。根据被测内燃机的物理参数，可计算出缸内容积 V。

目前内燃机试验常常通过采集汽缸压力来分析缸内燃烧过程的一些特性。内燃机缸内压力测量的常用方法有机械法、电测法和计算机程控法。这些方法通常是通过旋转编码器测量曲轴转角，同时用缸压传感器测量相应的缸内压力。这就是 p-φ 图的测试数据来源。

在本校教学实践中，示功图试验测试数据通常以 Excel 形式给出，在 Excel 中直接进行平均化处理较为简便。以下以某次学生实际操作为例，给出一种数据预处理方案。

表 B-1 所示为某次试验数据，其中 A 列数据为曲轴转角 CrankAngle，C 列数据为各曲轴转角对应的压力值 p，第一行为数据名称，第二行为数据单位。此次试验中，每隔 0.375° 曲轴转角取一次压力数据，共取得 15 个循环的压力数据，位于 3～28802 行，计 28800 组。为获得每一个曲轴转角对应的 15 个压力数值的平均值，需单独定义一列，即 Average 列（本例即 K 列）。预处理时，在 A3 格数据对应的 Average 格内（本例即 K3 格内）输入：

= IF(COUNTIF(A$3:A3,A3) = 1,AVERAGE(IF(A$3:A$28802 = A3,C$3:C$28802)),"")

再下拉命令格，依次用 A4、A5、… 内的曲轴转角算出对应曲轴转角的循环压力平均值即可。

注：$*为绝对引用形式，无$的*为相对引用形式。绝对引用和相对引用的区别在于公式中引用的单元格内容是否会随着输入公式的单元格位置不同而改变。

表 B-1 试验数据记录表格

SUM fx =IF(COUNTIF(A$3:A3,A3)=1,AVERAGE(IF(A$3:A$28802=A3,C$3:C$28802)),"")

	A	B	C	D	E	F	G	H	I	J	K
1	CrankAngle	n	P_Cyl_10	P_Cyl_2	P_Cyl_3	P_Cyl_4	P_Der_1	P_Der_2	P_Der_3	P_Der_4	P_Cyl_10_Average
2	°CA	Rpm	BAR	BAR	BAR	BAR	dp/d°CA	dp/d°CA	dp/d°CA	dp/d°CA	BAR
3	-360	1387.347	2.184357	-31.586	-31.586	-32.4047	0.545783	0	-0.27289	0	=IF(COUNTIF(A$3:
4	-359.625	1388.118	2.389025	-31.586	-31.7907	-32.4047	0.545783	0	0	0	2.340868073
5	-359.25	1387.347	2.593694	-31.586	-31.7907	-32.4047	0	0	0	0	2.41912378
6	-358.875	1387.347	2.389025	-31.586	-31.7907	-32.4047	0	0	0.272892	0.272892	2.352907413
7	-358.5	1387.347	2.593694	-31.586	-31.586	-32.2	-0.27289	0	0.545783	0	2.346887743
8	-358.125	1388.118	2.184357	-31.586	-31.3813	-32.4047	0	0	0.272892	0	2.304750055
9	-357.75	1387.347	2.593694	-31.586	-31.3813	-32.2	0.272892	0.272892	0	0	2.41912378
10	-357.375	1387.347	2.389025	-31.3813	-31.3813	-32.4047	-0.54578	-0.27289	-0.27289	-0.54578	2.395045101
11	-357	1220.703	2.184357	-31.7907	-31.586	-32.6093	0.545783	0	-0.27289	-0.27289	2.41310411
12	-356.625	1388.118	2.798363	-31.586	-31.586	-32.6093	0	0	-0.27289	-0.27289	2.340868073
13	-356.25	1375.138	2.184357	-31.7907	-31.7907	-32.814	-1.09157	0	0	0.818675	2.304750055
14	-355.875	1375.138	1.979688	-31.586	-31.586	-31.9953	0.272892	0.545783	0.545783	0.545783	2.280671376
15	-355.5	1375.138	2.389025	-31.3813	-31.3813	-32.4047	0.272892	0	0	-0.27289	2.41310411
16	-355.125	1375.894	2.184357	-31.586	-31.586	-32.2	0.272892	0	-0.27289	-0.54578	2.42514345
17	-354.75	1375.138	2.593694	-31.3813	-31.586	-32.814	-0.27289	-0.27289	0	-0.27289	2.286691045
18	-354.375	1375.138	1.979688	-31.7907	-31.586	-32.4047	-0.54578	-0.27289	0	1.091567	2.322809064
19	-354	1375.138	2.184357	-31.586	-31.586	-31.9953	0	0.545783	0	-0.27289	2.364946752
20	-353.625	1375.894	1.979688	-31.3813	-31.586	-32.6093	0.545783	0.272892	-0.54578	-0.54578	2.42514345
21	-353.25	1375.138	2.593694	-31.3813	-31.9953	-32.4047	0.545783	-0.27289	0.272892	0	2.322809064
22	-352.875	1375.138	2.389025	-31.586	-31.3813	-32.6093	-0.54578	-0.27289	0.818675	0.272892	2.268632036
23	-352.5	1375.138	2.184357	-31.586	-31.3813	-32.2	0	-0.27289	-0.27289	0.272892	2.268632036
24	-352.125	1375.894	2.389025	-31.7907	-31.586	-32.4047	0.545783	0.272892	-0.54578	-0.27289	2.346887743

上述命令也可缩减为

= IF(COUNTIF(A$3:A3,A3) = 1,AVERAGEIF(A:A,A3,C:C),"")

由于此次试验中共有 15 个循环数据，每个曲轴转角都会在数据表格中重复出现。以 -360°(CA)为例，该曲轴转角首次出现在 A3 单元格内。在对应的 Average 格（即 K3 单元格）内输入上述命令，即可计算出 C 列中对应 -360°(CA)的 15 个压力 p 的平均值；在 -360°(CA)第二次（即一个循环后的 A1923 格）出现后，K 列相应单元格显示为空，不需进行重复计算。操作过程可参考表 B-1 中的相关内容。

读者也可尝试使用 MATLAB 对测试数据进行预处理。根据读者意愿选取 Excel 中的任一汽缸测试数据，然后将如表 B-2 所示的曲轴转角的一列以及读者所选取的缸压一列均粘贴到一个新的表格中，然后将前两行（也就是写着名称和单位的两行）删去（在左侧行号数字处右键点选删除），这样可以将得到的工作表整理成只有两列的格式，如表 B-3 所示。

然后选择"另存为"选项，将储存格式选为 csv（逗号分隔符）格式，便于后续的处理。读者可以使用记事本打开 csv 文件，观察 csv 文件结构。csv 的全称是逗号分隔值，其中的数据都是用逗号进行分割，是一种纯文本的文件，通用性强，易于处理。

更多的数据预处理方法，读者可参阅相关文献进行尝试。

表 B-2 第二种导出数据范例

	A	B	C	D	E	F	G	H	I
1	X axis	Pcy1rAve	Pcy1_A	Pcy2rAve	Pcy2_A	Pcy3rAve	Pcy3_A	Pcy4rAve	Pcy4_A
2	deg	bar	bar	bar	bar	bar	bar	bar	bar
3	0	-1.90561	-1.90561	1.113251	1.113251	1.100457	1.100457	-0.28104	-0.28104
4	0.4	-2.63475	-2.63475	1.138825	1.138825	1.126041	1.126041	-0.345	-0.345
5	0.8	-1.96957	-1.96957	1.113251	1.113251	1.151625	1.151625	0.44809	0.44809
6	1.2	-1.99516	-1.99516	1.113251	1.113251	1.202792	1.202792	-0.05078	-0.05078
7	1.6	-2.12308	-2.12308	1.126038	1.126038	1.19	1.19	-0.07639	-0.07639
8	2	-2.36612	-2.36612	1.100449	1.100449	1.164416	1.164416	0.44809	0.44809
9	2.4	-0.0636	-0.0636	1.138825	1.138825	1.241167	1.241167	2.737824	2.737824
10	2.8	-1.64978	-1.64978	1.100449	1.100449	1.19	1.19	2.891327	2.891327
11	3.2	-0.75435	-0.75435	1.151627	1.151627	1.202792	1.202792	3.492523	3.492523
12	3.6	-1.96957	-1.96957	1.113251	1.113251	1.151625	1.151625	3.159943	3.159943
13	4	-2.35333	-2.35333	1.036499	1.036499	1.113249	1.113249	2.929688	2.929688
14	4.4	-2.16145	-2.16145	1.151627	1.151627	1.087666	1.087666	2.955292	2.955292
15	4.8	-1.29161	-1.29161	1.100449	1.100449	1.215584	1.215584	3.671631	3.671631
16	5.2	-2.51962	-2.51962	1.113251	1.113251	1.279543	1.279543	2.673859	2.673859
17	5.6	-1.95678	-1.95678	1.164414	1.164414	1.253959	1.253959	3.326233	3.326233
18	6	-1.79049	-1.79049	1.151627	1.151627	1.202792	1.202792	3.607666	3.607666
19	6.4	-1.39394	-1.39394	1.023712	1.023712	1.202792	1.202792	3.492523	3.492523
20	6.8	-1.86724	-1.86724	1.100449	1.100449	1.100457	1.100457	3.095978	3.095978
21	7.2	-2.03353	-2.03353	1.202789	1.202789	1.151625	1.151625	2.571533	2.571533
22	7.6	-2.05912	-2.05912	1.1772	1.1772	1.087666	1.087666	2.571533	2.571533

表 B-3 对数据进行初步处理后的结果

	A	B
1	0	-1.9056149
2	0.4	-2.6347485
3	0.8	-1.969574
4	1.2	-1.9951591
5	1.6	-2.1230755
6	2	-2.3661213
7	2.4	-0.0635967
8	2.8	-1.6497803
9	3.2	-0.7543545

B.4 数据处理

1. 数据导入

完成数据预处理后,即可将预处理得到的压力均值数据导入 MATLAB,进行绘图操作。

本示例中,简要地将负荷状况分为纯压缩、小负荷、中负荷、大负荷四种。读者可依据试验具体情况进行调整。

图 B-1 和图 B-2 所示为导入数据简要过程,供读者参考。

选择工具栏中的"导入数据"选项,在弹出的选择框内选择要导入的 Excel 文件,打开后选择要导入的数据列,如图 B-2 所示,再单击"导入所选内容"即可。

如果在数据预处理中使用了 MATLAB 的方法,没有在 Excel 中进行处理,则可使用下面的方法对数据进行平均处理。

为得到每个转角对应的 n 个循环内缸压的平均值(通常 n 取 10 或 15),首先要将 csv 文件导入 MATLAB,使用 MATLAB 的 importdata 函数。以下面的语句为例:

```
RAWdata1 = importdata('20171026_pedal0.csv');
```

这一语句的作用是将我们处理好的 20171026_pedal0.csv 文件导入 MATLAB 并赋值给 RAWdata1,为了获得转角对应的平均(对多次循环的平均)缸内压力,可将发动机一个循

附录 B 示功图画法简介

图 B-1　MATLAB 导入数据快捷键

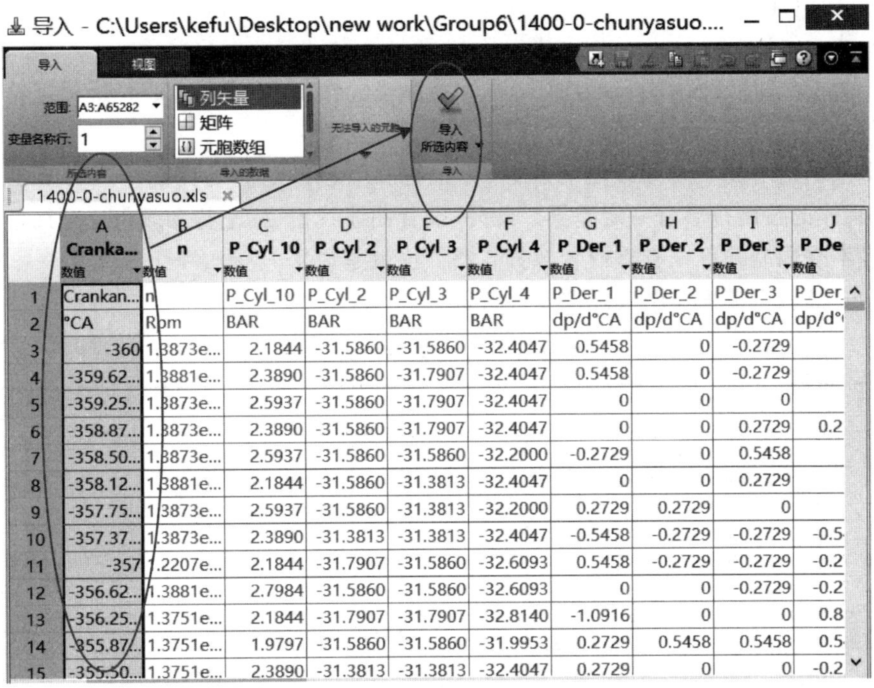

图 B-2　MATLAB 导入数据操作

环的数据存入一列,下一个循环存入下一列,最后得到一个列数为 10 或 15 的矩阵,然后直接使用 mean 函数取多次循环的平均。

下面给出了具体的实现过程,新建一个 getP.m 文件,将下面的内容输入到这个文件中,这个文件保存之后便可以在其他程序中使用 getP(rawdata) 函数。这个函数的输入是使用 importdata 函数得到的矩阵,输出是转角对应的平均缸压。注意程序中的 n 可以自己设定。

具体实现过程如下所示:

```
function P = getP(RAWdata)
h = 1800;  % 一个循环有 1800 个点,即为 720/0.4
n = 10;  % 取的圈数
data = zeros(h,n);
for i = 1:n
    % 将第 i 圈的数据存入第 i 列,一共取 10 圈
    data(:,i) = RAWdata(h*(i-1)+1:h*i,2);
end
% 取各圈的平均,其中 mean 函数中的 2 是指求每一行的均值
P = mean(data,2);
end
```

基于上述小程序,读者便可以获得一个一列的矩阵,其数值为多次循环的平均缸压,每一个缸压值对应的角度就是 RAWdata 中第一列的第一组角度。之后使用 plot 数据可以得到缸压-转角的曲线。

2. MATLAB 曲线绘制

1)命令简介

(1) plot 命令

plot(x,y,'.b')%表示以 x 为横坐标、y 为纵坐标作图,'.'表示实心菱形标记符,'b'表示蓝色,若命令写成 plot(x,y)则默认为蓝色实线无标记符。

表 B-4 示出了 plot 命令绘制的线型、标记符和颜色及对应的控制符。MATLAB 的版本不同,具体的控制符会有一定差异。此外,设置曲线线型、标记符和颜色三项属性时,控制符的顺序不受限制并可以省略或者部分省略。也就是说'r—.*'、'—.r*'、'*—.r'等形式是等效的。读者可依据作图实际需要进行选择。

表 B-4 plot 命令控制符

线型	说明	标记符	说明	颜色	说明
—	实线(默认)	+	加号符	r	红色
——	双划线	o	空心圆	g	绿色
:	虚线	*	星号	b	蓝色
—.	点划线	.	实心菱形	c	青绿色
		x	叉号符	m	洋红色
		s	空心正方形	y	黄色
		d	空心菱形	k	黑色
		^	上三角形	w	白色
		v	下三角形		
		>	右三角形		
		<	左三角形		
		p	五角星		
		h	六边形		

(2) title 命令

title('纯压缩 p-φ 曲线')%表示在图线上方添加图线名称,如此次命名为"纯压缩 p-φ 曲线"。

(3) label 命令

该命令用于添加轴标签,如:

xlabel('曲轴转角 φ/(°CA)')

ylabel('缸内压力 p/bar')

2) p-φ 曲线绘制

在作纯压缩 p-φ 图时,可参考如下代码:

plot(Crankangle,p_chunyasuo)

title('纯压缩 p-φ 曲线')

xlabel('曲轴转角 φ/(°CA)')

ylabel('缸内压力 p/bar')

即可得到纯压缩情况下的 p-φ 曲线,如图 B-3 所示。各不同负荷下或不同转速下同理。

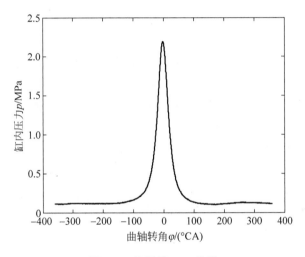

图 B-3　纯压缩 p-φ 曲线

为了对不同负荷下的压力大小有一个直观的认知,通常会将不同负荷下的 p-φ 曲线画在一张图上,该操作需要以下两个命令。

(1) hold on 命令

在 plot 命令之后使用,作用为保持原图线不变,在原图线的基础上再次作图。

(2) legend 命令

添加曲线图例方法:

legend('纯压缩线');%使用 legend 命令添加曲线图例,并可依曲线绘制先后顺序添加多个不同特点的曲线图例,用逗号隔开,如 legend('纯压缩线','小负荷线');

所得图线如图 B-4 所示。

曲线绘制完成后,需确定上止点,同时需将上止点对应的曲轴转角设为零点,便于进一步的数据分析。

3) 根据 p-φ 曲线确定上止点

活塞在汽缸里作往复直线运动时,当活塞向上运动到最高位置,即活塞顶部距离曲轴旋

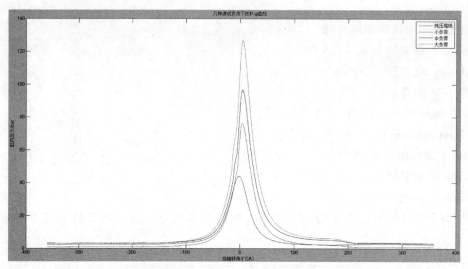

图 B-4　几种测试负荷下的 p-φ 曲线

转中心最远的极限位置,称为上止点。准确测定上止点位置对于测定内燃机正时和数据修正等具有重要意义。因此,我们在获得 p-φ 曲线后,通常首先进行上止点的测定。

在这里,可用两种不同的做法来进行数据处理。一种为拟合数据,一种为直接处理,下面将分别介绍在求上止点时应用的方法。

(1) 拟合数据测定上止点

在命令行输入 cftool 后,拟合工具栏会弹出如图 B-5 所示的画面。

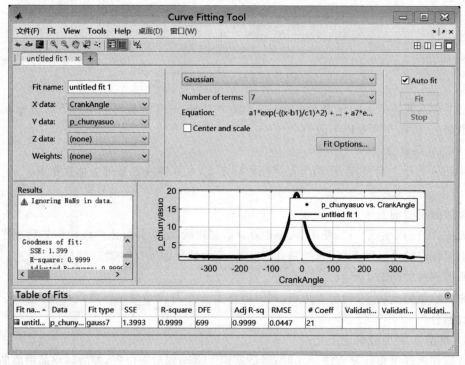

图 B-5　曲线拟合工具栏

选择适当的拟合方式,使拟合优度判定系数 R^2 达到理想值(一般为 0.9997~0.9999),再使用拟合出的曲线重新画图,参考代码如下:

```
plot(x,y,'r')
hold on
for i = [14:0.25:19]
line([-360,360],[i,i]) % 在-360°至360°曲轴转角范围内画平行于 x 轴的直线
hold on
end
m = 0
for m = 0:1:20
y0 = 14 + 0.25.*m
delta_y = y - y0 % 此时 delta_y 定义了 y 与 y0 的差值,目的为在每条直线上寻找差值为零的点
j = 1
for k = 1:length(x) - 1
if delta_y(k) * delta_y(k + 1) < 0
position(j) = k + 1
j = j + 1
end
end
hold on
plot(x(position),y(position),'ro')
x(position) % 将得到的交点 x 坐标输出
Avex(m + 1) = mean(x(position))
Avey(m + 1) = mean(y(position))
m = m + 1
end
hold on
plot(Avex,Avey,'k') % 对各直线交点坐标平均值进行线性拟合
title('纯压缩线')
xlabel('曲轴转角/(°CA)');ylabel('缸内压力')
```

所得结果如图 B-6 所示。

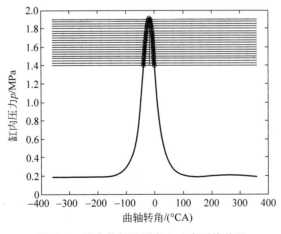

图 B-6 拟合数据法测定上止点图线处理

根据 polyfit 拟合出的 Avex 和 Avey 曲线与 x 轴的交点,即可得到上止点对应的曲轴转角。

(2) 直接处理法测定上止点

直接处理的方法是不再进行曲线的拟合,而是在原本曲线的基础上进行操作。

同样的，也需要在曲线上增加平行于 x 轴的直线：

```
for i=[14:0.25:19]
line([-100,100],[i,i])
hold on
end
```

然后用 $[xi,yi]=ginput(2)$ 对原图线与水平线取交点，这一步较为繁杂，且需手动取点。取点后输入取得点的坐标，进行一阶线性拟合，得到的直线与 x 轴的交点即为所求的上止点对应的曲轴转角。

对纯压缩和各负荷及转速下的曲线进行处理，可得到不同情况下的上止点对应的曲轴转角，可试比较之。求它们的平均值是一个减小误差的方法。

在求出上止点对应的曲轴转角后，可对曲轴转角 CrankAngle 进行统一修正。

读者可参考相关文献尝试其他方法。

4）着火始点及其他特征点判断（含 dp/dφ、dq-dφ 曲线作法）

在进行着火始点等重要特征点判断时，有根据 p-φ 曲线、dp-dφ 曲线、dq-dφ 曲线等几种不同的方法，读者可以分别尝试，并作数据比较和精度判断。

（1）根据 p-φ 曲线判断着火始点

以小负荷为例，作出小负荷和纯压缩情况下的 p-φ 曲线，绘图代码如下：

```
plot(CrankAngle,p_chunyasuo,'r')
hold on
plot(CrankAngle,p_xiaofuhe)
title('小负荷 p- 曲线')
xlabel('曲轴转角/(°CA)')
ylabel('缸内压力')
legend('纯压缩','小负荷')
```

根据上述绘图操作命令，得到如图 B-7 所示的小负荷和纯压缩情况下的 p-φ 曲线。压力开始脱离纯压缩线的点即为着火始点。

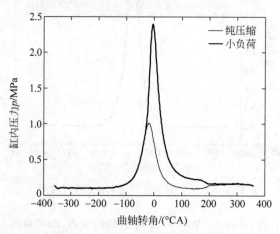

图 B-7 小负荷与纯压缩 p-φ 曲线

为使描述更为直观,可采用两数据相减的方法,即

```
plot(CrankAngle,p_xiaofuhe - p_chunyasuo,'r')
line([ -360,360],[0,0]) %作一条直线 y(纵坐标) = 0,以使小负荷与纯压缩曲线的交点所代表的
压差零点更为明显
title('小负荷 p- 曲线差');
xlabel('曲轴转角/(°CA)');ylabel('缸内压力');
```

得到图 B-8 所示结果。

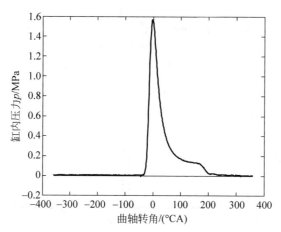

图 B-8　小负荷与纯压缩 p-φ 曲线差

可用 data cursor 进行放大取点,确定交点所在位置。

燃烧末期的判断同理。

(2) 根据 dp-dφ 曲线判断着火始点

对数据进行微分可以使用 diff 和 gradient 两种命令。但确切来说,两种命令的原理不同,所得的结果也不同。diff 命令为使用差分的方法来求导数,由于差分是针对离散情况如离散向量、数字图像等来讲的,而导数是针对连续函数来讲的,这两种情况都可以用 diff 函数来求。又因为用后一行减去前一行的量,所得的矩阵会比原矩阵少一行;而 gradient 命令为求导,所得矩阵与原矩阵行数相同,一般适用于连续函数,在数据拟合曲线后使用较为方便。

以下给出示例:

```
Z_chunyasuo = diff(p_chunyasuo)./diff(CrankAngle);
Z_xiaofuhe = diff(p_xiaofuhe)./diff(CrankAngle);
```

或

```
Z_chunyasuo = gradient(p_chunyasuo)./gradient(CrankAngle);
Z_xiaofuhe = gradient(p_xiaofuhe)./gradient(CrankAngle);
```

注：矩阵运算应使用 ./ 或 .* 等形式,而非 / 或 *。

而后分别进行绘图可得类似图 B-9 的图线。

同样,由于要找的数据点不够直观,因此可以使用(1)中的方法,使两线相减,得到与图 B-10 类似的曲线。

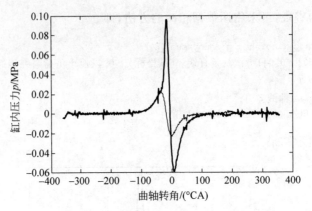

图 B-9 小负荷与纯压缩 dp-dφ 曲线

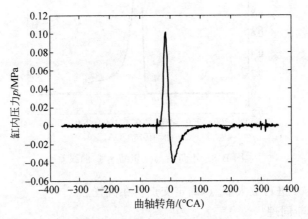

图 B-10 小负荷 dp-dφ 曲线差

再使用 data cursor 进行取点即可。燃烧末期等的判断同理。

(3) 根据 dq-dφ 曲线判断着火始点

放热率曲线根据下面公式求得：

$$\frac{dQ_B}{d\varphi} = \left[\frac{1}{k-1}\left(V\frac{dp}{d\varphi} + kp\frac{dV}{d\varphi}\right) - \frac{pV}{(k-1)^2}\frac{dk}{d\varphi}\right] + \alpha_t F_w(T - T_w)$$

本试验中，取 k 为某常数值，所以 $\dfrac{pV}{(k-1)^2}\dfrac{dk}{d\varphi} = 0$。但需要注意的是，在试验中，$k$ 实际并不是一个常量，k 的取值对放热量和放热率的影响此处不叙述。读者如有兴趣，可进行相关方面的课外阅读。

工程应用上，$\alpha_t F_w(T - T_w)$ 很小，可以忽略，所以放热速率的表达式变为

$$\frac{dQ_B}{d\varphi} = \frac{1}{k-1}\left(V\frac{dp}{d\varphi} + kp\frac{dV}{d\varphi}\right)$$

式中

$$V = V_c\left[1 + \frac{(l + r - r\cos\varphi - \sqrt{l^2 - (r\sin\varphi)^2})}{d_{\min}}\right]$$

$$= V_c\left[1 + \frac{\varepsilon - 1}{2}(R + 1 - \cos\varphi - \sqrt{R^2 - \sin^2\varphi})\right]$$

$$\frac{\mathrm{d}V}{\mathrm{d}\varphi} = V_c \frac{\varepsilon - 1}{2}\left(\sin\varphi + \frac{\sin\varphi\cos\varphi}{\sqrt{R^2 - \sin^2\varphi}}\right)$$

式中：V_c——压缩上止点时燃烧室和余隙之间的缸内容积；

ε——压缩比；

l——连杆长度；

r——曲柄长度；

$R = \dfrac{l}{r}$。

由此进行计算即可得到相应的放热曲线，判断着火始点方法同上。

其他特征点的判断方法与着火始点类似。

B.5 试验曲线优化方法

试验过程中因试验环境及多种因素的影响，时常会出现波动较大的试验数据，为有效分析试验结果，需对试验数据进行处理，处理方法主要有拟合曲线和直接处理两种。两种方法整理的数据曲线波动性不同。

使用拟合曲线法获取的曲线一般来说波动较小，曲线较平滑，但由于第一步处理即脱离了原始试验数据，可能会影响试验结果分析的准确性；使用直接处理法获得的曲线由于原始试验数据的波动性，可能会出现波动及异常数据，为此，需采取去噪和有效滤波，进而获得有效试验曲线。该方法可使用 filter、smooth、medfilt 等命令。

以下仅对 medfilt 命令进行简要介绍。

medfilt 命令是利用中值滤波来消除噪声的，对尖峰脉冲的消除很有效果。中值滤波的原理：对于一串连续输入的信号（量化后是一组数据）重新计算每一个 x 的输出值 y，不妨定义为 $y = \text{new}(x)$，new 的操作是以 x 为中心，从长度为 $2k$ 的原信号中（区间为 $[x-k+1, x+k]$），提取出这段区间内中间的那个值，作为 $y = \text{new}(x)$ 的结果。

使用形式为：

M = medfilt1(p_chunyasuo,4) %定义新变量 M，对原数据进行 $n=4$ 的区间划分，提取中值。

需要注意的是，n 越大，噪声消除效果也就越明显，但 n 过大会造成原始数据丢失过多，使曲线对实际情况的符合程度降低，同时可能造成峰值损失。

附录C 试验报告
柴油机台架试验报告

文档编号：

试验单位：

时间：

附录C 试验报告

试验单位			编　　号	
			适用产品型号	

批准：　　　　　　　　日期：_____

编　制	校　对	审　核	标　审	审　定	产品研发部

工程技术部	生产制造部	质量管理部	经营管理部	市场部	顾客代表

更改单号	签　字	日　期	

文件分发单位

单　位	数　量	单　位	数　量	单　位	数　量
产品研发部		经营管理部		质量管理部	
工程技术部		市场部		生产制造部	
存　档					
分发人姓名：					

目 录

1. 试验地点
2. 试验对象及基本参数
3. 试验室主要测量设备
4. 试验内容
    4.1 柴油机相位的检查
        4.1.1 试验目的
        4.1.2 试验过程
        4.1.3 试验结论
    4.2 起动试验
        4.2.1 试验目的
        4.2.2 试验地点
        4.2.3 试验过程
        4.2.4 试验结论
    4.3 低怠速试验
        4.3.1 试验目的
        4.3.2 试验地点
        4.3.3 试验过程
        4.3.4 试验结论
    4.4 外特性试验
        4.4.1 试验目的
        4.4.2 试验地点
        4.4.3 试验过程
        4.4.4 试验结论

附录 C 试验报告

1. 试验地点
北京某油泵油嘴股份有限公司产品研究院 AVL 试验台架。

2. 试验对象及基本参数
试验对象为 YN38CRD2 柴油机，其参数如下表所示：

柴油机型号	YN38CRD2
柴油机型式	直列，水冷，四冲程
燃烧室型式	直接喷射式
汽缸数-缸径×冲程	4-100×105
活塞总排量/L	3.298
进气方式	增压中冷
燃油喷射系统	Bosch 共轨泵
发火顺序	1—3—4—2

3. 试验室主要测量设备
主要设备见下表：

设备名称	测量项目
电涡流测功系统 ASM 315 SX 490/1.9-7.5 PIC08（AVL 测功机）	集中测量柴油机主要工作参数，如转速、扭矩、功率、中冷前后温度、压力、水温、排温、进气压力、机油温度等
AVL 油耗仪	油耗
AVL 五气体排放分析仪	测量柴油机气体排放物（HC、CO、NO_x）浓度
AVL 不透光烟度计	不透光烟度
空气流量计	空气流量

4. 试验内容

4.1 柴油机相位的检查

4.1.1 试验目的

验证相位是否同步成功，正确判缸。

4.1.2 试验过程

(1) 用示波器看柴油机的相位状态，要明确曲轴和凸轮轴的齿数以及相互位置关系，如图 C-1、图 C-2 所示。

(2) 按照软件说明文档对曲轴和凸轮轴进行标定，如图 C-3 所示。

(3) 拖动柴油机转速达到 60r/min 以上；监控转速信号 Eng_nAvrUW、曲轴信号处理状态 CrkDrv_stSigNewUB、凸轮轴转速处理状态 CamDrv_stSigNewUB、同步状态 InjDrv_stOpModeUB，如图 C-4 所示。

4.1.3 试验结论

在上述转速变化的过程中，监控曲轴转速信号处理状态、凸轮轴转速信号处理状态和同步状态的变化情况，CrkDrv_stSigNewUB 状态在 Tooth 和 LastTooth 之间切换，CamDrv_stSigNewUB 状态为 Switchoff，同步状态 InjDrv_stOpModeUB 为 OK。柴油机相位判断功能正常。

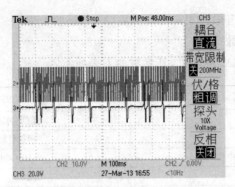

图 C-1　曲轴相位信号与凸轮轴相位信号对应关系

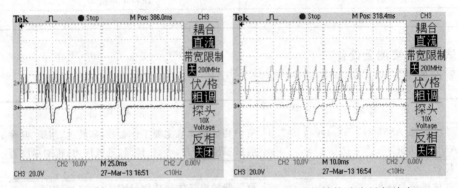

图 C-2　曲轴相位信号与凸轮轴相位信号对应关系（凸轮轴特殊齿局部放大）

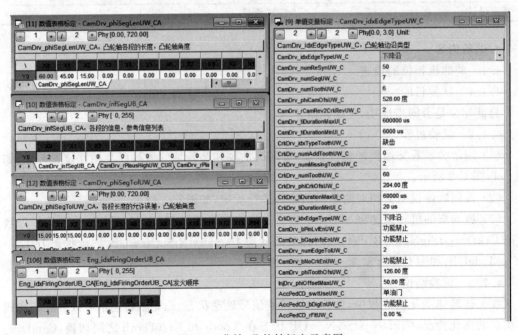

图 C-3　曲轴、凸轮轴标定示意图

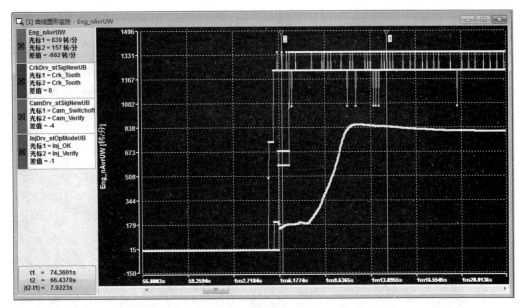

图 C-4　曲轴、凸轮轴转速信号状态图

4.2　起动试验

4.2.1　试验目的

验证柴油机起动情况,为后期整车起动试验做好基础准备。

4.2.2　试验地点

北京某油泵油嘴股份有限公司产品研究院 AVL 试验台架,试验对象为 YN38 柴油机。

4.2.3　试验过程

在水温大于 50℃和室温(水温大于 0℃,小于 10℃)两种条件下试验。对起动性能的评价指标主要是起动时间、转速波动。标定目标为保证起动平顺迅速过渡到怠速状态,即在尽量缩短起动时间的前提下,保证转速曲线的顺滑,避免锯齿形波动。在起动过程中主要标定的是相位、起动定时、轨压。

图 C-5、图 C-6 分别为水温为 5℃和 60℃时的起动情况。

4.2.4　试验结论

(1) 起动时间在 1~3s 起动成功。

(2) 起动过程,柴油机起动过渡到怠速比较平稳,上冲转速不大于 50r/min,下冲转速不大于 30r/min。

4.3　低怠速试验

4.3.1　试验目的

能够按照设定要求及时进入低怠速,确定怠速实测值是否能够快速准确地跟随理论设定值,减小转速上冲和下冲的幅度及波动收敛的时间。

4.3.2　试验地点

北京某油泵油嘴股份有限公司产品研究院 AVL 试验台架,试验对象为 YN38 柴油机。

4.3.3　试验过程

主要标定了怠速前馈油量和 PI 参数值,图 C-7、图 C-8 为低怠速稳定性试验结果。

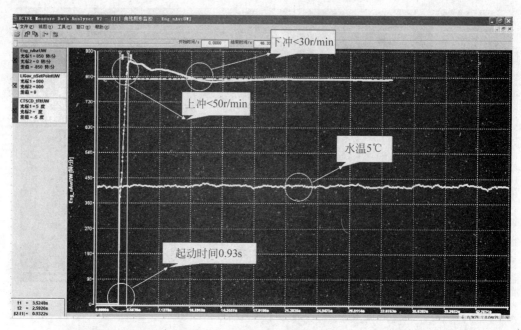

图 C-5 水温为 5℃时起动曲线

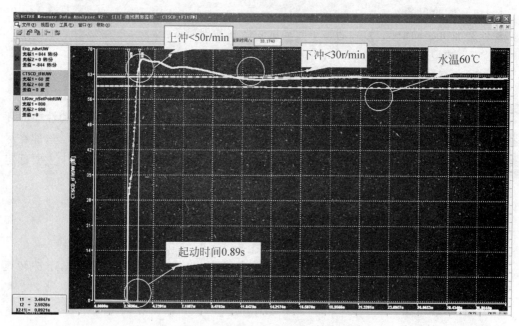

图 C-6 水温为 60℃时起动曲线

4.3.4 试验结论

稳态性能：怠速参数经标定后，柴油机转速波动可控制在±5r/min 范围内。

瞬态突变：将柴油机转速提升至 3500r/min 以上后，突卸油门至 0。柴油机可从高转速直接回到怠速状态。整个过程中转速没有大范围波动（转速下冲最低值和随后的上冲最高值与怠速目标值的偏差可控制在±10r/min），且整个瞬态过程在 3s 内完成。

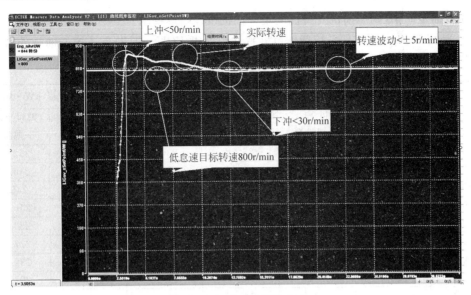

图 C-7 起动过渡到低怠速

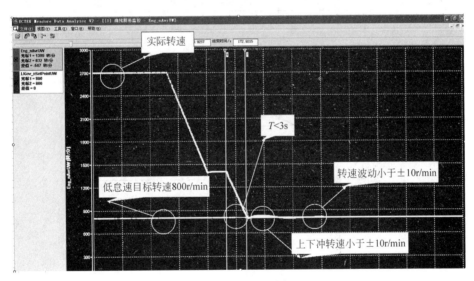

图 C-8 调速回到低怠速

4.4 外特性试验

4.4.1 试验目的

根据柴油机厂要求的外特性曲线,在满足柴油机爆压、排温、排放等柴油机设计参数限制条件下,对外特性工况点的油量、轨压和主喷提前角脉谱进行优化,确保柴油机达到扭矩、油耗、烟度、排放指标,使得柴油机能正常、安全地工作。

4.4.2 试验地点

北京某油泵油嘴股份有限公司产品研究院 AVL 试验台架,试验对象为 YN38 柴油机。

4.4.3 试验过程

(1) 监测柴油机功率、扭矩、油耗、排气烟度、排气温度、NO_x、HC、CO 等性能参数,从 3000r/min 到 1000r/min,每隔 200r/min 为一试验点,100% 负荷,从小到大逐步增大喷油量,优化喷油定时,直到柴油机外特性满足柴油机设计指标要求。

(2) 易控 ECU+博世泵系统柴油机外特性与博世 ECU+博世泵系统柴油机外特性试验结果对比如下表所示,外特性曲线如图 C-9～图 C-11 所示。

转速/(r/min)	转矩/(N·m)		功率/kW		油耗率/(g/(kW·h))	
	易控 ECU+博世泵	博世 ECU+博世泵	易控 ECU+博世泵	博世 ECU+博世泵	易控 ECU+博世泵	博世 ECU+博世泵
3000	265.0	266.4	83.25	83.69	248.9	252.15
2800	285.0	283.2	83.56	83.03	238.9	240.03
2600	297.0	296.1	80.86	80.6	249.3	246.4
2400	302.0	305.2	75.90	76.71	241.5	240.92
2200	312.0	317.6	71.87	73.17	233.7	233.91
2000	320.0	320.0	67.02	67.02	225.5	227.22
1800	322.0	319.7	60.69	60.25	229.4	232.57
1600	328.0	324.6	54.95	54.38	204.5	207.93
1400	317.0	319.3	46.47	46.81	204.2	204.83
1200	314.0	315.5	39.46	39.64	209.8	207.23
1000	281.0	287.0	29.42	30.05	214.3	215.88

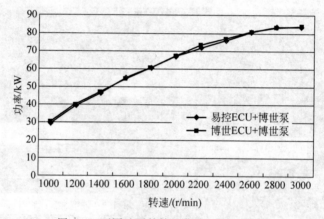

图 C-9 不同油泵外特性曲线(功率-转速)

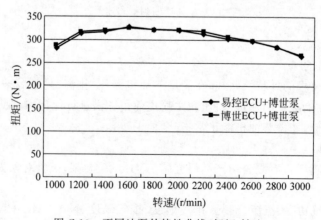

图 C-10 不同油泵外特性曲线(扭矩-转速)

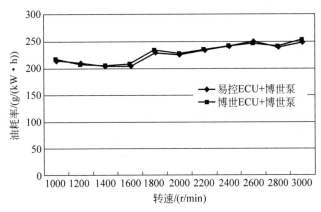

图 C-11　不同油泵外特性曲线(油耗率-转速)

特别指出,易控 ECU+博世共轨泵柴油机外特性数据为 13 工况标定后数据。

易控 ECU+博世共轨泵系统标定过程中,为满足 ESC 排放法规,对相应工况点的柴油机控制参数进行了调整,牺牲了一些外特性指标,但扭矩功率基本满足开发要求。排放测试点转速分别为 1789r/min、2243r/min 和 2696r/min。

从经济性方面看,易控 ECU+博世泵系统外特性标定功率点油耗率为 248.9g/(kW·h),全负荷范围内的最低油耗率为 204.2g/(kW·h),博世 ECU+博世泵系统对应的指标分别为 252.15g/(kW·h) 和 204.83g/(kW·h);在非排放控制区(1000r/min、1200r/min、1400r/min、2000r/min 和 3000r/min),两个系统油耗基本相同;在排放控制区,为了追求低 NO_x 排放,喷油定时一般都比较小,导致该区的燃油经济性下降。

4.4.4　试验结论

柴油机排温、排放等参数满足设计限制条件下,扭矩、油耗、功率等指标满足柴油机厂的开发要求。